Special Thanks to

세상이 아무리 바쁘게 돌아가더라도
책까지 아무렇게나 빨리 만들 수는 없습니다.

길벗은 독자 여러분이
가장 쉽게, 가장 빨리 배울 수 있는 책을
한 권 한 권 정성을 다해 만들겠습니다.

독자의 1초를 아껴주는 정성을
만나보세요.

홈페이지의 '독자광장'에서 책을 함께 만들 수 있습니다.

㈜ 도서출판 길벗 www.gilbut.co.kr
길벗이지톡 www.eztok.co.kr
길벗스쿨 www.gilbutschool.co.kr

예제 및 완성 파일 다운로드

이 책에 사용된 예제 파일과 완성 파일은 길벗출판사 홈페이지(www.gilbut.co.kr)에서 다운로드할 수 있습니다.

● 예제 및 완성 파일 : 예제를 따라하면서 꼭 필요한 예제 파일과 완성 파일을 파트별로 담았습니다.

1단계	Q 프리미어 프로&애프터 이펙트 CC 2023 무작정 따라하기 검색 에 찾고자 하는 책 이름을 입력하세요.
2단계	검색한 도서로 이동한 다음 (자료실) 탭을 선택하세요.
3단계	예제 및 완성 파일 등 다양한 실습 자료를 다운로드하세요.

Pr

이 책이 필요한 독자

Ae

크리에이터 유튜버

1인 방송 분야의 성장으로 인해 영상은 더 이상 전공자나 전문가들만의 표현 방법이 아닌 누구나 쉽게 접하고 제작할 수 있는 분야가 되었습니다. 유튜브에 채널을 개설하고 1인 크리에이터가 되기 위해서는 프리미어 프로와 애프터 이펙트의 학습은 필수입니다. 프리미어 프로를 이용하여 자막부터 이펙트까지 주제별 기능들을 찾아서 편집하고 애프터 이펙트를 이용해서 모션 그래픽을 완성해 보세요.

영상 편집 디자이너, 모션 그래픽 디자이너

최근 많은 흥미와 관심을 끌고 있는 VR(가상현실) 콘텐츠 제작 기법과 편집 기술을 담은 프리미어 프로와 애프터 이펙트는 현실의 미디어 기술을 발 빠르게 소프트웨어에 반영하며 영상 편집 툴로서의 큰 역할과 기능을 담당하고 있습니다. 이 책을 통해 프리미어 프로와 애프터 이펙트의 단순한 예제들 위주로 학습하여 감각적이고 재미있는 결과물에 한 걸음 더 가까이 다가갈 수 있을 것입니다.

영상에 관심 있는 일반인

이제 누구든 영상으로 자신만의 생각을 표현하고 영상 제작에 쉽게 접근할 수 있는 시대입니다. 프리미어 프로의 쉽고 편리한 기능을 이용하여 머릿속 아이디어를 영상 편집 및 모션 그래픽이라는 방법으로 다양하게 표현할 수 있게 되었습니다. 프리미어 프로와 애프터 이펙트를 익히면서 영상이라는 분야에 관심과 흥미를 느끼는 계기가 되고, 일상을 영상으로 기록하는 취미가 가능하게 됩니다.

고객센터

책을 읽다가 막히는 부분이 있나요?

책을 읽다가 막히는 부분이 있으면, 길벗출판사 홈페이지의 '1:1 문의' 게시판에 질문을 올려보세요. 길벗출판사 직원들과 〈무작정 따라하기〉 시리즈 저자들이 친절하게 답변해 드립니다.

1단계 길벗출판사 홈페이지(www.gilbut.co.kr)로 찾아오세요.

2단계 내용 문의 요청하기 기능을 이용하려면, 길벗출판사 홈페이지의 회원으로 가입해야 합니다. '회원가입'을 클릭해 무료 회원으로 가입한 후 가입 시 입력한 이메일 주소와 비밀번호를 입력해 로그인하세요.

3단계 '고객센터' 메뉴를 클릭한 후 FAQ 게시판에서 자주 묻는 질문에 관한 답변을 확인합니다. 그래도 해결되지 않는 부분이 있다면 '1:1 문의' 메뉴를 클릭하고 질문을 등록하세요. 답변을 얻을 수 있습니다.

베타테스터가 되고 싶어요

여러분도 길벗의 베타테스트에 참여해 보세요!

길벗출판사는 독자의 소리와 평가를 바탕으로 더 나은 책을 만들려고 합니다. 원고를 미리 따라 해보면서 잘못된 부분은 없는지, 더 쉬운 방법은 없는지 길벗과 함께 책을 만들어 보면서 여러분의 소중한 의견을 전달해 주세요.

1단계 길벗출판사 홈페이지(www.gilbut.co.kr)로 찾아오세요.

2단계 '고객센터 → 이벤트, 설문, 모집' 게시판을 이용하려면, 길벗출판사 홈페이지의 회원으로 가입해야 합니다. '회원가입'을 클릭해 무료 회원으로 가입한 후 가입 시 입력한 이메일 주소와 비밀번호를 입력해 로그인하세요.

3단계 '고객센터 → 이벤트, 설문, 모집' 메뉴를 클릭하여 게시판을 열고, 모집 중인 베타테스터를 선택한 후 신청하세요.

프리미어 프로 & 애프터 이펙트 CC 2023
무작정 따라하기

Premiere Pro

이현석 × 배진희 × 전은재 × 앤미디어

프리미어 프로&애프터 이펙트 CC 2023 무작정 따라하기

The Cakewalk Series – Premiere Pro&After Effects CC 2023

초판 발행 · 2023년 2월 24일
초판 2쇄 발행 · 2024년 1월 30일

지은이 · 이현석, 배진희, 전은재, 앤미디어
발행인 · 이종원
발행처 · (주)도서출판 길벗
출판사 등록일 · 1990년 12월 24일
주소 · 서울시 마포구 월드컵로 10길 56(서교동)
대표전화 · 02)332-0931 | **팩스** · 02)323-0586
홈페이지 · www.gilbut.co.kr | **이메일** · gilbut@gilbut.co.kr

기획 및 책임 편집 · 최근혜(kookoo1223@gilbut.co.kr)
디자인 · 장기춘 | **제작** · 이준호, 손일순, 이진혁
영업 마케팅 · 전선하, 차명환, 박민영 | **영업관리** · 김명자 | **독자지원** · 윤정아

편집 진행 · 앤미디어 | **전산 편집** · 앤미디어
CTP 출력 및 인쇄 · 교보피앤비 | **제본** · 경문제책

ISBN 979-11-407-0324-1 03000
(길벗 도서번호 007162)

정가 25,000원

독자의 1초까지 아껴주는 정성 길벗출판사

길벗 IT교육서, IT단행본, 경제경영서, 어학&실용서, 인문교양서, 자녀교육서 ▶ www.gilbut.co.kr
길벗스쿨 국어학습, 수학학습, 어린이교양, 주니어 어학학습, 학습단행본 ▶ www.gilbutschool.co.kr

페이스북 www.facebook.com/gilbutzigy
네이버 포스트 post.naver.com/gilbutzigy

실습 예제부터 실전 활용까지!
동영상으로 배우는 프리미어 프로 & 애프터 이펙트 CC 2023

새롭게 선보이는 CC 2023 버전의 프리미어 프로와 애프터 이펙트는 보다 섬세하고 빠르게 고품질의 영상 편집 작업을 할 수 있도록 기능들이 업그레이드되었습니다.

고품질 영상을 위한 다양한 다양한 기능 제공

디지털 영상 기술이 빠르게 발전하면서 전문가는 물론 개인들까지 다양한 영상 작업에 참여하며 창의적인 작품과 콘텐츠를 생산하고 있습니다. 그만큼 디지털 영상 기술은 누구나 쉽게 영상을 제작할 수 있는 솔루션을 제공하며 개인도 꾸준히 공부하고 스킬을 발전시킨다면 충분히 전문가만큼 탁월한 작품을 만들 가능성을 제공합니다. 프리미어 프로 & 애프터 이펙트 CC 2023 버전에서는 사용자의 편의성을 고려해 더욱 정교해지고 편리해진 신기능을 제공하여 영상 편집, 모션 그래픽 외에도 시각 효과, 타이틀 디자인 등 고품질 영상 디자인을 위한 다양한 솔루션을 제공합니다.

한 권의 책으로 다가서는 영상 편집 & 모션 그래픽 전문가

고품질 영상을 제작하기 위해서는 개인적인 역량과 감각을 발전시켜야 합니다. 그러기 위해서는 최대한 다양하고 많은 작품을 보며 영감을 얻고 그 영감을 실현시키기 위해 계속해서 훈련해야 합니다. 이 책은 여러분이 가지고 있는 영감을 실현시키기 위한 기초를 다질 수 있는 수험서로, 기본 인터페이스 설명부터 전문가들이 현업에서 사용하고 있는 응용 기술, 트렌디한 디자인 연출법까지 신기능을 활용한 다양한 튜토리얼이 담겨 있습니다. 한 권의 책으로 유튜버와 같은 1인 크리에이터부터 방송, 영화와 같은 미디어 전문가까지 다양한 분야에서 활용할 수 있는 영상 편집 및 모션 그래픽 디자인에 관련된 솔루션을 경험하시기를 바랍니다.

영상 편집과 모션 그래픽의 든든한 서포터, 무작정 따라하기

《프리미어 프로 & 애프터 이펙트 CC 2023》은 취미 또는 취업 준비를 위한 사용자 과정으로 나눠 공부할 수 있는 학습 계획을 소개하여 독자의 시간을 아껴주는 다양한 솔루션을 제공합니다. 기초 이론 학습에 이어 바로 예제를 따라 하며 실습할 수 있어 학습의 지루함을 없애고 중요도에 따라 깊이 있게 공부할 수 있도록 독자의 눈높이에 맞춰 단계별 학습 가이드와 솔루션을 제공합니다. 기본기를 익힌 후에는 저자의 동영상 강좌를 통해 고품질 예제의 제작 과정을 공부할 수 있습니다. 여러분이 영상 편집을 마스터하는 길에 이 책이 든든한 서포터가 되길 진심으로 바랍니다.

THANKS TO

이 책을 위해 도움을 주신 많은 분들에게 감사합니다. 책이 기획되고 나오기까지 신경 써 주신 길벗출판사 최근혜 차장님과 기획, 진행, 편집 디자인을 담당한 앤미디어 김민혜, 박기은, 최소영 님께 진심으로 고마움을 전합니다.

이것만 공부하세요!

새롭게 선보이는 CC 2023 버전의 프리미어 프로는 도형과 텍스트를 활용한 디자인과 애니메이션 작업을 더욱 편리하고 섬세하게 작업할 수 있도록 업데이트 되었습니다. 또한 AI 기술을 적용해 사운드 및 캡션 작업의 편리성까지 더해서 향상된 기능으로 효율적인 작업을 할 수 있습니다.

❶ 프리미어 프로 시작 단계 : 프리미어 프로의 시작과 시퀀스 생성 과정을 익혀라!

프로젝트 시작하기	→	작업 화면&환경 설정하기

프로젝트 만들기(46쪽)
프로젝트 불러오기(46쪽)

시작 화면(46쪽)
작업 화면(47쪽)
내게 맞는 작업 환경 설정(48쪽)

❸ 편집 다듬기 단계 : 다양한 편집 기술을 알아두자!

다양한 패널 기능과 메뉴의 편집 기능들을 익히면 더 정교하고 빠른 편집을 진행할 수 있습니다.

Timeline 패널 활용	→	Monitor 패널 활용

작업 영역 확대 및 축소(83쪽)
타임 코드 이해(85쪽)
추가 트랙 만들기(87쪽)

이미지로 장면 출력(97쪽)
Source Monitor 패널 활용(100쪽)

텍스트, 색상, 효과 등을 활용하면 더욱 세련되고 진보된 영상을 제작할 수 있습니다.

색상 보정하기	→	이펙트 활용하기

흑백 영상 만들기(152쪽)
클릭 한 번으로 색감 보정(160쪽)
필름 카메라 느낌 색감 보정(162쪽)

움직이는 동영상 만들기(184쪽)
크기가 변하는 동영상 만들기(191쪽)
회전하는 동영상 만들기(193쪽)
투명해지는 동영상 만들기(195쪽)

취미로 영상 편집을 하는 분들을 위한 학습법

프리미어 프로를 취미로 배우는 분이세요? 취미로 프리미어 프로를 배우기 위해서는 무엇보다 기본 기능을 활용한 숏 폼 영상, 릴스 영상, 틱톡 영상 등과 같은 간단하고 재미있는 영상 위주로 제작해 보세요. 컷 편집과 자막 작업, 컬러 보정, 간단한 애니메이션 기능만 익혀도 충분히 흥미로운 동영상 콘텐츠를 제작할 수 있습니다.

프리미어 프로의 시작 화면과 작업 환경을 파악하고 새로운 프로젝트와 시퀀스를 만들어 봅니다.

❷ **프리미어 프로 기본기 단계 :** 이미지 크기와 선택, 변형을 배우자!

시퀀스 만들기

영상 맞춤 시퀀스 만들기(51쪽)
Project 패널의 이해(53쪽)
숏폼 영상 만들기(128쪽)

컷 편집하기

Tools 패널(64쪽)
자르기와 붙이기(66쪽)
영상 속도 조절(68쪽)
기본 문자 디자인(69쪽)

❹ **영상 출력 단계 :** 다양한 미디어 형식의 파일로 출력하라!

❺ **영상 디자인 단계 :** 자막, 애니메이션, 효과로 디자인하라!

미디어 파일 출력하기

Export 실행(101쪽)
Export 설정(102쪽)
유튜브 영상 출력(103쪽)

텍스트 적용하기

Essential Graphics 패널 이해(110쪽)
그림자 자막 디자인(113쪽)
그레이디언트 자막 디자인(119쪽)

❻ **동영상으로 배우는 활용 단계 :** 활용 예제로 실력을 업그레이드 하라!

프리미어 프로의 필수 기능을 이용하여 작업물을 만드는 과정을 본서에서 제공하는 동영상으로 배워 보세요.

실력 업그레이드 하기 1

예능 스타일 자막 템플릿 제작(146쪽)
레트로 스타일 입체 자막 디자인(148쪽)
느와르 필름 룩(180쪽)

실력 업그레이드 하기 2

애니메이션 타이틀 트랜지션 제작(200쪽)
움직이는 듯한 자막 만들기(238쪽)
원하는 형태로 움직이는 자막 제작(254쪽)

영상 에디터로 취업 준비하는 분들을 위한 학습법

프리미어 프로를 취업을 위해 배우는 분이세요? 방송, 영화, 광고, 소셜 미디어 콘텐츠 등 다양한 미디어 산업 분야에 활용되는 프리미어 프로는 고품질 작업을 위한 여러 기능이 포함되어 있습니다. 기본 기능은 물론 빠르고 효율적인 작업을 위한 다양한 프리미어 프로의 스킬을 배워 보세요.

❶ 효율적인 작업 프로세스 설정 단계 : 새로운 기능을 익히고 맞춤형 작업 환경을 설정하라!

새 기능 살피기

CC 2023 신기능(28쪽)

→

작업 전 미리 알아두기 1

빠른 편집과 정교한 편집(34쪽)
원하는 포맷의 시퀀스 설정(35쪽)
영상 싱크 맞추기(36쪽)
흔들린 영상 안정화(37쪽)
고해상도 영상을 가볍게 편집하기(38쪽)

❷ 컷 편집 단계 : 편집 도구의 숨겨진 기능을 알아두자!

편집 도구 익히기

Tools 패널(64쪽)
영상 속도 제어(71쪽)
클립/그룹 속성 활용(78쪽)

❸ 편집 다듬기 단계 : 각종 패널과 메뉴의 고급 기능들을 활용하라!

Timeline 패널 활용

타임코드 변경 및 활용(85쪽)
트랙 추가 및 삭제(87쪽)
마커 기능 활용(90쪽)

❹ 텍스트 디자인 단계 : 텍스트 디자인 작업 방식을 알아두자!

텍스트 디자인

Essential Graphics 패널(110쪽)
반응형 텍스트(115쪽)
그레이디언트 자막(119쪽)
도형을 활용한 텍스트(171쪽)
자동 자막 생성(136쪽)

❺ 컬러 보정 단계 : 예술적인 영상 톤을 완성하라!

고급 컬러 보정

Lumetri Color 패널(157쪽)
필름 카메라 룩(162쪽)
느와르 필름 룩(180쪽)
자연 색을 살리는 색감 보정(167쪽)

화려하고 고급스러운 스킬보다 중요한 것은 감각적인 컷 편집입니다. 세련된 컷 편집은 전체 영상의 완성도를 높이는 중요한 요소이므로 최대한 많은 영상을 참고하여 다양한 스타일의 영상을 제작해 보세요. 또한 프리미어 프로의 효율적이고 완성도를 높이는 기능들을 익혀 현업에서 활용하시기 바랍니다.

신기능 또는 주요 기능을 활용해 작업 프로세스를 만들기 바랍니다.

⟶ **작업 전 미리 알아두기 2** ⟶ **상황별 시퀀스 생성**

영상 편집은 매우 다양한 스킬을 요구하기 때문에 효율적인 작업을 위해 숨겨진 다양한 기능을 알아두어야 합니다.

⟶ **Monitor 패널 활용** ⟶ **미디어 파일 출력**

❻ 시각 효과 적용 단계 : 모션, 이펙트로 시각 효과를 완성하라!

❼ 애프터 이펙트 활용 단계 : 애프터 이펙트를 연동해 작업물을 완성하라!

시각 효과 적용

애프터 이펙트 연동

실력 업! CAPA UP!
체계적인 구성을 따라 쉽고 빠르게 공부하세요.

프리미어 프로 기능을 쉽게 배우기 위해 필수 프리미어 프로 기본 이론과 실습 예제들을 담았습니다. 직접 따라하면서 프리미어 프로를 배워 보세요. 배운 기능을 응용하여 실습 예제를 따라하면서 프리미어 프로 실력을 업그레이드 하세요.

☞ 필수 이론 & 실습 예제 • • •

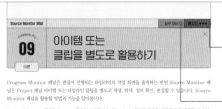

중요도 표시
중요 표시를 통해 중요도를 확인할 수 있습니다.

실무 대비
실무에서 자주 사용하는 기능을 확인할 수 있습니다.

이론
프리미어 프로를 다루기 위해 꼭 알아야 할 필수 기능을 다양한 예시와 함께 설명합니다.

신기능과 프리미어 프로 개념
프리미어 프로 CC 2023의 신기능과 프리미어 프로 작업 개념을 이해할 수 있습니다.

실습

학습 내용을 직접 따라할 수 있도록 감각적인 실습 예제로 구성했습니다. 눈으로만 읽지 말고 꼭 직접 따라해 보세요.

Before/After

원본 이미지와 결과물을 미리 볼 수 있습니다.

TIP

따라하기 쉽도록 예제 관련 기본 팁을 제공합니다. 개념에 대한 부연 설명, 관련 정보, 주의할 점은 무엇인지 등을 설명해 놓았습니다.

Why?

프리미어 프로의 활용 폭을 넓히기 위해 예제에서 사용한 기능을 '왜?' 사용했는지를 친절하게 설명합니다.

볼륨 업! VOLUME UP!
동영상 활용 예제로 실무 대비를 해보세요.

이론과 실습 예제를 이용하여 프리미어 프로의 기본기를 배웠다면 본서에서 제공하는 동영상 활용 예제를 만들어 보세요. 스마트폰이나 태블릿 카메라로 QR 코드를 촬영하여 프리미어 프로 전문 저자 강의 동영상으로 활용 예제 제작 방법을 배워 보세요.

☞ 활용 예제 & 동영상 직강 • • •

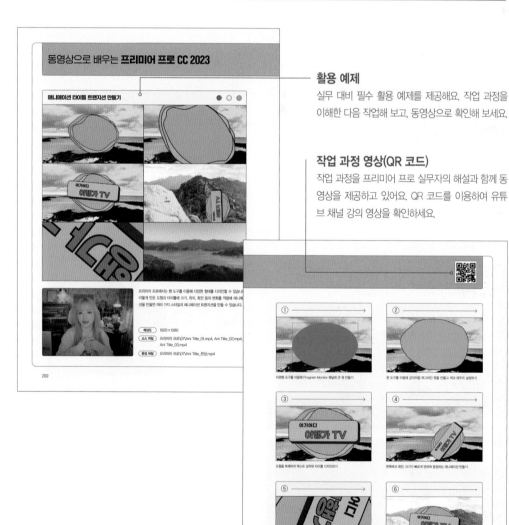

활용 예제
실무 대비 필수 활용 예제를 제공해요. 작업 과정을 이해한 다음 작업해 보고, 동영상으로 확인해 보세요.

작업 과정 영상(QR 코드)
작업 과정을 프리미어 프로 실무자의 해설과 함께 동영상을 제공하고 있어요. QR 코드를 이용하여 유튜브 채널 강의 영상을 확인하세요.

작업 과정 소개
예제 작업 시 사용 기능과 작업 과정을 소개합니다. 가장 효율적인 작업 과정을 확인해 보세요.

예제 구성

예제 작업에 필요한 포맷과 구성, 소스 파일을 제시합니다. 프리미어 프로 기능을 학습 후에 먼저 완성 예제를 보고 작업해 보세요.

길벗출판사 홈페이지를 적극 활용하세요!

길벗출판사에서 운영하는 홈페이지(www.gilbut.co.kr)에서는 출간한 도서에 대한 정보뿐 아니라 예제 파일 및 완성 파일, 최신 기능 업로드 등 학습에 필요한 자료를 제공합니다. 또한 책을 읽다 모르는 내용이 있다면 언제든지 홈페이지의 도서 게시판에 문의해 주세요. 저자와 길벗 독자지원센터에서 신속하고 친절하게 답해 드립니다.

활용 01 | 무엇이든 물어보세요! ● ● ●

길벗출판사 홈페이지에 접속한 후 ❶ 검색(🔍) 창에 『프리미어 프로&애프터 이펙트 CC 2023 무작정 따라하기』를 입력해 해당 도서 페이지로 이동하세요. 홈페이지 화면의 오른쪽에 보이는 퀵 메뉴를 이용하면 ❷ 도서 문의를 빠르게 할 수 있습니다.

활용 02 | 실습 자료 다운로드 ● ● ●

이 책에 사용된 모든 예제 파일 및 완성 파일은 자료실에서 다운로드할 수 있습니다. 해당 도서 페이지 아래쪽의 [자료실]을 클릭해 실습 파일을 다운로드하세요. 홈페이지 회원으로 가입하지 않아도 누구나 자료를 다운로드할 수 있습니다.

목차

PART 6　감각적인 색상 보정하기　• • •

PART 7　자연스러운 모션과 블렌드 모드 익히기　• • •

프리미어 프로 & 애프터 이펙트 설치하기

어도비 프리미어 프로를 설치한 다음 인증하는 방법을 알아보겠습니다. 어도비 홈페이지에서 프리미어 프로를 다운로드하면 7일간 무료로 사용할 수 있습니다. Creative Cloud를 구매하면 구매 기간 동안 제한 없이 사용할 수 있습니다.

설치 01 | 프리미어 프로 최신 버전(CC 2023) 설치하기

01 ❶ 어도비 홈페이지(www.adobe.com/kr)에 접속하고 ❷ '로그인'을 클릭합니다. ❸ 로그인 화면이 표시되면 자신의 계정에 로그인합니다. 만일 Adobe 계정이 없다면 '계정 만들기'를 클릭해 신규 계정을 만들고 로그인합니다.

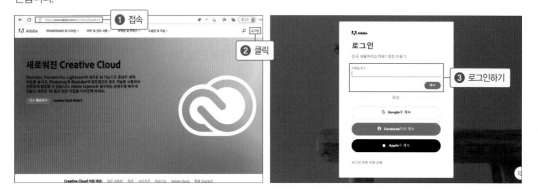

02 상단의 ❶ '도움말 및 지원'을 클릭하고 ❷ 〈다운로드 및 설치〉 버튼을 클릭합니다.

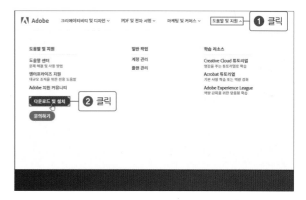

03 'Premiere Pro'를 7일간 무료로 체험하기 위해 〈무료 체험판〉 버튼을 클릭합니다.

04 '개인', '학생 및 교사', '팀 및 비즈니스' 항목 중 원하는 ❶ 옵션을 선택한 다음 ❷ 〈계속〉 버튼을 클릭합니다.

TIP ◁⫯

학생과 교사의 경우 유료 구매 시 할인을 적용 받아 어도비 크리에이티브 클라우드에서 제공하는 모든 프로그램을 월 23,100원에 사용 가능하며, 프리미어 프로만 사용할 경우 24,000원에 구입할 수 있습니다.

05 플랜, 구독 유형을 선택한 다음 〈계속〉 버튼을 클릭합니다. 결제 방법을 추가하기 위해 ❶ 본인의 신용카드 정보와 이름, 국가, 회사명을 입력하고 ❷ 〈무료 체험기간 시작〉 버튼을 클릭합니다.

TIP ◁⫯

'무료 체험판' 버전 이용 시 7일 동안의 무료 체험 기간이 끝나면 자동으로 선택된 플랜의 약정에 따라 매월 자동 결제됩니다. 만일 무료 체험 기간 이후에 자동 결제를 원하지 않는다면 무료 체험 기간 마감 이전에 **계정 보기 → 플랜 관리 → 플랜 취소**를 실행하여 자동 카드 결제를 반드시 취소하시기 바랍니다.

06 시험 버전을 시작하기 위해 〈시작하기〉 버튼을 클릭합니다.

07 Creative Cloud 앱을 열기 위해 〈열기〉 버튼을 클릭합니다.

이 사이트에서 **Creative Cloud Desktop App**을 열려고 합니다.

https://creativecloud.adobe.com에서 이 응용 프로그램을 열려고 합니다.

☐ creativecloud.adobe.com에서 이 형식의 링크를 열 수 있도록 항상 허용

클릭 | 열기 | 취소

08 영문 버전 프리미어 프로를 설치하기 위해 Creative Cloud 앱 화면이 표시되면 ❶ '계정'을 클릭한 다음 ❷ '환경 설정'을 실행합니다.

09 ❶ '앱' 항목을 선택하고 기본 설치 언어를 ❷ 'English (International)'로 지정한 다음 ❸ 〈완료〉 버튼을 클릭합니다.

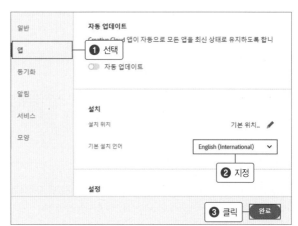

TIP ⬅

기본 설치 언어를 선택하지 않으면 자동으로 한글 프리미어 프로가 설치됩니다.

10 Premiere Pro의 〈설치〉 버튼을 클릭합니다.

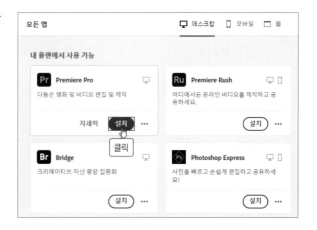

⑪ 설치가 완료되면 〈열기〉 버튼을 클릭합
니다.

⑫ 로딩 화면이 표시된 다음에 프리미어 프로가 실행됩니다.

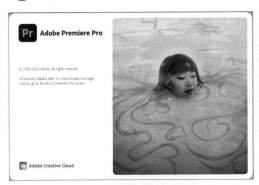

※ 프리미어 프로 CC 2023을 설치하기 위해서는 아래의 최소 사양을 만족해야 합니다.

윈도우	맥
• Intel® 6세대 이상(Intel® 7세대 이상 권장) • AMD Ryzen™ 1000 이상 CPU(AMD Ryzen™ 3000 권장 이상)	macOS 11.0(Big sur) 이상(Windows 10(64비트) V20H2 이상)
Microsoft Windows 10(64비트) 버전 V20H2 이상	macOS 11.0(Big sur) 이상
• 8GB RAM(HD 16GB 권장, 4K 32GB 권장) • GPU 메모리 2GB(HD 4GB 권장, 4K 6GB 권장) • 사용 가능한 하드 디스크 여유 공간 8GB	• 8GB RAM(Apple silicon 16GB, Intel 16/32GB 권장) • GPU 메모리 Apple Silicon 8GB(16GB 권장) • GPU 메모리 Intel 2GB (4GB/6GB 권장)
사용 가능한 하드 디스크 여유 공간 8GB / 설치 중 추가 여유 공간 필요 / 미디어용 추가 고속 드라이브	
1920×1080 디스플레이 이상 권장	• 1920×1080 디스플레이 이상 권장 • HDR 400(HDR 워크 플로우)

※ 애프터 이펙트 CC 2023을 설치하기 위해서는 아래의 최소 사양을 만족해야 합니다.

윈도우	맥
Intel 또는 AMD 멀티코어 프로세서	Intel 및 Apple Silicon(Rosetta2 지원) 멀티코어 프로세서
Microsoft Windows 10(64비트) 버전 1903 이상	• macOS 버전 10.14, 10.15 • macOS Big Sur 11.0 이상 권장
• 최소 16GB(32GB 권장) • GPU VRAM 2GB(4GB 이상 권장)	• 최소 16GB(32GB 권장) • GPU VRAM 2GB
사용 가능한 하드 디스크 공간 15GB / 설치 중 추가 여유 공간 필요	
1920×1080 디스플레이 이상 권장	

01 이전 버전 사용자가 프리미어 프로 최신 버전으로 업그 레이드 하기 위해서는 먼저 Adobe Creative Cloud 앱을 실행합니다.

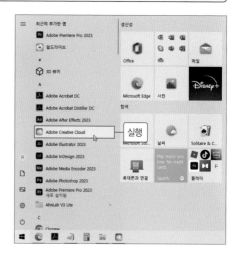

02 Creative Cloud Desktop 앱 화면이 표시되면 Premiere Pro의 '업데이트 사용 가능'을 클릭합니다.

03 신규 업데이트에서 Premiere Pro의 ❶ 〈업데이트〉 버튼을 클릭합니다. 기본 옵션에 대한 선택 사항이 표 시되면 ❷ '이전 버전 제거'에 체크 표시한 다음 ❸ 〈계속〉 버튼을 클릭합니다.

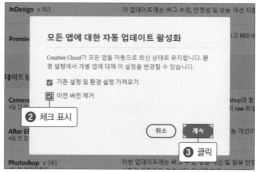

TIP ⬅

'이전 버전 제거'를 체크 표시하면 이전 버전은 삭제되면서 프리미어 프로 최신 버전이 설치됩니다. 만약 PC에서 이전 버전과 최신 버전을 같이 사용하려면 '이전 버전 제거' 체크 표시를 해제합니다.

04 이전 버전 프리미어 프로가 최신 버전으
로 업데이트 됩니다.

설치 03 **이전 버전(CC) 설치하기** • • •

01 Creative Cloud 앱의 Premiere Pro
에서 ❶ '목록' 아이콘(⋯)을 클릭하고
❷ '기타 버전'을 실행합니다.

TIP ◁

최신 버전 프리미어 프로가 설치되어 있지 않다면 '설치됨' 항목이 아닌 '내 플랜에서 사용 가능' 항목에서 Premiere Pro를 선택할
수 있습니다.

02 이전 버전 Premiere Pro의 〈설치〉 버튼을 클릭하여 이전 버전 프리미어 프로를 설치합니다.

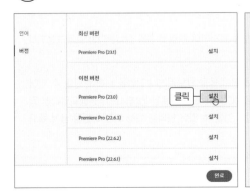

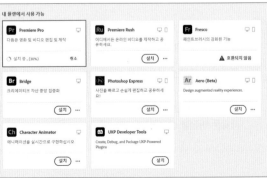

○○○

프리미어 프로 & 애프터 이펙트 설치 Q&A

독자 문의 중 설치에 관한 부분은 굉장히 많은 비율을 차지합니다. 여기서는 설치 과정에서 가장 궁금한 사항들을 모아 알아보겠습니다.

에러 01 │ 프로그램 버전 문제 • • •

Q 어도비 홈페이지에 프로그램 최신 버전만 있습니다. 이전 버전의 프로그램을 다운로드 받고 싶어요.

A 프리미어 프로 최신 버전을 다운로드하여 사용하거나 Creative Cloud에서 '모든 앱'을 클릭한 다음 '설치됨' 항목이나 '내 플랜에서 사용 가능' 항목의 '목록' 아이콘(⋯)을 클릭합니다. 하위 메뉴에서 '기타 버전'을 실행하고 원하는 버전의 프리미어 프로의 〈설치〉 버튼을 클릭하여 설치합니다.

Q 프리미어 프로 CC가 아닌 다른 프리미어 프로가 이미 컴퓨터에 설치되어 있습니다. 책 내용대로 보고 배우려면 책과 같은 버전을 설치해야 하나요?

A 프리미어 프로 하위 버전의 경우 본문의 예제가 호환되지 않습니다. 프리미어 프로 CC 2019 이후 대형 업데이트가 많이 진행되어 기능이 누락된 경우가 많고, 예제 소스 파일과 함께 첨부 드리는 완성본의 프로젝트 파일도 하위 버전에서는 실행되지 않을 수 있습니다. 가능하다면 책에 실린 프리미어 프로와 같은 버전을 사용하는 것이 더욱 효과적인 학습이 될 것입니다.

Q 다른 버전의 프리미어 프로가 설치되어 있는데 책에서 다루는 프리미어 프로 버전을 설치한다면 프로그램끼리 충돌하지 않을까요?

A 프리미어 프로는 서로 다른 버전을 하나의 컴퓨터에 설치하면 충돌을 일으키거나 작업을 느리게 만들 수 있어 하나의 버전만 사용하는 것이 좋습니다. 단, 프리미어 프로 CC를 사용 중 새로운 업데이트가 진행되었다면 업데이트 초반에는 프리미어 프로의 오류가 잦거나 안정적이지 않을 수 있어 만약을 위해 이전 버전을 남겨 두고 새로운 버전을 설치하기도 합니다.

프로그램 설치 전 문제 • • •

Ⓠ 정식 프로그램을 사용하지 않는 것은 불법인데, 어도비에서 제공하는 프리미어 프로 체험판을 설치해도 되나요?

Ⓐ 체험판은 어도비 자체에서 정식으로 무료 배포되는 것으로 불법이 아닙니다. 하지만 어도비 정식 사이트에서 체험판을 다운로드해도 불법 프로그램을 이용하여 정품 인증하는 것은 불법입니다.

Ⓠ 'Dependencies'가 만족스럽지 않다는 오류 메시지가 뜨면서 설치 파일이 실행되지 않습니다.

Ⓐ 제어판에서 방화벽 설정을 해제하고 설치 폴더를 로컬 디스크로 이동하여 재설치합니다.

에러 03 **프로그램 설치 중 문제** • • •

Ⓠ 설치가 완료되지 않고 중간부터 설치되지 않습니다. 이유가 무엇인가요?

Ⓐ 프리미어 프로가 설치되지 않는 이유는 주로 네 가지 원인으로 구분할 수 있습니다.

❶ 윈도우 운영체제가 프로그램과 맞지 않는 경우 → 설치하는 프리미어 프로에 맞는 운영체제를 사용하거나 운영체제에 맞는 버전의 프리미어 프로를 설치합니다.
❷ 이전에 프리미어 프로를 설치한 적이 있는 경우 → 체험판은 7일간 사용할 수 있으며 7일이 지난 이후에는 프리미어 프로를 지우고 다시 설치해도 사용할 수 없습니다. 계속 프리미어 프로를 이용하고자 한다면 정품을 사용하세요.
❸ 메모리나 시스템 사양이 낮은 경우 → 시스템 사양을 프리미어 프로 설치 사양에 맞추어 업그레이드합니다.
❹ 설치 프로그램 이외에 응용 프로그램이 실행 중인 경우 → 프리미어 프로 설치 프로그램 이외에 응용 프로그램과 인터넷은 종료해 주세요.

Ⓠ 이전 설치를 마친 후 다시 설치하라고 합니다.

Ⓐ 프리미어 프로 외에 다른 프로그램을 설치하고 있을 때 표시되는 내용입니다. 여러 프로그램을 동시에 설치하면 레지스트리가 충돌할 수 있으므로 프로그램을 설치할 때는 설치를 마치고 다른 설치를 시작하는 것이 좋습니다.

Ⓠ 'Installation cannot continue until the following applications are closed...' 메시지가 표시되며 설치되지 않습니다.

Ⓐ 설치할 때는 다른 프로그램들은 모두 종료한 다음 설치합니다. 만약 〈Ignore〉 버튼이 표시된다면 버튼을 클릭합니다. 그래도 설치가 되지 않는다면 열려 있는 응용 프로그램을 모두 닫고 설치를 시도하세요. 다시 설치를 시도할 때 같은 메시지가 표시된다면 컴퓨터를 재부팅한 다음 설치해 보길 바랍니다.

Ⓠ 설치 중 에러가 나서 종료한 이후 다시 설치할 수 없습니다.

Ⓐ '프로그램 추가 제거'에 어도비 프리미어 프로가 설치되어 있다면 제거합니다. 그 이후에도 설치할 수 없다면 말끔하게 레지스트리까지 정리합니다.

PART 1.

원포인트 레슨!
프리미어 프로 이해하기

프리미어 프로의 새로운 기능과 필수로 이해해야 하는 기능에 대해 알아봅니다. 신기능 한 눈에 보기에서는 Essential Graphics 패널의 기능 강화를 통해 자막과 도형을 활용한 다양한 디자인 솔루션이 업데이트된 내용을 확인할 수 있습니다.

Premiere Pro

01

이론

프리미어 프로 CC 2023 신기능 한 눈에 보기

❶ Import(가져오기), Export(내보내기) 화면　　　　• • •

프리미어 프로 CC 2023의 Workplaces 내비게이션이 하나의 메뉴로 통합되었고, Home 패널이 새롭게 추가되었습니다. 화면 상단의 〔Import(가져오기)〕, 〔Edit(편집)〕, 〔Export(내보내기)〕 탭을 선택하여 자유롭게 인터페이스를 변경할 수 있습니다. Import, Export 화면 또한 직관적이고 간편하게 바뀌었습니다. 특히 Import 화면에서는 미디어를 불러올 때 섬네일을 통해 영상을 미리 재생해 보며 필요한 파일만 선택하여 가져올 수 있게 개선되었으며, Export 화면에서는 다양한 소셜네트워크 플랫폼의 내보내기 프리셋을 지원하여 사용자 편의성을 높였습니다.

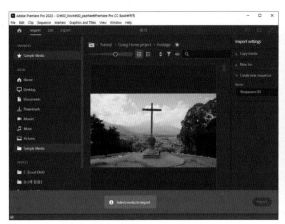

▲ 새로운 Import(가져오기) 화면

▲ 새로운 Export(내보내기) 화면

❷ 오브젝트의 테두리 위치 설정　　　　• • •

Essential Graphics 패널에서 자막, 도형 등 오브젝트에 테두리를 생성할 때 Outer(외부 선), Inner(내부 선), Center(가운데 선)으로 배치할지 선택할 수 있습니다.

Stroke(선) 항목의 'Outer(외부 선)'를 선택하면 나타나는 하위 메뉴 ▶

❸ Essential Graphics 패널의 정렬 기능 • • •

기존에는 Essential Graphics 패널에서 자막, 도형 등 오브젝트 정렬이 Program Monitor 패널의 작업 영역 기준으로만 실행되어 많은 사용자가 불편을 겪었습니다. 프리미어 프로 CC 2023에서는 다중 선택된 오 브젝트들의 정렬 모드를 용도에 맞게 변경할 수 있습니다. 'Align to Video Frame(비디오 프레임에 정렬)'은 선택된 오브젝트들을 비디오 영역 기준으로 정렬하고, 'Align to Video Frame as Group(비디오 프레임에 그룹으로 정렬)'은 선택된 오브젝트들을 그룹으로 인식하고 해당 그룹 자체를 비디오 영역 기준으로 정렬하며, 'Align to Selection(선택 항목에 정렬)'은 선택된 오브젝트들을 개별 개체로 인식하고 오브젝트 기준으로 정 렬하는 세 가지 모드 중 하나를 지정하여 진행할 수 있습니다.

▲ 'Align to Video Frame'을 실행해 표시되는 하위 메뉴

❹ 그래픽 선 및 어두운 영역 그레이디언트 지원 • • •

자막을 디자인할 때 Stroke(선)과 Shadow(어두운 영역)에도 그레이 디언트를 추가할 수 있습니다. 그레 이디언트를 사용해서 광택 등 다채로 운 디자인을 만들고 영상에 직접 활 용해 보세요.

❺ 복수의 자막 클립 수정을 한번에! •••

Timeline 패널에서 여러 개의 자막 클립을
선택한 다음 Essential Graphics 패널에서
한꺼번에 글꼴, 크기, 색상 등을 수정할 수 있
습니다.

V2 트랙의 자막 클립을 다중 선택했을 때 Essential Graphics ▶
패널에 자막 수정 메뉴들이 생성되는 모습

❻ 캡션을 그래픽으로 전환 •••

자막 클립을 선택하고 메뉴의 〔Graphics and
Titles(그래픽 및 타이틀)〕 → Upgrade to
Source Graphic(캡션을 그래픽으로 업
그레이드)를 실행해 캡션을 그래픽으로 전
환할 수 있습니다. 전환 작업을 마치면 화면
에서 단어에 애니메이션을 적용할 수 있습니
다. 키프레임을 사용하면 타이밍을 조정하여
결과물을 정확하게 제어할 수 있으며, 캡션은
Program Monitor 패널 또는 Text 패널에
서 직접 텍스트로 편집할 수 있습니다.

❼ 여러 트랙에 대한 스위치 전환 선택 •••

기존에는 여러 트랙의 스위치를 전환하려면 비효율적으로 하나씩 클릭해야 했지만, 프리미어 프로 CC 2023에
서는 [Ctrl]을 누른 채 트랙 스위치 아이콘 위를 드래그하여 여러 소스 또는 대상 트랙을 한 번에 선택할 수 있습
니다.

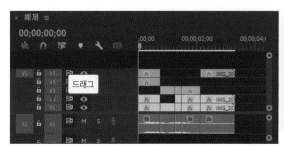
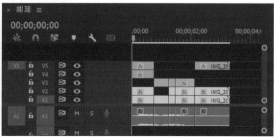

❽ 작업할 때 회전, 크기 조정 옵션을 사용하지 않도록 하는 마스크 도구 ● ● ●

기존에는 마스크 기능을 사용하는 동안 회전 기능이 활성화되어 불편을 겪었습니다. 프리미어 프로 CC 2023에서는 마스크 작업을 마칠 때까지 회전, 크기 조정 옵션을 사용하지 않게 개선되어 더욱 세밀한 작업이 가능해졌습니다. 추가된 800% 및 1,600% 확대/축소 기능을 사용하면 Program Monitor 패널에서 더욱 정밀하게 확대 및 축소할 수 있습니다.

▲ 마우스 커서가 지점을 벗어나도 회전 커서로 변경되지 않는 모습

❾ Team Projects(팀 프로젝트) 공동 편집 ● ● ●

메뉴에서 〔File(파일)〕 → New(새로 만들기) → Team Project(팀 프로젝트)를 실행하여 인터넷에 연결되어 있다면 팀원과 함께 공동 편집을 진행할 수 있습니다.

팀 프로젝트에서 작업하는 경우 프리미어 프로의 상단 표시줄에 공동 작업자와 프로젝트에서 현재 활성화된 사용자가 표시됩니다. 상단 표시줄에서 바로 공동 작업자를 추가하고 제거할 수 있습니다. 다른 사람이 프로젝트 작업을 수행할 때 시퀀스가 자동으로 잠긴 상태로 표시되며, 작업 중이 아닌 편집자는 필요할 때마다 잠긴 시퀀스를 읽기 전용 모드로 열고 콘텐츠를 복사할 수 있습니다. 또한 공동 작업자와 워크플로우를 관리하여 프로젝트 내에 변경된 사항, 편집 내용 등을 공유할 수 있습니다.

❿ 클립별로 조절하는 오디오 더킹 ・・・

메뉴에서 〔Edit(편집)〕 → Essential Sound(기본 사운드)를 실행하여 오디오를 클립별로 'Dialogue(대화)', 'Music(음악)', 'SFX(효과음)', 'Ambience(주변음)'으로 타입을 부여하여 볼륨을 조절하고, 타입별로 오디오 파형을 긴밀하게 분석하며, 더킹하여 대화가 있을 때 사운드 트랙이나 기타 배경 오디오의 볼륨을 줄여 더 쉽게 들을 수 있도록 합니다. 자동 더킹은 Adobe Sensei(어도비 센세이) AI를 사용하여 대화 또는 보이스 오버용 배경 오디오를 자동으로 조정합니다.

▲ 오디오 클립의 타입을 지정하는 메뉴　　　　　▲ 타입별로 오디오 파형을 분석하고 더킹하는 메뉴

⓫ 새로운 Essentials(필수) 작업 영역 ・・・

메뉴에서 〔Window(창)〕 → Workspaces(작업 영역) → Essentials(필수)를 실행하여 추가된 작업 영역을 적용할 수 있습니다. 깨끗하고 간편한 레이아웃을 제공하고, 패널은 논리적으로 좌측에서 우측 워크플로우로 표시되며, 화면 하단에는 충분한 타임라인이 있습니다.

Essentials 작업 영역에서는 작업 영역을 전환할 필요 없이 모든 핵심 프리미어 프로 기능에 쉽게 액세스할 수 있으며, 랩톱 또는 하나의 화면에서 프리미어 프로를 사용하도록 최적화되어 있습니다.

⑫ 새로운 Vertical(세로) 비디오 작업 영역　•••

새로운 Vertical(세로) 비디오 작업 영역
에서는 세로 콘텐츠에 최적화된 깨끗하고
간편한 레이아웃을 제공합니다. 이 형식
으로 작업하는 소셜 미디어 작성자는 이
작업 영역 오른쪽에 있는 세로 9:16 동영
상을 시청하도록 설정된 프로그램 모니터
를 찾을 수 있습니다.

⑬ GPU 디베이어링을 사용하여 ARRIRAW에 대한 지원 개선　•••

강력한 실시간 성능을 제공하는 GPU 디베이어링을 사용하여 ARRIRAW가 재생될 수 있습니다. 프리미어
프로에서는 ALEXA mini 또는 ALEXA 35 등의 ARRI 카메라에 대한 올바른 로그 색상 공간뿐만 아니라 아
나모픽 렌즈 메타 데이터를 자동으로 식별합니다.

⑭ GPU 가속 효과 추가　•••

GPU 가속은 비디오를 편집하거나 완성된 비디오를 내보낼 때 더 좋은 성능을 낼 수 있음을 의미합니다. 프리
미어 프로의 거의 모든 효과는 GPU로 가속됩니다. 언샵 마스크, 시간 포스터화, 확대, 복제, 구형화, 파도 뒤
틀기 효과를 사용할 때 편집 중 재생이 원활해지며, 렌더링 및 내보내기 속도가 높아집니다.

⑮ Apple M1 시스템에서의 개선된 H264/HEVC 인코딩　•••

Apple M1 시스템에서 H264/HEVC 인코딩된 파일의 인코딩 품질을 개선했습니다. 특히 Apple M1 시스템
에서 H264/HEVC 인코딩된 파일의 비트 전송률은 이제 Mac, Intel 시스템에서 인코딩된 파일의 비트 전송
률만큼 높습니다.

⑯ HDR 프록시　•••

미디어의 HDR 프록시를 만들어 HDR 푸티지 작업 속도를 높일 수 있습니다. 자동으로 적절한 색상 공간에
파일의 저해상도, 중간 해상도, 고해상도 사본을 생성합니다. HDR 프록시는 시각적으로 원본과 흡사하며, 편
집 시 성능을 개선합니다.

빠른 편집과 정교한 편집하기

편집 작업 분량과 소스 양에 따라 빠르고 간편한 편집을 진행할 수 있으며, 시간이 오래 걸리더라도 정교하게 편집하는 방법도 있습니다.

간편하고 빠른 편집 방법은 하나의 시퀀스에 소스 데이터를 나열한 뒤 앞에서부터 재생하며 OK 장면을 고르면서 필요 없는 장면을 삭제해 나가는 직렬적인 방법입니다. 그렇게 처음부터 끝까지 정리하고 다시 한번 재생하면서 편집을 다듬어 나가면 빠르게 정리할 수 있습니다.

정교한 편집 방법은 각 장면 또는 시퀀스별로 데이터를 정리하고 컷 순서를 배열한 다음 모든 컷을 재생하며OK 컷과 Keep 컷을 구분합니다. 다음으로 새로운 시퀀스를 만들고 정리된 OK, Keep 컷을 다시 한번 보면서 정밀하게 편집합니다. 원하는 결과물을 얻을 때까지 정밀 편집을 여러 번 반복합니다. 편집이 끝나면 OK 컷을 따로 보관하거나 편집 데이터를 반드시 백업해야 합니다.

TIP ◁

프리미어 프로 편집이 좋은 이유

❶ 윈도우와 맥 운영체제에서 모두 사용할 수 있는 프로그램

영상 편집을 위한 다양한 프로그램이 있지만, 일부 프로그램은 특정 운영체제에서만 가동되어 해당 장비가 없는 사용자는 이용할 수 없습니다. 그러나 프리미어 프로는 모든 운영체제에서 이용할 수 있어 접근성이 좋고 다양한 환경에서 사용할 수 있습니다. 만약 협업하는 작업자가 각각 윈도우 장비와 맥 운영체제 장비를 사용하더라도 프리미어 프로를 사용한다면 문제없이 호환하여 공동으로 작업할 수 있습니다.

❷ 다른 프로그램과의 유연한 연동

프리미어 프로만으로도 훌륭한 품질의 영상을 만들 수 있지만, 모션 그래픽, 정밀한 사운드와 이미지 편집 등에는 한계가 있어서 해당 편집에 특화된 프로그램을 사용하는 것이 효율적입니다. 이때 편집 프로그램과 다른 프로그램이 연동되지 않는다면 곤란한 상황이 발생합니다. 매번 영상을 무압축 고화질로 내보내서 작업해야 하기 때문입니다. 하지만 프리미어 프로는 어도비의 다른 프로그램들과 쉽게 연동할 수 있어 이런 문제점을 해결할 수 있습니다.

❸ 영상 편집 초급자부터 전문가까지 이용하는 프로그램

프리미어 프로는 간단한 컷 편집부터 다양한 효과를 다루는 상업 영상까지 영상 제작을 위한 모든 기능이 탑재되어 있는 프로그램으로, 사실상 프리미어 프로 하나만으로도 대부분의 영상을 제작할 수 있습니다. 또한 최근에는 업데이트 주기가 짧아져서 빠른 속도로 편의성이 좋아지고 있는 전문가용 편집 프로그램입니다.

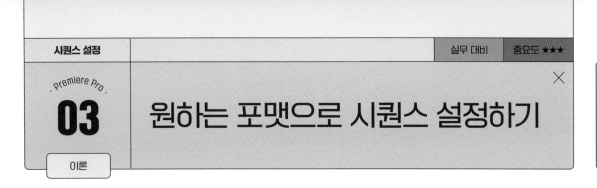
시퀀스 설정은 편집 작업 환경을 결정하기도 하지만 기본 출력 설정을 도와줍니다. 따라서 동영상 소스 정보를 정확히 알고 알맞게 설정해야 편집도 원활히 이루어지며 출력할 때도 같은 포맷의 결과물을 얻기 편리합니다.

동영상 소스와 같은 형식의 시퀀스를 빠르고 쉽게 만들려면 Project 패널에서 소스 파일을 선택하고 메뉴에서 (File) → New → Sequence From Clip을 실행하거나 마우스 오른쪽 버튼을 클릭한 다음 Sequence From Clip을 실행합니다. 또한, Project 패널에서 소스 파일을 'New Item' 아이콘(🔳)으로 드래그하면 더 쉽고 빠르게 같은 포맷의 시퀀스를 만들 수 있습니다.

시퀀스 설정은 초기 설정 이후에 메뉴에서 (Sequence) → Sequence Settings를 실행해 원하는 포맷으로 새롭게 변경할 수 있습니다. Sequence Settings 대화상자에서는 비디오와 오디오 포맷, 프리뷰, VR 속성 설정을 변경할 수 있습니다.

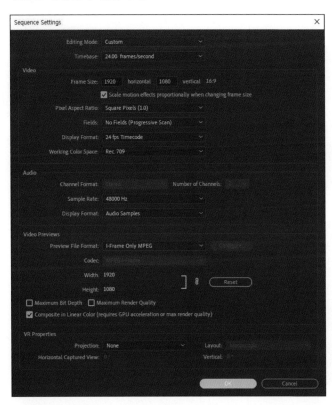

TIP ◁

시퀀스 속성 보기 – Properties

Project 패널에서 시퀀스를 선택하고 마우스 버튼을 클릭한 다음 **Properties**를 실행하면 해당 시퀀스의 해상도, 프레임 레이트, 오디오, 색상 설정 등에 관한 옵션을 한 눈에 볼 수 있습니다.

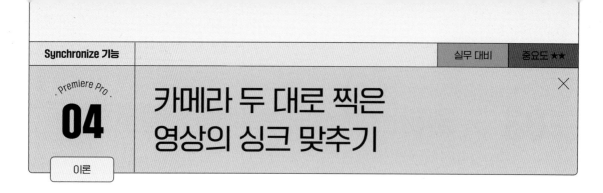

. Premiere Pro .

04

이론

카메라 두 대로 찍은 영상의 싱크 맞추기

카메라 두 대 이상으로 찍은 영상을 교차 편집하기 위해서는 영상의 싱크를 맞추는 것이 중요합니다. 두 개 이상의 영상의 싱크를 맞추기 위해서는 두 영상 모두 오디오가 녹음되어야 합니다. Timeline 패널을 확대하면 보이는 오디오 파형의 모양으로 싱크를 맞출 수 있기 때문입니다. 오디오 싱크를 쉽고 빠르게 맞추기 위해 주로 여러 대의 카메라를 사용할 경우 카메라의 녹화 버튼이 모두 눌린 상태로 '슬레이트' 혹은 '박수' 등 짧고 큰 소리를 내서 편집 점을 잡습니다. 프리미어 프로에서는 슬레이트나 박수 없이도 오디오 파형을 분석해 자동으로 싱크를 맞춰 주는 Synchronize 기능이 있습니다.

Synchronize 기능은 Timeline 패널에서 싱크를 맞추고자 하는 영상, 오디오 클립을 모두 선택하고 마우스 오른쪽 버튼을 클릭하여 Synchronize를 실행하면 사용할 수 있습니다. 이때 오디오 파형이 일치하는 부분이 많아야 제대로 실행됩니다. 예를 들어, 첫 번째 카메라는 마이크를 사용하여 잡음 없이 깔끔하게 녹음되고, 두 번째 카메라는 카메라 내장 마이크를 사용한 상태로 모든 현장음이 들어가 두 영상의 오디오 파형이 매우 다를 경우 기능이 작동하지 않을 수 있습니다.

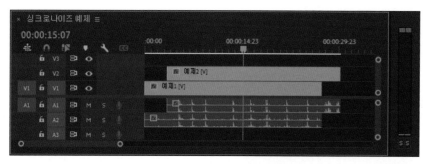

▲ 두 클립의 오디오 파형이 완벽하게 일치하는 모습

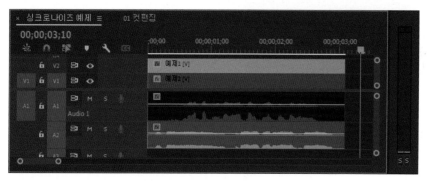

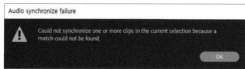

▲ 두 클립의 오디오 파형이 일치하지 않아 오류 메시지 창이 표시된 모습

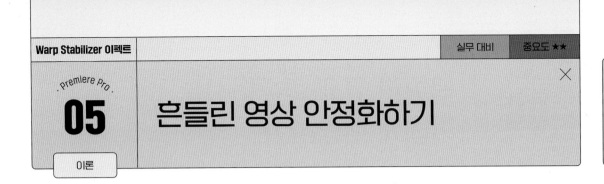

. Premiere Pro .

05

이론

흔들린 영상 안정화하기

손 떨림 방지 기능이 없는 렌즈, 카메라를 사용하거나 걸으면서 촬영하는 등 삼각대 없이 촬영할 경우 촬영본이 흔들려 활용하지 못하는 상황이 종종 발생합니다. 이때 Warp Stabilizer 기능을 이용하여 흔들림을 어느 정도 보정할 수 있습니다. 심하게 흔들린 영상의 경우에는 부자연스럽게 안정화되는 경우도 많지만, 흔들림의 정도가 심하지 않거나 부드럽게 흔들린 경우 만족스러운 결과물이 나올 수 있는 기능입니다.

Effects 패널에서 'Warp Stabilizer' 이펙트를 검색하고 Timeline 패널의 안정화를 원하는 클립에 드래그하여 적용할 수 있습니다. Effect Controls 패널의 Smoothness 항목에서 부드러움의 강도를 설정할 수 있으며, Method 항목에서 위치 이동, 회전, 크기 변화, 왜곡 등을 지정합니다. Framing 항목에서는 영상의 크기 변화와 자르기 등을 지정할 수 있습니다.

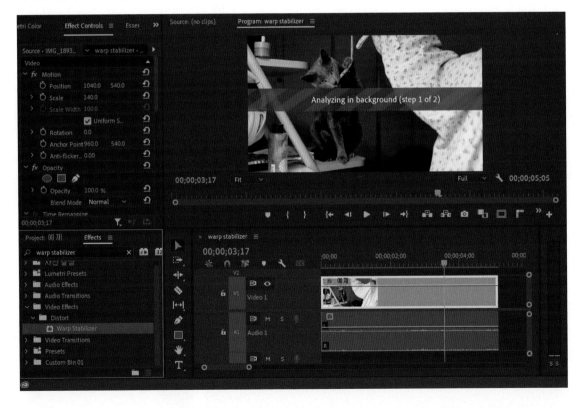

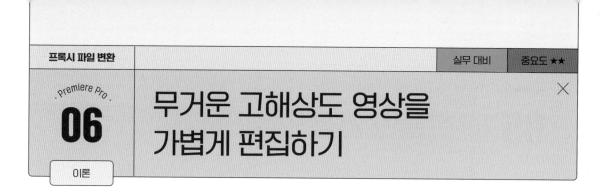

. Premiere Pro .

06

이론

무거운 고해상도 영상을
가볍게 편집하기

기술이 점점 발전하면서 4K, 8K 등 고해상도 영상을 녹화할 수 있는 카메라가 많아지고 있습니다. 고해상도 영상들은 작업 PC 성능이 좋지 않다면 실시간 재생이 어려워 편집 작업이 힘든 경우가 많습니다. 이때 고해상도 영상을 일일이 렌더링하여 작업할 수도 있지만, 작업 시간이 몇 배 더 소요되기에 비효율적입니다. 무거운 고해상도 영상을 저사양 컴퓨터에서 작업하는 가장 좋은 방법은 영상을 데이터 용량과 해상도를 낮춘 프록시 파일로 변환하는 것입니다. 프록시 파일로 변환하여 작업하면 끊김 없이 영상을 재생할 수 있고, 작업을 마친 후에는 별도의 작업 없이 원하는 설정대로 출력하면 자동으로 고해상도 결과물을 얻을 수 있습니다.

Project 패널에서 프록시 파일로 변환하고자 하는 아이템을 선택하고 마우스 오른쪽 버튼을 클릭한 다음 Proxy → Create Proxies를 실행합니다. Create Proxies 대화상자가 표시되면 원하는 포맷과 해상도를 지정하고 파일이 저장될 위치를 지정한 다음 〈OK〉 버튼을 클릭하면 어도비 미디어 인코더(Adobe Media Encoder)가 자동으로 실행되어 고해상도 데이터를 가벼운 데이터로 변환하여 프록시 파일을 만듭니다.

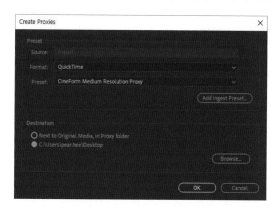

파일이 모두 변환되면 Attach Proxies를 실행하고 Attach Proxies 대화상자에서 프록시 파일을 적용할 파일을 선택한 다음 〈Attach〉 버튼을 클릭합니다. Attach Proxies 대화상자에서 만들어진 저해상도 프록시 파일을 찾아 선택한 다음 〈OK〉 버튼을 클릭하면 프록시 파일이 적용됩니다. Timeline 패널에서 프록시로 변경된 파일을 선택하면 Info 패널에서 프록시 비디오 정보를 확인할 수 있습니다.

▲ Attach Proxies 대화상자

▲ 프록시 비디오 정보

Offline File 지정

중요도 ★★★

. Premiere Pro .

07

이론

원본 소스 파일을 찾아
새로운 경로 지정하기

이전에 만든 프로젝트 파일을 열었을 때 Link Media 대화상자가 표시되고, Project 패널과 Timeline 패널에 붉은색의 오프라인 파일(Offline File)이 표시되는 경우가 종종 발생합니다. 이것은 처음 불러왔던 소스의 파일명이 바뀌거나, 이전 위치에 없거나, 파일 자체가 삭제되었을 경우 발생합니다. 이럴 때는 원본 소스 파일을 찾아 새로운 경로를 지정해야 원활하게 작업을 진행할 수 있습니다.

원본 소스 파일을 찾아 경로를 지정하기 위해서는 프로젝트 파일을 처음 실행할 때 표시되는 Link Media 대화상자나 Timeline 패널에서 오프라인 클립을 마우스 오른쪽 버튼으로 클릭하고 Link Media를 실행합니다. Link Media 대화상자가 표시되면 〈Locate〉 버튼을 클릭합니다. Locate File 대화상자를 표시되면 잃어버린 소스 파일의 경로를 찾아 지정하고 〈OK〉 버튼을 클릭합니다. 이때 'Display only Exact Name Matches'에 체크 표시하면 같은 이름의 파일만 보이도록 설정할 수 있습니다. 〈Search〉 버튼을 클릭하면 자동으로 하드디스크를 탐색하여 소스 파일을 찾아 줍니다. 이때 소스 파일 이름이 변경되면 앞선 두 가지 방법은 사용할 수 없으며, 직접 경로를 찾아 지정해야 합니다. 'Image Sequence'는 이미지 시퀀스 형태로 된 파일을 하나의 동영상 파일로 인식하도록 합니다.

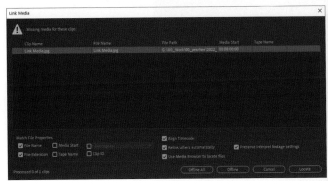

▲ Link Media 대화상자

▲ 오프라인 클립이 발생했을 때 Program Monitor 패널, Timeline
패널의 모습

. Premiere Pro .

08 프로젝트 백업하기

이론

영상 작업에서 백업은 필수이며, 프로젝트가 완료된 후에는 반드시 백업을 해야 합니다. 백업은 원본 데이터를 모두 저장하는 방법과 프로젝트에 사용된 소스만 백업하는 방법으로 나눌 수 있습니다.

프리미어 프로에서는 Project Manager 대화상자를 활용해 편리하게 백업할 수 있으며, 메뉴에서 (File) → Project Manager를 실행하여 표시할 수 있습니다.

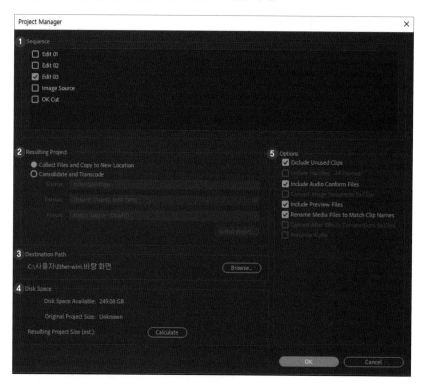

❶ **Sequence** : 백업을 원하는 시퀀스를 선택할 수 있으며 동시에 여러 시퀀스를 선택할 수 있습니다.

❷ **Resulting Project** : 백업 소스의 복사 또는 트랜스 코딩 옵션을 선택합니다. Collect Files and Copy to New Location 옵션으로 원본 소스를 새로운 위치에 복사하는 것을 추천하며, 원본 소스의 데이터가 매우 클 경우 Consolidate and Transcode 옵션을 사용해서 통합적으로 코드를 변환하여 백업할 수 있습니다.

❸ **Destination Path** : 백업 파일이 저장될 위치를 〈Browser〉 버튼을 클릭해 지정할 수 있습니다.

❹ **Disk Space** : 선택된 저장 장치의 용량을 확인할 수 있으며, 〈Calculate〉 버튼을 클릭하여 백업하려는 소스의 크기를 확인할 수 있습니다.

❺ **Options** : 복사 또는 트랜스 코딩되는 소스 파일의 사용 유무, 프리뷰 파일, 이름 설정 등을 결정합니다. 'Exclude Unused Clips'에 체크 표시하면 선택된 시퀀스에 포함되지 않은 소스 파일도 함께 백업됩니다. 'Include Audio Conform Files'와 'Include Preview Files'는 용량을 많이 차지할 수도 있으므로 체크 표시를 해제하고 백업을 진행하는 것이 좋습니다.

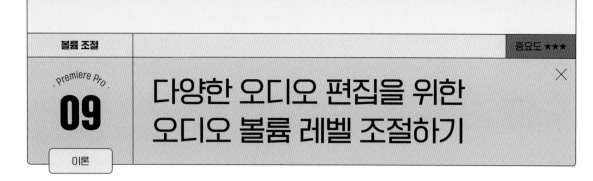

볼륨 조절		중요도 ★★★

Premiere Pro.

09

이론

다양한 오디오 편집을 위한
오디오 볼륨 레벨 조절하기

오디오는 영상 작업에서 필수 요소로, 효과와 배경 음악, 대사, 현장음 등 다양한 역할로 작품의 품질을 책임지기도 합니다. 물론 정밀한 사운드 디자인을 프리미어 프로와 같은 편집 툴에서 작업할 수 없으나 약간의 효과를 적용하거나 정리하는 등 기본적인 오디오 편집 작업은 진행할 수 있습니다. 오디오 편집의 기본은 볼륨 조절이며 볼륨을 조절하는 방법에는 여러 가지가 있습니다.

❶ Audio Gain 활용하기 • • •

메뉴에서 [Clip] → Audio Options → Audio Gain(ⓖ)을 실행하거나 오디오 클립에서 마우스 오른쪽 버튼을 클릭하여 실행할 수 있습니다. Audio Gain 대화상자에서는 다양한 볼륨 조절 옵션을 제공합니다. Audio Gain은 여러 클립을 선택했을 경우 선택한 클립 전체에 설정 값이 적용됩니다.

❷ Effect Controls 패널 이용하기 • • •

Timeline 패널에서 오디오 클립을 선택하면 Effect Controls 패널에서 볼륨, 채널 볼륨, 좌우 팬 효과 등을 제어할 수 있습니다. 또한, 키프레임을 설정하여 페이드 인/아웃, 채널 이동과 같은 오디오 애니메이션을 만들 수 있습니다.

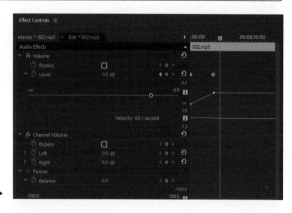

오디오 옵션을 조절할 수 있는 Effect Controls 패널 ▶

❸ Timeline 패널의 오디오 연결선(Connector Line) 활용하기 • • •

오디오 연결선은 오디오 트랙의 높이를 확장하면 나타나는데 연결선을 위, 아래로 드래그해 볼륨 옵션을 조절할 수 있으며, [Ctrl]을 누른 상태로 연결선을 클릭하면 키프레임을 만들 수 있고 위, 아래로 조절해 오디오 애니메이션을 만들 수도 있습니다.

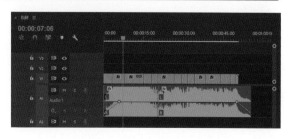

· Premiere Pro ·
10
가속도 조절하기

이론

프리미어 프로에서 영상의 속도를 조절하는 방법은 여러 가지가 있습니다. 그중 가장 손쉬운 방법으로 첫 번째는 속도 조절 도구(█, R)를 활용하여 임의로 적당한 속도를 맞추는 방법입니다. 이 방법은 빠르고 쉽게 적절한 속도를 조절할 수 있지만 정확한 배율로 조절하기 어려울 수 있으며 가속도를 표현할 수 없습니다.

두 번째는 클립의 Speed&Duration(Ctrl + R) 명령을 활용하는 방법입니다. 속도를 조절하려는 클립을 선택하고 (Clip) 메뉴 또는 마우스 오른쪽 버튼을 클릭한 다음 Speed&Duration을 실행할 수 있습니다. Speed&Duration은 정확한 배율의 속도와 길이를 여러 클립에 동시 설정할 수 있고, 빠르게 역재생 클립을 만들 수 있는 장점이 있지만, 가속도 표현과 정지 장면을 만들 수 없습니다.

세 번째로 Time Remapping을 활용하는 방법입니다. 이 방법은 속도를 미세하게 조절하기 어렵지만 점점 빨라지거나 느려지는 가속도를 표현할 수 있고, 정지 화면을 만들 수도 있습니다.

◀ Time Remapping 기능으로 가속도를 조절한 예

TIP ◁▷

Clip Speed / Duration 창에서 Duration 값을 변경하면 프레임 또는 시간 단위로 클립의 길이를 변경하여 재생 속도를 제어할 수 있습니다. 이때 Link 아이콘을 클릭해서 연결을 해제하면 Speed와 Duration 값을 각각 설정할 수 있습니다.

'Reverse Speed'에 체크 표시하면 영상과 오디오를 역방향으로 재생합니다. 'Maintain Audio Pitch'에 체크 표시하면 오디오 피치를 재생 속도에 관계없이 일정하게 유지할 수 있습니다. 'Ripple Edit, Shifting Trailing Clips'에 체크 표시하면 속도가 조절되면서 발생한 편집 공간을 자동으로 당겨 주거나 밀어 줍니다.

Premiere Pro

11

내레이션 녹음하기

이론

외부 프로그램을 이용해 내레이션을 녹음할 수 있지만, 녹음 파일을 따로 저장해서 불러오는 번거로움이 있습니다. Voice-over Record 기능을 사용하면 프리미어 프로에서도 쉽게 내레이션 녹음을 할 수 있습니다.

Timeline 패널에서 내레이션 클립이 위치할 트랙의 'Voice-over Record' 아이콘(🎤)을 클릭합니다. 화면에 3초간 카운트다운이 표시된 다음 바로 녹음이 시작됩니다. 녹음을 마치면 Spacebar 를 눌러 녹음을 멈출 수 있습니다. Timeline 패널에서 내레이션이 시작되었으면 하는 위치에 현재 시간 표시기를 이동하며 계속해서 다음 녹음을 진행합니다.

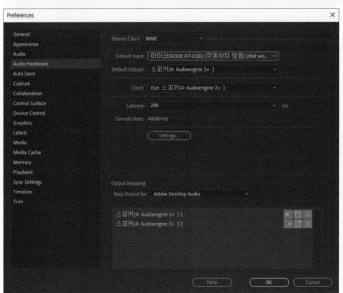

◀ 'Voice-over Record' 아이콘(🎤)이 비활성화된 상태라면 메뉴에서 (Edit) → Preferences를 실행한 다음 (Audio Hardware) 탭의 'Default Input'이 연결된 마이크로 지정되어 있는지 확인합니다.

PART 2.

프리미어 프로 CC 2023
시작하기

프리미어 프로를 시작하여 프로젝트와 시퀀스를 만드는 방법을 알아봅니다. 작업 화면에 대해 이해하고 자신에게 맞는 인터페이스를 설정합니다. 또 작업을 시작하기 위한 시퀀스와 프로젝트를 설정하여 본격적인 영상 편집을 위한 기본 환경 설정을 이해합니다.

. Premiere Pro .

01

이론

새로운 프로젝트
파일 만들기 / 불러오기

프리미어 프로를 처음 실행하면 반드시 가장 먼저해야 하는 과정은 프로젝트를 만드는 것입니다. Home 화면에서 프로젝트를 만드는 방법과 이미 만들어진 저장된 프로젝트를 불러오는 과정을 알아봅니다.

❶ Home 화면에서 새로운 프로젝트 만들기 •••

프리미어 프로를 시작합니다. 시작 화면으로 Home이 표시되면 새로운 프로젝트를 만들기 위해 〈New Project〉 버튼을 클릭하여 실행합니다.

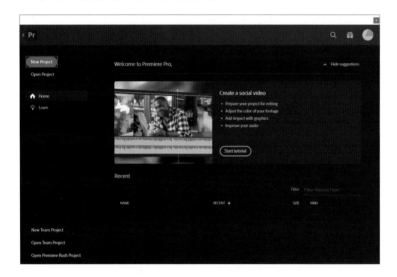

TIP ◁
처음 프리미어 프로를 시작하면 버전과 작업 환경에 따라 다른 인터페이스 구성을 가질 수 있습니다.

❷ File 메뉴에서 프로젝트 파일 불러오기 •••

메뉴에서 [File] → Open Project([Ctrl]+[O])를 실행해 프로젝트 파일을 찾아 불러올 수 있습니다. Open Recent에서 최근 프로젝트를 불러올 수도 있습니다.

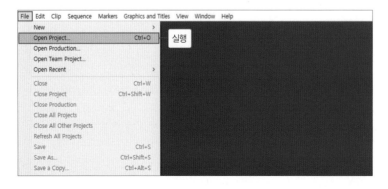

. Premiere Pro .

02

이론

프리미어 프로 작업 화면 살펴보기

프리미어 프로의 작업 화면은 프로젝트 소스 관리, 영상 및 오디오 편집, 비디오 모니터링, 효과 작업 등을 위해 20개가 넘는 다양한 패널이 존재합니다. 본격적인 편집 작업을 시작하기 전에 필수 패널의 정보를 알아봅니다.

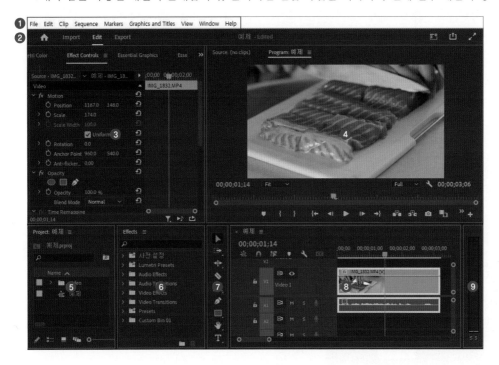

❶ **메뉴** : 프리미어 프로에서 실행할 수 있는 명령들이 9개의 메뉴로 구성되어 있습니다.

❷ **Home 패널** : 프리미어 프로 CC 2023에서 새롭게 변경된 인터페이스입니다. 가져오기(Import), 편집(Edit), 내보내기(Export)를 변경할 수 있습니다. 좌측 'Home' 아이콘(🏠)을 클릭하여 시작 화면을 표시할 수 있으며, 'Workspace' 아이콘(▦)을 클릭하여 사용자 편의에 맞는 작업 환경으로 변경할 수 있습니다. 'Quick Export' 아이콘(🖅)을 클릭하여 편집(Edit) 화면에서 빠르게 내보내기를 할 수 있으며, 'Full screen video' 아이콘(🖊)을 클릭하면 작업 중인 Program Monitor 패널의 비디오를 전체 화면으로 보여 줍니다.

❸ **Effect Controls 패널**(Shift + 5) : 비디오 클립의 모션(Motion), 불투명도(Opacity), 이펙트와 오디오 클립의 볼륨(Volume) 이펙트 등을 한눈에 보면서 제어할 수 있으며, 키프레임을 만들고 제어하여 애니메이션을 만듭니다.

❹ **Program Monitor 패널** : 현재 시간 표시기가 이동하는 장면을 보여 주며, 실제 편집되는 최종 결과를 나타냅니다. 또한, 편집에 도움이 되는 여러 가지 기능을 제어합니다.

❺ **Project 패널**(Shift + 1) : 영상 편집에 사용하는 소스와 아이템 등을 관리하며 정보를 보여 줍니다.

❻ **Effects 패널** : 비디오 또는 오디오 작업에 필요한 특수 효과들이 모여 있습니다.

❼ **Tools 패널** : 클립을 선택하거나 잘라내는 등의 편집 도구와 Timeline 패널을 이동하거나 확대하는 등의 제어 도구들이 있습니다.

❽ **Timeline 패널** : 영상을 시간으로 탐색 및 제어하는 영상 편집 작업이 이루어집니다.

❾ **Audio Meters 패널** : 재생되는 오디오의 전체 음량을 최고 0dB에서 최하 −∞dB까지 표시합니다.

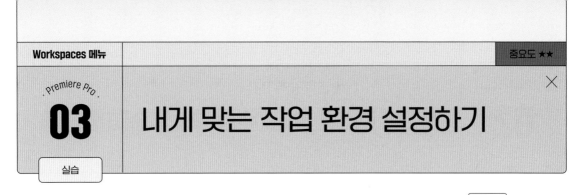

Workspaces 메뉴

중요도 ★★

Premiere Pro
03 내게 맞는 작업 환경 설정하기

실습

01 프리미어 프로를 실행하고 ❶ 메뉴에서 (File) → New → Project를 실행하여 새로운 프로젝트를 만듭니다. ❷ 메뉴에서 (File) → New → Sequence를 실행합니다.

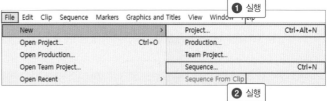

02 New Sequence 대화상자가 표시되면 ❶ 'DV-NTSC'를 선택하고 ❷ 'Widescreen 48kHz'를 선택한 다음 ❸ 〈OK〉 버튼을 클릭하면 새로운 시퀀스가 만들어집니다.

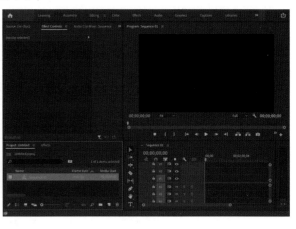

TIP ⟨ᗌ
Workspaces 패널은 기본 Editing 모드로 설정되어 있습니다.

03 메뉴에서 (Window) → Workspaces의 하위 메뉴에서 용도에 맞게 미리 설정되어 있는 다양한 기본 작업 영역을 확인할 수 있습니다.

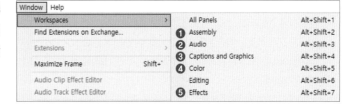

TIP ⟨ᗌ
❶ **Assembly** : 소스를 탐색하며 순서대로 또는 편집 순서에 맞게 배열하기 편리하도록 Project 패널을 크게 보여 줍니다.
❷ **Audio** : 오디오의 특수 효과를 넣거나 세부적으로 오디오를 편집할 수 있도록 Essential Sound 패널을 확장합니다.
❸ **Captions and Graphics** : 자막 작업을 할 수 있는 Text 패널을 확장합니다.
❹ **Color** : 소스 색상을 보정하거나 작업자가 원하는 Look으로 설정하기 편하도록 Lumetri Color 패널을 확장하고 Lumetri Scopes 패널을 표시합니다.
❺ **Effects** : 타임라인의 소스 클립에 이펙트를 적용하고 효과를 조절하기 편리한 Effects 패널과 Effect Controls 패널을 확장합니다.

04 패널과 패널 사이에 마우스 포인터를 위치시키면 마우스 포인터 모양이 바뀝니다. 이때 수평 또는 수직으로 드래그하면 패널을 확장할 수 있습니다.

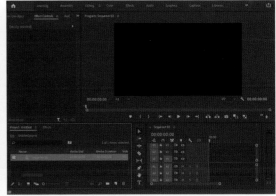

▲ Program Monitor 패널이 확장된 모습

05 ❶ 이동하려는 패널 이름을 선택하고 ❷ 드래그하여 다른 패널의 가운데로 이동합니다. 이동하는 위치에 따라 파란색 가이드가 나타나면 이동한 다음 ❸ 패널 크기를 알맞게 조절합니다.

▲ 1단계 : 이동하고자 하는 패널 이름을 선택합니다.

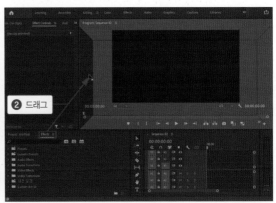

▲ 2단계 : 이동하고자 하는 위치로 드래그합니다.

▲ 3단계 : 이동한 패널 크기를 알맞게 조절합니다.

06 메뉴에서 (Window) → Workspaces → Save as New Workspace를 실행합니다.

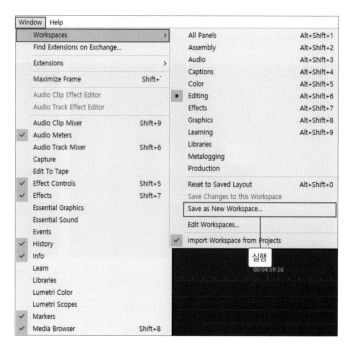

07 New Workspaces 대화상자가 표시되면 ❶ Name에 '맞춤 작업 영역'을 입력한 다음 ❷ 〈OK〉 버튼을 클릭합니다.

08 메뉴에서 (Window) → Workspaces 하위 메뉴에 새로 만든 '맞춤 작업 영역'이 생성되었는지 확인합니다.

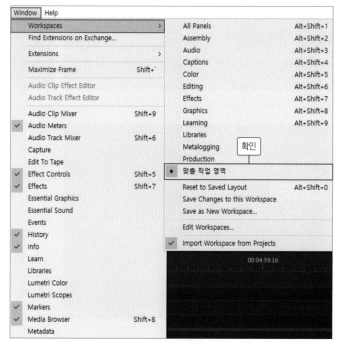

Premiere Pro

04 영상 맞춤 시퀀스 만들기

이론

프리미어 프로에서 시퀀스(Sequence)는 여러 장면을 모아 편집할 수 있는 단위로, 하나 이상의 장면(Scene) 을 모아 놓은 것을 말합니다. 편집을 위해서는 반드시 시퀀스를 만들어야 합니다. 프리미어 프로에서 빠르고 편리하게 시퀀스를 만들 수 있는 방법은 촬영된 소스의 클립 속성에 맞춰 같은 속성의 맞춤 시퀀스를 만드는 것입니다.

❶ 메뉴에서 맞춤 시퀀스 만들기 ● ● ●

Project 패널에서 소스 클립을 선택하고 메뉴에서 [File] → New → Sequence From Clip을 실행하면 선택된 클립과 같은 포맷의 시퀀스가 만들어집니다.

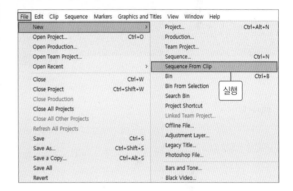

❷ 클립을 New Item 아이콘으로 드래그하여 맞춤 시퀀스 만들기 ● ● ●

Project 패널에서 동영상 또는 다른 클립을 'New Item' 아이콘(▣)으로 드래그하면 해당 클립과 같은 포맷 (해상도, fps 등)의 새로운 시퀀스를 만듭니다.

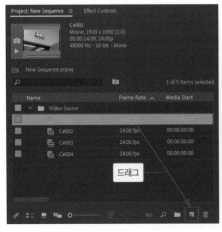
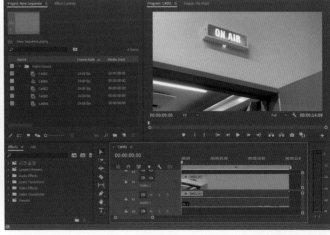

▲ 동영상 클립과 같은 포맷의 시퀀스가 만들어진 모습

❸ Bin을 New Item 아이콘으로 드래그하여 맞춤 시퀀스 만들기 • • •

Project 패널에서 여러 개의 클립이 들어 있는 Bin을 'New Item' 아이콘(🔲)으로 드래그하면 한 번에 여러 클립이 배치된 시퀀스를 만들 수 있습니다. 이때 Bin 안에 여러 포맷의 클립이 있다면 첫 번째 대표 클립 기준의 포맷으로 시퀀스가 설정됩니다.

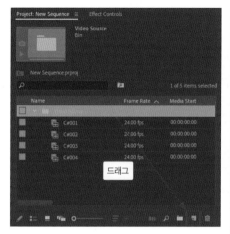 

▲ Bin 속의 모든 아이템으로 만들어진 시퀀스 모습

TIP 👈

꼭 Bin이 아니더라도 여러 클립을 동시에 선택한 다음 'New Item' 아이콘(🔲)으로 드래그하면 한 번에 여러 클립이 배치된 시퀀스를 편리하게 만들 수 있습니다.

❹ 확장 메뉴에서 맞춤 시퀀스 만들기 • • •

Project 패널에서 하나 또는 여러 클립을 선택하고 마우스 오른쪽 버튼을 클릭한 다음 New Sequence From Clip을 실행하면 클립과 같은 속성의 시퀀스가 만들어집니다.

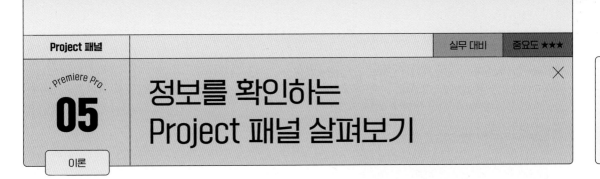

Premiere Pro 05
이론

정보를 확인하는
Project 패널 살펴보기

Project 패널은 프리미어 프로에서 사용하는 소스 클립과 아이템 등을 관리하며 각종 정보를 보여 주는 브라우저 역할을 합니다. 또한 Bin, Color Matte, Adjustment Layer, Black Video 등과 같은 특수 아이템을 만듭니다. 그 밖에도 아이템 정보를 변경하거나 작업에 필요한 프로젝트와 시퀀스 설정을 사용자 환경에 맞게 재설정할 수 있습니다.

❶ **Preview Thumbnail** : 선택된 아이템을 아이콘 또는 대표 화면으로 표시하며 재생하여 미리 볼 수 있습니다.

❷ **Poster Frame** : 미리 보면서 장면을 저장하여 대표 장면으로 설정합니다.

❸ **Play-Stop Toggle**(Spacebar) : 미리 보기를 재생 또는 정지합니다.

❹ **Filter Bin Content** : Bin 또는 아이템을 탐색해서 보여 줍니다.

❺ **Create New Search Bin** : 메타데이터를 통해 검색할 수 있는 새로운 형태의 Query Bin을 만듭니다.

❻ **Item Description** : 선택된 아이템의 기본적인 중요 정보를 보여 줍니다.

❼ **The Project is Writable** : Project 패널의 내용을 변경할 수 있는 상태 또는 변경할 수 없도록 잠금 모드 상태로 전환합니다.

❽ **List View** : Bin 또는 아이템을 리스트 형태로 보여 줍니다.

❾ **Icon View** : Bin 또는 아이템을 아이콘 형태로 보여 줍니다.

❿ **Freeform View** : 아이템 아이콘의 크기를 슬라이더를 통해 자유롭게 조절할 수 있습니다.

⓫ **Adjust the size of icons and thumbnails** : 드래그하여 리스트 또는 아이콘의 크기를 조절합니다.

⓬ Sort Icons : Icon View를 설정할 때 정렬되는 분류를 선택합니다.

⓭ Automate to Sequence : 선택한 여러 아이템을 자동으로 연결하여 시퀀스 형태로 만듭니다. 이때 옵션에 따라 비디오 또는 오디오에 Default Transition을 적용하여 활용할 수 있습니다.

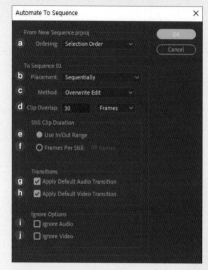

◀ Automate To Sequence 대화상자

ⓐ Ordering : Project 패널에서 선택된 아이템을 Timeline 패널에 정렬할 때 순서를 지정합니다. 'Sort Order'로 지정하면 Project 패널에 정렬된 순서대로, 'Selection Order'로 지정하면 아이템을 선택한 순서대로 정렬합니다.

ⓑ Placement : 클립들의 정렬 위치를 결정하는 옵션으로, 'Sequentially'로 지정하면 편집 기준선 위치부터 정렬되고 'At Unnumbered Markers'로 지정하면 타임라인에서 지정된 마커의 위치부터 정렬됩니다.

ⓒ Method : 클립이 타임라인에 삽입되는 편집 방법을 선택하는 옵션으로 'Overwrite Edit'과 'Insert Edit' 방식이 있습니다.

ⓓ Clip Overlap : 트랜지션을 삽입할 때 클립과 트랜지션이 겹치는 부분의 지속 시간을 결정합니다.

ⓔ Use In/Out Range : 스틸 이미지의 시간 길이를 미리 설정된 만큼 사용합니다.

ⓕ Frames Per Still : 스틸 이미지의 시간 길이를 1~99프레임까지 임의로 설정합니다.

ⓖ Apply Default Audio Transition : 오디오 트랜지션을 적용할 것인지 결정합니다.

ⓗ Apply Default Video Transition : 비디오 트랜지션을 적용할 것인지 결정합니다.

ⓘ Ignore Audio : 오디오 클립을 제외하고 삽입할 것인지 결정합니다.

ⓙ Ignore Video : 비디오 클립을 제외하고 삽입할 것인지 결정합니다.

⓮ Find(Ctrl + F) : Project 패널에 삽입된 Bin 또는 아이템 중 Column 및 Operator 등의 정밀한 속성을 활용하여 탐색합니다.

⓯ New Bin : 새로운 Bin을 만듭니다.

⓰ New Item : 작업에 필요한 여러 가지 새로운 아이템을 만듭니다.

ⓐ Sequence : 새로운 시퀀스를 만듭니다.

ⓑ Project Shortcut : 바로 이동할 수 있는 별도의 공유 프로젝트를 만듭니다.

ⓒ Offline File : 새로운 오프라인 파일을 만듭니다.

ⓓ Adjustment Layer : 하위 트랙에 일괄적으로 효과를 적용할 수 있는 조정 레이어를 만듭니다.

ⓔ Bars and Tone : 영상 표준 컬러 바와 오디오 표준 톤을 가진 클립을 만듭니다.

ⓕ Black Video : 검은색 비디오 아이템을 만듭니다.

ⓖ Color Matte : 원하는 색상의 비디오 컬러 매트를 만듭니다.

ⓗ HD Bars and Tone : 16:9 화면 비율의 HD 영상 표준 컬러 바와 오디오 표준 톤을 가진 아이템을 만듭니다.

ⓘ Universal Counting Leader : 유니버셜 표준 카운팅 리더를 만듭니다.

ⓙ Transparent Video : 투명한 비디오 아이템을 만듭니다.

▲ 'New Item' 항목에서 만들 수 있는 아이템들

⓱ Clear(Backspace) : Project 패널에서 선택된 아이템 또는 Bin을 삭제합니다.

⓲ 패널 메뉴 : Project 패널의 세부 옵션을 설정합니다.

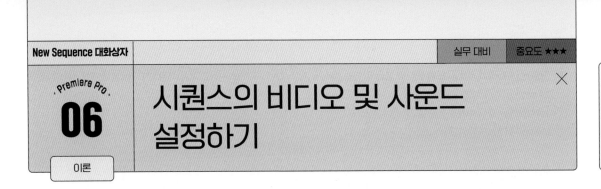

실무 대비　　중요도 ★★★

프리미어 프로 시작

Premiere Pro 06 이론

시퀀스의 비디오 및 사운드 설정하기

New Sequence 대화상자에서는 시퀀스의 비디오 및 사운드 옵션을 설정할 수 있는 여러 항목을 제시합니다. 각 항목의 옵션 내용을 정확히 이해하고 영상의 사용 목적에 따라 시퀀스를 올바르게 설정해야 합니다.

❶ 맞춤형 시퀀스 제시 – (Sequence Presets) 탭　•••

(Sequence Presets) 탭에서는 각종 카메라와 비디오 표준에 맞는 맞춤형 시퀀스를 제시합니다. SD 미디어 포맷부터 4K 이상의 미디어 포맷까지 각 환경에 맞춰 표준화된 미디어 포맷을 선택할 수 있습니다.

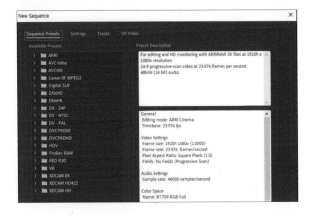

❷ 비디오 옵션 설정 – (Settings) 탭　•••

(Settings) 탭에서는 사용자가 원하는 별도의 비디오 옵션을 설정할 수 있는 세부 항목들을 제공합니다. 각 옵션의 특징과 목적을 정확히 이해한 다음 시퀀스를 설정하여 원하는 결과물을 완성합니다.

❶ Editing Mode : 카메라 또는 비디오 표준에 따라 미리 설정된 시퀀스 포맷을 지정합니다. 사용자가 원하는 포맷을 설정하려면 'Custom'으로 지정합니다.

❷ Timebase : 초당 프레임 전송률(fps)을 설정합니다.

❸ Video : 시퀀스의 다양한 비디오 형식을 설정합니다.

ⓐ Frame Size : 영상의 가로 : 세로 해상도를 Pixel 단위로 설정합니다.

ⓑ Pixel Aspect Ratio : 픽셀의 사각형 비율을 설정합니다. 픽셀의 가로와 세로 비율에 따라 영상의 화면비가 달라질 수 있으므로 정확한 옵션을 선택합니다.

TIP ◁┐

Pixel Aspect Ratio

영상의 해상도는 픽셀 수로 결정되며, 픽셀이 많으면 많을수록 화질도 좋아집니다. 하지만 픽셀 수와 화면비는 일치하지 않습니다. 그 이유는 흔히 픽셀은 정사각형으로 생각하지만 그렇지 않은 경우도 많기 때문입니다. 예를 들면, NTSC DV 포맷과 NTSC DV Widescreen 포맷은 720×480으로, 픽셀 수는 같지만 화면비는 각각 4:3, 16:9로 큰 차이를 보입니다. 'Pixel Aspect Ratio'는 픽셀 하나가 갖는 가로와 세로 비율을 말합니다. NTSC DV는 Pixel Aspect Ratio가 0.9:1이지만 NTSC DV Widescreen은 Pixel Aspect Ratio 1.21:1입니다. 그러므로 같은 픽셀 수를 가지는 포맷이라도 화면비가 달라집니다.

ⓒ Fields : NTSC 방식의 영상 표준 규격에서 필드 스캔 방식을 설정합니다.

TIP ◁┐

영상의 주사(Scan) 방식은 크게 Progressive Scan(순차 주사)과 Interlace Scan 격행(비월) 주사로 나뉩니다. 순차 주사 방식은 신호를 위에서부터 아래로 건너뜀 없이 차례로 주사되는 방식이며, 격행 주사는 신호가 차례로 주사되는 것이 아니라 한 칸씩 건너 뛰면서 홀수 또는 짝수 신호부터 주사합니다. 즉 한 개의 프레임에 두 개의 필드를 구성하는 방식입니다. 이때 홀수 또는 짝수가 먼저 주사되는 방식에 따라 Upper Field First, Lower Field First로 나뉩니다.

ⓓ Display Format : 영상의 시간 표시 단위를 설정합니다.

TIP ◁┐

Drop Frame과 Non Drop Frame

NTSC 방식에서는 초당 약 29.97개의 격행 주사(Interlaced Scanning)로 프레임이 구성되기 때문에 정확히 30프레임을 기준으로 타임코드(Timecode)를 설정하는 후반 작업에서는 중간에 누락되는 프레임이 생깁니다. 다시 말해 후반 작업의 타임코드는 초당 30 프레임 기준이기 때문에 1초당 0.03프레임의 오차가 생깁니다. 이때 누락되는 타임코드를 보정하는 방법이 Drop Frame이고 보정 없이 그대로 사용하는 것은 Non-Drop Frame 방식입니다. 다만, Drop Frame 방식에서 실제로 그림을 제거하면서 보정하는 것이 아닌 타임코드에서 숫자를 건너뛰며 오차를 보정하는 방식입니다.

ⓔ Working Color Space : 편집 과정에서 사용할 색상 표준을 선택합니다.

④ Audio : 시퀀스의 오디오를 설정합니다.

ⓕ Sample Rate : 오디오 샘플링 비율을 설정합니다.

ⓖ Display Format : 오디오 표시 형식을 지정합니다.

⑤ Video Previews : 프리뷰 비디오의 해상도와 코덱 옵션을 설정하는 과정으로 Timeline 패널에서 작업한 영상에 **Render Effect in Work Area**(Enter)를 실행하면 Program Monitor 패널에 표시되는 영상의 화질을 결정합니다. 미리 보기 하는 과정에서 렌더링 시간을 단축하여 결과물을 확인하기 위함으로 현재 시퀀스 설정보다 낮은 해상도로만 설정할 수 있습니다.

ⓗ Preview File Format : 프리뷰 영상의 동영상 포맷을 지정합니다.

ⓘ Configure : 비디오 포맷 및 코덱 설정에 따른 비디오 품질을 지정합니다.

ⓙ Codec : 비디오 코덱을 지정합니다.

ⓚ Width : 프리뷰 영상의 가로 크기(Pixel)를 설정합니다.

ⓛ Height : 프리뷰 영상의 세로 크기(Pixel)를 설정합니다.

ⓜ Reset : 가로, 세로 크기를 미리 설정된 포맷으로 되돌립니다.

ⓝ Maximum Bit Depth : 비트레이트 심도를 최상으로 설정합니다.

ⓞ Maximum Render Quality : 렌더링되는 화질을 최상으로 설정합니다.

ⓟ Composite in Linear Color : GPU 가속 엔진 또는 고화질 렌더 활용 여부를 결정합니다.

⑥ Save Preset : 설정한 Sequence Setting을 다시 불러올 수 있는 Preset으로 저장합니다.

⑦ Sequence Name : 시퀀스 이름을 설정합니다.

---

❸ 오디오 속성 설정 – (Tracks) 탭　　●●●

비디오, 오디오 트랙 수와 채널 등 오디오 속성을 설정합니다.

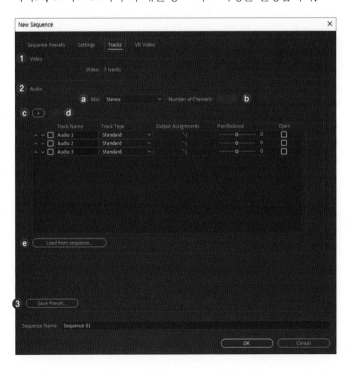

❶ Video : 새로운 시퀀스를 실행했을 때 비디오 트랙 수를 설정합니다.

❷ Audio : 새로운 시퀀스를 실행했을 때 오디오 트랙 수와 속성을 설정합니다.

　ⓐ Mix : Timeline 패널에 기본으로 설정되는 마스터 트랙의 채널 속성을 지정합니다.

　　• Stereo : 스테레오 채널의 트랙 수를 설정합니다.

　　• 5.1 : 5.1 채널의 트랙 수를 설정합니다.

> **TIP** ⟵
>
> 5.1 Channel Audio(5.1 채널 음향)는 청취자를 중심으로 전방에 왼쪽(Front Left), 중앙(Center), 오른쪽(Front Right) 3개의 오디오와 후방에 왼쪽(Rear Left), 오른쪽(Rear Right) 2개의 오디오가 합쳐져 5.0의 입체적인 소리를 만들며 여기에 저음을 보강하기 위한 초저음 사운드(Sub Woofer) 0.1을 합쳐 5.1로 구성되어 있습니다.

　　• Multichannel : 주요 트랙 하단에 각 채널에 해당하는 보조 트랙 수를 설정합니다.

　　• Mono : 단일 사운드 채널을 가진 모노 채널의 트랙 수를 설정합니다.

　ⓑ Number of Channels : Mix Audio의 채널 수를 설정합니다.

　ⓒ Add a Track : 오디오 트랙을 추가하고 트랙의 이름, 타입, 팬/밸런스 등을 설정합니다.

　ⓓ Delete selected tracks : 선택한 채널을 삭제합니다.

　ⓔ Load from sequence : 다른 시퀀스 설정의 옵션을 불러옵니다.

❸ Save Preset : 설정한 비디오, 오디오 트랙의 속성을 다시 불러올 수 있도록 저장합니다.

---

❹ VR 영상 설정 – (VR Video) 탭　　•••

VR(Virtual Reality) 영상의 편집 환경을 설정합니다.

❶ Projection : 'Equirectangular'로 지정해 VR 프로젝트 환경을 설정할 수 있습니다.

❷ Layout : VR 출력 레이아웃을 지정합니다. 360° 평면 형식 'Monoscopic'과 360° 입체 형식인 'Stereoscopic' 옵션을 선택할 수 있습니다. 입체 영상은 상하 방식(Over/Under)과 좌우 방식(Side by Side)으로 지정할 수 있습니다.

❸ Horizontal Captured View : Monitor 패널에서 출력되는 가로 각도를 설정합니다.

❹ Vertical : Monitor 패널에서 출력되는 세로 각도를 설정합니다.

- **예제파일** : 프리미어 프로\02\Auto Reframe_001~006.mp4, Auto Reframe.mp3
- **완성파일** : 프리미어 프로\02\Auto Reframe_완성.mp4, Auto Reframe_완성.prproj

● ● ●

01 프리미어 프로를 실행한 다음 새로운 프로젝트를 만듭니다. ❶ 메뉴에서 (File) → Import((Ctrl) + (I))를 실행합니다. Import 대화상자가 표시되면 ❷ 프리미어 프로 → 02 폴더에서 ❸ 'Auto Reframe.mp3' 오디오 파일과 'Auto Reframe_001~006.mp4' 동영상 파일을 모두 선택한 다음 ❹ 〈열기〉 버튼을 클릭하여 불러옵니다.

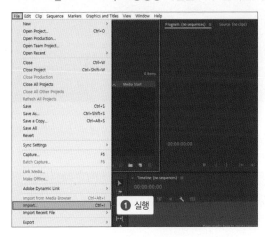
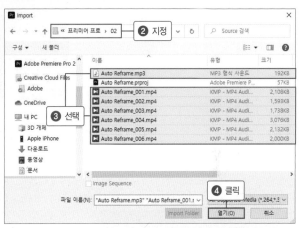

02 기본 시퀀스를 만들기 위해 ❶ Project 패널에 불러온 6개의 아이템을 모두 선택한 다음 ❷ 'New Item' 아이콘(▧)으로 드래그합니다. 영상 클립과 같은 포맷의 시퀀스가 자동으로 만들어집니다.

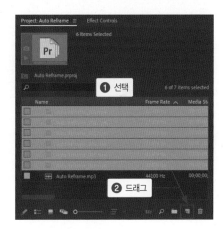

TIP ⇦

Project 패널에서 동시에 여러 개의 소스를 선택하기 위해서는 (Ctrl)을 누른 상태로 원하는 소스를 연속하여 클릭하면 추가로 선택할 수 있습니다. 또한, 첫 번째 소스를 선택하고 (Shift)를 누른 상태로 마지막 소스를 클릭하면 중간 소스들이 자동으로 선택됩니다.

03 Project 패널의 'Auto Reframe.mp3' 아이템을 Timeline 패널의 A1 트랙으로 드래그합니다.

04 Timeline 패널에서 클립 순서가 왼쪽부터 'Auto Reframe_001.mp4~Auto Reframe_006.mp4'의 순서대로 정렬되어 있는지 확인합니다. 순서대로 정렬되어 있지 않으면 클립을 이동하여 순서대로 정리합니다.

TIP ⇦

Auto Reframe Sequence는 기본 화면 비율로 편집을 먼저 끝내고 추가로 원하는 영상 비율로 변경하는 기능이며, Auto Reframe Sequence를 실행하기 전에 모든 편집을 먼저 완료하는 것이 좋습니다.

05 ❶ Project 패널의 'Auto Reframe_001' 아이템을 선택하고 ❷ 마우스 오른쪽 버튼을 클릭한 다음 ❸ Auto Reframe Sequence 를 실행합니다.

TIP ⇦

메뉴에서 (Sequence) → Auto Reframe Sequence를 실행할 수도 있습니다.

06 Auto Reframe Sequence 대화상자가 표시되면 ❶ Sequence Name에 '1x1 instagram'을 입력하고 ❷ Target Aspect Ratio를 'Square 1:1'로 지정한 다음 ❸ 〈Create〉 버튼을 클릭합니다.

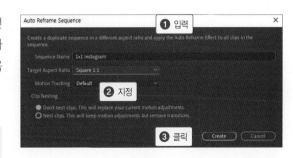

TIP

Target Aspect Ratio를 'Custom'으로 지정하면 가로, 세로 화면 비를 직접 설정할 수 있습니다. Motion Tracking은 클립의 움직임 속도를 변경합니다.

07 Project 패널에서 '1x1 instagram' 아이템을 더블클릭합니다. Program Monitor 패널에 정방형으로 만들어진 시퀀스를 확인합니다.

▲ Auto Reframe Sequence 실행 전

▲ Auto Reframe Sequence 실행 후

08 새롭게 만들어진 '1x1 instagram' 영상을 재생하여 변경된 내용을 확인합니다. 이때 화면 밖으로 크게 벗어난 피사체가 있다면 Effect Controls 패널의 Auto Reframe 항목에서 Reframe Offset을 조절해 보완합니다. 예제에서는 'Auto Reframe_001.mp4' 클립에서 피사체가 오른쪽으로 치우친 것을 중앙으로 이동하기 위해 Reframe Offset을 '-322'로 설정해 화면 구도를 안정적으로 만들었습니다.

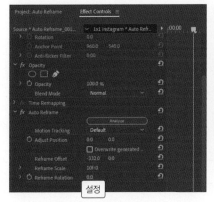

▲ Reframe Offset 보정 전 화면

▲ Reframe Offset 보정 후 화면

PART 3.

영상 편집 작업 전
준비운동하기

영상 편집을 시작하기 위해 가장 중요하면서도 기본적인 도구 활용법에 대해서 알아봅니다. 동시에 클립의 속성과 클립을 제어하는 방법들을 자연스럽게 연결하여 이해하도록 합니다.

Premiere Pro
01
이론

편집 도구 살펴보기

프리미어 프로의 Tools 패널에는 총 9개의 아이콘이 있습니다. 확장 메뉴를 통해 17개의 도구를 활용할 수 있으며 옵션 키를 조합하면 기능은 더 많이 확장됩니다. 숨겨진 기능들을 사용하지 않으면 작업 속도가 느려지고 세밀한 편집 작업을 할 수 없기 때문에 반드시 기능들을 알아 둡니다.

◀ 프리미어 프로의 Tools 패널

❶ **선택 도구(Selection Tool V)** : Timeline 패널에서 클립을 선택하는 도구입니다. Ctrl, Alt, Shift를 조합하여 다양한 방법으로 클립을 선택할 수 있습니다.

❷ **트랙 선택 도구(Track Select Forward Tool A)** : 클릭한 지점 앞 모든 트랙의 클립들을 선택합니다. Shift를 누르면 하나의 트랙에 놓인 클립들을 선택할 수 있습니다. 도구 아이콘을 길게 클릭하여 뒤로 트랙 선택 도구(Track Select Backward Tool)를 선택할 수 있습니다.

> ■ ⇨ Track Select Forward Tool (A)
> ⓐ ⇦ Track Select Backward Tool (Shift+A)

ⓐ **뒤로 트랙 선택 도구(Track Select Backward Tool Shift + A)** : 클릭한 지점 뒤 모든 트랙의 클립들을 선택합니다.

❸ **잔물결 편집 도구(Ripple Edit Tool B)** : 공간 없이 클립의 길이를 조절하는 도구입니다. 클립의 끝을 드래그하며 뒤쪽의 클립이 함께 뒤로 밀려나거나 따라옵니다. Alt를 눌러 비디오와 오디오 연결을 해제해 사용할 수 있습니다. 도구 아이콘을 길게 클릭하여 롤링 편집 도구(Rolling Edit Tool)와 속도 조절 도구(Rate Stretch Tool), 리믹스 도구(Remix Tool)를 선택할 수 있습니다.

> ■ ◄► Ripple Edit Tool (B)
> ⓑ ⇥ Rolling Edit Tool (N)
> ⓒ ◄► Rate Stretch Tool (R)
> ⓓ 🎵► Remix Tool

ⓑ **롤링 편집 도구(Rolling Edit Tool N)** : 시퀀스 재생 시간에 변동 없이 이어진 클립들의 길이를 조절합니다.

ⓒ **속도 조절 도구(Rate Stretch Tool R)** : 클립의 길이를 자유자재로 조정하여 재생 속도를 조절합니다.

ⓓ **리믹스 도구(Remix Tool)** : 오디오 클립의 끝을 드래그하여 원하는 길이로 조절하면 AI가 클립 길이에 맞춰 자동으로 믹싱합니다. 음악 길이가 영상 길이와 맞지 않을 때 유용하게 사용할 수 있습니다. Essential Sound 패널에서 믹스 방법과 옵션을 변경할 수 있습니다.

❹ **자르기 도구(Razor Tool C)** : 클립의 원하는 부분을 클릭하여 자릅니다. Shift를 누른 상태에서 클립을 클릭하면 모든 트랙 클립들을 한 번에 자를 수 있습니다.

❺ **밀어 넣기 도구(Slip Tool Y)** : 클립 길이를 유지한 상태로 영상의 시작 위치를 변경합니다. 도구 아이콘을 길게 클릭하여 밀기 도구(Slide Tool)를 선택할 수 있습니다.

> ■ ◄►◄► Slip Tool (Y)
> ⓔ ⇤⇥ Slide Tool (U)

ⓔ **밀기 도구(Slid Tool U)** : 선택된 클립의 In Point와 Out Point를 고정한 상태로 클립의 위치를 조절합니다. 이때 전후 클립의 길이가 함께 조절됩니다.

❻ **펜 도구(Pen Tool P)** : Program Monitor 패널에 원하는 모양의 도형 패스를 만듭니다. 적용된 패스는 Essential Graphics 패널의 (Edit) 탭과 Effect Controls 패널의 Shape 항목에서 색상과 모양을 조절할 수 있습니다. 또한 펜 도구는 Video 트랙의 Opacity Handle과 오디오 트랙의 Volume Handle을 제어할 때 활용하기도 합니다.

❼ **사각형 도구(Rectangle Tool)** : Program Monitor 패널에 사각형 모양의 패스를 만듭니다. Shift 를 누르고 드래그하면 정사각형 패스를 만들 수 있습니다. 도구 아이콘을 길게 클릭하여 원형 도구(Ellipse Tool)와 다각형 도구(Polygon Tool)를 선택할 수 있습니다. 생성된 도형은 펜 도구를 이용해 모양을 수정할 수 있습니다.

❶ **원형 도구(Ellipse Tool)** : Program Monitor 패널에 원형 패스를 만듭니다. Shift 를 누르고 드래그하면 정원형 패스를 만들 수도 있습니다.

❶ **다각형 도구(Polygon Tool)** : Program Monitor 패널에 삼각형 패스를 만듭니다. Essential Graphics 패널에서 (Edit) 탭의 Number of sides 옵션에서 다각형 숫자를 변경할 수 있습니다.

❽ **손 도구(Hand Tool** H **)** : Timeline 패널의 작업 화면을 좌우로 제어하며 이동합니다. 도구 아이콘을 길게 클릭하여 확대/축소 도구(Zoom Tool)을 선택할 수 있습니다.

❶ **확대/축소 도구(Zoom Tool** Z **)** : Timeline 패널의 작업 화면을 확대(클릭) 또는 축소(Alt +클릭)합니다.

❾ **문자 도구(Type Tool** T **)** : Program Monitor 패널을 클릭해 글자를 입력할 수 있습니다. Effect Controls 패널에서 색상과 글꼴, 크기 등을 조절할 수 있습니다. 도구 아이콘을 길게 클릭하여 세로 문자 도구(Vertical Type Tool)를 선택할 수 있습니다.

❶ **세로 문자 도구(Vertical Type Tool)** : Program Monitor 패널을 클릭해 세로형 글자를 입력할 수 있습니다. Effect Controls 패널에서 색상과 글꼴, 크기 등을 조절할 수 있습니다.

TIP

펜 도구와 도형 도구로 만든 오브젝트는 Effect Controls 패널의 Shape 항목에서 기본으로 색상, 위치, 크기 등을 변경할 수 있지만 Essential Graphics 패널의 (Edit) 탭에서는 곡선 테두리, 정렬 등 디자인에 관한 옵션을 더 정교하게 수정할 수 있습니다.

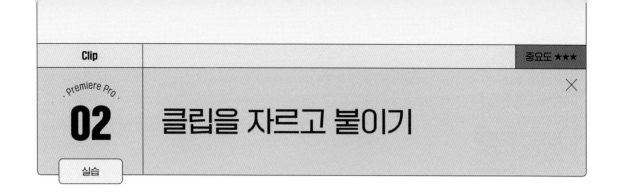

클립을 자르고 붙이기

• **예제파일** : 프리미어 프로\03\Edit_001.mp4, Edit_002.mp4 　• **완성파일** : 프리미어 프로\03\Edit_완성.mp4, Edit_완성.prproj ● ● ●

01 새 프로젝트를 만들고 파일을 불러오기 위해 Ctrl + I 를 누릅니다. Import 대화상자가 표시되면 ❶ 프리미어 프로 → 03 폴더의 ❷ 'Edit_001.mp4'와 'Edit_002.mp4' 파일을 선택한 다음 ❸ 〈열기〉 버튼을 클릭합니다.

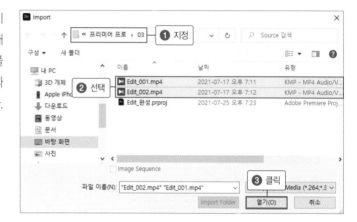

02 소스 클립과 같은 포맷의 시퀀스를 만들기 위해 Project 패널에서 ❶ Ctrl 을 누른 채 'Edit_001.mp4'를 선택하고 'Edit_002.mp4' 아이템을 선택한 다음 ❷ 'New Item' 아이콘(▣)으로 드래그하여 소스 파일과 같은 시퀀스를 만듭니다.

Why? 👉

'New Item' 아이콘(▣)을 이용하여 맞춤형 시퀀스를 만들 때 먼저 선택한 클립이 Timeline 패널에서 앞에 배치됩니다. 만약 'Edit_002.mp4' 클립을 먼저 선택하고 'Edit_001.mp4' 클립을 나중에 선택하여 시퀀스를 만들면 'Edit_002.mp4' 클립이 Timeline 패널에서 앞에 배치됩니다.

03 Timeline 패널에서 ❶ 현재 시간 표시기를 '00:00:06:00'으로 이동합니다. Tools 패널에서 ❷ 자르기 도구(◈)를 선택한 다음 Timeline 패널의 ❸ 'Edit_001.mp4' 클립을 클릭하여 자릅니다. 'Edit_001.mp4' 클립이 두 개로 나눠집니다.

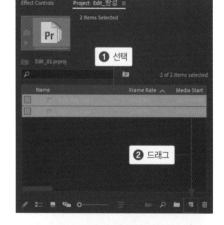

04 Tools 패널에서 ❶ 선택 도구(▶)를 선택한 다음 ❷ 'Edit_002.mp4' 클립을 현재 시간 표시기가 있는 왼쪽으로 드래그하여 잘린 클립 뒤로 붙입니다.

▲ 클립을 붙이기 전 모습

▲ 클립을 붙인 후 모습

TIP ◁

영상 편집의 과정 이해

영상 편집 과정은 크게 〈OK 컷 선정 → 순서 편집 → 가 편집 → 본 편집 → 종합 편집〉의 순서로 진행됩니다.

- **OK 컷 선정** : OK 컷 선정은 말 그대로 소스 중에서 가장 좋은 컷, OK 컷을 고르는 작업입니다. 촬영된 소스를 릴 단위로 시퀀스 타임라인에 올려 놓고 NG 컷을 들어내는 방법이 가장 편리하며, 이때 Match Frame(F)을 이용하여 소스에 Marker(M)를 이용해 코멘트를 적용하면 이후 작업을 편리하게 진행할 수 있습니다. 소스를 오랜 시간 연구해야 하는 영화 작업의 경우에는 OK 컷을 고를 때에도 회의를 하고 시간을 많이 쓰는 반면, 빠르게 편집해야 하는 경우 OK 컷 선정과 가 편집을 동시에 진행하기도 합니다.

- **순서 편집** : 콘티 순서에 맞게 컷을 배열하는 작업을 말합니다. 이때 최대한 콘티에 있는 모든 컷을 사용하면서 편집 스타일은 배제하는 것이 좋습니다. 왜냐하면 순서 편집을 보면서 콘티의 문제가 무엇이었는지, 어떤 컷이 필요한 컷인지를 가려내고 앞으로의 편집 방향을 의논하는 자료로 사용하기 때문입니다.

- **가 편집** : 본 편집이 이루어지기 전에 러프하게 편집을 다듬는 과정으로, 장면에서 필요 없는 내용을 잘라내거나 장면과 장면의 연결이 자연스럽게 적용되도록 다듬습니다.

- **본 편집** : 전체 장면을 재생하며 연출자와 함께 정교한 편집을 진행하는 과정입니다. 프레임 단위로 장면을 확인하며 이야기를 완벽하게 정리하고 편집합니다.

- **종합 편집** : 편집이 완료된 영상에 효과, 자막, 사운드 등의 추가 자료를 적용하는 과정입니다. 완성된 편집본의 품질을 최고로 끌어 올리는 과정으로, 다른 파트 작업자들과의 협업이 가장 많이 이루어집니다.

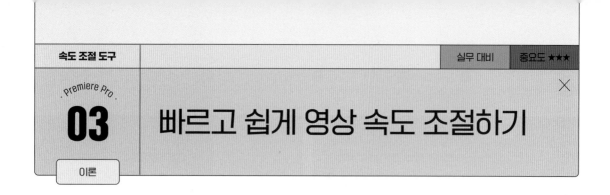

빠르고 쉽게 영상 속도 조절하기

❶ 속도 조절 도구로 영상 속도 조절하기   • • •

❶ Tools 패널의 잔물결 편집 도구(▩)를
잠시 눌러 표시되는 ❷ 속도 조절 도구(▩)
를 선택할 수 있습니다. 빠른 편집 작업을
위해 단축키 ⒭을 누르면 더 편리합니다.

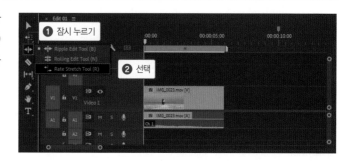

❷ 영상 속도 느리게 하기   • • •

클립의 끝 점을 오른쪽으로 드래그하면 재생
속도를 느리게 할 수 있습니다. 이때 클립의 길
이는 늘어납니다.

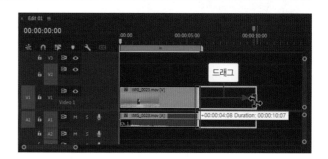

❸ 영상 속도 빠르게 하기   • • •

클립의 끝 점을 왼쪽으로 드래그하면 재생 속
도를 빠르게 조절할 수 있습니다.

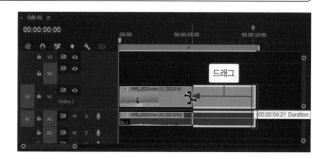

TIP ⬅

[Alt]를 누른 상태로 클립의 끝 점을 드래그하면 연결이 해제된 상태에서 비디오 또는 오디오 클립의 재생 속도를 각각 조절할 수 있습니다.

문자 도구		중요도 ★★★

Premiere Pro
04
이론

기본 문자 디자인하기

❶ 화면에 글자 넣기 ● ● ●

❶ Tools 패널에서 문자 도구(**T**)를 선택한 다음 ❷ Program Monitor 패널을 클릭하면 ❸ 글자를 입력할 수 있습니다.

❷ 글꼴과 글자 색 바꾸기 ● ● ●

❶ Tools 패널에서 선택 도구(**▶**)를 선택합니다. ❷ Effect Controls 패널에서 Text 항목 왼쪽의 >를 클릭하여 속성을 표시한 다음 Source Text와 Fill 등 다양한 옵션을 변경하면 글꼴과 색상을 변경할 수 있습니다.

❸ 글자 크기와 위치 변경하기　• • •

Text 항목의 Transform에서 Position, Scale, Opacity 등을 설정하여 글자의 위치, 크기, 불투명도를 설정할 수 있습니다. 또한, 키프레임을 만들어 애니메이션도 적용할 수 있습니다.

❹ 글자 디자인 변경하기　• • •

Text 항목의 Source Text와 Appearance의 다양한 옵션을 수정해 색상, 글자의 테두리, 배경색, 그림자를 설정해서 글자 디자인을 완성할 수 있습니다.

TIP

문자를 활용한 다양한 디자인과 애니메이션 스킬은 111쪽을 참고하세요.

❺ 세로 문자 만들기　• • •

❶ Tools 패널의 문자 도구(T)를 잠시 눌러 표시되는 ❷ 세로 문자 도구(IT)를 선택하면 Program Monitor 패널에 세로형 문자를 입력할 수 있습니다.

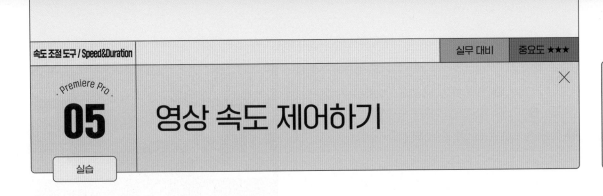

. Premiere Pro .

05

실습

영상 속도 제어하기

- **예제파일** : 프리미어 프로\03\Speed_A.mp4
- **완성파일** : 프리미어 프로\03\Speed A_완성.mp4, Speed A_완성.prproj

---

01 프리미어 프로의 프로젝트를 실행한 다음 [Ctrl]+[I]를 누릅니다. Import 대화상자가 표시되면 ❶ 프리미어 프로 → 03 폴더에서 ❷ 'Speed_A.mp4' 파일을 선택하고 ❸ 〈열기〉 버튼을 클릭합니다.

02 Project 패널에서 'Speed_A.mp4' 아이템을 'New Item' 아이콘(■)으로 드래그하여 소스 파일과 같은 시퀀스를 만듭니다.

TIP

영상의 속도를 조절하는 방법은 여러 가지가 있지만 그중 가장 편리한 방법은 속도 조절 도구(Rate Stretch Tool [R])를 이용하는 방법입니다. 속도 조절 도구는 Timeline 패널에서 클립의 끝을 드래그하여 원하는 만큼 자유롭게 늘리고 줄이며 영상의 속도를 조절할 수 있습니다. 반면 Speed/Duration 기능을 활용하면 % 단위로 정확하게 속도를 조절할 수 있는 장점이 있습니다.

03 영상에서 카메라가 이동하는 구간을 빠르게 조절하기 위해 ❶ 현재 시간 표시기를 '00:00:01:13'으로 이동합니다. ❷ Tools 패널에서 자르기 도구(✂)를 선택한 다음 ❸ 'Speed_A.mp4' 클립을 클릭하여 자릅니다.

04 이어 카메라 이동 구간의 끝 부분에 ❶ 현재 시간 표시기를 '00:00:11:17'로 이동한 다음 ❷ 두 번째 클립을 클릭하여 자릅니다.

05 영상에서 카메라가 이동하는 구간을 빠르게 편집하기 위해 ❶ 현재 시간 표시기를 속도 조절 구간의 끝 점인 '00:00:02:02'로 이동합니다. ❷ Tools 패널에서 속도 조절 도구(⟷)를 선택한 다음 ❸ 가운데 클립의 끝 점을 현재 시간 표시기가 있는 곳까지 왼쪽으로 드래그하여 클립의 길이를 줄입니다.

TIP ⟸

Tools 패널에 속도 조절 도구가 보이지 않을 때 잔물결 편집 도구(⟷) 또는 롤링 편집 도구(⟷)를 길게 클릭해 표시되는 속도 조절 도구(⟷)를 선택할 수 있습니다. 단축키 **R**을 누르면 가장 빠르게 속도 조절 도구를 선택할 수 있습니다.

06 ❶ 두 번째 클립과 세 번째 클립 사이 공간에서 마우스 오른쪽 버튼을 클릭한 다음 ❷ Ripple Delete를 실행하여 클립 사이 공백을 삭제합니다.

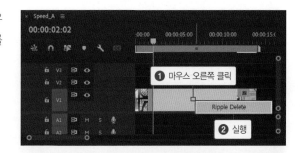

07 마지막 클립의 재생 속도를 느리게 조절하기 위해 ❶ 현재 시간 표시기를 '00:00:07:00'으로 이동합니다. ❷ 마지막 클립의 끝 점을 오른쪽으로 드래그하여 클립의 길이를 늘립니다.

08 영상을 재생해 일반 속도 → 빠른 속도 → 느린 속도로 변하는 편집 영상을 확인합니다.

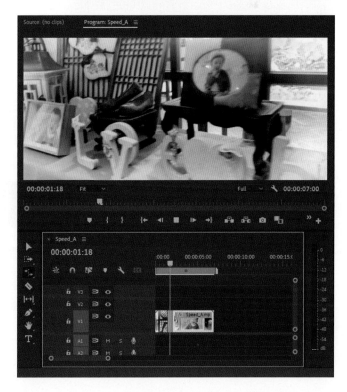

TIP ◁
만일 비디오와 오디오 소스가 링크된 클립일 경우 Alt 를 누른 상태로 비디오 또는 오디오 클립을 제어하면 각 소스를 분리된 상태(Unlink)로 속도를 조절할 수 있습니다.

- **예제파일** : 프리미어 프로\03\Speed_B.mp4
- **완성파일** : 프리미어 프로\03\Speed B_완성.mp4, Speed B_완성.prproj

01 프리미어 프로의 프로젝트를 실행하고 Ctrl + I 를 누릅니다. Import 대화상자가 표시되면 ❶ 프리미어 프로 → 03 폴더에서 ❷ 'Speed_B.mp4' 파일을 선택하고 ❸ 〈열기〉 버튼을 클릭합니다.

02 Project 패널에서 'Speed_B.mp4' 아이템을 'New Item' 아이콘(■)으로 드래그하여 소스 파일과 같은 시퀀스를 만듭니다.

03 영상에서 전광판이 지나가는 구간의 속도를 편집하기 위해 ❶ 현재 시간 표시기를 '00:00:06:10'으로 이동합니다. ❷ Tools 패널에서 자르기 도구(■)를 선택하고 ❸ 속도 조절 구간의 시작 점을 클릭하여 클립을 자릅니다.

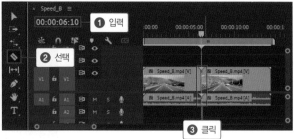

74

04 ❶ 현재 시간 표시기를 '00:00:08:10'으로 이동하고 ❷ 속도 편집 구간의 끝 점을 클릭해 자릅니다.

05 ❶ Tools 패널에서 선택 도구(▶)를 선택한 다음 ❷ 앞서 자른 두 번째 클립을 선택합니다. 이어 ❸ Ctrl + C를 눌러 클립을 복사합니다.

06 Ctrl + Shift + V를 두 번 눌러 앞서 복사한 두 개를 클립에 붙여 넣습니다.

07 ❶ Timeline 패널의 첫 번째 클립을 선택하고 ❷ 메뉴에서 (Clip) → Speed/Duration(Ctrl + R)을 실행합니다.

08 Clip Speed/Duration 대화상자가 표시되면 ❶ Speed를 '500%'로 설정하여 영상 재생 속도를 5배 빠르게 합니다. 이어 ❷ 'Maintain Audio Pitch'와 'Ripple Edit, Shifting Trailing Clips'를 체크 표시하고 ❸ 〈OK〉 버튼을 클릭합니다. 첫 번째 클립의 영상 재생 속도가 5배 빨라지고 이어 후행 클립들이 자동으로 당겨진 것을 확인합니다.

▲ 5배 짧아진 클립 길이와 편집 점 확인

09 ❶ Timeline 패널에서 세 번째 클립을 선택한 다음 ❷ 메뉴에서 (Clip) → Speed/Duration(Ctrl+R)을 실행합니다.

10 Clip Speed / Duration 대화상자가 표시되면 ❶ Speed를 '200%'로 설정하여 영상 재생 속도를 2배 빠르게 합니다. 이어 ❷ 'Reverse Speed'를 체크 표시하고 ❸ 〈OK〉 버튼을 클릭합니다. 세 번째 클립의 영상이 거꾸로 두 배 빠르게 재생되는 것을 확인합니다.

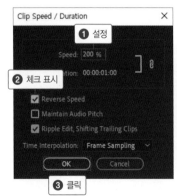

▲ 2배 빠르게 거꾸로 재생되는 영상 확인

11 ❶ Timeline 패널에서 네 번째 클립을 선택한 다음 ❷ 메뉴에서 (Clip) → Speed/Duration(Ctrl+R)을 실행합니다.

12 Clip Speed / Duration 대화상자가 표시되면 ❶ Speed를 '50%'로 설정해 재생 속도를 두 배 느리게 설정하고 ❷ 〈OK〉 버튼을 클릭합니다.

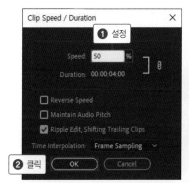

▲ 2배 느려진 재생 속도 확인

TIP

Clip Speed / Duration 대화상자에서 Duration을 변경하면 프레임 또는 시간 단위로 클립의 길이를 변경해 재생 속도를 제어할 수 있습니다. 이때 'Link' 아이콘(🔗)을 클릭해 연결을 해제하면 Speed와 Duration을 따로 설정할 수 있습니다.

13 여러 영상의 클립 속도 조절이 완성되어 빠르게 지나친 전광판을 되돌려서 다시 느리게 연출한 영상을 확인합니다.

Unlink / Nest / Rename　　　　　　　　　　　　실무 대비　중요도 ★★★

· Premiere Pro ·
06
이론

클립 / 그룹 속성 활용하기

❶ 클립 링크 해제하기 – Unlink

일반적으로 촬영된 영상은 비디오와 오디오 데이터가 하나로 연결되어 있습니다. 이를 프리미어 프로에서는 링크(Link)라고 표현합니다. 하지만 두 데이터의 싱크를 수정하거나 하나의 데이터를 삭제할 경우 이 링크를 해제해야 합니다.

링크 해제는 설정을 변경하려는 하나 또는 여러 클립을 선택한 다음 메뉴에서 (Clip) → Unlink(Ctrl + L)를 실행합니다. 반대로 떨어져 있는 비디오와 오디오 데이터를 하나로 연결하려면 Link를 실행합니다. Unlink/Link 기능은 Ctrl + L을 누르거나 Timeline 패널의 선택된 클립에서 마우스 오른쪽 버튼을 클릭하여 실행할 수도 있습니다.

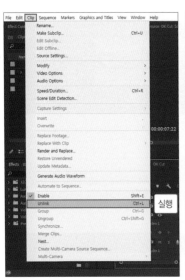

▲ Unlink 기능 실행 모습

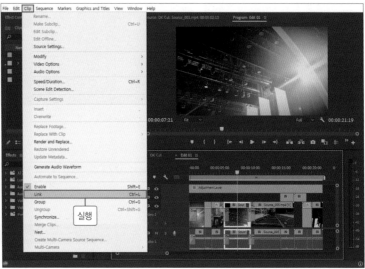

▲ Link 기능 실행 모습

❷ 여러 클립을 하나의 시퀀스로 중첩하기 – Nest　•••

프리미어 프로에서는 Nest를 통해 Timeline 패널의 여러 클립을 시퀀스로 중첩하여 하나의 클립으로 설정할 수 있습니다. Group 기능과 달리 시퀀스로 인식되어 시퀀스 안의 클립을 수정할 수 있으며, 하나의 클립으로 인식되어 편집이 적용된 데이터에 또 다른 효과와 편집을 적용할 수 있는 장점이 있습니다.

Nest 기능을 적용하기 위해서는 하나의 시퀀스로 중첩할 클립들을 선택한 다음 메뉴에서 (Clip) → Nest를 실행합니다. Nested Sequence Name 대화상자가 표시되면 Name에 시퀀스 클립으로 설정할 이름을 입력하고 〈OK〉 버튼을 클릭합니다. Nest는 Timeline 패널에서 선택된 클립들 위에서 마우스 오른쪽 버튼을 클릭하여 실행할 수도 있습니다.

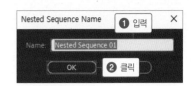

설정된 Nest 클립은 Project 패널에 자동으로 만들어지며 Timeline 패널에 하나의 클립 형태로 중첩된 것을 확인할 수 있습니다. 이렇게 만들어진 Nest 클립은 더블클릭하여 소스 클립을 재편집할 수 있으며 Nest 클립에 또 다른 효과 또는 편집 기능을 적용할 수 있습니다.

◀ 여러 클립이 Nest 기능으로 묶인 모습

❸ 클립 이름 변경하기 – Rename　　　• • •

편집 과정에서 미리 설정된 클립 이름이 복잡하거나 구분을 위해 특정 이름으로 변경할 경우가 있습니다. 이때 Timeline 패널에서 클립을 선택한 다음 메뉴에서 (Clip) → Rename을 실행해 Rename Clip 대화상자가 표시되면 Name을 입력하고 〈OK〉 버튼을 클릭합니다. Rename은 마우스 오른쪽 버튼을 클릭하여 표시된 메뉴에서도 실행할 수 있으며, 이렇게 변경된 클립의 이름은 Project 패널의 같은 아이템에 영향을 주지 않습니다.

간단한 클립
편집 및 출력하기

영상 편집 작업이 주도적으로 이루어지는 Timeline 패널과 Monitor 패널에 대해 이해합니다. 이를 제어하고 숨겨진 기능을 통해서 편집의 기본 원리를 공부할 수 있습니다. 또한 완성된 영상물을 원하는 옵션과 포맷에 맞춰 출력하는 방법도 함께 알아봅니다.

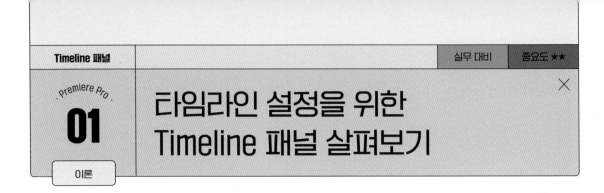

타임라인 설정을 위한 Timeline 패널 살펴보기

Timeline 패널은 영상 편집이 이루어지는 탐색 및 컨트롤 패널로, 프리미어 프로에서 가장 중요한 역할을 지원하기 때문에 작업의 편리성과 작업 속도를 높이기 위해서 주요 기능과 용어들을 알아두어야 합니다.

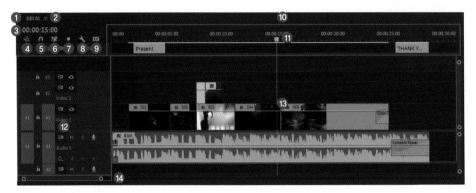

❶ **Sequence Name** : 현재 작업 중인 시퀀스 이름을 표시합니다.

❷ **패널 메뉴(Panel Menu)** : Timeline Display Settings 이외에 Timeline 패널의 다양한 기능을 제어할 수 있는 옵션 메뉴를 노출합니다.

❸ **현재 시간(Current Time)** : 현재 시간 표시기가 위치한 시간을 표시합니다. 클릭하여 데이터를 입력하면 원하는 시간으로 편집 기준선을 이동할 수 있습니다.

❹ **Insert and Overwrite Sequences** : Nest Sequence 클립을 Timeline 패널에 삽입 또는 덮어쓸 때 옵션을 설정합니다. 활성화하면 Nest Sequence로 붙여지고 비활성화할 경우 Nest Sequence 안의 독립적인 클립들로 붙여집니다.

❺ **Snap(S)** : 클립을 이동하여 다른 클립 또는 편집 기준선에 붙일 때 자석의 힘에 이끌리듯 경계선이 쉽게 붙도록 해 줍니다.

❻ **Linked Selection** : 연결된 클립의 선택 옵션을 설정합니다. 비활성화하면 연결된 클립도 독립적으로 선택할 수 있습니다.

❼ **Add Marker(M)** : 작업 기준선이 놓인 현재 시간 표시기에 마커를 삽입(클릭 또는 M)하거나 정보를 입력할 수 있습니다(더블클릭 또는 M+M).

❽ **Timeline Display Settings** : Timeline 패널에서 표시되는 UI 디스플레이를 설정합니다.

❾ **Caption track options** : 캡션 자막이 적용되었을 때 트랙에 노출되는 옵션을 제어합니다.

❿ **시간 표시기(Time Ruler)** : 표시 형식(Display Format)에 따라 Timeline 패널의 시간과 프레임을 표시합니다.

⓫ **현재 시간 표시기(Current Time Indicator)** : 슬라이더를 좌우로 드래그하여 영상을 탐색하거나 편집 기준점을 만듭니다.

⓬ **트랙 컨트롤 영역** : 트랙의 이름, 노출, 잠금, 특성 등을 제어할 수 있는 옵션을 제공합니다.

⓭ **타임라인 영역(Timeline Area)** : Timeline 패널의 작업 창 전체 Duration 중 화면에 보이는 부분의 길이를 표시합니다.
⊞, ⊟ 단축키를 활용해 화면에 노출되는 범위를 확대, 축소할 수 있습니다.

⓮ **작업 영역 확대/축소 슬라이더** : 막대 컨트롤러를 이동하거나 길이를 조정하여 Timeline 패널 영역에 노출되는 범위를 확대, 축소, 탐색할 수 있습니다.

❶ 슬라이더로 작업 영역 확대 및 축소하기 •••

Timeline 패널에서 작업 영역을 확대 또는 축소하는 방법은 여러 가지가 있으며 자신에게 편리한 방법을 익혀 활용하면 작업 속도를 높일 수 있습니다. Timeline 패널 하단의 슬라이더의 왼쪽 또는 오른쪽 끝을 드래그해 작업 영역을 확장하거나 축소할 수 있습니다. 슬라이더 중앙을 드래그하면 작업 영역을 좌우로 이동할 수 있습니다.

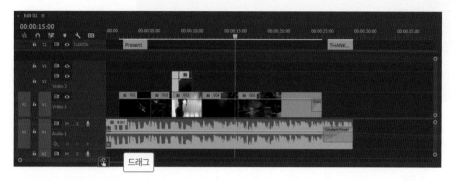

❷ 작업 영역 가득 채우기 •••

W를 눌러 Timeline 패널에 모든 클립들이 배치된 꽉 찬 작업 영역을 설정할 수 있습니다.

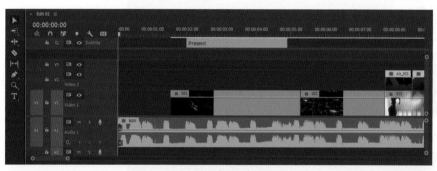

▲ W를 누르기 전

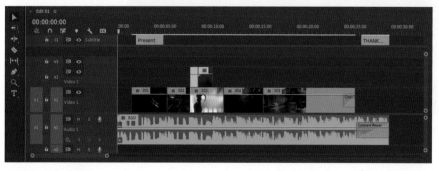

▲ W를 누른 후

❸ 단축키로 작업 영역 확대 및 축소하기 • • •

⊟를 눌러 작업 영역을 축소할 수 있습니다. 또한, ⊞를 눌러 작업 영역을 확대할 수 있습니다.

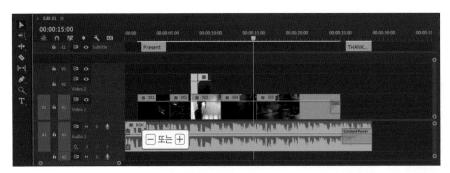

❹ 돋보기 도구로 작업 영역 확대 및 축소하기 • • •

Tools 패널에서 돋보기 도구(🔍)를 선택하고 확대를 원하는 타임라인 영역을 클릭하면 작업 영역이 확대됩니다. 또한, Alt 를 누른 상태로 Timeline 패널의 원하는 위치를 클릭하면 작업 영역이 축소됩니다.

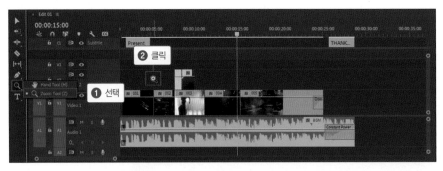

▲ 마우스 포인터가 확대 모드로 설정된 모습

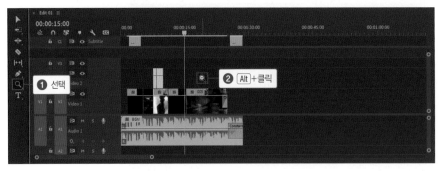

▲ 마우스 포인터가 축소 모드로 설정된 모습

TIP ⟨⇥

돋보기 도구(🔍)는 단축키 Z 를 이용하거나 손 도구(✋)를 잠시 눌러 표시된 메뉴에서 선택할 수 있습니다.

. Premiere Pro .

02 타임코드와 스냅 활용하기

이론

❶ 타임코드 이해하기 ● ● ●

타임코드는 편집의 프레임 또는 시간 단위를 숫자로 표현한 개념입니다. 편집 작업에서 매우 중요한 단위로 필요에 따라 원하는 옵션으로 변경할 수 있습니다.

타임코드는 시간:분:초:프레임(hh:mm:ss:ff) 단위로 시퀀스의 fps(Frame Per Second) 환경에 맞춰 표기되며 Timeline 패널, Program Monitor 패널, Effect Controls 패널의 파란색 글씨는 현재 시간 표시기가 위치한 시간을 나타냅니다.

❷ 원하는 시간으로 이동하기 ● ● ●

Timeline 패널의 타임코드를 클릭해 숫자를 입력하면 원하는 시간상 위치로 현재 시간 표시기를 이동할 수 있습니다. 예를 들어, 1초 15프레임으로 이동하고자 할 때 타임코드를 클릭하고 '115'를 입력하면 '1초 15프레임'으로 이동합니다.

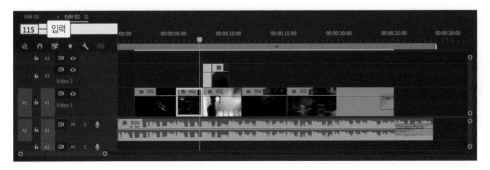

❸ 타임코드 단위 설정하기 ••••

타임코드가 표기된 패널에서 마우스 오른쪽 버튼을 클릭하여 표시되는 메뉴에서 시간, Feet, 프레임 단위 등 원하는 방식의 타임코드 단위로 설정할 수 있습니다.

❹ 간편하게 편집 점 찾기 – Snap ••••

Timeline 패널에서 편집 작업의 편리성을 높여주는 기능은 여러 가지가 있습니다. 그중 Snap 기능은 자석과 같이 클립과 현재 시간 표시기가 편집 점을 찾아 작업을 편하게 진행할 수 있도록 클립의 이동을 돕습니다.

Snap 기능은 클립의 이동, 자르기 등 편집 작업 진행 시 편집 점을 정확하게 활용할 수 있도록 자석과 같은 역할을 합니다. 예를 들면, 클립을 이동해 편집 점 뒤로 붙일 경우 착 달라붙게 하거나 자르기 도구로 클립을 자를 때 편집 점을 유도합니다. 이외에 속도 조절 도구와 리플 편집 도구 등으로 편집할 때도 자석처럼 자연스럽게 편집 점을 찾습니다.

❺ Snap 기능 활성화 및 비활성화하기 ••••

Snap 기능은 Timeline 패널의 'Snap' 아이콘(🧲)를 클릭하거나 ⑤를 눌러 활성화 또는 비활성화할 수 있습니다. 또한, 메뉴에서 [Sequence] → Snap in Timeline을 실행하거나 취소해 적용 및 해제할 수 있습니다.

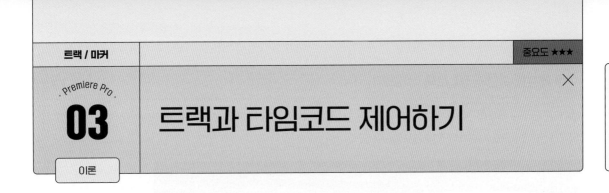

. Premiere Pro .

03

이론

트랙과 타임코드 제어하기

❶ 클립의 이동으로 추가 트랙 만들기

편집 과정과 소스 양에 따라 비디오 또는 오디오 트랙 수를 알맞게 설정할 수 있습니다. 지나치게 많은 트랙의 추가는 오히려 편집 작업을 방해하는 요소가 될 수 있으니 적절한 트랙 수를 유지하는 것이 좋습니다.

비디오 또는 오디오 클립을 트랙 영역 최상단 공간으로 드래그하면 트랙을 추가할 수 있습니다. 트랙 추가는 반복해서 적용할 수 있습니다.

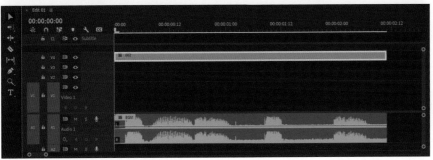

▲ 기존에 없던 V4 트랙이 추가된 모습

TIP ◁⫸

비디오 트랙은 트랙 영역 상단, 오디오 트랙은 트랙 영역 하단에 공간이 설정되어 있습니다.

❷ 메뉴를 실행해 1개 트랙 삭제하기 ● ● ●

❶ Timeline 패널의 트랙 컨트롤 영역 공간에서 마우스 오른쪽 버튼을 클릭하고 ❷ Delete Track을 실행하면 간단하게 트랙을 추가하거나 제거할 수 있습니다.

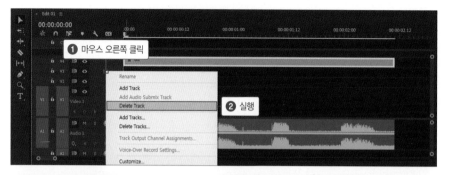

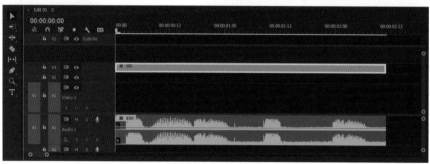

▲ 1개 트랙이 삭제된 모습

TIP ☜

Timeline 패널의 트랙 컨트롤 영역 공간에서 마우스 오른쪽 버튼을 클릭하고 **Add Track**을 실행하면 트랙을 추가할 수 있으며, 오디오 트랙에서도 같은 방식으로 작용합니다.

❸ 비어 있는 모든 트랙 삭제하기 ● ● ●

Delete Tracks 기능을 이용하면 사용하지 않는 여러 오디오 또는 비디오 트랙을 한 번에 삭제할 수 있습니다. 먼저 ❶ 트랙 컨트롤 영역의 공간에서 마우스 오른쪽 버튼을 클릭하고 ❷ Delete Tracks를 실행합니다.

Delete Tracks 대화상자가 표시되면 ❶ 'Delete Video Tracks', 'Delete Audio Tracks'를 체크 표시하고 ❷ 〈OK〉 버튼을 클릭하면 비어 있는 모든 트랙이 삭제됩니다.

▲ 비어 있는 모든 트랙이 삭제된 모습

❹ 여러 개의 트랙을 한 번에 추가하기

Add Tracks 기능을 이용하면 원하는 수만큼의 비디오 또는 오디오 트랙을 한 번에 만들 수 있습니다. ❶ 트랙 컨트롤 영역의 공간에서 마우스 오른쪽 버튼을 클릭하고 ❷ Add Tracks를 실행합니다.

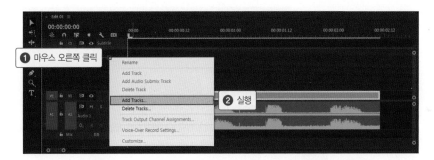

Add Tracks 대화상자가 표시되면 ❶ Video Tracks, Audio Tracks 항목의 Add를 원하는 트랙 수로 설정한 다음 ❷ 〈OK〉 버튼을 클릭합니다.

 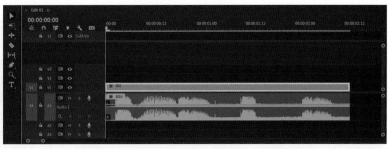

▲ 설정 값 트랙 수 만큼 추가된 모습

. Premiere Pro .
04 타임라인/클립 마커 활용하기

이론

❶ 타임라인에 마커 만들기 • • •

마커 기능은 편집 시퀀스의 특정 위치를 타임라인에 표시하는 기능으로, 특정 지점으로 이동하거나 편집 내용을 메모할 수 있으며 출력 설정과 편집 작업에 편리합니다. 시퀀스를 출력했을 때 메타데이터에 저장되는 데이터로 특성에 따른 여러 가지 마커의 기능을 이해하여 필요에 따라 유용하게 활용할 수 있습니다.

메뉴에서 (Markers) → Add Marker(M)를 실행하면 현재 시간 표시기가 있는 시간 표시 영역에 마커를 만들어 위치를 표시할 수 있습니다. 이때 마커를 만들기 위해서는 반드시 Timeline 패널에서 클립이 선택되지 않는 상태여야 합니다. 만일 클립이 선택된 상태에서 실행하면 클립에 마커가 만들어집니다.

마커 기능은 주로 특정 편집 점을 체크 표시하기 위해 사용하므로 M을 눌러 이용하면 여러 개의 마커를 빠르게 만들 수 있어 작업의 효율성을 높일 수 있습니다.

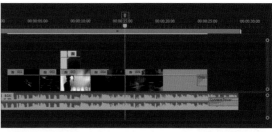

▲ 현재 시간 표시기 위치에 표시된 타임라인 마커

시간 표시 영역에서 마우스 오른쪽 버튼을 클릭해 Add Marker를 실행해도 현재 시간 표시기가 있는 위치에 마커가 만들어집니다. 마찬가지로 타임라인 마커를 만들기 위해서는 클립이 선택되지 않은 상태여야 합니다.

TIP ⟜

마커는 Timeline 패널뿐만 아니라 Program Monitor 패널에서도 함께 표시됩니다.

❷ 챕터 마커 만들기

챕터 마커는 시간 표시 영역에 특정 마커를 표시하여 장을 구분하고 코멘트를 적용할 수 있는 기능입니다. 챕터 마커는 메뉴에서 (Markers) → Add Chapter Marker를 실행하여 적용할 수 있습니다.

Add Chapter Marker를 실행해 Marker 대화상자가 표시되면 마커의 이름, 내용, 색 등을 설정할 수 있습니다.

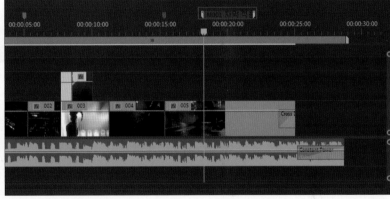

▲ 챕터 마커가 적용된 모습

❸ 마커 편집하기

Timeline 패널의 시간 표시 영역에 이미 만들어진 마커를 더블클릭하여 Marker 대화상자가 표시되면 마커의 이름, 코멘트, 색, 타이밍 등 다양한 옵션을 변경할 수 있습니다.

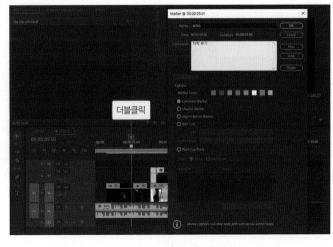

TIP

마커가 있는 위치로 빠르게 이동하기 위해서는 메뉴에서 (Markers) → Go to Next Marker(Shift + M) 또는 Go to Previous Marker(Ctrl + Shift + M)를 실행합니다. 또한, 시간 표시 영역에 만들어진 마커를 클릭해 원하는 마커 위치로 바로 이동할 수 있습니다.

❹ 클립 마커 만들기 ●●●●

클립 마커는 편집에 사용된 클립의 특정 위치에 마커를 표시하여 필요한 메모와 표시를 남기는 기능으로 다양한 정보를 적용할 수 있어 매우 유용합니다. 타임라인 마커는 Timeline 패널의 시간 표시 영역에 표시되며, 클립 마커는 클립에 직접 표시됩니다. 클립 마커는 타임라인 마커와 실행 방법이 같지만, Timeline 패널에서 클립을 선택해야만 클립 마커를 만들 수 있습니다. 만일 클립을 선택하지 않았을 경우 현재 시간 표시기 영역에 타임라인 마커가 만들어집니다.

클립 마커를 만들 클립을 선택하고 원하는 위치에 현재 시간 표시기를 이동합니다. 메뉴에서 (Markers) → Add Marker(M)를 실행하여 클립 마커를 만듭니다.

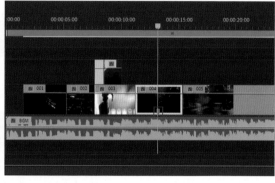

▲ 클립 마커가 만들어진 모습

> **TIP** ◁
> **Add Marker**는 선택된 클립에서 마우스 오른쪽 버튼을 클릭하여 실행할 수도 있습니다.

❺ 클립 마커 옵션 변경하기 ●●●

클립 마커가 적용된 클립을 Timeline 패널에서 더블클릭하여 Source Monitor 패널을 활성화한 다음 Source Monitor 패널의 마커를 다시 더블클릭하면 Marker 대화상자가 표시됩니다. Marker 대화상자에서는 기존의 마커 정보를 수정하여 옵션을 변경할 수 있습니다.

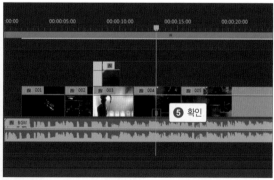

▲ 클립 마커가 수정된 모습

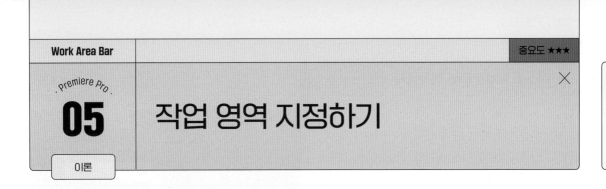

Work Area Bar

중요도 ★★★

. Premiere Pro .
05

이론

작업 영역 지정하기

❶ Work Area Bar 보이기와 숨기기

Work Area Bar는 작업 영역을 지정하는 기능으로 출력 및 렌더링 범위를 지정할 수 있습니다. 비슷한 기능으로 Sequence Mark In/Out이 있어 프리미어 프로 CC 이후부터 기능이 약화되었지만, Work Area Bar는 Timeline 패널에 표시되는 범위가 작업 영역을 가리지 않기 때문에 매우 유용하게 사용할 수 있습니다.

Timeline 패널에서 '패널 메뉴' 아이콘(☰)를 클릭하고 Work Area Bar를 실행하면 Timeline 패널 상단 시간 표시 영역 아래에 Work Area Bar가 활성화됩니다.

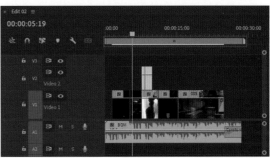

▲ Work Area Bar가 활성화된 모습

TIP
다시 비활성화하려면 패널 메뉴에서 **Work Area Bar**를 실행합니다.

❷ Work Area Bar 시작 점과 끝 점 지정하기

Work Area Bar의 왼쪽 끝을 드래그하여 시작 점을 지정할 수 있으며, 오른쪽 끝을 드래그해 끝 점을 지정할 수 있습니다. 또한, Alt + [를 눌러 현재 시간 표시기가 위치한 곳에 Work Area Bar의 시작 점을 지정할 수 있으며, Alt +] 을 눌러 현재 시간 표시기가 위치한 곳에 Work Area Bar의 끝 점을 지정할 수 있습니다.

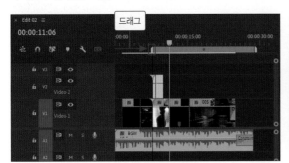
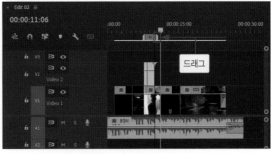

❸ Work Area Bar 이동하기

Timeline 패널의 Work Area Bar 가운데로 마우스 포인터를 이동하면 손 모양을 나타냅니다. 이때 좌우로 드래그하여 원하는 위치로 Work Area Bar 를 이동할 수 있습니다.

❹ 시퀀스 전체 영역에 Work Area Bar 지정하기

Work Area Bar 위로 마우스 포인터를 이동하고 더블클릭하면 작업 중인 타임라인 영역 전체에 자동으로 막대가 확장됩니다.

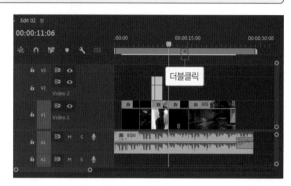

▲ 타임라인 전체 작업 영역에 Work Area Bar가 확장된 모습

❺ 일반적인 재생 및 정지하기

편집할 때 타임라인을 재생하고 멈추는 방법은 Spacebar를 누르는 것으로 매우 간단하지만, 빠르게 재생하거나 느리게 재생하는 방법은 메뉴나 아이콘이 없어 모르는 경우가 많습니다. 단축키를 이용해 재생 속도를 원하는 대로 조절하여 타임라인을 재생하는 방법을 알아봅니다.

보통 타임라인을 재생하거나 멈출 때는 Program Monitor 패널에서 '재생' 아이콘(▶), '정지' 아이콘(■)을 클릭하거나 Spacebar를 누릅니다.

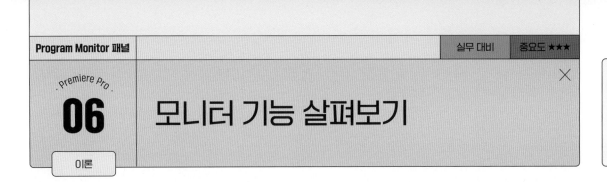

.Premiere Pro.

06 모니터 기능 살펴보기

이론

Program Monitor 패널은 Timeline 패널과 함께 편집 작업에서 가장 중요한 역할을 합니다. 필요에 따라 출력의 해상도와 화면 크기, 출력 및 편집 옵션 등을 설정할 수 있으며 Button Editor에서 여러 기능을 추가해 편집 작업에 필요한 보조 기능을 추가할 수 있습니다.

Program Monitor 패널은 Timeline 패널에서 현재 시간 표시기가 이동하는 장면을 보여 주며 실질적으로 편집되는 최종 결과를 나타냅니다. 또한, 편집에 도움이 되는 마커 설정, 재생 컨트롤, 이미지 출력, 안전 영역 설정 등 여러 가지 기능을 제어합니다.

❶ **Sequence Name** : 현재 선택된 시퀀스의 이름을 표시합니다.

❷ **Playhead Position** : 현재 시간 표시기가 있는 현재 시간을 표시합니다. 클릭하여 이동하고자 하는 시간을 입력할 수 있습니다.

❸ **Select Zoom Level** : Program Monitor 패널에 나타나는 화면 크기를 설정합니다. 'Fit'로 지정하면 패널의 크기에 맞춰 자동 설정됩니다.

❹ **Select Playback Resolution** : 영상을 실시간으로 재생할 때 화면에 나타나는 해상도를 설정합니다. 소스 클립의 크기(HD, 3K, 4K 등)에 따라 각 해상도가 활성화됩니다.

❺ **Settings** : 모니터 화면에 출력되는 옵션을 설정할 수 있는 메뉴를 표시합니다.

❻ **In/Out Duration** : 시작 점과 끝 점으로 설정된 구간의 총 재생 시간을 표시합니다.

❼ **Current Time Indicator** : 현재 시간 표시기로 Timeline 패널과 연동되며 편집과 화면 출력의 기준이 되는 선입니다. 좌우로 드래그하며 영상을 탐색할 수 있습니다.

❽ **Timeline Area** : Timeline 패널의 작업 창 전체 Duration 중 화면에 보이는 부분의 길이를 표시합니다. Body 또는 끝 점을 드래그하여 영역을 이동 또는 확대, 축소할 수 있습니다.

❾ **Add Marker(M)** : 현재 시간 표시기가 놓여있는 시간에 마커를 삽입합니다. 만든 마커를 더블클릭하여 정보를 입력 또는 수정할 수 있습니다.

❿ **Mark In(I)** : 클릭하여 편집의 시작 점을 지정합니다.

⓫ **Mark Out(O)** : 클릭하여 편집의 끝 점을 지정합니다.

> **TIP** ◁
> 시작 점과 끝 점을 삭제하려면 마우스 오른쪽 버튼을 클릭하여 **Clear In(Ctrl+Shift+I)**, **Clear Out(Ctrl+Shift+O)**을 실행하거나 메뉴에서 (Markers) → **Clear In** 및 **Clear Out**을 실행합니다. Marker In과 Marker Out을 동시에 삭제하려면 **Clear In and Out(Ctrl+Shift+X)**을 실행합니다.

⓬ **Go to In(Shift+I)** : 시작 점으로 이동합니다.

⓭ **Step Back 1 Frame(←)** : 1프레임 뒤로 이동합니다.

⓮ **Play-Stop Toggle(Backspace)** : 타임라인을 재생시키거나 정지시킵니다.

⓯ **Step Forward 1 Frame(→)** : 1프레임 앞으로 이동합니다.

⓰ **Go to Out(Shift+O)** : 끝 점으로 이동합니다.

⓱ **Lift(;)** : 시작 점과 끝 점 사이 클립 전체 재생 시간을 유지한 채 들어냅니다.

> **TIP** ◁
> Lift 명령은 선택된 트랙에만 해당하며, 트랙을 선택 또는 해제하려면 Timeline 패널에서 트랙 이름을 클릭합니다.

⓲ **Extract(')** : 시작 점과 끝 점 사이 클립들의 편집 점을 삭제하고 뒤쪽 클립을 앞으로 당깁니다.

⓳ **Export Frame(Ctrl+Shift+E)** : 현재 시간 표시기가 위치한 프레임을 이미지로 출력합니다.

⓴ **Comparison View** : 시퀀스 안에서 원하는 지점의 장면과 비교하며 볼 수 있는 화면 모드를 실행합니다. 왼쪽 화면 아래에 있는 파란색 슬라이더를 움직여 원하는 장면을 선택할 수 있습니다.

㉑ **Button Editor** : Program Monitor 패널의 하단의 제어 아이콘을 편집합니다. Button Editor가 표시되면 Monitor 패널 하단에 자동으로 파란색 상자가 만들어집니다. 이때 원하는 기능의 아이콘을 파란색 상자로 드래그하여 등록할 수 있습니다. 반대로 파란색 상자의 아이콘을 밖으로 드래그하면 삭제할 수 있습니다.

파란색 상자의 아이콘을 드래그하면 위치를 변경할 수 있으며 〈Space〉 아이콘(▉)을 정렬된 아이콘 사이에 배치해 기능을 구분하는 역할로 활용합니다.

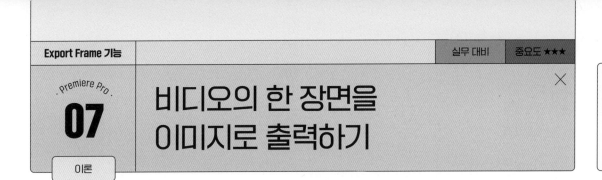

Premiere Pro
07
이론

비디오의 한 장면을 이미지로 출력하기

❶ 영상에서 이미지 추출하기

영상 편집 과정에서 비디오의 한 장면을 추출하여 편집 요소로 활용해야 할 경우가 있습니다. 이때 Program Monitor 패널의 Export Frame 기능을 활용해서 빠르고 편리하게 정지 화면을 출력할 수 있습니다.

Source Monitor 패널 또는 Program Monitor 패널에서 출력할 장면을 탐색한 다음 현재 시간 표시기를 이동합니다. 이어 'Export Frame' 아이콘(📷, Ctrl + Shift + E)을 클릭해 Export Frame 대화상자를 표시합니다.

❷ 이미지 내보내기 옵션 설정하기

Export Frame 대화상자에서 이름, 포맷, 경로 등을 설정한 다음 〈OK〉 버튼을 클릭하여 이미지를 출력합니다.

❶ Name : 저장될 이미지 파일의 이름을 설정합니다.
❷ Format : 8개의 다양한 이미지 포맷 중 저장될 이미지 파일 포맷을 지정합니다.
❸ Path : 저장될 이미지의 경로를 표시합니다.
❹ Import into project : 체크 표시하면 출력한 이미지를 자동으로 프리미어 프로의 Project 패널에 불러옵니다.
❺ Browse : 클릭하여 이미지가 저장될 경로를 지정합니다.

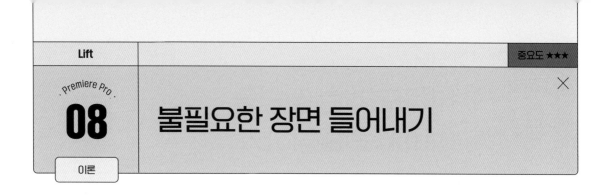

불필요한 장면 들어내기

❶ 편집 영역 만들기 ●●●

Program Monitor 패널에서는 마커를 만들고 재생을 제어하는 기능 이외에 출력 방식에 따라 여러 가지 기능을 제어할 수 있습니다. 또한, 간단한 편집 작업도 할 수 있는데 그중 Lift 기능을 이용하면 마커가 만들어진 위치를 들어낼 수 있습니다.

현재 시간 표시기를 편집의 시작 점으로 이동한 다음 Program Monitor 패널에서 'Mark In' 아이콘(▐, Ⅰ)을 클릭해 편집 점의 시작 점을 설정합니다. 이어 현재 시간 표시기를 편집의 끝 점으로 이동한 다음 Program Monitor 패널에서 'Mark Out' 아이콘(▌, O)을 클릭해 편집 점의 끝 점을 설정해서 편집 영역을 만듭니다.

TIP ◁▷

Mark In/Out 기능은 메뉴에서 **(Markers)**를 실행하거나 Timeline 패널의 타임룰러 영역에서 마우스 오른쪽 버튼을 클릭해 실행할 수도 있습니다. Ⅰ와 O를 눌러 Mark In과 Mark Out 활성화하면 더 편리합니다.

Why? 👈

프리미어 프로에서 편집 영역을 만드는 이유는 장면을 삭제하거나 삽입하는 등 편집 기법에 효율적으로 활용하기 위해서입니다. 그중 가장 많이 활용하는 편집 기법을 알아두도록 합니다.

❶ **Cut** : 편집의 가장 기본이 되는 단위로 샷의 중간을 잘라냅니다.
❷ **Assemble** : 원본 소스들의 OK 샷을 순서대로 번호를 매겨 빈 테이프에 차례로 녹화합니다.
❸ **Insert** : 한 샷의 중간에 다른 샷을 끼워 넣습니다.
❹ **Overlay** : 한 샷의 중간에 다른 샷을 덮어쓰기(Over Write)합니다.
❺ **Lift** : 영상의 필요 없는 부분을 들어냅니다.
❻ **Extract** : 영상의 필요 없는 부분을 추출하고 추출된 영상의 앞뒤 부분을 붙입니다.

❷ 편집 영역 들어내기

Program Monitor 패널에서 'Lift' 아이콘(▤, ⑦)을 클릭하여 시작 점과 끝 점 사이를 들어냅니다. Timeline 패널의 중간 클립이 삭제된 것을 확인합니다.

TIP
마커는 포인터를 드래그하여 위치를 변경할 수 있습니다. 마커를 삭제하려면 마우스 오른쪽 버튼을 클릭하여 **Clear In**(Ctrl + Shift + I), **Clear Out**(Ctrl + Shift + O) 또는 메뉴에서 (**Markers**) → **Clear In** 및 **Clear Out**을 실행합니다. Marker In과 Marker Out을 동시에 삭제하려면 **Clear In and Out**(Ctrl + Shift + X)를 실행합니다.

▲ 설정된 편집 영역이 삭제된 모습

❸ 편집 영역 추출하기

Extract는 설정된 편집 점을 추출하는 방식의 편집 기술로 Program Monitor 패널과 Timeline 패널에서 실행할 수 있습니다. 마커로 설정된 편집 영역을 Extract로 추출하는 방법을 이해하고 Lift와의 차별점을 이해합니다.

먼저 시작 점과 끝 점으로 추출하고자 하는 편집 영역을 설정합니다. Program Monitor 패널에서 'Extract' 아이콘(▤, ⑦)을 클릭하면 Timeline 패널에서 시작 점과 끝 점 사이 편집 영역이 추출된 것을 확인할 수 있습니다.

TIP
클립을 선택한 뒤 ?를 클릭하면 자동으로 선택된 클립의 길이만큼 Mark In과 Mart Out이 자동으로 설정됩니다. 생성된 마커를 삭제하려면 시간 표시 영역에서 마우스 오른쪽 버튼을 클릭한 다음 **Clear In**(시작 점 마커 삭제) 또는 **Clear Out**(끝 점 마커 삭제)을 실행하여 원하는 마커를 삭제할 수 있습니다. 이때 **Clear In and Out**을 실행하면 시작과 끝의 모든 마커가 삭제됩니다.

아이템 또는
클립을 별도로 활용하기

Program Monitor 패널은 편집이 진행되는 타임라인의 작업 화면을 출력하는 반면 Source Monitor 패널은 Project 패널 아이템 또는 타임라인 클립을 별도로 재생, 탐색, 정보 확인, 편집할 수 있습니다. Source Monitor 패널을 활용할 방법과 기능을 알아봅니다.

Source Monitor 패널은 Project 패널의 아이템 또는 Timeline 패널의 클립을 더블클릭해 실행할 수 있습니다. Source Monitor 패널에 여러 개의 아이템을 등록해 탐색할 수 있지만, Timeline 패널에서 현재 시간 표시기를 이동하면 자동으로 Program Monitor 패널이 다시 나타납니다.

❶ **Source Name** : Source Monitor 패널에 나타나는 소스 이름을 표시하며, 패널 메뉴를 클릭해 활성화된 소스를 선택하거나 패널을 닫을 수 있습니다.

❷ **Drag Video Only** : 비디오가 출력되고 있음을 표시하며, Timeline 패널로 드래그하여 마커로 지정한 영역을 삽입할 수 있습니다.

❸ **Drag Audio Only** : 오디오가 출력되고 있음을 표시하며, Timeline 패널로 드래그하여 마커로 지정한 영역을 삽입할 수 있습니다.

Source Monitor 패널의 활용 방법은 기본적으로 Program Monitor 패널과 비슷하지만, 시작 점과 끝 점이 설정된 편집 영역을 Timeline 패널에 드래그하여 편집할 수 있습니다.

편집 영역을 Timeline 패널로 드래그하면 비디오와 오디오를 함께 타임라인에 가져올 수 있으며 'Drag Video Only' 아이콘(■) 또는 'Drag Audio Only' 아이콘(✛)을 Timeline 패널에 드래그하면 비디오 또는 오디오 소스를 별도로 가져올 수 있습니다.

Premiere Pro

10 영상 출력하기

이론

❶ Export 실행하기

유튜브 영상은 온라인 미디어 플랫폼의 대표 형식으로 다양한 비디오 포맷을 업로드할 수 있지만, 최적화된 비디오 형식을 사용하는 것이 좋습니다. 프리미어 프로에서는 유튜브 업로드를 위한 최적화된 코덱과 비디오 옵션을 설정할 수 있습니다.

프리미어 프로에서 편집이 완료되면 출력을 원하는 Project 패널의 아이템 또는 Timeline 패널을 선택하여 메뉴에서 (File) → Export → Media((Ctrl) + (M))를 실행해 미디어 옵션을 설정할 수 있는 Export 대화상자를 표시할 수 있습니다.

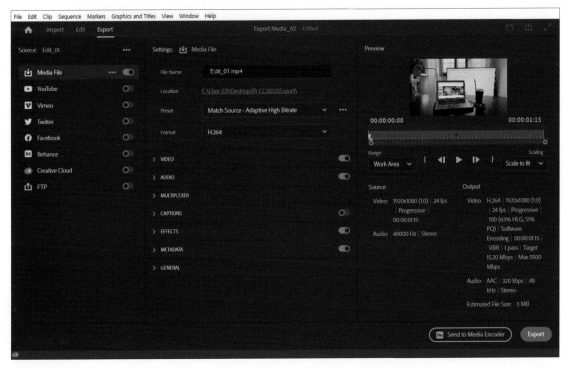

▲ Export 대화상자

Export 대화상자에서는 PUBLISH 기능을 통해 접속 정보를 입력한 후 동시에 여러 플랫폼에 자동으로 업로드 할 수 있으며 (Settings) 탭에서 미디어 형식을 자세하게 설정할 수 있습니다. 또한 Preview 화면을 통해서 출력하려는 미디어 정보를 확인할 수 있습니다.

❷ Export 대화상자 살펴보기

Export는 프리미어 프로에서 이미지, 동영상, 오디오 등의 파일 출력을 위한 여러 가지 옵션을 지원합니다.

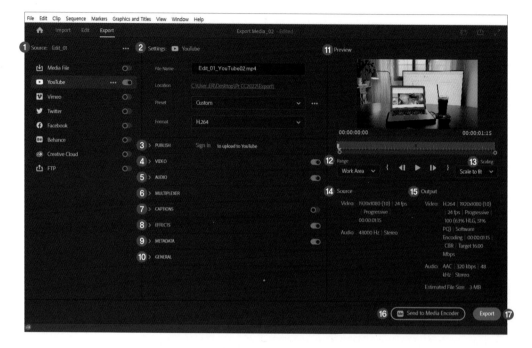

❶ Source : 출력할 시퀀스 이름을 표시합니다. 하위 목록에서 자주 사용되는 미디어 출력 옵션을 활성화할 수 있습니다.

❷ Settings : 출력되는 미디어 파일의 이름과 저장 경로, 미디어 포맷을 설정합니다. Preset을 통해 자주 사용되는 미디어 포맷의 옵션을 저장 및 불러올 수 있습니다.

❸ PUBLISH : Adobe Creative Cloud, Adobe Stock, Behance, Facebook, YouTube 등 온라인 플랫폼에 바로 업로드할 수 있는 각종 정보를 입력합니다.

❹ VIDEO : 비디오 출력 크기, 프레임 레이트, 비트 레이트 등 비디오 형식의 자세한 설정을 지원합니다.

❺ AUDIO : 오디오 포맷, 샘플링 비율, 샘플링 크기, 채널 등 오디오 형식의 자세한 설정을 지원합니다.

❻ MULTIPLEXER : 모바일 환경에 맞는 기기 및 호환 옵션을 설정합니다.

❼ CAPTIONS : 자막 형식과 프레임 레이트 등 자세한 설정을 지원합니다.

❽ EFFECTS : 비디오 또는 이미지 시퀀스를 출력할 때 출력되는 영상 전체에 필요한 효과를 지원합니다. 컬러, 이미지 워터마크, 텍스트 중첩, 타임코드 효과 등을 지원합니다.

❾ METADATA : 미디어 파일의 고유 정보가 담긴 메타데이터 스크립트를 함께 저장합니다.

❿ GENERAL : 출력된 파일을 바로 프리미어 프로로 불러오거나 편집 과정에서 사용된 프리뷰 또는 프록시 파일을 사용해 확인용 미디어를 빠르게 출력할 수 있는 옵션을 제공합니다.

⓫ Preview : 출력될 시퀀스의 화면을 미리 볼 수 있습니다.

⓬ Range : 내보내려는 범위를 지정합니다. 시퀀스, Work Area Bar, In/Out Marker, 임의 설정 환경에 맞춰 선택할 수 있습니다.

⓭ Scaling : 미리 볼 출력 화면의 크기 옵션을 설정합니다.

⓮ Source : 출력하려는 소스 시퀀스 정보를 표시합니다.

⓯ Output : 코덱, 프레임 레이트, 비디오 샘플링, 오디오 샘플링, 파일 용량 등 출력할 미디어 정보를 표시합니다.

⓰ Send to Media Encoder : 별도의 미디어 인코더 프로그램을 통해 미디어 파일을 출력합니다.

⓱ Export : 설정된 미디어 옵션으로 파일을 출력합니다.

❸ YouTube Export 설정하기 ···

Export 대화상자의 〔Source〕 탭에서 Media File 항목의 스위치를 클릭하여 해제(⬛◯)한 다음 YouTube 항목의 스위치를 활성화(◯⬛)합니다.

〔Settings〕 탭의 File Name 항목에 비디오 이름을 입력하고 Location에서 비디오 파일이 저장될 위치를 지정합니다.

Format을 'H.264'로 지정하고 'VIDEO' 의 항목을 열어 〈Match Source〉 버튼을 클릭합니다. VIDEO 항목의 'More'을 클릭하여 추가 비디오 환경 설정을 확장합니다.

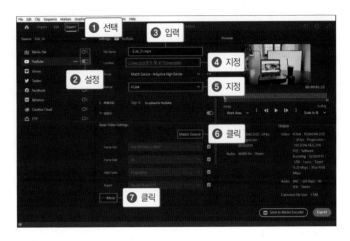

TIP

Match Source는 편집 작업이 완료된 시퀀스의 해상도, 프레임 레이트, 필드 옵션 등의 미디어 속성을 출력에 그대로 적용하는 기능입니다. 미디어 속성을 변경할 경우 각 옵션 항목의 체크 표시를 해제한 다음 원하는 설정 값으로 변경해야 합니다.

〔Video〕 탭의 오른쪽 슬라이더를 드래그해 Bitrate Settings 항목의 Bitrate Encording을 'CBR'로 지정한 다음 Target Bitrate[Mbps]를 '16'으로 설정합니다. 〈Export〉 버튼을 클릭하면 렌더링이 진행되고 완료되면 지정한 경로에서 출력된 영상 파일을 확인할 수 있습니다.

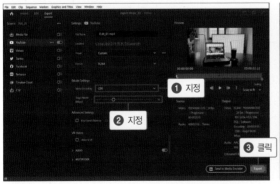 

▲ 출력을 통해 렌더링이 진행되는 과정

Why?

CBR(Contstant Bitrate)은 '고정 비트레이트'라고 말하며 동영상 또는 오디오를 인코딩할 때 처음부터 끝까지 같은 타깃의 비트레이트로 샘플링하는 방식을 말합니다. VBR(Variable Bitrate)은 '가변 비트레이트'라고 말하며 동영상 또는 오디오를 인코딩할 때 최저, 최고 샘플링 타깃을 정해 정보 양에 따라 비트레이트를 변화시키며 샘플링하는 방식입니다. 카메라와 피사체의 움직임이 많고 역동적인 장면의 경우 CBR로 지정하는 것이 화질 개선에 유리하며, 반대의 경우 VBR로 지정해 데이터를 더 가볍게 할 수 있는 장점이 있습니다.

❹ 유튜브 업로드 영상 권장 옵션 알아보기　•••

유튜브에는 여러 형식의 동영상을 업로드할 수 있지만, 최적화된 포맷을 권장합니다. 코덱과 프레임 속도, 비트 전송률 등 업로드용 파일의 권장 포맷을 알아봅니다.

❶ 동영상 코덱(컨테이너)

H.264, mp4 형식의 동영상 파일을 권장합니다. 프로그레시브 스캔(Progressive Scan) 방식의 인터레이스(Interlace) 없음 방식을 권장합니다.

> **TIP**
>
> • 프로그레시브 스캔(Progressive Scan) 방식
>
> 한 화면을 필드로 나누지 않고 전체 수평주사선을 사용하여 한 장의 그림을 한 번에 보여 주는 방식으로 '순차 주사'라고도 표현합니다. 유튜브나 일반 모니터 환경에서 주로 사용합니다.
>
> • 인터레이스(Interlaced) 방식
>
> 화면 해상도에 따라 720p, 1080i 등의 용어들을 발견할 수 있는데, 여기에서 'i'가 의미하는 것이 비월 주사라고 불리는 인터레이스(Interlaced)입니다. 인터레이스 방식은 1초에 홀수, 짝수로 나뉜 60개의 주사선(Field)을 통해 한 장의 프레임을 구성하는 방식으로 주로 TV 방송용으로 사용됩니다.

❷ 오디오 코덱 및 비트 전송률

AAC-LC 형식의 오디오 코덱을 권장하며 스테레오 또는 5.1 채널을 지원합니다. 48,000Hz 샘플링 비율과 196~512kbps 비트레이트를 권장합니다.

❸ 프레임 속도(fps)

24, 25, 30, 60fps 등 다양한 프레임 속도를 지원하며 촬영된 소스와 동일한 프레임 속도로 인코딩 및 업로드하는 것을 권장합니다.

> **TIP**
>
> 인터레이스(Interlace) 방식으로 촬영된 영상은 출력 시 프로그레시브 스캔 방식으로 변환합니다.

❹ 비트 전송률(bps)

해상도와 다이내믹레인지에 따라 다양한 적정 비트 전송률을 설정합니다. 표준 다이내믹레인지 영상의 경우 아래 옵션에 맞춰 설정하길 권장합니다.

- 720p(1280×720) : 5~7.5Mbps
- 1080p(1920×1080) : 8~12Mbps
- 2160p(3840×2160) : 35~68Mbps

❺ 화면 비율

데스크톱에서 유튜브 영상의 표준 화면 비율은 16:9입니다. 다른 비율(세로형, 정사각형 등)의 동영상을 업로드하면 동영상 크기에 맞게 플레이어가 자동으로 조정됩니다.

> **TIP**
>
> 유튜브에 VR 콘텐츠를 업로드할 경우 Video 항목의 VR Video 옵션에서 'Video is VR'을 활성화시켜 VR 영상에 대한 메타데이터를 형성해야 합니다. 그렇지 않을 경우 일반 동영상으로 인식하여 360° 컨트롤을 할 수 없습니다.

❺ 무압축 고화질 영상 출력하기 • • •

영상 작업을 마무리하면 완성된 영상을 고화질로 출력하여 백업용으로 보관하는 것이 바람직합니다. 이때 QuickTime을 이용해 매우 다양한 형식의 영상 코덱을 지원하며 사용 방법에 따라 원하는 코덱을 선택할 수 있습니다. 그중 무손실 영상 포맷(None(Uncompressed RGB 8-bit)은 원본의 화질을 지원하나 용량이 매우 크다는 단점이 있습니다. 백업용으로 적당한 Apple ProRess 422 HQ 코덱을 활용하면 무손실 영상을 가까운 화질에 비교적 적은 용량의 파일로 출력할 수 있습니다.

먼저 ❶ 작업이 완료된 시퀀스를 선택하고 ❷ 메뉴에서 〔File〕 → Export → Media(Ctrl + M)를 실행해 Export Settings 대화상자를 표시합니다.

❶ Settings Format 항목에서 'QuickTime'을 지정한 다음 ❷ Video 항목의 Video Codec 항목을 'Apple ProRes 422 HQ'로 지정하고 ❸ 〈Match Source〉 버튼을 클릭합니다. ❹ 〈Export〉 버튼을 클릭해 영상을 출력하면 원본 화질에 가까운 백업용 동영상을 출력할 수 있습니다. 무손실의 mov 영상을 출력할 경우 〔Video〕 탭에서 Video Codec 항목을 'None (Uncompressed RGB 8-bit)'로 지정합니다.

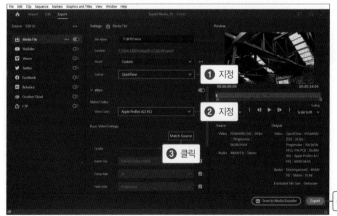

Premiere Pro

11

실습

내레이션에 맞춰 자동으로
볼륨이 조절되는 배경음악 만들기

• **예제파일** : 프리미어 프로\04\sound_ducking.mp4, A Brand New Start – TrackTribe.mp3
• **완성파일** : 프리미어 프로\04\sound_ducking_완성.mp4, sound_ducking_완성.prproj

• • •

---

01 프리미어 프로의 프로젝트를 만들고 메뉴에서 (File) → Import(Ctrl+I)를 실행하여 프리미어 프로 → 04 폴더
에서 'sound_ducking.mp4', 'A Brand New Start – TrackTribe.mp3' 파일을 불러옵니다. Project 패널에서
'sound_ducking.mp4' 아이템을 하단의 'New Item' 아이콘(📭)으로 드래그하여 같은 속성의 시퀀스를 만듭니다.

02 Project 패널에서 'A Brand New Start → TrackTribe.mp3' 파일을 Timeline 패널의 A2 트랙에 드래그해 배치
합니다.

03 메뉴에서 (Window) → Essential
Sound를 실행합니다. ❶ Timeline 패
널에서 A1 트랙의 오디오 클립을 선택합니다.
❷ Essential Sound 패널의 (Edit) 탭을 선택
합니다. ❸ 〈Dialogue〉 버튼을 클릭하여 오디
오 클립을 'Dialogue'로 지정합니다.

04 ❶ Timeline 패널에서 A2 트랙의 오디오 클립을 선택합니다. ❷ Essential Sound 패널의 (Edit) 탭에서 〈Music〉 버튼을 클릭하여 오디오 클립의 타입을 'Music'으로 지정합니다.

05 Essential Sound 패널의 (Edit) 탭에서 ❶ 'Ducking'에 체크 표시합니다. ❷ Duck against 항목에서 'Dialogue' 아이콘(🗨)이 활성화되어 있는지 확인합니다. ❸ Duck Amount를 '−25.0dB'로 설정한 다음 ❹ 〈Generate Keyframes〉 버튼을 클릭합니다.

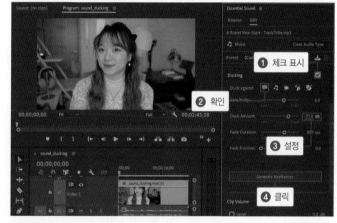

06 Timeline 패널의 A2 트랙 오디오 클립에 키프레임이 생성된 것을 확인합니다. 영상을 재생하여 영상 속 목소리 볼륨에 따라 배경음악 볼륨이 조절되는 것을 확인합니다.

PART 5.

스마트한 텍스트 기능
활용하기

작품의 장르와 스타일에 따라 다양한 타이틀과 자막들을 활용합니다. 프리미어 프로에서는 업데이트된 스마트한 텍스트 제작 기능을 통해 다양한 작품의 성격에 맞는 캡션, 자막, 타이틀 등을 디자인할 수 있습니다.

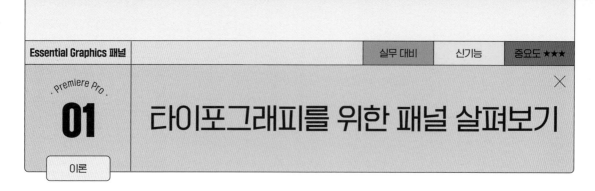

. Premiere Pro .

01 타이포그래피를 위한 패널 살펴보기

이론

Tools 패널의 문자 도구(T)를 선택한 다음 Program Monitor 패널을 클릭하면 화면에 텍스트를 입력할 수 있습니다. 이때 메뉴에서 (Window) → Essential Graphics를 실행하면 글자의 여러 특성과 옵션을 설정할 수 있는 Essential Graphics 패널을 사용할 수 있습니다.

❶ Essential Graphics 패널의 (Browse) 탭 살펴보기   •••

Essential Graphics 패널의 (Browse) 탭에서는 이미 디자인된 텍스트 애니메이션 템플릿을 활용할 수 있도록 여러 옵션을 지원합니다. 기본으로 제공되는 템플릿 이외에 Adobe Stock에서 지원하는 템플릿, 직접 만든 템플릿 등을 다운로드 또는 제작하여 활용할 수 있습니다.

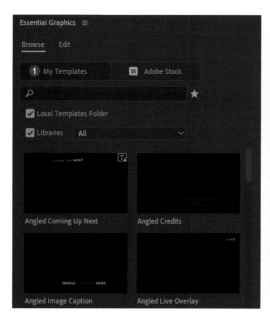

❶ My Templates : 직접 제작한 자막 템플릿 혹은 다운로드한 자막 템플릿, 그래픽 템플릿을 불러와 목록으로 만들어 저장해 두는 패널입니다. 원하는 템플릿을 Timeline 패널에 드래그하여 사용할 수 있습니다.

❷ Adobe Stock : Adobe에서 제공하는 고품질 미디어 템플릿을 확인하고 필요할 때 작업에도 활용할 수 있습니다. Free 버전과 Premium 버전을 선택하여 사용할 수 있으며, Premium 버전은 별도의 요금 결제가 필요합니다.

❷ Essential Graphics 패널의 (Edit) 탭 살펴보기 • • •

Essential Graphics 패널의 (Edit) 탭에서는 문자 도구를 활용해 적용된 글꼴의 스타일과 디자인, 레이아웃 등을 설정할 수 있는 각종 옵션을 제공합니다. 자주 사용되는 기능이기 때문에 각 옵션의 특성을 꼭 알아두시기 바랍니다.

❶ **Source Text** : 여러 텍스트 레이어를 선택하거나 그룹으로 지정합니다. 새로운 레이어를 만들거나 상위 레이어에 고정하는 Pin To 기능을 지원합니다.

ⓐ **Text Layer** : 문자 클립에 적용된 이미지, 도형, 텍스트 등 각종 레이어를 선택할 수 있습니다. 선택된 레이어는 하위 항목에서 글꼴, 디자인, 스타일, 레이아웃 등을 변경할 수 있습니다. '눈' 아이콘(◉)을 클릭하여 레이어를 숨길 수 있습니다.

ⓑ **Create Group** : 여러 텍스트 레이어를 선택한 다음 그룹으로 만듭니다.

ⓒ **New Layer** : 새로운 텍스트, 도형 등의 레이어를 추가합니다.

ⓓ **Pin To** : 2개 이상의 오브젝트가 있을 때 A 오브젝트에 B 오브젝트를 고정시켜 높이, 너비, 위치에 따라 반응하는 자막을 만들 수 있습니다.

ⓔ **Edges of the Parent Layer** : Pin To 항목에서 결정된 상위 레이어에서 고정될 위치를 선택합니다.

❷ **Align and Transform** : 문자의 위치, 크기, 회전, 정렬, 불투명도 등을 설정할 수 있는 옵션을 제공합니다. Aligh and Transform에 관련된 설정 아이콘은 선택한 개수에 반응하여 옵션이 변경됩니다.

ⓕ **Align Left**(▤) : 선택된 오브젝트를 왼쪽 끝으로 위치시킵니다.

ⓖ **Align Center Horizontally**(▤) : 선택된 오브젝트를 가로축 중앙으로 위치시킵니다.

ⓗ **Align Right**(▤) : 선택된 오브젝트를 오른쪽 끝으로 위치시킵니다.

ⓘ **Align Top**(▥) : 선택된 오브젝트를 상단 끝으로 위치시킵니다.

ⓙ **Align Center Vertically**(▥) : 선택된 오브젝트를 세로축 중앙으로 위치시킵니다.

ⓚ **Align Bottom**(▥) : 선택된 오브젝트를 하단 끝으로 위치시킵니다.

ⓛ **Toggle Animation** : 각 아이콘을 활성화하여 Effect Controls 패널에 Toggle을 만듭니다. 오브젝트 자체에 위치, 불투명도, 크기 등의 변화를 주는 애니메이션을 만들 수 있습니다.

TIP

Align and Transform에서 오브젝트를 2개 이상 선택했을 때

❶ **Alignment Mode** : 프리미어 프로 CC 2023 버전의 새로운 기능으로, 다중 선택된 오브젝트의 정렬 모드를 용도에 맞게 변경할 수 있습니다. 'Align to Video Frame(비디오 프레임에 정렬)'은 선택된 오브 젝트들을 비디오 영역 기준으로 정렬하고, 'Align to Video Frame as Group(비디오 프레임에 그룹으로 정렬)'은 선택된 오브젝트들을 그룹으로 인식하고 해당 그룹 자체를 비디오 영역 기준으로 정렬하며, 'Align to Selection(선택 항목에 정렬)'은 선택된 오브젝트들을 개별 개체로 인식하고 오브젝트 기준으로 정렬합니다.

❷ **Distribute** : 3개 이상의 오브젝트를 선택했을 때 활성화되며, 오브젝트 간 가로 혹은 세로 간격을 같게 정렬할 수 있습니다.

❸ **Text** : 문자의 글꼴, 스타일, 크기 등을 설정할 수 있는 옵션을 제공합니다.

  ⓐ **Font** : 자막의 글꼴을 바꿀 때 사용합니다. 현재 컴퓨터에 설치된 모든 글꼴을 볼 수 있습니다.

  ⓑ **Font Style** : 각 글꼴에서 지원하는 스타일을 선택할 수 있습니다. 글꼴마다 스타일 이 한 개 또는 여러 개일 수도 있습니다.

  ⓒ **Align Text** : 선택된 자막의 정렬을 왼쪽(Left), 가운데(Center), 오른쪽(Right)으로 설정합니다.

  ⓓ **Justify Text** : 자막을 양쪽 정렬한 다음 마지막 줄을 왼쪽(Left), 가운데(Center), 오른쪽(Right)으로 정렬합니다.

  ⓔ **Leading Text** : 자막을 Anchor Point 기준으로 위, 중앙, 아래에 정렬합니다.

  ⓕ **Font Basic Properties** : 자막의 자간(Tracking), 커닝(Kerning), 행간(Leading), 기준선(Baseline)을 설정합니다.

  ⓖ **Font Basic Pattern** : 자막의 진하기(Faux Bold), 기울기(Faux Italic), 소문자를 대문자로 변경(All Caps), 대문자를 소문자로 변경(Small Caps), 위 첨자 만들기(Superscript), 아래 첨자 만들기(Subscript), 밑줄 만들기(Underline)를 설정합니다.

❹ **Appearance** : 문자의 색상, 테두리, 그림자, 배경색 등을 설정할 수 있는 옵션을 제공합니다.

▲ Background 확장 화면　　▲ Shadow 확장 화면

  ⓐ **Fill** : 자막의 색을 지정합니다.

  ⓑ **Stroke** : 자막의 테두리를 만들고 굵기를 설정합니다. 'Add' 아이콘(➕)을 클릭하여 굵기를 각각 다르게 설정하면 하나의 자막에 여러 겹의 테두리를 만들 수 있습니다. 테두리 옵션은 외부 선(Outer), 내부 선(Inner), 가운데 선(Center)으로 배치할지 선택할 수 있습니다.

  ⓒ **Background** : 자막의 뒷부분에 배경을 만들고 불투명도(Opacity), 크기(Size), 모서리 둥글기(Corner Radius)를 지정합니다.

  ⓓ **Shadow** : 자막의 그림자를 만들고 불투명도(Opacity), 각도(Angle), 거리(Distance), 크기(Size), 흐리기(Blur)를 설정합니다. 'Add' 아이콘(➕)을 클릭하면 하나의 자막에 여러 겹의 그림자를 만들 수 있습니다.

  ⓔ **Mask with Text** : 자막의 배경을 지정한 다음 활성화하면 배경은 그대로 남고 텍스트 부분이 투명하게 되어 투명 자막을 만들 수 있습니다.

  ⓕ **Show in Text pannel** : 작성한 자막들을 Text 패널에서 확인합니다.

. Premiere Pro .

02

그림자가 있는 자막 디자인하기

실습

자막에 그림자를 넣는 디자인은 입체적인 느낌 뿐만 아니라 배경과 분리되는 느낌을 주어 가독성을 더하는 효과가 있습니다. 이번 예제에서는 프리미어 프로의 Essential Graphics 패널을 이용하여 자막에 그림자를 추가하는 디자인을 만들어 봅니다.

Before

After

• **예제파일** : 프리미어 프로\05\Shadow Title.mp4

• **완성파일** : 프리미어 프로\05\Shadow Title_완성.mp4, Shadow Title_완성.prproj

01 새 프로젝트를 만들고 Ctrl+I를 눌러 프리미어 프로 → 05 폴더에서 'Shadow Title.mp4' 파일을 불러옵니다. Project 패널의 'Shadow Title.mp4' 아이템을 'New Item' 아이콘(■)으로 드래그하여 소스 파일과 같은 시퀀스를 만듭니다.

02 ❶ Tools 패널에서 문자 도구(T)를 선택합니다. ❷ Program Monitor 패널의 중앙 하단 영역을 클릭한 다음 ❸ '오늘도 서울은 바쁩니다'를 입력하여 자막을 만듭니다. ❹ 메뉴에서 (Window) → Essential Graphics를 실행합니다.

03 ❶ Timeline 패널에서 V2 트랙의 자막 클립을 선택한 다음 ❷ Essential Graphics 패널의 (Edit) 탭에서 '오늘도 서울은 바쁩니다' 자막 레이어를 선택합니다.
❸ 'Center align text' 아이콘(▤), ❹ 'Align Center Horizontally' 아이콘(▥)을 순서대로 클릭하여 영상 소스 하단 정중앙에 자막이 위치하도록 정렬합니다.

04 ❶ Essential Graphics 패널의 (Edit) 탭에서 '오늘도 서울은 바쁩니다' 자막 레이어를 더블클릭하여 자막을 전체 선택합니다. ❷ Text 항목에서 원하는 글꼴을 찾아 지정하고 ❸ Font Size를 적절한 크기로 정합니다.

TIP ◁
예제에서는 '전라북도체L'이라는 상업적으로 사용 가능한 무료 글꼴로 지정하고, Font Size를 '100'으로 설정하였습니다.

05 ❶ Appearance 항목에서 'Shadow'를 체크 표시하고 ❷ Shadow의 Size를 '8'로 설정합니다. ❸ Timeline 패널의 V2 트랙에서 자막 클립의 오른쪽 끝 점을 선택한 다음 드래그하여 'Shadow Title.mp4' 클립과 길이를 같게 만듭니다.

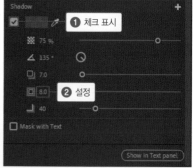

06 영상을 재생해 영상 전체에 그림자가 있는 자막이 만들어진 것을 확인합니다.

Premiere Pro
03 반응형 배경 자막 디자인하기

실습

자막의 가독성을 좋게 만드는 가장 효과적인 방법은 자막에 배경을 넣는 것입니다. 이전 버전의 프리미어 프로에서는 자막 길이에 비례하여 배경이 길어지거나 줄어드는 자막을 만들기 위해 일일이 수작업으로 길이를 조절하는 방법밖에 없었습니다. 하지만 프리미어 프로 CC 2019 버전 이후 자막 배경 기능이 생겨 클릭 한 번으로 반응형 자막을 만들 수 있게 되어서 작업의 효율성이 극대화되었습니다. 이번 예제에서는 Essential Graphics 패널을 이용해 반응형 자막을 디자인하는 방법을 배워보도록 합니다.

Before

After

• **예제파일** : 프리미어 프로\05\Responsive Title.mp4

• **완성파일** : 프리미어 프로\05\Responsive Title_완성.mp4,
Responsive Title_완성.prproj

01 프리미어 프로의 프로젝트를 실행한 다음 Ctrl +I를 눌러 프리미어 프로 → 05 폴더에서 'Responsive Title.mp4' 파일을 불러옵니다.
Project 패널의 'Responsive Title.mp4' 아이템을 'New Item' 아이콘(▤)으로 드래그하여 소스 파일과 같은 시퀀스를 만듭니다.

02 ❶ Tools 패널의 문자 도구(T)를 선택합니다.
❷ Program Monitor 패널의 하단을 클릭한 다음 ❸ '늦은 오후 핫케이크를 만들어 먹습니다'를 입력하여 자막을 만듭니다.

03 ① Timeline 패널에서 V2 트랙의 자막 클립을 선택한 다음 ② Essential Graphics 패널의 (Edit) 탭에서 '늦은 오후 핫케이크를 만들어 먹습니다' 자막 레이어를 선택합니다. ③ 'Center align text' 아이콘(▤), ④ 'Align Center Horizontally' 아이콘(▦)을 순서대로 클릭하여 영상 소스 하단 중앙에 자막이 위치하도록 정렬합니다.

TIP ◁
Essential Graphics 패널이 표시되지 않으면 메뉴에서 (**Window**) → **Essential Graphics**를 실행합니다.

04 ① Essential Graphics 패널의 (Edit) 탭에서 '늦은 오후 핫케이크를 만들어 먹습니다' 자막 레이어를 더블클릭하여 자막을 전체 선택합니다. ② Text 항목에서 원하는 글꼴을 찾아 지정한 다음 ③ Font Size를 적절한 크기로 설정합니다.

TIP ◁
예제에서는 '나눔손글씨 성실체'라는 상업적으로 사용 가능한 무료 글꼴로 지정하고, Font Size를 '100'으로 설정했습니다.

05 ① Appearance 항목에서 'Background'에 체크 표시하고 ② Background의 Opacity를 '100%', Size를 '15', Corner Radius를 '10'으로 설정한 다음 ③ 색상 상자를 클릭하여 '나뭇잎 색 (#686C53)'으로 지정합니다.

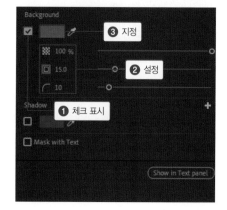

06 Timeline 패널에서 V2 트랙의 자막 클립에서 오른쪽 끝 점을 드래그하여 'Responsive Title.mp4' 클립과 길이를 같게 만듭니다.

07 ❶ Timeline 패널에서 현재 시간 표시기를 '00:00:02:12'로 이동합니다. ❷ Tools 패널에서 자르기 도구(✎)를 선택한 다음 ❸ V2 트랙의 현재 시간 표시기가 위치한 곳의 자막 클립을 클릭하여 자릅니다.

08 ❶ Timeline 패널에서 현재 시간 표시기를 '00:00:05:22'로 이동합니다. ❷ Tools 패널에서 자르기 도구(✎)를 선택하고 ❸ V2 트랙의 현재 시간 표시기가 위치한 곳의 자막 클립을 클릭하여 자릅니다.

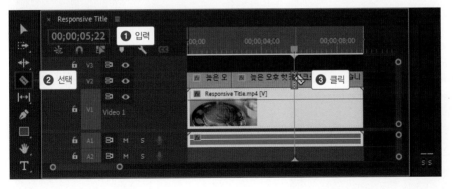

09 ❶ 현재 시간 표시기를 '00:00:04:11'로 이동합니다.
❷ Program Monitor 패널에서 '늦은 오후 핫케이크를
만들어 먹습니다' 자막을 더블클릭한 다음 ❸ '바쁜 일상 속에서
도 여유를 가져야 합니다'를 입력합니다.

10 ❶ 현재 시간 표시기를 '00:00:07:10'으로 이동합니다.
❷ Program Monitor 패널에서 '늦은 오후 핫케이크를
만들어 먹습니다' 자막을 더블클릭한 다음 ❸ '커피와 달달한 디
저트!'를 입력합니다.

11 영상을 재생해 영상 전체에 반응형 배경 자막이 적용된 것을 확인합니다.

▲ 문장의 길이에 따라 자막의 배경이 반응하는 모습

| Appearance | | 실무 대비 | 중요도 ★★★ |

04

실습

그레이디언트 색상 자막 디자인하기

이전 버전의 프리미어 프로에서 그레이디언트 색상의 자막을 디자인하기 위해 레거시 타이틀(Legacy Title)을 사용해야 했습니다. 하지만 최근 업데이트를 통해 Essential Graphics 패널에서도 작업이 가능해 아주 쉽게 그레이디언트 디자인을 선보일 수 있습니다. 이번 예제에서는 Essential Graphics 패널을 활용해 그레이디언트 디자인 자막을 만드는 방법을 알아보겠습니다.

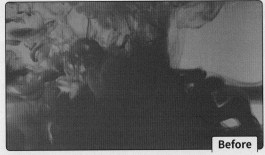

Before

After

• **예제파일** : 프리미어 프로\05\Gradient Title.mp4

• **완성파일** : 프리미어 프로\05\Gradient Title_완성.mp4, Gradient Title_완성.prproj

---

01 프리미어 프로의 프로젝트를 실행한 다음 Ctrl + I를 눌러 프리미어 프로 → 05 폴더에서 'Gradient Title.mp4' 파일을 불러옵니다. Project 패널의 'Gradient Title.mp4' 아이템을 'New Item' 아이콘(▣)으로 드래그하여 소스 파일과 같은 시퀀스를 만듭니다.

---

02 ❶ Tools 패널의 문자 도구(T)를 선택합니다. ❷ Program Monitor 패널 중앙 영역을 클릭한 다음 ❸ '내 마음에 번지다'를 입력하여 자막을 만듭니다. ❹ 메뉴에서 (Window) → Essential Graphics를 실행합니다.

03 ❶ Timeline 패널에서 V2 트랙의 자막 클립을 선택한 다음 ❷ Essential Graphics 패널의 (Edit) 탭에서 '내 마음에 번지다' 자막 레이어를 선택합니다. ❸ 'Center align text' 아이콘(▤), ❹ 'Align Center Horizontally' 아이콘(▥), ❺ 'Align Center Vertically' 아이콘(▥)을 순서대로 클릭해 영상 소스 정중앙에 자막이 위치하도록 정렬합니다.

04 ❶ Essential Graphics 패널의 (Edit) 탭에서 '내 마음에 번지다' 자막 레이어를 더블클릭하여 자막을 전체 선택합니다. ❷ Text 항목에서 굵은 글꼴을 찾아 지정하고 ❸ Font Size를 그림과 같은 크기로 설정합니다. ❹ Align and Transform 항목의 'Align Center Horizontally' 아이콘(▥), ❺ 'Align Center Vertically' 아이콘(▥)을 클릭해 다시 한번 영상 소스 정중앙에 자막이 위치하도록 정렬합니다.

TIP

예제에서는 '카페24 아네모네'라는 상업적으로 사용 가능한 무료 글꼴로 지정하고, Font Size를 '170'으로 설정하였습니다.

05 Appearance 항목에서 Fill의 색상 상자를 클릭합니다.

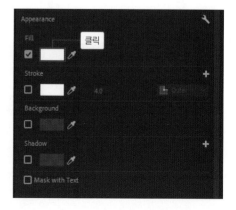

06 Color Picker 대화상자가 표시되면 'Solid'를 클릭하고 ❶ 'Linear Gradient'로 지정합니다. ❷ 왼쪽 'Color Stop' 아이콘(▣)을 선택한 다음 ❸ '노란색(#FEC623)'으로 지정합니다. ❹ 오른쪽 'Color Stop' 아이콘(▣)을 선택한 다음 ❺ '붉은색(#E82137)'으로 지정하고 ❻ 〈OK〉 버튼을 클릭합니다.

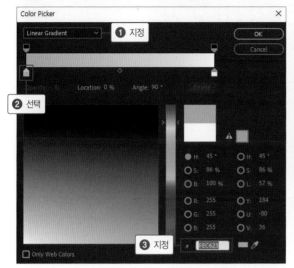

07 Timeline 패널에서 V2 트랙의 자막 클립 오른쪽 끝 점을 드래그하여 'Gradient Title.mp4' 클립과 길이를 같게 만듭니다.

08 영상을 재생하여 영상 전체에 그레이디언트 색상 자막이 적용된 것을 확인합니다.

| Style | | | 실무 대비 | 신기능 | 중요도 ★★ |

. Premiere Pro .

05

실습

자막 스타일 저장하고 한꺼번에 스타일 바꾸기

자막 작업을 하다 보면 여러 가지 이유로 작업 중간에 디자인을 변경해야 하는 상황이 발생합니다. 예제처럼 자막의 수가 적을 때는 일일이 바꿔주기도 하지만, 자막의 개수가 많을 때 하나씩 바꾸면 효율성이 매우 떨어집니다. 이런 경우 새로 만든 디자인을 스타일(Style)로 저장하여 전체 자막에 쉽고 빠르게 적용할 수 있습니다. 이번 예제에서는 프리미어 프로에서 모든 자막 디자인을 한꺼번에 바꾸는 방법을 배워보도록 합니다.

Before

After

• **예제파일** : 프리미어 프로\05\Changing Title.mp4

• **완성파일** : 프리미어 프로\05\Changing Title_완성.mp4, Changing Title_완성.prproj

---

01 프리미어 프로의 프로젝트를 실행한 다음 Ctrl + I 를 눌러 프리미어 프로 → 05 폴더에서 'Changing Title.mp4' 파일을 불러옵니다.

Project 패널의 'Changing Title.mp4' 아이템을 'New Item' 아이콘(▣)으로 드래그해 소스 파일과 같은 시퀀스를 만듭니다.

02 ❶ Tools 패널의 문자 도구(T)를 선택합니다.
❷ Program Monitor 패널 하단 영역을 클릭하고 ❸ '날이 정말 좋아서 공원 산책을 나왔어요!'를 입력하여 자막을 만듭니다.

03 Timeline 패널에서 V2 트랙의 자막 클립의
오른쪽 끝 점을 드래그하여 'Changing Title.
mp4' 클립과 길이를 같게 만듭니다.

04 메뉴에서 (Window) → Essential
Graphics를 실행합니다. ❶ Timeline
패널에서 V2 트랙의 자막 클립을 선택한 다음
❷ Essential Graphics 패널의 (Edit) 탭에서
'날이 정말 좋아서 공원 산책을 나왔어요!' 자막
레이어를 선택합니다. ❸ 'Center align text'
아이콘(▤), ❹ 'Align Center Horizontally'
아이콘(▤)을 순서대로 클릭하여 영상 소스 하
단 정중앙에 자막이 위치하도록 정렬합니다.

05 ❶ Timeline 패널에서 현재 시간 표
시기를 '00:00:02:22'로 이동합니다. ❷
Tools 패널에서 자르기 도구(▨)를 선택하고
❸ Timeline 패널 V2 트랙의 현재 시간 표시기
가 위치한 곳의 자막 클립을 클릭하여 자릅니다.

06 ❶ Timeline 패널에서 현재 시간 표시
기를 '00:00:05:00'으로 이동합니다. ❷
Tools 패널에서 자르기 도구(▨)를 선택하고
❸ Timeline 패널에서 V2 트랙의 현재 시간 표
시기가 위치한 곳의 자막 클립을 클릭하여 자릅
니다.

07 ❶ 현재 시간 표시기를 '00:00:00:00'으로 이동한 다음 ❷ Tools 패널에서 선택 도구(▶)를 선택합니다. ❸ Timeline 패널에서 V2 트랙의 첫 번째 클립을 선택한 다음 ❹ Program Monitor 패널의 '날이 정말 좋아서 공원 산책을 나왔어요!' 자막을 선택합니다.

08 Program Monitor 패널에서 '날이 정말 좋아서 공원 산책을 나왔어요!' 자막을 더블클릭해 전체 자막을 선택합니다.

09 ❶ Essential Graphics 패널에서 (Edit) 탭의 Text 항목에서 원하는 글꼴을 찾아 지정한 다음 ❷ Font Size를 '90'으로 설정합니다. 이전 작업 과정으로 중앙 정렬이 흐트러졌다면 ❸ 'Align Center Horizontally' 아이콘(🔛)을 클릭해 영상 소스 하단 중앙에 자막이 위치하도록 정렬합니다.

TIP ⇦

예제에서는 '카페24 써라운드 에어'라는 상업적으로 사용 가능한 무료 글꼴로 지정했습니다.

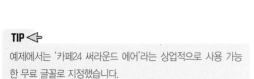

10 ❶ Appearance 항목에서 Fill의 색상 상자를 클릭하여 '밝은 노란색(#FFFBB7)'으로 지정한 다음 ❷ 'Background'
를 체크 표시합니다.

11 ❶ Background의 Opacity를 '100%', Size를 '20'으로 설정하고 ❷ 색상 상자를 클릭하여 '짙은 분홍색(#BF6C7D)'
으로 지정한 다음 ❸ 'Shadow'를 체크 표시합니다.

12 ❶ Shadow의 Opacity를 '80%', Distance를 '5', Blur를 '0'으로 설정한 다음 ❷ 색상 상자를 클릭해 '짙은 붉은색 (#781A1A)'으로 지정합니다.

13 ❶ Styles 항목에서 'None'을 클릭하여 ❷ 'Create Style'로 지정합니다.

14 New Text Style 대화상자가 표시되면 ❶ Name에 '설명자막'을 입력하고 ❷ 〈OK〉 버튼을 클릭합니다. ❸ 현재 시간 표시기를 '00:00:04:00'으로 이동합니다.

15 ❶ Timeline 패널에서 Shift를 누른 상태로 V2 트랙에 있는 모든 자막 클립을 클릭해 선택합니다. ❷ Project 패널에서 '설명자막' 아이템을 Timeline 패널의 V2 트랙 자막 클립에 드래그합니다.

16 ❶ Timeline 패널에서 현재 시간 표시기를 '00:00:03:00'으로 이동합니다. ❷ Program Monitor 패널에서 '날이 정말 좋아서 공원 산책을 나왔어요!' 텍스트를 더블클릭한 다음 ❸ '진짜 봄이 왔나 봐요!'를 입력합니다.

17 ❶ Timeline 패널에서 현재 시간 표시기를 '00:00:05:20'으로 이동합니다. ❷ Program Monitor 패널에서 '날이 정말 좋아서 공원 산책을 나왔어요!' 텍스트를 더블클릭한 다음 ❸ '여름 전까지 부지런히 산책 나와야겠어요'를 입력합니다.

18 영상을 재생하여 영상 전체에 '설명자막' 스타일의 자막이 적용된 것을 확인합니다.

▲ 전체 자막이 '설명자막' 스타일로 바뀐 모습

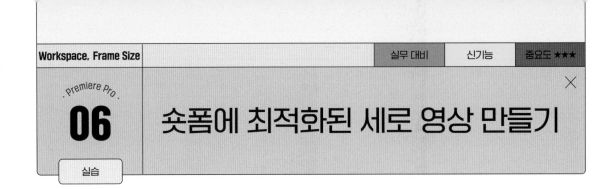

. Premiere Pro .

06 숏폼에 최적화된 세로 영상 만들기

실습

인스타그램 릴스, 유튜브 쇼츠, 틱톡 등 그야말로 숏폼의 시대가 왔습니다. 롱폼 콘텐츠처럼 영상 선택의 번거로움이 없고, 손가락 하나로 가볍게 휙 넘기며 언제 어디서나 부담 없이 소비할 수 있어 숏폼의 인기는 날로 커지고 있는데요. 숏폼 콘텐츠의 대부분은 1분 이내로 제작되므로 영상 제작 시간이 비교적 짧아 영상 제작 초보자들이 시도해 보기 좋은 콘텐츠 중 하나입니다. 이번 예제에서는 숏폼에 최적화된 세로 영상을 제작하기 위해 Workspace를 지정하는 방법과 만든 작업물을 세로 영상으로 내보내기는 방법을 배워 봅니다.

Before   Before   After

- 예제파일 : 프리미어 프로\05\Vertical01.mp4, Vertical02.mp4
- 완성파일 : 프리미어 프로\05\Vertical_완성.mp4, Vertical image_완성.prproj

01 프리미어 프로의 프로젝트를 생성하고 메뉴에서 (File) → Import를 실행하여 프리미어 프로 → 05 폴더에서 'Vertical01.mp4', 'Vertical02.mp4' 파일을 불러옵니다. Project 패널에서 불러온 'Vertical01.mp4', 'Vertical02. mp4' 아이템을 하단의 'New Item' 아이콘(◼)으로 드래그하여 같은 속성의 시퀀스를 만듭니다.

02 메뉴에서 [Window] → Workspaces → Vertical을 실행합니다. 각종 패널들이 세로 영상 편집에 최적화되어 재배치된 것을 확인합니다.

▲ Workspace 변경 전

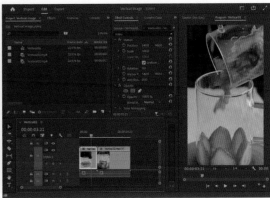

▲ Workspace 변경 후 세로 영상 편집 최적화된 모습

03 Program Monitor 패널 하단에서 ① 'Button Editor' 아이콘(➕)을 클릭한 다음 ② 'Safe Margins' 아이콘(▭)을 Program Monitor 패널 하단에 드래그합니다.

04 ① Program Monitor 패널 하단에 생성된 'Safe Margins' 아이콘(▭)을 활성화합니다. ② 비디오 영역 안에 Safe Margins가 생성된 것을 확인합니다.

TIP

영상이 송출되는 플랫폼과 기기의 종류가 많아졌고 각 기기의 크기, 비율 또한 다양해졌기 때문에 어떤 기기에서는 영상의 상하좌우 영역이 잘려서 송출되기도 합니다. 이러한 특수 상황을 고려하여 '안전 영역'을 염두에 두고 영상 편집을 진행해야 하며, 'Safe Margins' 아이콘(▭)을 활성화했을 때 작업 영역에 생성되는 사각형 선들이 바로 '안전 영역'을 표시하는 가이드 선입니다. 가장 안쪽에 있는 사각형 영역에 자막을 넣으면 어떤 기기에서도 잘림 없이 자막을 노출할 수 있습니다. 반대로 가장 안쪽 사각형 밖에 영역은 기기에 따라 잘려서 송출될 수 있기 때문에 중요한 요소들은 해당 위치에 배치하지 않도록 합니다.

05 ❶ Tools 패널에서 문자 도구(T)를 선택합니다. ❷ Program Monitor 패널의 비디오 상단 영역을 클릭합니다. ❸ 생성된 자막 클립에 'Strawberry latte'를 입력합니다.

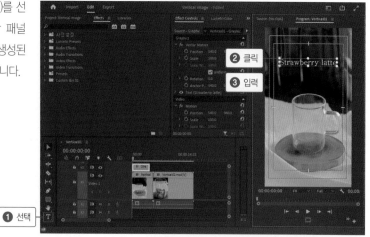

06 ❶ Program Monitor 패널에서 'Strawberry latte' 자막을 선택한 다음 ❷ Essential Graphics 패널의 (Edit) 탭에서 'Strawberry latte' 자막 레이어를 선택합니다. ❸ Text 항목에서 원하는 글꼴을 지정한 다음 ❹ Safe Margins 영역에 벗어나지 않게 글꼴의 크기를 설정합니다.

TIP

Essential Graphics 패널이 없다면 메뉴에서 (**Window**) → **Essential Graphics**를 실행합니다.

07 Essential Graphics 패널에서 (Edit) 탭의 ❶ Text 항목에서 'Center align text' 아이콘(■)을 클릭한 다음 ❷ Align and Transform 항목에서 'Align Center Horizontally' 아이콘(■)을 클릭하여 자막이 비디오 중앙에 위치하도록 정렬합니다.

08 Essential Graphics 패널에서 (Edit) 탭의 ❶ Appearance 항목에서 Fill의 색상 상자를 클릭해 '분홍색(#FFAEC9)'으로 지 정합니다. ❷ 'Shadow'에 체크 표시하고 ❸ 색상 상자를 클릭해 '다 홍색(#FF4A4A)'으로 지정한 다음 ❹ Shadow의 Opacity를 '100%', Distance를 '7.0', Size를 '9.0', Blur를 '0'으로 설정합니다.

09 Timeline 패널에서 V2 트랙의 자막 클립 오른쪽 끝 점을 드래그하여 V1 트랙의 비디오 트랙 길이와 같게 만듭니다.

10 ❶ Timeline 패널에서 현재 시간 표 시기를 '00:00:00:00'으로 이동합니 다. ❷ ①를 눌러 해당 위치에 Mark In을 표 시합니다.

11 ❶ Timeline 패널에서 현재 시간 표 시기를 '00:00:16:19'로 이동합니다. ❷ ⑩를 눌러 해당 위치에 Mark Out을 표 시합니다.

(12) Home 패널에서 (Export) 탭을 선택해 Export 대화상자를 표시합니다.

(13) VIDEO 항목의 Basic Video Settings 에서 ❶ 〈Match Source〉 버튼을 클릭 합니다. ❷ Location 항목을 클릭하여 원하는 위치를 지정한 다음 ❸ 〈Export〉 버튼을 클릭 하여 내보내기를 진행합니다.

TIP ◁◁

기본 내보내기 설정은 '가로 영상' 기준입니다. 세로 영상을 내보내기 위해서는 〈Match Source〉 버튼을 클릭하여 Frame Size를 영상 소스 크기와 일치시 켜야 합니다.

(14) 내보내기가 완료된 영상을 재생하여 정 상적으로 세로 영상이 만들어졌는지 확 인합니다.

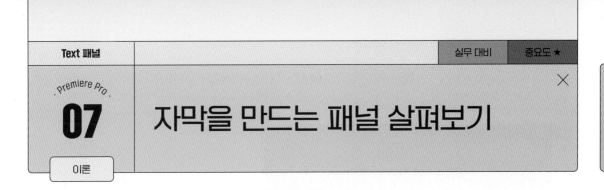

자막을 만드는 패널 살펴보기

Text 패널은 오로지 자막만을 위한 패널입니다. 예를 들면 '자막 합치기', '자막 나누기', 'SRT 파일로 내보내기' 등 다양한 기능이 있습니다. 최근 새롭게 업데이트된 '음성 받아쓰기' 기능은 사용자 편의성을 극대화한 기능이라고 할 수 있습니다. Text 패널에 대해서 자세히 알아봅니다.

메뉴에서 [Window] → Text를 실행하면 캡션 작업을 진행할 수 있는 Text 패널을 표시할 수 있습니다.

❶ **Transcribe sequence** : Adobe의 Ai를 이용하여 영상의 음성을 텍스트 자막으로 만듭니다. 영상의 음성이 명확할수록 인식이 정확하게 잘 되며, 보편적으로 사용되지 않는 사람 이름이나 물건 이름 등은 인식이 되지 않을 수도 있습니다. '한국어'로 지정한 다음 텍스트 자막을 만들 경우 영어 단어도 음성 그대로 한글로 받아 적어집니다.

❷ **Create new caption track** : Timeline 패널에 비디오 트랙, 오디오 트랙과는 별개로 자막만을 위한 트랙인 '캡션 트랙'을 만듭니다.

❸ **Import captions from file** : 이미 만들어진 자막 파일을 불러와 캡션 트랙에 삽입합니다.

❹ Add new captions segment(⊕) : 새로운 캡션 클립을 만듭니다. Timeline 패널에서 현재 시간 표시기가 캡션 트랙의 공간에 위치할 때 활성화됩니다.

❺ Split caption(⬍) : 선택한 캡션을 나누어 캡션 하나를 더 추가합니다. Timeline 패널의 캡션 클립 기준으로 정중앙이 잘려 2개로 나누어지며, 나누어진 두 캡션의 텍스트 내용은 복제됩니다.

▲ 두 번째 캡션에 'Split caption' 아이콘(⬍) 클릭 전 Timeline 패널

▲ 두 번째 캡션에 'Split caption' 아이콘(⬍) 클릭 후 Timeline 패널 – 캡션 클립의 정중앙이 나뉜 모습

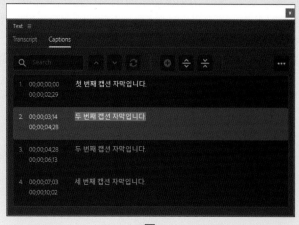

▲ 두 번째 캡션에 'Split caption' 아이콘(⬍) 클릭 후 두 번째 캡션이 복제되어 기존 세 번째 캡션 위에 만들어진 모습

❻ Merge captions(⚡) : 2개 이상의 캡션을 선택한 다음 'Merge captions' 아이콘(⚡)을 클릭하면 선택한 모든 클립이 합쳐집니다. 선택된 캡션의 모든 텍스트가 누락 없이 하나의 캡션으로 합쳐집니다.

 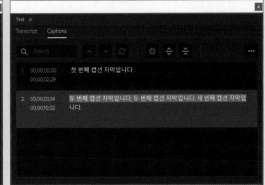

▲ Shift를 누른 상태로 합칠 캡션들을 선택한 모습   ▲ 'Merge captions' 아이콘(⚡)을 클릭한 모습

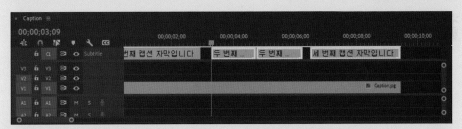

▲ 'Merge captions' 아이콘(⚡) 클릭 전 Timeline 패널

▲ 'Merge captions' 아이콘(⚡) 클릭 후 Timeline 패널 – 선택된 클립이 모두 합쳐진 모습

❼ 기타(⋯) : 완성된 캡션을 출력합니다.

TIP ⟵

기타 기능에는 ❶~❻번의 기능들도 함께 배치되어 있습니다.

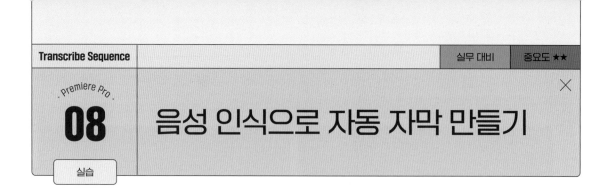

. Premiere Pro .

08 음성 인식으로 자동 자막 만들기

실습

정보성 콘텐츠나 지식 콘텐츠의 경우 시청자가 내용을 이해하기 쉽도록 말 자막을 영상 전체에 노출하곤 합니다. 음성을 받아 적는 것은 단순한 작업이지만 영상 길이가 늘어날수록 작업 시간도 오래 걸리고 지루함을 느끼기 쉽습니다. 프리미어 프로에서는 AI를 활용한 자동 자막 기능을 추가하였습니다. 전 세계 작업자의 찬사를 받은 '받아쓰기' 기능에 대해 알아보도록 합니다.

Before

After

• **예제파일** : 프리미어 프로\05\Transcript.mp4

• **완성파일** : 프리미어 프로\05\Transcript_완성.mp4,
Transcript_완성.prproj

01 프리미어 프로의 프로젝트를 실행한 다음 Ctrl + I 를 눌러 ❶ 프리미어 프로 → 05 폴더에서 ❷ 'Transcript.mp4' 파일을 선택하고 ❸ 〈열기〉 버튼을 클릭니다.

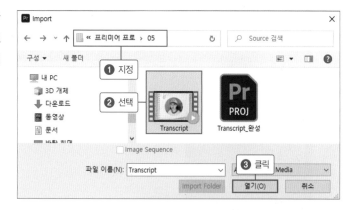

02 Project 패널에서 'Transcript.mp4' 아이템을 'New Item' 아이콘 (▤)으로 드래그하여 소스 파일과 같은 시퀀스를 만듭니다.

03 메뉴에서 (Window) → Text를 실행합니다.

04 Text 패널의 〈Transcribe sequence〉 버튼을 클릭합니다.

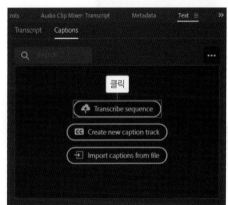

05 Create Transcript 대화상자가 표시되면 ❶ Audio analysis의 Audio on track을 'Audio 1'로, Language를 'Korean'으로 지정합니다. ❷ 〈Transcribe〉 버튼을 클릭하여 받아쓰기 시퀀스를 만듭니다.

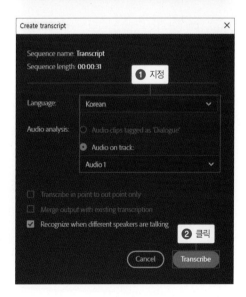

TIP ◁⫶

Audio analysis의 Audio on track에서 받아쓰기하려는 오디오 트랙을 선택할 수 있습니다. 예제에서는 오디오 트랙이 한 개밖에 없지만, 인터뷰 영상 등에서는 여러 개의 오디오 트랙을 사용하는 경우가 많아 받아쓰기 기능을 제대로 활용하기 위해서는 오디오 트랙을 꼭 선택해야 합니다. 이때 오디오마다 개별로 캡션 트랙 만드는 것을 추천합니다. Mix를 지정할 경우 전체 오디오 트랙을 받아쓰기합니다.

06 받아쓰기 기능이 실행되는 동안 잠시 기다립니다. 영상의 길이에 비례하여 실행 시간이 늘거나 줄어들 수 있습니다. 받아쓰기 기능이 완료되면 Text 패널에 받아쓰기 한 대본이 만들어집니다.

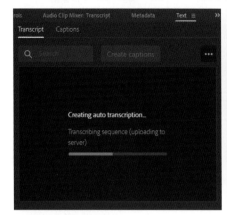
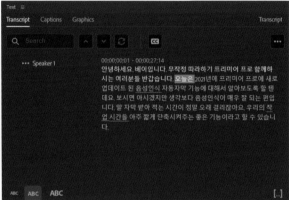

▲ 받아쓰기 실행 중　　　　　　　　　　　　　▲ 받아쓰기 완료

07 영상을 재생해 영상의 음성에 맞춰 Text 패널의 대본이 음영으로 표시되는 것을 확인하며 잘못 적힌 내용을 확인합니다.

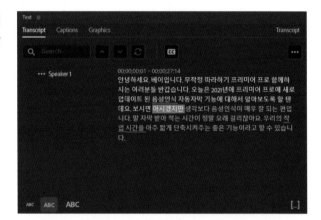

08 예제에서는 '베이입니다.' → '배희입니다.'에서 한 개의 오타를 발견하였으며, Text 패널에서 직접 입력하여 수정했습니다.

Why? 👉

예제처럼 실제 사전 등에 존재하지 않는 사람의 이름, 물건 이름 등은 특히 오탈자가 자주 발생할 수 있습니다. 받아쓰기 언어를 'Korean'으로 지정하면 영어로 말하는 것도 음성 그대로 한글로 받아쓰기 되기 때문에 영어 단어를 자주 말했다면 해당 부분도 꼭 살펴야 합니다.

09 모든 오타를 수정했다면 Text 패널의 'Create captions' 아이콘(📷)을 클릭합니다.

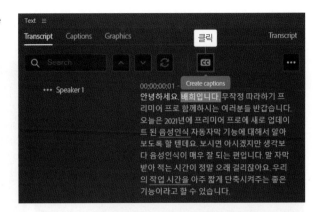

10 Create Captions 대화상자가 표시되면 ❶ Lines 항목의 'Single'을 선택한 다음 ❷ 〈Create〉 버튼을 클릭하여 캡션 트랙을 만듭니다.

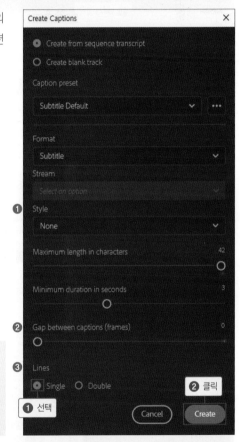

TIP ⟪

Create Captions의 필수 기능을 간단하게 알아봅니다.
❶ Style : 만들어진 캡션에 스타일을 지정하여 전체 트랙에 적용합니다.
❷ Gap between captions(frames) : 자막 클립 사이에 공백을 몇 프레임 넣을지 설정합니다. 특별한 연출이 필요한 경우가 아니라면 '0'으로 설정합니다.
❸ Lines : 자막을 한 줄(Single) 혹은 두 줄(Double)로 만듭니다.

11 ❶ Text 패널에서 오디오 음성에 맞춰 분리된 대본을 확인합니다. ❷ Timeline 패널의 C1 트랙에 자동 자막이 만들어진 것을 확인한 다음 영상을 재생하여 알맞은 타이밍에 자막이 삽입되었는지 다시 한번 확인합니다.

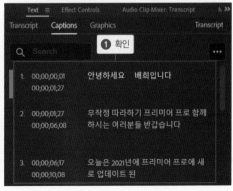

12 ❶ Text 패널에서 `Shift`를 누른 채 7번과 8번 스크립트를 선택하고 ❷ 'Merge captions' 아이콘(⊻)을 클릭합니다. ❸ 7번과 8번 스크립트가 합쳐진 것을 확인합니다.

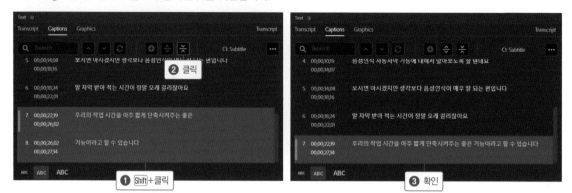

13 ❶ Program Monitor 패널에서 자막을 선택한 다음 ❷ '단축시켜주는'과 '좋은 기능이라고' 사이 여백을 클릭하고 ❸ `Enter`를 눌러 줄을 바꿉니다.

14 ❶ Text 패널에서 5번 스크립트를 더블클릭하고 ❷ '생각보다'와 '음성인식이' 사이 여백을 클릭합니다. ❸ `Enter`를 눌러 줄을 바꿉니다.

TIP ◁
⑬번과 ⑭번 과정을 통해 자막을 수정하기 위해서는 Text 패널과 Program Monitor 패널을 모두 활용하는 것을 알 수 있습니다.

(15) 메뉴에서 (Window) → Essential Graphics를 실행합니다.

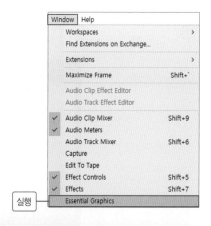

(16) ❶ Timeline 패널에서 현재 시간 표시기를 '00:00:00:01'로 이동하고 ❷ C1 트랙의 가장 첫 번째 자막 클립을 선택합니다.

(17) Essential Graphics 패널에서 (Edit) 탭의 ❶ Text 항목에서 원하는 글꼴을 찾아 지정한 다음 ❷ Font Size를 '65'로 설정합니다.

TIP

예제에는 'G마켓 산스 TTF'라는 상업적으로 사용 가능한 무료 글꼴로, Font style을 'Medium'으로 지정했습니다.

(18) Appearance 항목에서 Fill의 색상 상자를 클릭하여 '민트색(#B6E0E0)'으로 지정합니다.

(19) Shadow의 색상 상자를 클릭하여 ① '짙은 갈색(#523F35)'으로 지정한 다음 ② Distance를 '4', Blur를 '0'으로 설정합니다.

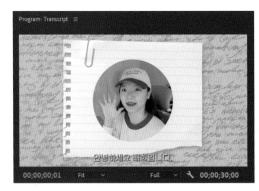

(20) ① Track Style 항목의 'None'을 클릭한 다음 ② 'Create Style...'로 지정합니다. New Text Style 대화상자가 표시되면 ③ Name에 '말자막 스타일'을 입력한 다음 ④ 〈OK〉 버튼을 클릭합니다.

Why?

Track Style(트랙 스타일)은 이전에 배웠던 클립 자체에 스타일을 저장했던 Styles과는 다르게 '트랙' 스타일을 저장하는 기능이기 때문에 저장된 스타일을 따로 Timeline 패널의 자막 클립에 드래그하여 적용하지 않고도 C1 트랙의 전체 자막에 디자인이 적용됩니다.

(21) Timeline 패널에서 영상을 재생하여 전체 자막의 디자인이 바뀐 것을 확인합니다.

. Premiere Pro .

09

실습

SRT 파일 출력하기

SRT 파일은 확장자가 '.SRT'인 SubRip 자막 파일입니다. 타임 코드와 해당 타임 코드에 노출되는 자막 텍스트가 함께 저장되는 형식으로 최근에는 유튜브 자체 기능으로 자막을 넣을 때 주로 사용합니다. 유튜브에 영상을 업로드할 때 자막 메뉴에서 STR 자막 파일을 삽입하면 프리미어 프로에서 작업한 자막 텍스트가 그대로 삽입되는 것을 확인할 수 있습니다. 유튜브 자체 기능의 자막을 삽입하면 해당 텍스트 데이터로 영상 노출 알고리즘에 도움을 줄 수 있어 많은 사용자가 애용하는 기능입니다.

Before / After

• 예제파일 : 프리미어 프로\05\SRT export.mp4

• 완성파일 : 프리미어 프로\05\SRT export_완성.mp4, SRT export_완성.prproj, 차 우려내기.srt

01 프리미어 프로의 프로젝트를 실행한 다음 Ctrl + I를 눌러 프리미어 프로 → 05 폴더에서 'SRT export.mp4' 파일을 불러옵니다.

Project 패널의 'SRT export.mp4' 아이템을 'New Item' 아이콘( )으로 드래그하여 소스 파일과 같은 시퀀스를 만듭니다.

02 메뉴에서 (Window) → Text를 실행합니다. Text 패널이 표시되면 〈Create new caption track〉 버튼을 클릭합니다.

03 New caption track 대화상자가 표시되면 ❶ Format을 'Subtitle'로 지정한 다음 ❷ 〈OK〉 버튼을 실행합니다.

04 ❶ Text 패널에서 'Add new caption segment' 아이콘(⊕)을 클릭합니다. ❷ Text 패널에 만들어진 1번 캡션에 '물의 맛이 좋을수록 차의 맛이 좋아집니다.'를 입력합니다.

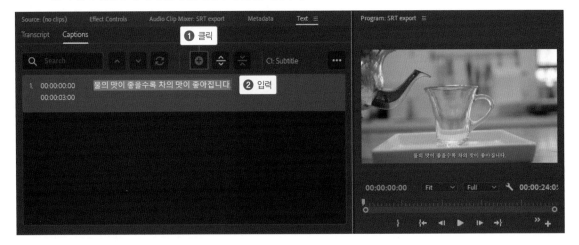

05 ❶ 현재 시간 표시기를 '00:00:03:00'으로 이동한 다음 ❷ Text 패널에서 'Add new caption segment' 아이콘(⊕)을 클릭합니다. ❸ Text 패널에 만들어진 2번 캡션에 '수돗물은 10초 이상 물을 흘려보내고 사용하세요'를 입력합니다.

06 ❶ 현재 시간 표시기를 '00:00:07:05'로 이동한 다음 ❷ Text 패널에서 'Add new caption segment' 아이콘(⊕)을 클릭합니다. ❸ Text 패널에 만들어진 3번 캡션에 '찻잔이 따듯하면 차의 온도가 오랫동안 유지됩니다'를 입력합니다.

07 ❶ Text 패널에서 '기타' 아이콘(⋯)을 클릭한 다음 ❷ Export to SRT file을 실행합니다.

08 다른 이름으로 저장 대화상자가 표시되면 ❶ 파일 이름에 '차 우려내기'를 입력하고 ❷ 〈저장〉 버튼을 클릭합니다. ❸ 저장한 경로를 찾아 '차 우려내기.srt' 파일을 확인합니다.

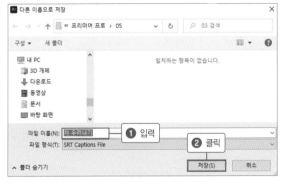

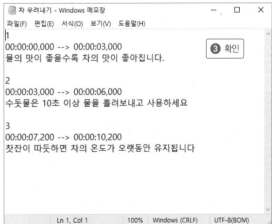

동영상으로 배우는 **프리미어 프로 CC 2023**

예능 스타일 자막 템플릿 만들기 ● ○ ○

에디터 각양각색의 탑들이 정말 많아요~

에디터 여기가 바로~!

에디터 마이산, 탑사입니다.

Essential Graphics 패널에서는 다양한 모양의 오브젝트와 텍스트를 활용해 화면을 디자인할 수 있습니다. 또한 작업한 디자인 포맷은 템플릿 형태로 저장하여 동일 프로젝트는 물론 다른 프로젝트에도 편하게 불러와 활용할 수 있습니다.

(해상도) 1920×1080px

(소스 파일) 프리미어 프로\05\Ent. Text.mp4

(완성 파일) 프리미어 프로\05\Ent. Text_완성.mp4, Ent. Text_완성.prproj

① Program Monitor 패널에 사각형 도구로 사각형 만들기

② Essential Graphics 패널에서 Fill과 Stroke를 이용해 '이름 상자' 디자인하기

③ '이름 상자' 아이템을 복제하여 '대사' 상자 디자인하기

④ 각 상자에 이름과 대사 입력하기

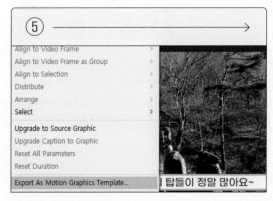

Align to Video Frame
Align to Video Frame as Group
Align to Selection
Distribute
Arrange
Select

Upgrade to Source Graphic
Upgrade Caption to Graphic
Reset All Parameters
Reset Duration

Export As Motion Graphics Template...

⑤ 자막 상자를 템플릿으로 저장하기

⑥ 오디오 대사에 맞춰 자막 내용 편집하기

레트로 스타일의 입체 자막 만들기

각종 매체에서 레트로한 느낌의 입체 자막이 많이 보입니다. Essential Graphics 패널에서의 자막 디자인뿐 아니라, 자막에 그림자 및 Bevel Alpha, Swivel 효과를 넣어 입체적으로 디자인하는 방법을 알아보고, 입체 자막이 빙글빙글 돌아가는 애니메이션까지 적용해보도록 합니다.

해상도	1920×1080px
소스 파일	프리미어 프로\05\3D text.mp4
완성 파일	프리미어 프로\05\3D text_완성.mp4, 3D text_완성.prproj

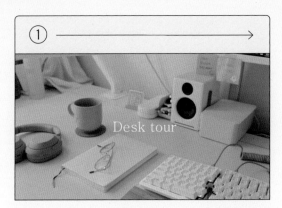

Program Monitor 패널의 비디오 가운데에 'Desk tour' 자막 만들기

글꼴과 글자 크기를 지정한 다음 가운데 정렬하기

Essential Graphics 패널에서 Fill과 Shadow를 설정하여 자막 디자인하기

'Bevel Alpha' 효과를 적용한 다음 설정값을 조절해 입체 자막 디자인하기

Timeline 패널에서 V2 트랙을 V1의 비디오 클립과 길이 맞추기

'Basic 3D' 효과와 'Swivel' 키프레임을 생성해 돌아가는 애니메이션 만들기

PART 6.

감각적인
색상 보정하기

영상에서 색상을 보정하는 과정은 작품 전체의 분위기와 스타일을 하나의 통일된 룩(Look)으로 완성하는 단계로서 매우 중요한 작업입니다. 프리미어 프로에서는 다양한 컬러 작업 과정을 통해 연출 의도에 맞춰 디테일한 컬러 보정 작업을 진행할 수 있습니다.

Black & White		중요도 ★

Premiere Pro

01 흑백 영상 만들기

실습

프리미어 프로에서 흑백 영상을 만드는 방법은 여러 스타일이 있습니다. 그중 Black & White 이펙트
는 한 번의 드래그로 가장 빠르고 손쉽게 흑백 영상으로 전환할 수 있는 효과입니다.

Before

After

• 예제파일 : 프리미어 프로\06\Color Collection.mp4

• 완성파일 : 프리미어 프로\06\Black&White_완성.mp4,
Black&White_완성.prproj

01 파일을 불러오기 위해 메뉴에서 (File) → Import(Ctrl)
+ I)를 실행합니다. 프리미어 프로 → 06 폴더에서
'Color Collection.mp4' 파일을 불러옵니다.

Project 패널에서 'Color Collection.mp4' 아이템을 'New
Item' 아이콘( )으로 드래그하여 소스 파일과 같은 시퀀스를
만듭니다.

02 ❶ Effects 패널에서 'Black&White' 이펙트를 검색합니다. ❷ Timeline 패널의 'ColorCollection.mp4' 클립에
드래그합니다.

03 Program Monitor 패널에서 영상이 흑백으로 바뀐 것을 확인합니다.

▲ Black & White 적용 전 화면

▲ Black & White 적용 후 화면

04 화면이 너무 밝고 흐린 것을 보정하기 위해 ❶ Effects 패널에서 'Brightness&Contrast' 이펙트를 검색한 다음 ❷ Timeline 패널의 'ColorCollection.mp4' 클립에 드래그합니다.

05 Effect Controls 패널에서 Brightness&Contrast 항목의 Brightness를 '−30', Contrast를 '30'으로 설정합니다. 대비가 더 강하고 진한 흑백 영상으로 보정됩니다.

. Premiere Pro .

02 하나의 색상만 변경하기

실습

영상에서 하나의 컬러를 변경해 연출적으로 재미를 주거나 다른 컬러로 변경해 새로운 컬러를 적용해야 할 경우가 있습니다. 이때 Change to Color 이펙트를 통해 한 가지 색을 다른 컬러로 변경할 수 있습니다. 예제를 통해 노란색 고무신을 보라색 고무신으로 색을 변경해 봅니다.

Before

After

• 예제파일 : 프리미어 프로\06\Change to Color.mp4

• 완성파일 : 프리미어 프로\06\Change to Color_완성.mp4, Change to Color_완성.prproj

01 파일을 불러오기 위해 메뉴에서 (File) → Import(Ctrl +I)를 실행합니다. 프리미어 프로 → 06 폴더에서 'Change to Color.mp4' 파일을 불러옵니다.
Project 패널의 'Change to Color.mp4' 아이템을 'New Item' 아이콘(■)으로 드래그하여 소스 파일과 같은 시퀀스를 만듭니다.

02 영상의 톤과 채도를 보정하기 위해 ❶ Effects 패널에서 'Color Balance (HLS)' 이펙트를 검색하고 ❷ Timeline 패널의 'Change to Color.mp4' 클립에 드래그합니다.

03 ❶ Effect Controls 패널에서 Color Balance (HLS) 항목의 Hue를 '−5'로 설정해 색조를 약간 붉게 만들고 ❷ Saturation를 '15'로 설정해 채도를 높입니다.

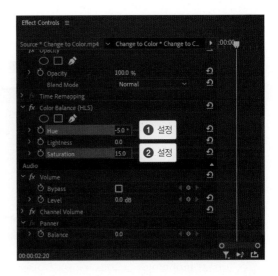

04 노란색 고무신을 다른 색상으로 변경하기 위해 ❶ Effects 패널에서 'Change to Color' 이펙트를 검색하고 ❷ Timeline 패널의 'Change to Color.mp4' 클립에 드래그합니다.

05 ❶ Effect Controls 패널에서 Change to Color 항목의 From의 '스포이트' 아이콘(🖊)을 클릭합니다. ❷ 마우스 포인터가 스포이트 모양으로 변경되면 Program Monitor 패널의 노란색 고무신을 클릭합니다.

06 ❶ Effect Controls 패널에서 Change to Color 항목의 To의 색상 상자를 클릭합니다. Color Picker 대화상자가 표시되면 ❷ #에 '6800DC'를 입력하고 ❸ 〈OK〉 버튼을 클릭하면 노란색 고무신이 보라색으로 바뀝니다.

07 고무신 밖의 영역에 남아있는 보라색을 없애기 위해 ❶ Effect Controls 패널에서 Change to Color 항목의 'Create ellipse mask' 아이콘(◯)을 클릭해 원형 마스크를 만들고 ❷ Program Monitor 패널에서 마스크 패스의 포인터를 이동해 그림과 같이 색상이 변경된 고무신에 맞춰 마스크 크기를 설정합니다. ❸ Effect Controls 패널에서 Change to Color → Mask(1)의 Mask Feather를 '30'으로 설정해 마스크 경계를 부드럽게 설정합니다.

TIP ◁
움직이는 영상의 경우 피사체가 마스크 영역을 벗어날 수 있습니다. 이때 Mask Path에 키프레임과 애니메이션을 설정해 피사체를 따라 마스크가 이동하는 트래킹 작업을 따로 해야 합니다.

08 영상을 재생해 보라색으로 바뀐 고무신이 처음부터 끝까지 잘 적용이 되었는지 확인합니다.

Change to Color 설정 후 화면 ▶

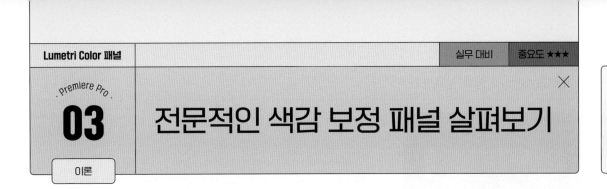

Premiere Pro
03 전문적인 색감 보정 패널 살펴보기
이론

❶ Basic Correction 항목 살펴보기 •••

이전에 프리미어 프로 사용자들은 색상 보정을 위해 효과를 일일이 찾아 넣거나 세밀한 색 보정을 위해서 애프터 이펙트 혹은 외부 색상 보정 프로그램을 사용했습니다. 프리미어 프로 CC 2015부터 Lumetri Color 패널이 업데이트되어 각종 색상 보정 도구를 한곳에 모아 더욱 간편하고 전문적인 색감 후보정이 가능하게 되었습니다.

❶ **Input LUT** : 다운로드한 LUT을 불러오거나, 프리미어 프로에서 제공하는 기본 색상 보정 프리셋을 적용할 수 있습니다.

❷ **White Balance** : 노랗거나 푸른 영상 또는 이미지의 색상 온도를 평균 값으로 맞출 수 있습니다. Temperature와 Tint의 슬라이드를 수동으로 조절하여 색감을 맞추거나 WB Selector의 '스포이트' 아이콘(✏)을 활성화한 다음 영상 속 흰색 영역을 찾아 클릭하여 화이트 밸런스를 자동으로 맞출 수 있습니다.

❸ **Tone** : 영상 또는 이미지의 밝기와 명도, 채도 등을 세밀하게 설정합니다.

ⓐ **Exposure** : 전체 영역의 밝기와 어둡기를 설정합니다.

ⓑ **Contrast** : 밝은 영역과 어두운 영역의 밝기를 조절하여 영상의 대비 값을 설정합니다.

ⓒ **Highlights** : 평균보다 밝은 영역의 밝기를 더 어둡거나 밝게 설정합니다.

ⓓ **Shadows** : 평균보다 어두운 영역의 밝기를 더 어둡거나 밝게 설정합니다.

ⓔ **Whites** : 흰색의 밝기를 더 어둡거나 밝게 설정합니다.

ⓕ **Blacks** : 검은색의 밝기를 더 어둡거나 밝게 설정합니다.

ⓖ **Reset** : 모든 효과의 수치를 처음의 상태로 되돌립니다.

ⓗ **Auto** : 프리미어 프로에서 자동으로 영상 또는 이미지를 분석하여 색상을 보정합니다.

ⓘ **Saturation** : 전체 영역 색상의 탁하고 맑은 정도를 설정합니다.

❷ Creative 항목 살펴보기

❶ Look : 다운로드한 LUT을 불러오거나, 프리미어 프로에서 기본으로 제공하는 LUT을 지정하여 적용할 수 있습니다.

ⓐ Intensity : LUT이 적용되는 강도를 조절할 수 있습니다.

❷ Adjustments : 영상 또는 이미지의 기본적인 색감 이외에 독창적인 색상 보정을 적용할 수 있습니다.

ⓑ Faded Film : 색바랜 느낌을 더해 필름 영화 같은 느낌으로 보정할 수 있습니다.

ⓒ Sharpen : 선예도를 조절하여 영상이나 이미지를 조금 더 선명하거나 흐리게 만들 수 있습니다.

ⓓ Vibrance : 검은색과 흰색을 제외하고 피부톤의 채도를 조절할 수 있습니다.

ⓔ Saturation : 전체 영역 색의 탁하고 맑은 정도를 조절합니다.

ⓕ Tint Balance : Shadow Tint와 Highlight Tint 상단의 컬러 휠을 이용해 Shadow 영역과 Highlight 영역에 원하는 색상을 입힐 수 있습니다.

❸ Curves 항목 살펴보기

❶ RGB Curves : 전체 채널(Luma) 혹은 RGB(Red, Green, Blue) 색상 중 선택하여 그래프를 조절해서 밝기를 보정할 수 있습니다. 그래프의 아래쪽부터 Shadows – Midtones – Highlights 영역을 조절할 수 있습니다.

❷ Hue Saturation Curves : 채도를 조율하는 원형 곡선으로 특정 채도를 줄이거나 늘릴 수 있습니다.

❹ Color Wheels & Match 항목 살펴보기 • • •

❶ Color match : 컬러 휠을 이용하여 Shadows, Midtones, Highlights 영역의 색상과 밝기를 조절할 수 있습니다.

ⓐ Comparison View : 〈Comparison View〉 버튼을 클릭한 다음 〈Apply Match〉 버튼을 클릭하면 앞 클립 기준으로 뒤 클립의 톤을 맞춥니다.

ⓑ Face Detection : 영상에 나오는 얼굴 톤을 최대한 비슷하게 잡는 기능으로 서로 다른 환경이나 카메라로 촬영하여 색감이 맞지 않을 때 유용하게 사용할 수 있습니다.

❺ HSL Secondary 항목 살펴보기 • • •

❶ Key : 전체가 아닌, 특정 부분만 보정하기 위해 영역을 선택할 수 있는 도구입니다. Set color 항목의 스포이트를 이용하여 영상 혹은 이미지의 특정 영역을 선택(🖊), 추가(🖊) 삭제(🖊)할 수 있습니다. 스포이트 아래에 있는 원형 컬러 버튼을 클릭하여 해당 컬러 영역을 설정할 수 있습니다. 조금 더 세밀한 조절이 필요하다면 H, S, L(Hue/Saturation/Lightness) 옆 슬라이더를 조절합니다.

◀ 체크 표시했을 때

ⓐ Color/Gray : 선택 영역을 컬러로, 선택되지 않은 영역을 회색으로 표시합니다.

ⓑ Color/Black : 선택 영역을 컬러로, 선택되지 않은 영역을 검은색으로 표시합니다.

ⓒ White/Black : 선택 영역을 흰색으로, 선택되지 않은 영역을 검은색으로 표시합니다.

❷ Refine

ⓓ Denoise : 슬라이더를 조절하여 선택 영역의 노이즈를 제거할 수 있습니다.

ⓔ Blur : 슬라이더를 조절하여 선택 영역의 흐리기를 조절할 수 있습니다.

❸ Correction : 컬러 휠과 슬라이더를 이용하여 선택 영역의 세부적인 색상을 조정할 수 있습니다.

· Premiere Pro ·
04
실습

클릭 한 번으로 색감 보정하기

항상 일정한 조명을 비추는 스튜디오가 아니라 자연광, 야외 등에서 영상 촬영을 하면 주변 환경에 따라 색감이나 밝기 등이 균일하지 못하게 촬영되는 경우가 많습니다. 이번 예제에서는 Lumetri Color 패널을 활용하여 너무 노랗거나 푸르게 촬영된 영상 원본을 간편하게 평균 색감으로 보정하는 방법을 알아봅니다.

Before

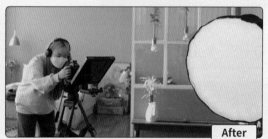
After

· 예제파일 : 프리미어 프로\06\basic color effect.mp4

· 완성파일 : 프리미어 프로\06\basic color effect_완성.mp4, basic color effect_완성.prproj

01 파일을 불러오기 위해 메뉴에서 (File) → Import((Ctrl) + (I))를 실행합니다. 프리미어 프로 → 06 폴더에서 'basic color effect. mp4' 파일을 불러옵니다.

Project 패널에서 'basic color effect.mp4' 아이템을 하단의 'New Item' 아이콘(■)으로 드래그하여 소스 파일과 같은 시퀀스를 만듭니다.

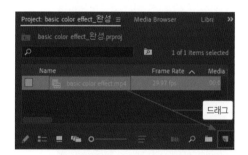

02 메뉴에서 (Window) → Lumetri Color를 실행합니다. ① Timeline 패널에서 'basic color effect. mp4' 클립을 선택한 다음 ② Lumetri Color 패널에서 Basic Correction 항목의 WB Selector '스포이트' 아이콘(🖋)을 클릭합니다.

03 마우스 포인터가 스포이트 모양으로 바뀐 상태로 영상에서 가장 흰색에 가까운 부분을 클릭합니다.

04 Lumetri Color 패널의 Basic Correction 항목에서 White Balance의 Temperature와 Tint의 슬라이더가 자동으로 조절되어 영상의 색감이 균일하게 보정된 것을 확인합니다.

05 Lumetri Color 패널에서 'Basic Correction'의 체크 표시를 활성화 또는 비활성화하여 색상 보정 전후를 확인할 수 있습니다.

▲ 색상 보정 전

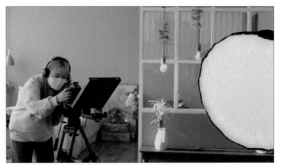

▲ 색상 보정 후

. Premiere Pro .

05

실습

필름 카메라 느낌의 색감 보정하기

뉴트로가 유행하며 아날로그 감성을 그리워하는 문화가 생겨나 각종 매체 속에서 필름 카메라 느낌의 색감을 많이 볼 수 있습니다. 필름 카메라는 어떤 필름을 사용하느냐에 따라 색감이 다르지만 주로 사진 전반에 노이즈가 가득 나타나고, 색이 푸르게 혹은 노랗게 바랜 것처럼 보이는 특징을 갖고 있습니다. 이번 예제에서는 Lumetri Color 패널의 Creative 항목과 Effects 패널의 Noise 이펙트를 활용하여 필름 카메라 느낌의 색감 보정을 배워 봅니다.

Before

After

- 예제파일 : 프리미어 프로\06\Film camera.mp4
- 완성파일 : 프리미어 프로\06\Film camera_완성.mp4, Film camera_완성.prproj

(01) 파일을 불러오기 위해 메뉴에서 (File) → Import(Ctrl + I)를 실행합니다. 프리미어 프로 → 06 폴더에서 'Film camera.mp4' 파일을 불러옵니다.

Project 패널의 'Film camera.mp4' 아이템을 하단의 'New Item' 아이콘(🔳)으로 드래그하여 소스 파일과 같은 시퀀스를 만듭니다.

(02) 메뉴에서 (Window) → Lumetri Color를 실행합니다.

03 ① Timeline 패널에서 'Film camera.
mp4' 클립을 선택한 다음 ② Lumetri
Color 패널에서 Creative 항목의 Look을 클
릭합니다.

04 프리미어 프로에서 기본으로 제공하
는 다양한 프리셋 중 ① 'Kodak 5218
kodak 2395(by Adobe)'로 지정한 다음
② Creative 항목의 Intensity를 '80'으로 설정
합니다.

05 Lumetri Color 패널의 Adjustments 항목에서 Faded Film을 '20',
Vibrance를 '−6.5', Saturation을 '95'로 설정합니다.

06 ❶ Lumetri Color 패널의 Curves 항목에서 RGB Curve의 'Luma' 아이콘(■)을 클릭합니다. ❷ 그래프 중간을 클릭한 다음 아래쪽으로 드래그하여 중간 영역의 밝기를 낮추고 ❸ 그래프 오른쪽 끝 점을 선택한 다음 아래쪽으로 드래그하여 밝은 영역의 밝기를 낮춰 그림과 같은 그래프 모양을 만듭니다.

07 ❶ Lumetri Color 패널의 Curves 항목에서 RGB Curve의 'Red' 아이콘(■)을 클릭하고 ❷ Red 그래프의 중앙을 클릭합니다. ❸ 그래프 아래 1/4 지점을 클릭한 다음 아래로 살짝 드래그하여 그림과 같은 그래프 모양을 만듭니다.

Why? 👈
어두운 영역에 붉은 계열 색감을 없애는 과정입니다. 따듯한 색감을 원한다면 ⑰번 과정은 생략해도 좋습니다.

08 Lumetri Color 패널의 Vignette 항목에서 Amount를 '-0.3', Midpoint를 '48.9'로 설정합니다.

09 ❶ Effects 패널에서 'Noise' 이펙트를 검색하고 ❷ Noise & Grain 항목의 'Noise' 이펙트를 선택한 다음 ❸ Timeline 패널의 'Film camera.mp4' 클립에 드래그합니다.

10 Effect Controls 패널에서 Noise 항목의 Amount of Noise를 '12%'로 설정합니다.

11 ❶ 현재 시간 표시기를 '00:00:00:00'으로 이동하고 ❷ Program Monitor 패널에서 'Mark In' 아이콘( )을 클릭합니다.

(12) ① 현재 시간 표시기를 '00:00:03:14'로 이동합니다.
② Program Monitor 패널의 'Mark Out' 아이콘
(▮)을 클릭합니다.

(13) ① Timeline 패널에서 Enter를 눌러 렌더링합니다. ② 상단 붉은 선이 녹색으로 변경된 것을 확인합니다.

(14) 영상을 재생해 Program Monitor 패널에서 색상이 보정된 것을 확인합니다.

▲ 필름 카메라 색감 보정 전   ▲ 필름 카메라 색감 보정 후

Premiere Pro

06 자연의 색을 살리는 색감 보정하기

실습

색상 보정

산이나 바다는 실제로 보이는 색감보다 조금 더 극적인 느낌의 색감으로 보정했을 때 더 청량하고 보기 좋은 결과물을 얻을 수 있습니다. 이번 예제에서는 실제 색감보다 흐리고 밝게 촬영된 영상을 보다 더 생기있는 영상으로 보정해 봅니다. Lumetri Color 패널의 Curves 항목과 HSL Secondary 항목을 활용하여 푸른색과 녹색을 조금 더 생동감 있게 만드는 보정을 알아봅시다.

Before

After

• 예제파일 : 프리미어 프로\06\Nature color.mp4

• 완성파일 : 프리미어 프로\06\Nature color_완성.mp4, Nature color_완성.prproj

01 파일을 불러오기 위해 메뉴에서 (File) → Import(Ctrl + I)를 실행합니다. 프리미어 프로 → 06 폴더에서 'Nature color.mp4' 파일을 불러옵니다.
Project 패널의 'Nature color.mp4' 아이템을 'New Item' 아이콘(🔳)으로 드래그하여 소스 파일과 같은 시퀀스를 만듭니다.

02 ❶ 메뉴에서 (Window) → Lumetri Color를 실행합니다. ❷ Timeline 패널에서 'Nature Color.mp4' 클립을 선택합니다.

03 ❶ Lumetri Color 패널의 Curves 항목에서 RGB Curve의 'Luma' 아이콘(⬤)을 클릭합니다. ❷ 그래프의 중앙을 선택한 다음 아래쪽으로 드래그하여 아래쪽으로 둥근 그래프 모양을 만듭니다.

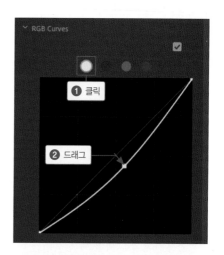

04 ❶ Curves 항목에서 'Green' 아이콘(⬤)을 클릭합니다. ❷ 만들어 진 녹색 그래프의 중앙과 아래에서 1/4 지점을 클릭하고 ❸ 각각 위 아래로 드래그하여 그림과 같은 그래프 모양을 만듭니다.

05 Lumetri Color 패널의 HSL Secondary 항목에서 Set color의 '스 포이트' 아이콘(🖊)을 클릭합니다.

06 마우스 포인터가 스포이트 모양으로 변경된 상태로 Program Monitor 패널에서 가장 푸른색에 가까운 강 영역을 클릭합니다.

07 Lumetri Color 패널에서 HSL Secondary 항목의 'Color/Gray'를 체크 표시하여 활성화합니다.

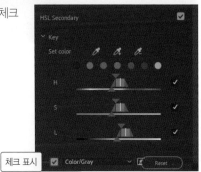

08 Lumetri Color 패널의 HSL Secondary 항목에서 Key의 'S', 'L' 슬라이더 위, 아래에 있는 '삼각형' 아이콘(■)을 클릭한 상태로 좌우로 드래그하여 Program Monitor 패널에 그림과 같이 푸른색 강 영역을 노출합니다.

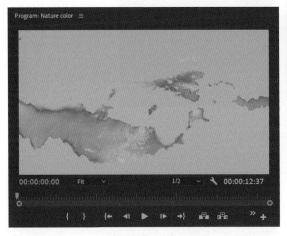

09 어느 정도 강 영역이 선택되면 Lumetri Color 패널의 HSL Secondary 항목에서 'Coloy/Gray'의 체크 표시를 해제하여 비활성화합니다. Program Monitor 패널의 회색 영역이 사라지고 기존 영상으로 돌아옵니다.

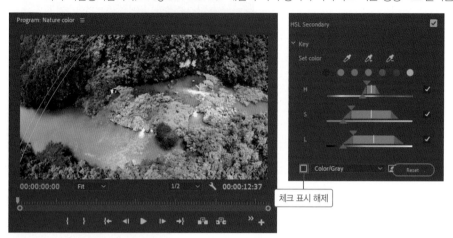

체크 표시 해제

10 Lumetri Color 패널의 Correction 항목에서 Temperature를 '−30', Tint를 '−8', Contrast를 '25', Saturation을 '110'으로 설정합니다. Program Monitor 패널에서 강의 색이 조금 더 푸르게 된 것을 확인합니다.

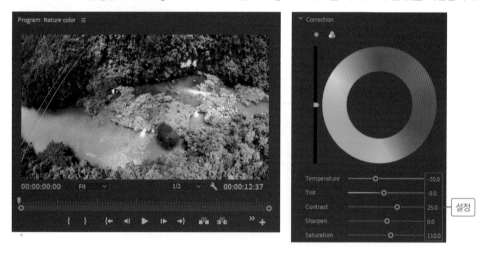

설정

11 영상을 재생해 Program Monitor 패널에서 색 보정이 적용된 것을 확인합니다.

▲ 색 보정 전   ▲ 색 보정 후

. Premiere Pro .

07 도형을 이용한 타이틀 디자인하기

실습

화면을 디자인할 때 다양한 도형을 활용하면 스타일리쉬한 장면 또는 타이틀을 연출할 수 있습니다. 도형 도구와 Essential Graphics 패널을 활용해서 이색적이고 창의적인 타이틀 화면을 연출해 봅니다.

Before

After

• 예제파일 : 프리미어 프로\06\Street.mp4

• 완성파일 : 프리미어 프로\06\Shape Title Design_완성.mp4, Shape Title Design_완성.prproj

01 파일을 불러오기 위해 메뉴에서 (File) → Import (Ctrl)+(I))를 실행합니다. 프리미어 프로 → 06 폴더에서 'Street.mp4' 파일을 불러옵니다.

Project 패널에서 'Street.mp4' 아이템을 'New Item' 아이콘(⬛)으로 드래그하여 같은 속성의 맞춤형 시퀀스를 만듭니다.

02 배경을 디자인하기 위해 ❶ Tools 패널에서 사각형 도구(⬛)를 선택하고 ❷ Program Monitor 화면에 그림과 같이 드래그해 사각형을 만듭니다.

03 메뉴에서 (Window) → Essential Graphics를 실행합니다. ① Essential Graphics 패널이 표시되면 (Edit) 탭에서 'Shape 01'을 선택합니다. ② Position을 '960, 540'으로 설정한 다음 ③ 면적을 'W : 1920, H : 1080'으로 설정해 사각형이 화면 중앙에 꽉 차도록 배치합니다.

04 ① Appearance 항목에서 Fill의 색상 상자를 클릭합니다. ② Color Picker 대화상자가 표시되면 #을 'E8E1DB'로 설정하고 ③ 〈OK〉 버튼을 클릭합니다.

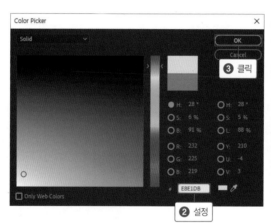

05 ① 'Shape 01' 레이어에서 마우스 오른쪽 버튼을 클릭한 다음 ② Duplicate를 실행해 레이어를 복제합니다.

06 ❶ 상위 레이어 'Shape 01'을 클릭하고 이름을 'Shape 02'로 변경합니다. ❷ Fill의 색상 상자를 클릭합니다. Color Picker 대화상자가 표시되면 ❸ #을 'AF8A70'로 설정한 다음 ❹ 〈OK〉 버튼을 클릭합니다.

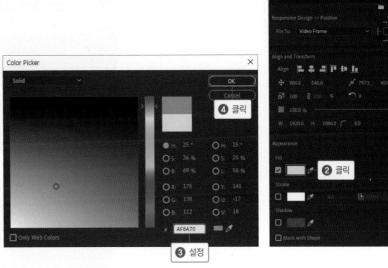

07 Align and Transform 항목의 Position을 '1250, 540'으로 설정하여 복제된 사각형을 그림과 같이 배치합니다.

08 Tools 패널에서 문자 도구(T)를 선택하고 Program Monitor 패널을 클릭한 다음 'FASHION'을 입력합니다.

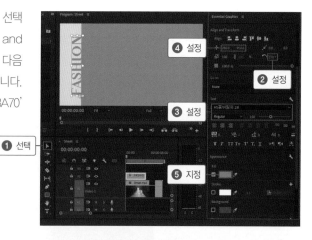

09 ① 이번에는 Tools 패널에서 선택 도구(▶)를 선택합니다. ② Essential Graphics 패널의 Align and Transform 항목에서 Rotation(◐)을 '270'로 설정한 다음 ③ Text 항목에서 글꼴과 글자 크기를 알맞게 설정합니다. ④ Position을 그림과 비슷하게 설정하고 ⑤ Fill을 'AF8A70'로 지정합니다.

10 레이아웃을 디자인하기 위해 Timeline 패널에서 V2 트랙에 있는 Text 클립의 끝을 드래그하여 아래에 있는 클립과 길이를 똑같이 맞춥니다.

11 V1과 V2 트랙에 있는 클립의 위치를 교체하여 영상 클립을 위에 배치합니다.

12 화면을 적당한 크기로 자르기 위해 ① Effects 패널에서 'Crop'을 검색한 다음 ② Timeline 패널의 V2 트랙에 있는 비디오 클립으로 드래그합니다.

13 Effect Controls 패널의 **①** Crop 항목에서 Left를 '35%', Top을 '23%', Right를 '35%', Bottom을 '23%'로 설정합니다. 이어서 **②** Motion 항목의 Position을 '1140/540'으로 설정하여 그림과 같이 배경과 어우러지도록 레이아웃을 완성합니다.

14 그림자 효과를 만들기 위해 **①** Effect Controls 패널에서 'Drop Shadow'를 검색한 다음 **②** Timeline 패널의 V2 트랙에 있는 클립으로 드래그합니다.

15 Effect Controls 패널의 Drop Shadow 효과에서 Opacity를 '35%', Distance를 '45'로 설정해 그림과 같이 그림자 효과를 완성합니다.

TIP

Drop Shadow 효과의 Direction을 조절하면 그림자 방향을 변경할 수 있으며, Softness를 조절하면 그림자 테두리를 부드럽게 만들 수 있습니다.

(16) 도형을 이용해서 타이틀을 디자인하기 위해 ❶ Tools 패널에서 사각형 도구(▣)를 잠시 눌러 나타나는 ❷ 원형 도구(◯)를 선택합니다. ❸ Program Monitor 패널에서 Shift를 누른 채 드래그하여 그림과 같이 원을 만듭니다.

Why?

Shift를 누른 채 드래그하여 도형을 만들면 가로:세로 비율이 같은 도형을 만들 수 있습니다. 도형 크기를 수정할 때도 Shift를 누른 채 드래그하면 가로:세로가 같은 비율의 도형으로 변경할 수 있습니다.

(17) ❶ Essential Graphics 패널에서 'Fill'의 체크 표시를 해제하고 ❷ 'Stroke'를 체크 표시합니다. ❸ Stroke를 '5'로 설정하고 ❹ 색상 상자를 클릭합니다. ❺ Color Picker 대화상자가 표시되면 #을 'D4B39C'로 설정한 다음 ❻ 〈OK〉 버튼을 클릭합니다.

(18) ❶ Position을 '845, 540', 면적을 'W : 830, H : 830'으로 설정하여 그림과 같이 원을 배치합니다. ❷ 'Shape 01' 레이어에서 마우스 오른쪽 버튼을 클릭한 다음 ❸ Duplication을 실행해 복제합니다.

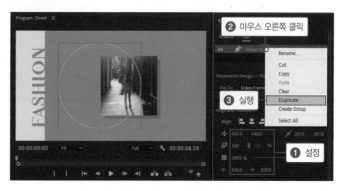

⑲ ❶ 레이어 이름을 'Shape 02'로 변경하고 ❷ Position을 '1500, 880', ❸ 면적을 'W : 300, H : 300'으로 설정하여 그림과 같이 작은 원을 배치합니다.

⑳ ❶ ⑱번과 같은 방법으로 다시 한 번 'Shape 02' 레이어를 복제합니다. ❷ 레이어 이름을 'Shape 03'으로 변경한 다음 ❸ Position을 '1650, 777', ❹ 면적을 'W : 120, H : 120'으로 설정해 그림과 같이 작은 원을 배치합니다.

㉑ ❶ 'Stroke'의 체크 표시를 해제한 다음 ❷ 'Fill'을 체크 표시합니다. ❸ Fill 항목의 색상 상자를 클릭해 ❹ Color Picker 대화상자가 표시되면 #을 'D5AB8E'로 설정한 다음 ❺ 〈OK〉 버튼을 클릭합니다.

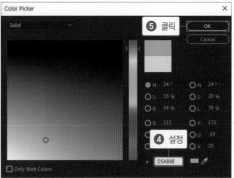

㉒ ❶ Tools 패널에서 문자 도구(T)를 선택한 다음 ❷ Porgram Monitor 패널을 클릭하고 그림과 같이 'Street Fashion'을 두 줄로 입력합니다.

㉓ ❶ Tools 패널에서 선택 도구(▶)를 선택한 다음 ❷ Fill의 스포이트 아이콘(✎)을 클릭합니다. ❸ Program Monitor 패널에서 밝은색 영역을 클릭해 색을 추출해서 글자색에 자동으로 적용합니다. ❹ Text 항목의 'Center Align Text' 아이콘(▤)을 클릭해 글자를 중앙 정렬합니다.

㉔ Align and Transform 항목과 Text 항목에서 위치, 크기 등의 옵션을 적절히 조절해 그림과 같이 중간 크기 원 안에 텍스트가 위치하도록 디자인합니다. 이때 그림과 똑같지 않아도 상관 없습니다.

25 ❶ Tools 패널에서 문자 도구(T)를 선택하고 ❷ Program Monitor 패널을 클릭한 다음 '#01'을 입력합니다.
❸ Tools 패널에서 선택 도구(▶)를 선택하고 ❹ Essential Graphics 패널에서 글자 크기와 위치를 설정하여 제일 작은 원 안에 배치합니다.

26 ❶ Fill의 스포이트 아이콘(🖊)을 클릭하고 ❷ 화면 속 가장 어두운 부분을 클릭해서 글자에 색을 적용합니다.

27 Timeline 패널에서 V3 트랙 클립의 끝 점을 드래그하여 다른 클립들과 길이를 똑같이 맞춥니다.

28 여러 도형으로 디자인된 타이틀 화면을 확인합니다.

TIP ◁

완성된 타이틀 디자인 요소에 클립별로 애니메이션과 시각 효과를 적용해 움직이는 영상을 만들 수 있습니다.

동영상으로 배우는 **프리미어 프로 CC 2023**

거친 느낌의 느와르 필름 룩 만들기

Lumetri Color 패널의 Creative Look 필터는 활용도가 높은 전 세계의 컬러 보정 값을 템플릿 형태로 만들어 놓은 기능입니다. 그중 'SL MATRIX GREEN'과 'SL NIOR LDR' 필터를 Adjustment 레이어에 적절히 블렌딩 하면 거칠고 무게감 있는 분위기의 느와르 필름 룩을 적용할 수 있습니다.

(해상도) 1920×1080px

(소스 파일) 프리미어 프로\06\Noir Film.mp4

(완성 파일) 프리미어 프로\06\Noir Film_완성.mp4,

Noir Film_완성 .prproj

① 같은 포맷의 시퀀스 만들기

② 'SL MATRIX GREEN – Creative Look' 필터 적용하기

③ Lumetri Color 패널에서 'SL NIOR LDR – Creative Look' 필터 적용하기

④ V2 트랙의 Adjustment Layer에 Opacity 적용하기

⑤ V2 트랙의 Adjustment Layer에 Noise 효과 적용하기

⑥ Scene Edit Detection으로 클립을 자동으로 나눈 뒤 적절한 노출 및 효과 설정하기

자연스러운 모션과
블렌드 모드 익히기

영상에서 이미지, 동영상, 텍스트, 도형 등 오브젝트에 움직임을 적용하는 것을 애니메이션(Animation) 또는 모션(Motion)이라고 합니다. 프리미어 프로에서는 위치, 크기, 회전, 투명도 등의 다양한 모션 효과를 적용할 수 있습니다.

| Position | | 실무 대비 | 중요도 ★★★ |

· Premiere Pro ·
01 움직이는 동영상 만들기
실습

프리미어 프로에서는 화면에 적용된 동영상, 이미지, 문자 등을 움직여 모션 애니메이션을 만들 수 있습니다. 애니메이션 효과를 적용하기 위해서는 움직임의 시작과 끝에 키프레임을 만들어야 합니다. 이번 예제에서는 Position에 키프레임을 만들고 어떤 움직임이 적용되는지 알아봅니다.

Before Before After

- 예제파일 : 프리미어 프로\07\Background_001.jpg, Run Cycle\Run Cycle_00~17.png
- 완성파일 : 프리미어 프로\07\Position_완성.mp4, Position_완성.prproj

(01) 파일을 불러오기 위해 메뉴에서 (File) → Import((Ctrl)+(I))를 실행합니다. 프리미어 프로 → 07 폴더에서 'Background_001.jpg' 파일을 불러옵니다.

이미지 시퀀스 형태의 파일을 가져오기 위해 다시 한 번 메뉴에서 (File) → Import((Ctrl)+(I))를 실행합니다. Import 대화상자가 표시되면 ❶ 프리미어 프로 → 07 → Run Cycle 폴더에서 ❷ 'Run Cycle_00. png' 파일을 선택하고 ❸ 'Image Sequence'를 체크 표시한 다음 ❹ 〈열기〉 버튼을 클릭합니다.

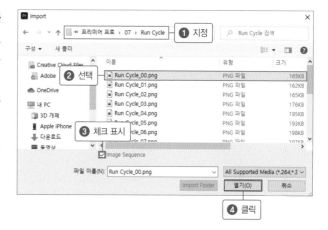

Why? 👈

Image Sequence는 연속되는 여러 장의 이미지를 하나의 동영상처럼 활용할 수 있는 미디어 데이터 형식입니다. Import 대화상자에서 'Image Sequence'에 체크 표시하지 않으면 선택된 파일을 낱개의 이미지로 불러들입니다. 연속되는 이미지를 하나의 동영상으로 불러오기 위해 'Image Sequence'를 체크 표시합니다.

02 Project 패널에서 'Background_001.jpg' 아이템을 'New Item' 아이콘()으로 드래그하여 시퀀스와 같은 포맷의 시퀀스를 만듭니다.

03 Project 패널에 동영상 파일 형태의 클립이 만들어집니다. ❶ 'Run Cycle_00. png' 아이템에서 마우스 오른쪽 버튼을 클릭한 다음 ❷ Modify → Interpret Footage를 실행합니다.

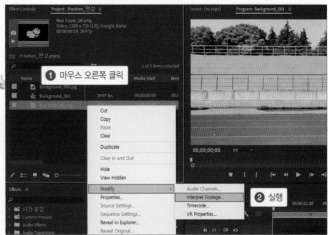

04 Modify Clip 대화상자가 표시되면 Frame Rate 항목의 ❶ 'Assume this frame rate'를 선택한 다음 ❷ '24fps'로 설정하고 ❸ 〈OK〉 버튼을 클릭합니다.

Why?

이미지 시퀀스는 동영상 파일과 달리 설정된 고유의 프레임 레이트를 가지고 있지 않습니다. 따라서 프리미어 프로에서 파일을 불러오면 환경 설정에서 정해진 설정 값에 따라 프레임 레이트가 결정되어 불러들여집니다. 설정을 변경하려면 메뉴에서 (Edit) → Preferences → Media 를 실행하고 Indeterminate Media Timebase에서 값을 설정합니다.

05 ❶ Project 패널의 'Background_001' 아이템에서 마우스 오른쪽 버튼을 클릭한 다음 ❷ Sequence Settings를 실행합니다.

06 Sequence Settings 대화상자가 표시되면 ❶ '24.00 frames/second'로 지정한 다음 ❷ 〈OK〉 버튼을 클릭합니다.

Why? 👈
동영상 클립과 시퀀스는 같은 프레임 레이트(fps)로 통일되어야 끊김 현상(Judder)이 생기지 않습니다.

07 Project 패널의 'Run Cycle_00.png' 아이템을 Timeline 패널의 V2 트랙으로 드래그합니다.

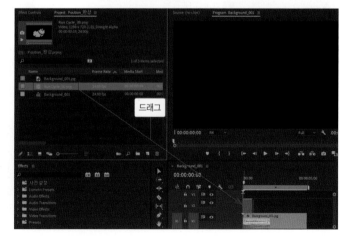

08 ❶ Timeline 패널에서 V1 트랙을 클릭해 선택을 해제하고 ❷ V2 트랙을 클릭해서 선택합니다. ❸ V2 트랙의 'Run Cycle_00.png' 클립을 선택한 다음 ❹ Ctrl+C를 눌러 복사합니다.

09 ❶ 현재 시간 표시기를 'Run Cycle_00.png' 클립의 끝 점이 있는 '00:00:00:18'로 이동합니다. ❷ Ctrl+V를 6번 눌러 'Run Cycle_00.png' 클립이 7개가 되도록 복제합니다.

10 드래그하여 V2 트랙의 모든 클립을 선택합니다.

11 ❶ 선택된 클립에서 마우스 오른쪽 버튼을 클릭한 다음 ❷ Nest를 실행합니다.

(12) Nested Sequence Name 대화상자가 표시되면 ❶ Name에 'Dog Run Cycle'을 입력하고 ❷ 〈OK〉 버튼을 클릭합니다.

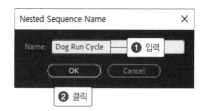

TIP ⊲⊱
Nest는 여러 클립을 하나의 시퀀스 형태로 묶어주는 기능입니다. 실행하면 Project 패널에 자동으로 시퀀스가 만들어지고 더블클릭하여 Timeline 패널에서 클립을 편집할 수 있습니다.

(13) Timeline 패널에서 'Background_001.jpg' 클립의 끝 점을 드래그하여 'Dog Run Cycle' 클립과 길이를 같게 만듭니다.

(14) ❶ Timeline 패널에서 'Dog Run Cycle' 클립을 선택하고 ❷ Effect Controls 패널에서 Motion 항목의 Position 을 '960/800', Scale을 '50'으로 설정합니다.

TIP ⊲⊱
Position은 수평으로 이동하는 x축 값과 수직으로 이동하는 y축 값으로 오브젝트의 움직임을 제어할 수 있습니다. 따라서 Effect Controls 패널의 Position은 전체 해상도의 Pixels를 기준으로 x축/y축에 대한 절대 값을 가진 수치로 설정합니다.

⑮ 강아지가 왼쪽에서 달려오는 상황을 연출하기 위해 ❶ 현재 시간 표시기를 '00:00:00:00'으로 이동합니다. ❷ Effect Controls 패널의 Motion 항목에서 Position의 'Toggle animation' 아이콘(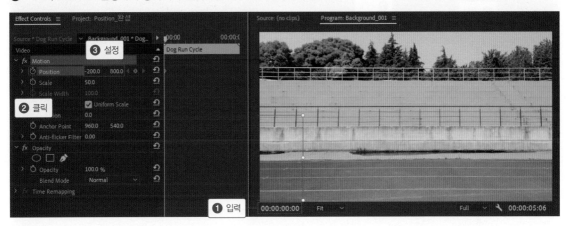)을 클릭해 키프레임을 만들고 ❸ '−200/800'으로 설정하여 강아지가 왼쪽 화면 밖으로 벗어나게 합니다.

Why? 🤚

Toggle animation은 애니메이션의 키프레임을 만드는 옵션입니다. 만일 'Toggle animation' 아이콘이 비활성화되어 있다면 효과에 키프레임을 적용할 수 없어 애니메이션을 만들 수 없습니다. 키프레임이란, 애니메이션의 가장 중심이 되는 동작과 위치를 설정하는 것으로 시작과 끝에 키프레임을 설정했을 때 두 키프레임 사이의 움직임은 자동으로 자연스럽게 만들어집니다.

⑯ ❶ 현재 시간 표시기를 '00:00:02:00'으로 이동합니다. ❷ Effect Controls 패널에서 Motion 항목의 Position을 '1450/800'으로 설정해 강아지가 오른쪽으로 달려가는 장면을 만듭니다.

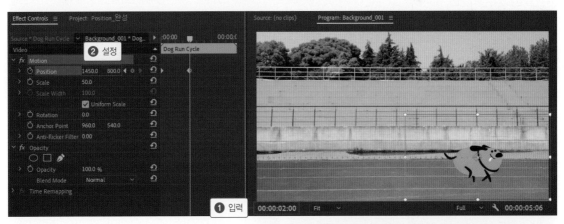

⑰ ❶ Tools 패널에서 자르기 도구(✂)를 선택하고 ❷ 현재 시간 표시기 위치에서 'Dog Run Cycle' 클립을 클릭하여 자릅니다. 총 두 개의 클립으로 분리됩니다.

18 ❶ Tools 패널에서 선택 도구(▶)를 선택합니다. ❷ Effects 패널에서 'Horizontal Flip' 이펙트를 검색한 다음 ❸ 두 번째 'Dog Run Cycle' 클립에 드래그합니다. 이펙트를 적용하면 강아지가 반대 방향을 바라봅니다.

19 ❶ 현재 시간 표시기를 '00:00:04:00'로 이동합니다. ❷ Effect Controls 패널에서 Motion 항목의 Position을 '−200/800'으로 설정합니다. 강아지가 다시 왼쪽 화면 밖으로 사라집니다.

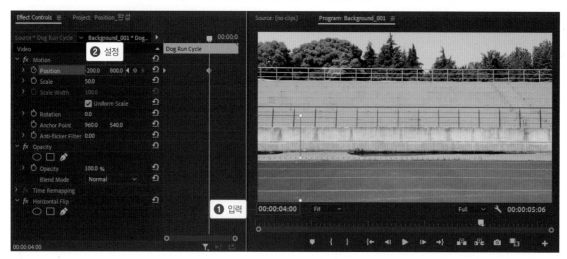

20 영상을 재생하여 강아지가 왼쪽에서 달려와 방향을 바꾼 다음 다시 왼쪽 화면 밖으로 사라지는 애니메이션 영상을 확인합니다.

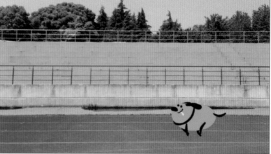

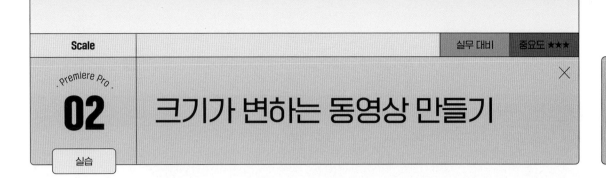

Premiere Pro · 02

크기가 변하는 동영상 만들기

실습

프리미어 프로에서 크기의 움직임은 Motion 항목의 Scale을 설정하여 만듭니다. 영상 편집에서 Scale의 변화는 여러 가지 연출 효과로 사용할 수 있지만, 촬영 단계에서 완벽하지 못한 샷(Shot) 크기를 조절하여 보완하기 위해 사용할 때도 많습니다. 이번 예제에서는 화면 크기에 애니메이션을 적용해 디지털 줌(Digital Zoom) 효과를 만들어 봅니다.

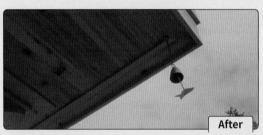

Before / After

• 예제파일 : 프리미어 프로\07\Scale.mp4
• 완성파일 : 프리미어 프로\07\Scale_완성.mp4, Scale_완성.prproj

01 파일을 불러오기 위해 메뉴에서 (File) → Import(Ctrl + I)를 실행합니다. 프리미어 프로 → 07 폴더에서 'Scale.mp4' 파일을 불러옵니다.
Project 패널의 'Scale.mp4' 아이템을 'New Item' 아이콘(▣)으로 드래그하여 소스 파일과 같은 시퀀스를 만듭니다.

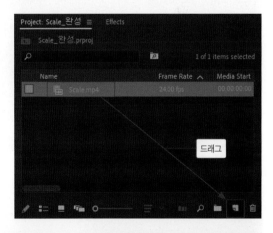

02 ❶ 현재 시간 표시기를 '00:00:00:00'으로 이동한 다음 ❷ 'Scale.mp4' 클립을 선택합니다.

03 Effect Controls 패널에서 Motion 항목의 Position과 Scale의 'Toggle animation' 아이콘(⏱)을 클릭합니다.

04 확대되는 효과를 만들기 위해 먼저 ❶ 현재 시간 표시기를 '00:00:04:00'으로 이동합니다. ❷ Motion 항목의 Scale을 '150', Position을 '830/650'으로 설정해 확대되었을 때 구도를 안정적으로 배치합니다.

05 영상을 재생해서 화면 크기의 움직임을 통하여 천천히 확대되는 디지털 줌 효과를 확인합니다.

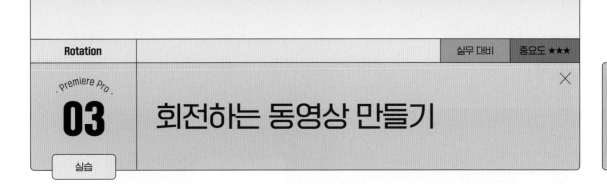

. Premiere Pro .
03
실습

회전하는 동영상 만들기

프리미어 프로에서 오브젝트 또는 화면을 회전하는 방법은 간단하지만, 기준점을 설정하고 애니메이션 설정에 대해 이해해야 합니다. 천천히 회전하며 줌 아웃되는 간단한 예제를 통해서 화면을 회전시키는 방법을 알아봅니다.

Before

After

- **예제파일** : 프리미어 프로\07\Rotation.mp4
- **완성파일** : 프리미어 프로\07\Rotation_완성.mp4, Rotation_완성.prproj

01 파일을 불러오기 위해 메뉴에서 (File) → Import(Ctrl +①)를 실행합니다. 프리미어 프로 → 07 폴더에서 'Rotation.mp4' 파일을 불러옵니다.
Project 패널의 'Rotation.mp4' 아이템을 'New Item' 아이콘 (■)으로 드래그하여 소스 파일과 같은 시퀀스를 만듭니다.

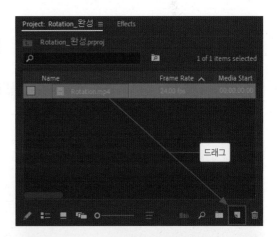

02 ❶ Timeline 패널에서 현재 시간 표시기를 '00:00:05:00' 으로 이동하고 ❷ 'Rotation.mp4' 클립을 선택합니다.

03 ❶ Effect Controls 패널에서 Motion 항목의 'Anchor Point'를 선택하면 Program Monitor 패널에 회전 기준점이 나타납니다. ❷ Anchor Point를 '960/590'으로 설정해 기준점을 영상의 창문 중앙에 위치합니다.

Why? 🤚

Anchor Point는 회전 및 크기에 관한 기준점 역할을 하므로 Rotation과 Scale 애니메이션 과정에서는 미리 정확한 기준점을 지정해야 합니다.

04 Program Monitor 패널에서 잘려 보이는 현상을 없애기 위해 ❶ Scale을 '112'로 설정하고 ❷ Scale과 Rotation의 'Toggle animation' 아이콘(⏱)을 클릭합니다.

TIP 🤚

Rotation은 '0°'부터 '360°'로 한 바퀴를 표현합니다. 각도 앞에 '–'를 붙이면 화면이 반대로 회전하므로 '회전 수×각도'를 설정하여 여러 번 회전하는 애니메이션을 만듭니다. 예를 들어, Rotation에 '2×180'을 입력하면 2바퀴 반을 회전합니다.

05 ❶ 현재 시간 표시기를 '00:00:00:00'으로 이동한 다음 ❷ Effect Controls 패널에서 Rotation을 '45°', Scale을 '250'으로 설정합니다.

06 영상을 재생해 천천히 회전하며 멀어져 가는 듯한 화면을 확인합니다.

Opacity		실무 대비	중요도 ★★★

. Premiere Pro .

04

실습

투명해지는 동영상 만들기

프리미어 프로에서는 Opacity를 조절해 영상 또는 오브젝트를 투명하게 표현할 수 있습니다. Opacity 를 조절해서 천천히 밝아졌다 다시 흐려지는 페이드 인/아웃(Fade In/Out) 효과를 배웁니다.

Before

After

• 예제파일 : 프리미어 프로\07\Opacity.mp4

• 완성파일 : 프리미어 프로\07\Opacity_완성.mp4,
Opacity_완성.prproj

01 파일을 불러오기 위해 메뉴에서 (File) → Import(Ctrl +Ⅰ)를 실행합니다. 프리미어 프로 → 07 폴더에서 'Opacity.mp4' 파일을 불러옵니다.

Project 패널의 'Opacity.mp4' 아이템을 'New Item' 아이콘 (■)으로 드래그하여 소스 파일과 같은 시퀀스를 만듭니다.

TIP

Opacity는 영상, 이미지와 같은 비주얼 소스의 불투명도를 설정하는 기능입니다. Timeline 패널에서 원하는 클립을 선택한 다음 Effect Controls 패널의 Opacity 항목에서 불투명도를 조절할 수 있습니다. 이때 Timeline 패널에서 클립의 Connector Line을 이용하면 더 빠르게 설정할 수 있습니다. Connector Line은 클립 왼쪽 상단의 'FX' 아이콘에서 마우스 오른쪽 버튼을 클릭한 다음 **Opacity**를 실행하고 비디오 트랙을 수직으로 확장해 열어야 나타납니다.

Connector Line에서 Ctrl을 누른 채 클릭하여 키프레임을 만들고 키프레임 높이를 조절해 Opacity를 설정할 수 있습니다. 생성된 키프레임은 다시 Ctrl을 누른 채 드래그하면 베지어 곡선으로 설정할 수 있습니다. 키프레임을 삭제하려면 클릭하여 선택한 다음 Delete를 누릅니다.

02 ❶ Timeline 패널에서 현재 시간 표시기를 '00:00: 02:00'으로 이동한 다음 ❷ 'Opacity.mp4' 클립을 선택합니다.

03 Effect Controls 패널에서 Opacity의 'Toggle animation' 아이콘(⏱)을 클릭합니다.

04 ❶ 현재 시간 표시기를 '00:00:00:00'으로 이동한 다음 ❷ Effect Controls 패널에서 Opacity를 '0%'로 설정합니다. 화면이 완전히 투명해져 검은색이 됩니다.

05 ❶ 현재 시간 표시기를 '00:00:08:00'으로 이동하고 ❷ Effect Controls 패널에서 Opacity의 'Add Keyframe' 아이콘(⬦)을 클릭해 키프레임을 만듭니다.

06 ❶ 현재 시간 표시기를 '00:00:10:01'로 이동한 다음 ❷ Effect Controls 패널에서 Opacity를 '0%'로 설정합니다.

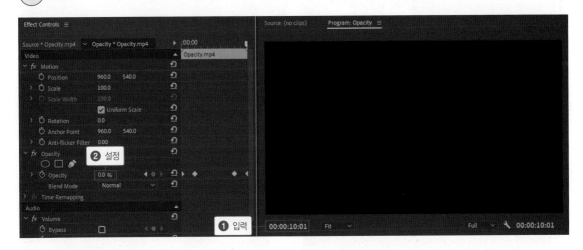

07 영상을 재생해 점점 밝아졌다가 마지막에 다시 흐려지는 페이드 인/아웃 효과가 적용된 것을 확인합니다.

. Premiere Pro .

05 주요 블렌드 모드 알아보기

이론

프리미어 프로는 총 27가지 블렌드 모드를 제공하고 있습니다. 채널별 속성에 따라 아래 트랙의 비디오와 합성합니다. Timeline 패널에서 사진 클립 1과 사진 클립 2를 겹쳐 위아래 트랙에 배치한 다음 Effect Controls 패널에서 두 클립의 블렌드 모드를 바꾸며 블렌드 모드를 이해해 보도록 합니다.

예제파일 : 프리미어 프로\07\Blend_Mode_01.jpg, Blend_Mode_02.jpg

▲ 사진 클립 1

▲ 사진 클립 2

❶ Multiply : 두 개의 클립에서 색상 채널 값을 곱하고 픽셀의 최 댓값으로 나눈 값의 색상이 표현됩니다. 전체 장면의 색상이 어두워집니다.

❷ Darker Color : 두 개의 클립 중 어두운 클립의 색상만 나타냅니다.

③ Lighten : 두 개의 클립 중 밝은 클립의 색상만 나타냅니다.

④ Screen : 밝은 색이 섞여 클립의 겹친 부분은 더 밝아집니다. 검은색은 투명하게 인식되어 겹치는 색이 그대로 보입니다.

⑤ Overlay : 가장 밝거나 가장 어두운 부분의 색상은 거의 나타나지 않고 중간색으로 혼합됩니다.

⑥ Soft Light : 화면 색상이 밝으면 더 밝아지고 어두운 색은 더 어둡게 보이며, 전체적으로 색상이 부드럽게 섞입니다.

⑦ Hard Light : Soft Light와 같지만 더욱 강하게 섞이며 검은색과 흰색에는 변화가 없습니다.

⑧ Vivid Light : 50% Gray보다 밝으면 대비가 감소되어 밝아지고, 어두우면 대비가 증가되어 어두워집니다. 전체적으로 변색됩니다.

⑨ Difference : 클립의 밝고 어두운 단계에 따라 보색으로 적용되는 부분이 달라지며, 검은색은 변화가 없습니다.

⑩ Color : 아래 클립의 명도가 위 클립에 영향을 줍니다. 위 클립 채도와 색이 아래 클립 명도에 더해져서 표현됩니다.

동영상으로 배우는 **프리미어 프로 CC 2023**

애니메이션 타이틀 트랜지션 만들기

프리미어 프로에서는 펜 도구를 이용해 다양한 형태를 디자인할 수 있습니다. 이렇게 만든 도형과 타이틀에 크기, 위치, 회전 등의 변화를 적용해 애니메이션을 만들면 여러 가지 스타일의 애니메이션 트랜지션을 만들 수 있습니다.

해상도	1920×1080px
소스 파일	프리미어 프로\07\Ani Title_01.mp4, Ani Title_02.mp4, Ani Title_03.mp4
완성 파일	프리미어 프로\07\Ani Title_완성.mp4, Ani Title_완성 .prproj

타원형 도구를 이용해 Program Monitor 패널에 큰 원 만들기

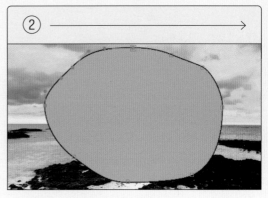

펜 도구를 이용해 감자처럼 찌그러진 원을 만들고 색과 테두리 설정하기

도형을 복제하여 텍스트 상자와 타이틀 디자인하기

한쪽에서 회전, 크기가 빠르게 변하며 등장하는 애니메이션 만들기

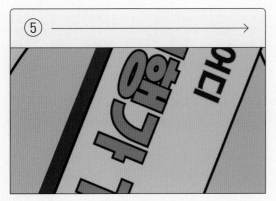

화면 가득 커지는 애니메이션을 만들고 컷 전환 타이밍에 맞춰 편집하기

Export As Motion Graphics Template 기능으로 저장한 뒤 다른 편집점에도 적용하기

PART 8.

시각 효과 적용하기

영상에 다양한 비주얼 이펙트(VFX)를 적용하는 과정을 시각 효과 작업이라고 합니다. 프리미어 프로에서는 Effects 패널에서 필요한 효과를 영상 클립에 적용하여 다양한 시각 효과를 연출할 수 있습니다. 그중 자주 활용하는 효과를 적용해 시각 효과 작업을 완성합니다.

| Ultra Key | | 실무 대비 | 중요도 ★★★ |

Premiere Pro
01 크로마키 영상 합성하기

실습

영상을 제작할 때 특정 물체나 인물을 마치 스티커처럼 배경 영상 위에 합성해야 하는 상황들이 발생하며, 주로 교육 영상을 제작할 때 이런 합성 편집을 자주 접합니다. 크로마키는 남기고자 하는 인물이나 물체에 없는 색상을 배경지로 두고 촬영한 다음 해당 색상만 지정하여 투명색으로 바꾸는 효과입니다. 주로 연두색이나 파란색 배경을 사용하며, 이를 그린 스크린, 블루 스크린이라고 합니다. 이번 예제에서는 Ultra Key를 활용하여 크로마키 합성을 하는 방법을 배워 봅니다.

• 예제파일 : 프리미어 프로\08\Ultra Key_01.mp4, Ultra Key_02.mp4

• 완성파일 : 프리미어 프로\08\Ultra Key_완성.mp4, Ultra Key_완성.prproj

01 파일을 불러오기 위해 메뉴에서 (File) → Import(Ctrl + I)를 실행합니다. 프리미어 프로 → 08 폴더에서 'Ultra Key_01.mp4', 'Ultra Key_02.mp4' 파일을 불러옵니다. Project 패널에서 'Ultra Key_01.mp4' 아이템을 'New Item' 아이콘(▣)으로 드래그해 소스 파일과 같은 시퀀스를 만듭니다.

02 ❶ Effects 패널에서 'Ultra Key' 이펙트를 검색하고 ❷ Timeline 패널의 'Ultra Key_01.mp4' 클립에 드래그합니다.

03 Effect Controls 패널에 'Ultra Key' 이펙트가 적용된 것을 확인합니다. ❶ Effect Controls 패널의 Ultra Key 항목에서 Key Color의 '스포이트' 아이콘(🖉)을 클릭한 다음 ❷ Program Monitor 패널에서 'Ultra Key_01.mp4' 클립의 바탕색을 클릭합니다.

04 Program Monitor 패널에서 'Ultra Key_01.mp4' 클립의 연두색 배경이 삭제된 것을 확인합니다.

▲ Ultra Key 적용 전

▲ Ultra Key 적용 후

05 Timeline 패널에서 'Ultra Key_01.mp4' 클립을 선택한 다음 V2 트랙으로 드래그하여 이동합니다.

06 Project 패널에서 'Ultra Key_02.mp4' 아이템을 Timeline 패널의 V1 트랙에 드래그하여 배치합니다.

07 Timeline 패널에서 V1 트랙의 'Ultra Key_02.mp4' 클립 끝 점을 드래그하여 V2 트랙의 'Ultra Key_01. mp4' 클립과 길이를 같게 만듭니다.

08 영상을 재생해 'Ultra Key_01.mp4' 클립의 배경이 삭제되고 합성된 모습을 확인합니다.

▲ Ultra Key 적용 전

▲ Ultra Key 적용 후 배경이 합성된 모습

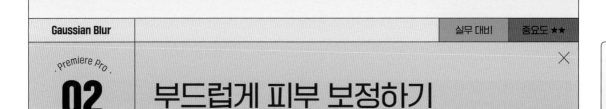

Gaussian Blur | 실무 대비 | 중요도 ★★

. Premiere Pro .
02

실습

부드럽게 피부 보정하기

피부 보정은 유료 프리셋을 이용하면 간편하게 적용할 수 있지만, 인물이 화면에서 많이 이동하지 않는 클로즈업 샷의 경우 Gaussian Blur를 활용하여 모공이 도드라진 부위나 피부 트러블이 있는 부분의 영역을 세밀하게 지정해 피부 보정이 가능합니다. 바로 다음 예제에서 설명하는 트랙킹까지 함께 배운 다면 움직이는 인물에게도 활용할 수 있는 특수 효과입니다.

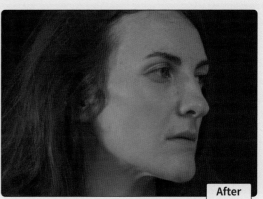

Before | After

・예제파일 : 프리미어 프로\08\Gaussian Blur.mp4

・완성파일 : 프리미어 프로\08\Gaussian Blur_완성.mp4, Gaussian Blur_완성.prproj

---

(01) 파일을 불러오기 위해 메뉴의 (File) → Import(Ctrl + I)를 실행합니다. 프리미어 프로 → 08 폴더에서 'Gaussian Blur.mp4' 파일을 불러옵니다.

Project 패널의 'Gaussian Blur.mp4' 아이템을 'New Item' 아이콘(■)으로 드래그하여 소스 파일과 같은 시퀀스를 만듭니다.

(02) ❶ Effects 패널에서 'Gaussian Blur' 이펙트를 검색한 다음 ❷ Timeline 패널의 'Gaussian Blur.mp4' 클립에 드래그합니다.

03 Effect Controls 패널의 Gaussian Blur 항목에서 Blurriness를 '20'으로 설정합니다.

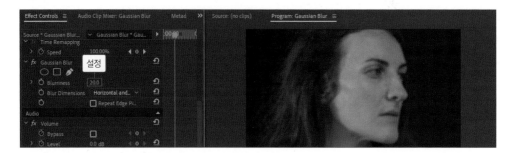

04 ❶ Effect Controls 패널의 Gaussian Blur 항목에서 'Free draw bezier' 아이콘(🖋)을 클릭하고 ❷ Program Monitor 패널에서 영상 클립 속 인물의 볼 영역을 클릭하여 다음과 같이 마스크를 만듭니다.

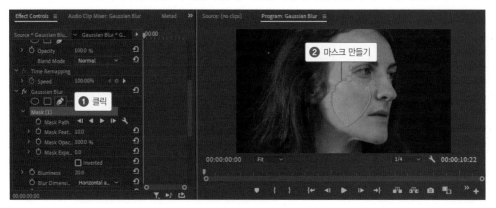

05 Effect Controls 패널의 Gaussian Blur 항목에서 Mask (1)의 Mask Feather를 '60'으로 설정합니다.

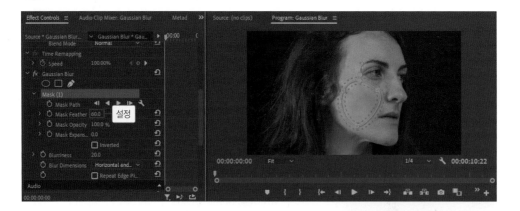

06 영상을 재생해서 피부 보정이 적용된 모습을 확인합니다.

시각 효과

. Premiere Pro .
03

실습

따라다니는 모자이크 만들기

초상권 침해에 대한 관심도가 높아지면서 유튜브 영상이나 방송에서는 사전 협의된 인물 외에 등장하는 주변 인물의 얼굴, 자동차 번호판 등을 가리는 경우가 많습니다. 프리미어 프로에서는 모자이크(Mosaic) 또는 블러(Blur) 등의 효과를 통해 피사체의 정체를 가릴 수 있으며 이 효과들은 움직이는 피사체의 움직임을 분석하여 자동으로 따라다니는 트래킹 모자이크 기술을 지원합니다.

Before

After

• 예제파일 : 프리미어 프로\08\Mosaic.mp4

• 완성파일 : 프리미어 프로\08\Mosaic.mp4_완성,
Mosaic_완성.prproj

01 파일을 불러오기 위해 메뉴에서 (File) → Import(Ctrl + I)를 실행합니다. 프리미어 프로 → 08 폴더에서 'Mosaic.mp4' 파일을 불러옵니다.

Project 패널에서 'Mosaic.mp4' 아이템을 'New Item' 아이콘(▤)으로 드래그하여 소스 파일과 같은 시퀀스를 만듭니다.

02 ❶ Effects 패널에서 'Mosaic' 이펙트를 검색하고 ❷ Timeline 패널의 'Mosaic.mp4' 클립에 드래그합니다.

(03) Effect Controls 패널의 Mosaic 항목에서 Horizontal Blocks를 '100', Vertical Blocks를 '100'으로 설정해 인물의 얼굴이 보이지 않을 정도의 모자이크 효과를 완성합니다.

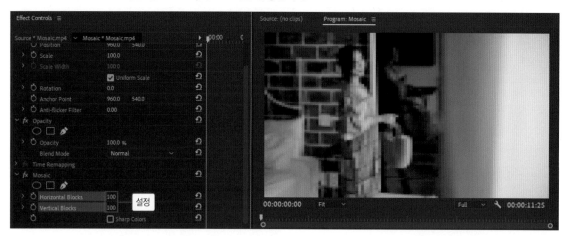

Why?

Horizontal Blocks와 Vertical Blocks는 각각 가로와 세로의 모자이크 블록 수를 설정합니다. 수치가 작을수록 화면을 구성하는 모자이크 블록 수가 적어져 형태가 더 보이지 않습니다.

(04) ❶ Mosaic 항목의 'Create ellipse mask' 아이콘(◎)을 클릭해 ❷ Program Monitor 패널에 만들어진 원형 마스크를 드래그하여 인물의 얼굴을 가립니다. 모자이크가 마스크 영역에만 적용됩니다.

(05) 타원 마스크의 포인터를 이동하여 인물의 얼굴만 가릴 수 있는 적절한 크기의 마스크 형태를 완성합니다.

06 마스크 형태를 완성하고 Effect Controls 패널에서 Mosaic → Mask (1) → Mask Path의 '앞으로 추적' 아이콘(▶) 을 클릭합니다. 자동으로 인물의 움직임을 분석하여 마스크 움직임에 키프레임이 만들어집니다.

인물의 움직임을 트랙킹하는 과정 ▶

Why? 👈

Mask Path의 '앞으로 추적' 아이콘(▶)을 클릭할 때 현재 시간 표시기가 있는 위치로부터 추적이 적용되므로 반드시 시작 점에 현재 시간 표시 기를 알맞게 위치한 다음 작업합니다.

07 Program Monitor 패널의 현재 시간 표시기를 이동 해 인물이 사라졌다 다시 나타나는 순간 마스크 트랙 킹이 적용되지 않은 지점을 확인합니다.

TIP 👈

프리미어 프로의 트랙킹(추적) 시스템은 피사체의 움직임을 자동으로 분석하여 빠르게 적용되지만, 피사체의 움직임이 빠르거나 중간에 화 면에서 사라지면 오류가 발생할 수 있습니다. 이때 오류가 발생한 구 간에 적용된 키프레임을 삭제하고 직접 애니메이션을 만들거나 재추 적을 통해 작업을 완성합니다.

08 8초부터 트랙킹을 수정하기 위해 ❶ Effect Controls 패널에서 8초 이후의 모든 Mask Path 키프레임을 드래그하여 선택하고 ❷ Delete를 눌러 삭제합니다.

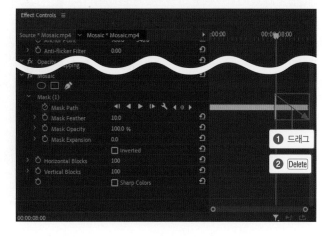

TIP 👈

마스크 추적 기능은 마스크가 적용된 범위에 따라 발생하 는 추적 오류의 오차 범위가 달라질 수 있습니다. 따라서 예제와 다르게 트랙킹 오류가 발생했을 경우 오류가 발생 한 범위에서 트랙킹을 별도로 수정해야 합니다.

09 ❶ 현재 시간 표시기를 '00:00:08:00'으로 이동한 다음
❷ Program Monitor 패널에서 마스크 패스를 드래그
하여 인물의 얼굴이 등장하기 전 위치로 이동합니다.

10 ❶ 현재 시간 표시기를 인물이 다시 등장해 자리 잡은 지
점인 '00:00:08:24'로 이동합니다. ❷ Program Monitor
패널에서 마스크 패스를 드래그하여 인물의 얼굴을 가립니다.

11 인물이 완벽하게 등장한 이후 다시 마스크 트
래킹을 다시 적용하기 위해 Effect Controls
패널에서 Mosaic → Mask (1) → Mask Path의 '앞
으로 추적' 아이콘(▶)을 클릭합니다. 자동으로 인물의
움직임을 분석하여 마스크 움직임에 키프레임이 적용
됩니다.

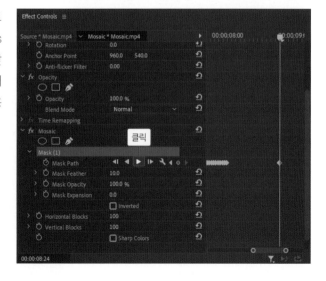

12 현재 시간 표시기를 좌우로 이동하며 새롭게 적용된 마스크 패스 추적에서 실패한 곳이 없는지 확인합니다. 만일 실패한 트래킹 구역이 있다면 키프레임을 삭제하고 수작업으로 마스크 애니메이션을 적용하기 바랍니다.

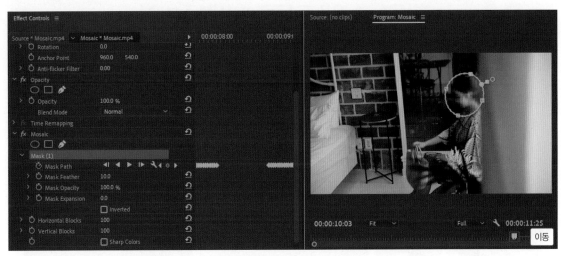

13 영상을 재생해 인물의 얼굴을 따라다니는 모자이크 효과를 확인합니다.

TIP

모자이크 기능은 필요에 따라 디자인 요소로 활용할 수 있지만 초상권 침해에 대한 관심이 높아지면서 유튜브 영상이나 방송에서 사전 협의된 인물 외에 등장하는 주변 인물의 얼굴, 자동차 번호판 등을 가려야 하는 경우 등 매우 유용하게 활용할 수 있습니다. 또한 프리미어 프로의 자동 추적 기능을 활용해 움직이는 피사체에 모자이크를 적용할 수 있어 매우 편리합니다.

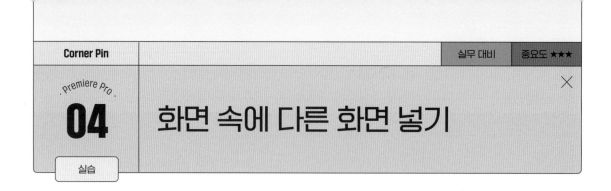

| Corner Pin | | 실무 대비 | 중요도 ★★★ |

Premiere Pro

04 화면 속에 다른 화면 넣기

실습

영상 편집은 대부분 여러 장면을 연결하거나 화면 속에 다른 이미지를 배치하여 몽타주를 구성합니다. 몽타주를 구성하는 방법 중 PIP(Picture in Picture) 방식은 화면 속에 또 다른 화면을 합성하는 방식 으로 영상 편집 기법에서 많이 활용됩니다. 이번 예제에서는 마스크로 태블릿 이미지에 구멍을 뚫고 그 안에 다른 화면을 적용해 유튜브 섬네일 화면을 만들어 봅니다.

Before

Before

After

• 예제파일 : 프리미어 프로\08\PIP_BG.png, PIP_Screen.png, PIP_Title.png

• 완성파일 : 프리미어 프로\08\PIP_완성.mp4, PIP_완성.prproj

01 파일을 불러오기 위해 메뉴에서 (File) → Import(Ctrl +I)를 실행합니다. 프리미어 프로 → 08 폴더에서 'PIP_BG.png', 'PIP_Screen.png', 'PIP_Title.png' 파일을 불러옵니다.

Project 패널에서 'PIP_BG.png' 아이템을 'New Item' 아이콘 (■)으로 드래그하여 소스 파일과 같은 시퀀스를 만듭니다.

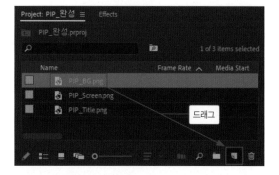

02 ① Timeline 패널에서 'PIP_BG.png' 클립을 선택하고 ② Effect Controls 패널의 Opacity 항목에서 'Free draw bezier' 아이콘(✎)을 클릭합니다.

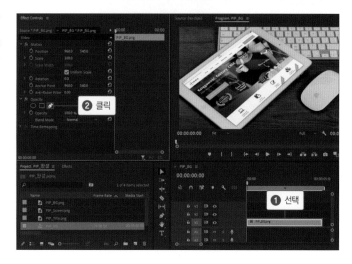

03 Program Monitor 패널에서 태블릿 PC의 화면 네 모서리를 차례로 클릭하고 처음 위치를 다시 클릭하면 마스크가
완성되어 화면이 마스크 형태로 분리됩니다.

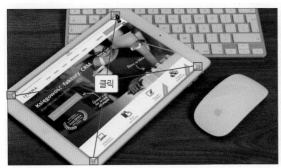 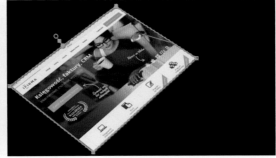

▲ 완성된 마스크 모습

TIP ⫷ᑉ

완성된 마스크는 다시 포인터를 이동시켜 위치와 모양을 수정할 수 있습니다.

04 ❶ Effect Controls 패널에서 Opacity Mask의 Mask Feather를 '3'으로 설정하고 ❷ 'Inverted'에 체크 표시해
마스크 영역을 반전시킵니다.

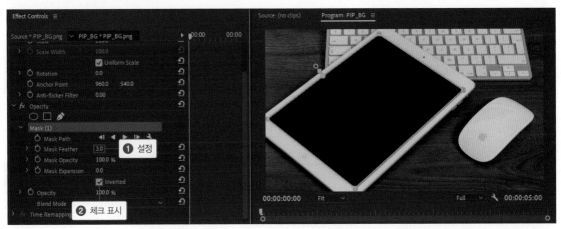

TIP ⫷ᑉ

Feather 기능은 마스크의 경계를 부드럽게 처리하는 옵션으로, 수치가 클수록 테두리가 부드럽게 처리됩니다.

05 Timeline 패널에서 'PIP_BG.png' 클립을 V2 트랙으
로 드래그하여 이동합니다.

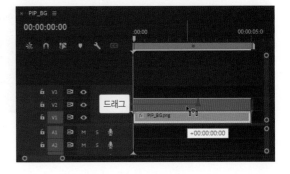

06 Project 패널의 'PIP_Screen.png' 아이템을 Timeline 패널의 V1 트랙에 드래그합니다.

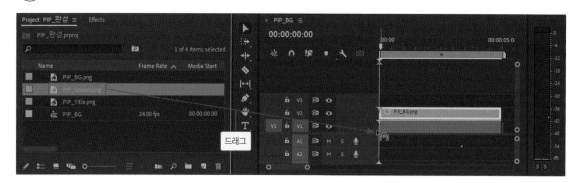

07 ❶ Effects 패널에서 'Corner Pin' 이펙트를 검색하고 ❷ Timeline 패널에서 V1 트랙의 'PIP_Screen.png' 클립에 드래그합니다.

08 ❶ Effect Controls 패널에서 'Corner Pin' 항목을 클릭하고 ❷ Program Monitor 패널 화면 모서리에 네 개의 핀이 만들어진 것을 확인합니다.

09 Program Monitor 패널에서 네 개의 핀을 그림과 같이 이동하여 태블릿 PC 화면의 모서리에 맞춰 합성합니다.

10 Project 패널에서 미리 제작해 놓은 타이틀 이미지 'PIP_Title.png' 아이템을 Timeline 패널의 V3 트랙으로 드래그합니다.

11 ❶ Effects 패널에서 'Cross Dissolve' 이펙트를 검색하고 ❷ Timeline 패널에서 V1 트랙의 'PIP_Screen.png' 클립의 시작 점으로 드래그합니다.

12 앞서 적용한 ❶ Timeline 패널의 'PIP_Screen. png' 클립에서 'Cross Dissolve' 이펙트를 더블클릭합니다. Set Transition Duration 대화상자가 표시되면 ❷ Duration에 '115'를 입력하고 ❸ 〈OK〉 버튼을 클릭합니다.

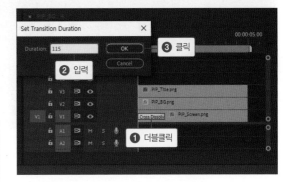

Why? 👉

트랜지션 효과의 지속 시간은 시간:분:초:프레임 즉 hh:mm: ss:frames로 계산됩니다. 예제에서 Duration을 '115'로 입력해 자동으로 '00:00:01:15'로 저장되어 '1초 15프레임'의 지속 시간을 갖는 장면 전환 효과가 설정됩니다.

⑬ ❶ 현재 시간 표시기를 '00:00:01:15'로 이동한 다음 ❷ V3 트랙의 'PIP_Title. png' 클립을 선택합니다. ❸ Effect Controls 패널의 Motion 항목에서 Position의 'Toggle animation' 아이콘(⊙)을 클릭해 키프레임을 만듭니다.

⑭ ❶ 현재 시간 표시기를 '00:00:01:00'으로 이동합니다. ❷ Effect Controls 패널에서 Motion 항목의 Position을 '960/1300'으로 설정해 타이틀이 화면 아래로 벗어나도록 합니다.

⑮ 타이틀이 움직일 때 모션 블러 효과를 적용하기 위해 ❶ Effects 패널에서 'Directional Blur' 이펙트를 검색하고 ❷ V3 트랙의 'PIP_Title.png' 클립에 드래그하여 적용합니다.

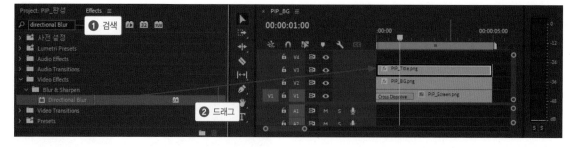

(16) **①** Effect Controls 패널에서 Directional Blur 항목의 Blur Length를 '50'으로 설정하고 **②** 'Toggle animation' 아이콘(⏱)을 클릭해 키프레임을 만듭니다.

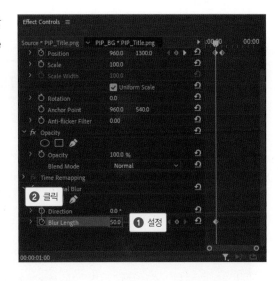

(17) **①** 현재 시간 표시기를 '00:00:01:15'로 이동한 다음 **②** Blur Length를 '0'으로 설정합니다. 타이틀이 등장할 때 움직임에 따른 모션 블러 효과가 연출됩니다.

▲ 타이틀이 등장할 때 모션 블러 효과가 적용된 모습

(18) 영상을 재생해 태블릿 화면에 다른 이미지 소스가 페이드 인되어 등장하는 섬네일 타이틀 영상을 확인합니다.

Premiere Pro.
05

실습

흐렸다가 선명해지는
타이틀 효과 만들기

×

Blur는 주로 Mosaic와 함께 대상을 흐리게 하여 식별하지 못하는 용도로 활용하지만, 자막에서는 디자인적인 효과로도 사용합니다. 다양한 용도로 사용할 수 있으며, 오프닝 등에서 주요 자막이 서서히 등장해 긴장감을 형성하거나 맑은 느낌을 표현할 때 주로 사용하는 효과입니다.

Before

After

• 예제파일 : 프리미어 프로\08\Blur Title.mp4

• 완성파일 : 프리미어 프로\08\Blur Title_완성.mp4, Blur Title_완성.prproj

01　파일을 불러오기 위해 메뉴에서 (File) → Import(Ctrl +I)를 실행합니다. 프리미어 프로 → 08 폴더에서 'Blur Title.mp4' 파일을 불러옵니다.
Project 패널의 'Blur Title.mp4' 아이템을 'New Item' 아이콘( )으로 드래그하여 소스 파일과 같은 시퀀스를 만듭니다.

02　❶ Tools 패널의 문자 도구(T)를 선택합니다. ❷ Program Monitor 패널에서 화면의 중앙을 클릭한 다음 ❸ 'Morning Routine'을 입력하여 텍스트를 만듭니다.

03 메뉴에서 (Window) → Essential Graphics를 실행합니다. ❶ Timeline 패널에서 V2 트랙의 자막 클립을 선택한 다음 ❷ Essential Graphics 패널의 (Edit) 탭에서 'Morning Routine' 자막 레이어를 선택합니다. ❸ 'Center align text' 아이콘(▤), ❹ 'Align Center Horizontally' 아이콘(▤), ❺ 'Align Center Vertically' 아이콘(▤)을 순서대로 클릭하여 영상 소스 정중앙에 자막이 위치하도록 정렬합니다.

04 ❶ Essential Graphics 패널의 (Edit) 탭에서 'Morning Routine' 자막 레이어를 더블클릭해 자막을 전체 선택합니다. ❷ Text 항목에서 원하는 글꼴을 지정합니다. ❸ Font Size를 '140'으로 설정하고 ❹ 'Faux Italic' 아이콘(▨)을 클릭합니다. ❺ Align and Transform 항목의 'Align Center Horizontally' 아이콘(▤), ❻ 'Align Center Vertically' 아이콘(▤)을 클릭하여 다시 한 번 영상 소스 정중앙에 자막이 위치하도록 정렬합니다.

TIP ◁◎

예제에서는 'G마켓 산스 Bold'라는 상업적으로 사용 가능한 무료 폰트를 사용했습니다.

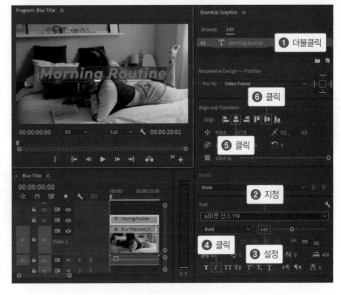

05 Appearance 항목의 Fill의 색상 상자를 클릭해 '형광 연두색(#00FF36)'으로 지정합니다.

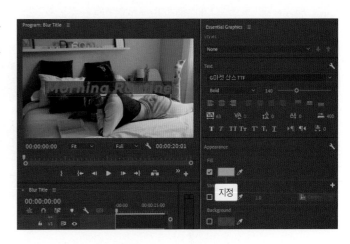

06 ❶ Timeline 패널에서 V2 트랙의 자막 클립 오른쪽 끝 점을 오른쪽으로 드래그하여 'Blur Title.mp4' 영상 클립의 길이와 같게 만듭니다. ❷ Effects 패널에서 'Fast Blur' 이펙트를 검색한 다음 ❸ Timeline 패널에서 V2 트랙의 'Morning Routine' 클립에 드래그하여 효과를 적용합니다.

07 ❶ Timeline 패널에서 현재 시간 표시기를 '00:00:03:00'으로 이동하고 ❷ 'Morning Routine' 클립을 선택합니다. ❸ Effect Controls 패널의 Fast Blur 항목에서 Blurriness의 'Toggle animation' 아이콘(◎)을 클릭해 키프레임을 만듭니다.

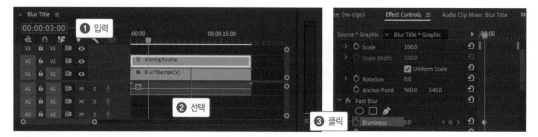

08 ❶ Timeline 패널에서 현재 시간 표시기를 '00:00:00:00'으로 이동하고 ❷ 'Morning Routine' 클립을 선택합니다. ❸ Effect Controls 패널에서 Fast Blur 항목의 Blurriness를 '250'으로 설정합니다.

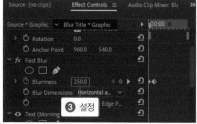

09 영상을 재생해 흐렸다가 선명해지는 자막이 적용된 것을 확인합니다.

▲ 흐려졌다가 서서히 선명해지는 효과가 적용된 자막

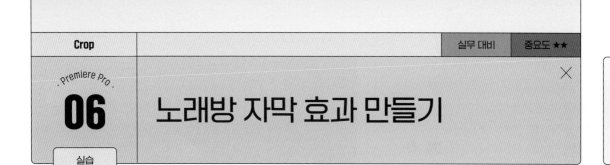

06 노래방 자막 효과 만들기

실습

노래방의 화면을 보면 노래에 맞춰 가사 자막의 색이 변하는 효과를 볼 수 있습니다. 가사에서 발화되는 단어의 속도가 각자 다르므로 자막이 잘리는 효과를 세밀하게 조절하는 작업이 필요하기에 다소 복잡해 보일 수 있으나, Crop을 활용하면 노래방 자막 효과를 쉽게 적용할 수 있습니다.

Before

After

• 예제파일 : 프리미어 프로\08\Sing Title.mp4

• 완성파일 : 프리미어 프로\08\Sing Title_완성.mp4, Sing Title_완성.prproj

---

01 파일을 불러오기 위해 메뉴에서 (File) → Import((Ctrl) +(I))를 실행합니다. 프리미어 프로 → 08 폴더에서 'Sing Title.mp4' 파일을 불러옵니다.

Project 패널의 'Sing Title.mp4' 아이템을 'New Item' 아이콘 (■)으로 드래그하여 소스 파일과 같은 시퀀스를 만듭니다.

02 ❶ Tools 패널의 문자 도구(T)를 선택합니다.
❷ Program Monitor 패널의 중앙 하단을 클릭한 다음
❸ 'I told you I'd change'를 입력하여 자막을 만듭니다.

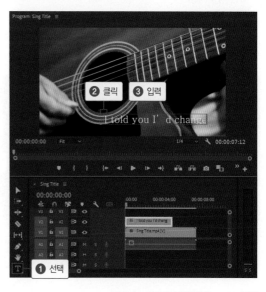

03 ❶ Timeline 패널에서 V2 트랙의 자막 클립을 선택한 다음 ❷ Essential Graphics 패널의 (Edit) 탭에서 'I told you I'd change' 자막 레이어를 선택합니다.

❸ 'Center align text' 아이콘(■), ❹ 'Align Center Horizontally' 아이콘(■)을 순서대로 클릭하여 영상 소스 하단 중앙에 자막이 위치하도록 정렬합니다.

04 ❶ Essential Graphics 패널의 (Edit) 탭에서 'I told you I'd change' 자막 레이어를 더블클릭하여 자막을 전체 선택합니다. ❷ Text 항목에서 원하는 글꼴을 지정하고 ❸ Font Size를 '100'으로 설정합니다. ❹ Align and Transform 항목의 'Align Center Horizontally' 아이콘(■)을 클릭하여 다시 한 번 영상 소스 하단 중앙에 자막이 위치하도록 정렬합니다.

TIP ⟨⊹

예제에서는 '카페24 단정해'라는 상업적으로 사용 가능한 무료 폰트를 사용했습니다.

05 ❶ Appearance 항목에서 Fill의 색상 상자를 클릭한 다음 '노란색(#FFF000)'으로 지정합니다. ❷ 'Stroke'에 체크 표시한 다음 색상 상자를 클릭해 ❸ '검은색(#000000)'으로 지정합니다. ❹ Stroke를 '10'으로 설정한 다음 ❺ 'Outer'로 지정합니다.

06 Timeline 패널의 V2 트랙에서 자막 클립의 오른쪽 끝 점을 선택하고 오른쪽으로 드래그하여 'Sing Title.mp4' 클립의 길이와 같게 만듭니다.

07 Timeline 패널에서 Alt를 누른 상태로 V2 트랙의 'I told you I'd change' 클립을 V3 트랙으로 드래그해 복제합니다.

TIP
Alt를 누른 상태로 클립을 이동하면 해당 클립이 복제됩니다.

08 ❶ Timeline 패널에서 V3 트랙의 'I told you I'd change' 클립을 선택하고 ❷ Program Monitor 패널에서 'I told you I'd change' 자막을 더블클릭하여 자막 전체를 선택합니다.

09 ❶ Essential Graphics 패널의 Appearance 항목에서 Fill의 색상 상자를 클릭해 '형광 파란색(#00F0FF)'으로 지정하고 ❷ Stroke의 색상 상자를 클릭한 다음 '흰색(#FFFFFF)'으로 지정합니다.

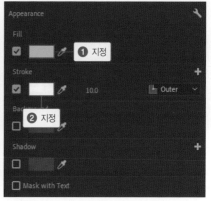

⑩ ❶ Effects 패널에서 'Crop' 이펙트를 검색한 다음 ❷ Timeline 패널에서 V3 트랙의 'I told you I'd change' 클립에 드래그하여 효과를 적용합니다.

⑪ ❶ 현재 시간 표시기를 '00:00:00:00'으로 이동합니다. ❷ Effect Controls 패널에서 Crop 항목의 Right를 '100%'로 설정한 다음 ❸ Right의 'Toggle animation' 아이콘(⏱)을 클릭해 키프레임을 만듭니다.

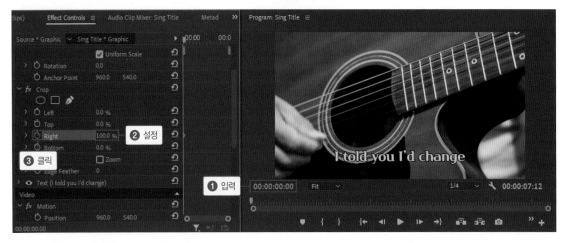

⑫ ❶ 현재 시간 표시기를 '00:00:01:27'로 이동합니다. ❷ Effect Controls 패널에서 Crop 항목의 Right를 '51%'로 설정합니다.

(13) ❶ 현재 시간 표시기를 '00:00:03:10'으로 이동합니다. ❷ Effect Controls 패널에서 Crop 항목의 Right를 '43%'로 설정합니다.

(14) ❶ 현재 시간 표시기를 '00:00:05:14'로 이동합니다. ❷ Effect Controls 패널에서 Crop 항목의 Right를 '20%'로 설정합니다.

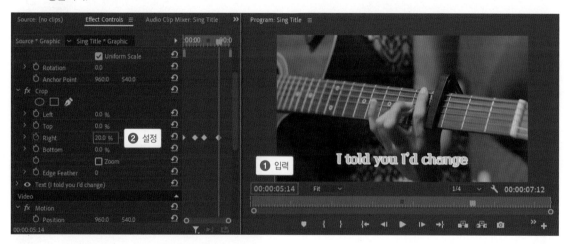

(15) 영상을 재생해 노래방 자막 효과가 적용된 것을 확인합니다.

▲ 시간의 흐름에 따라 자막의 색이 변하는 모습

. Premiere Pro .

07

실습

말 자막에 고정되어
따라다니는 자막 만들기

✕

TV 프로그램이나 유튜브를 보면 말 자막에 맞춰 말하는 인물의 이름 등 정보들이 노출되는 것을 볼 수 있습니다. 영상의 완성도를 높이기 위해 해당 정보가 말 자막의 앞이나 뒤에 고정되어 따라다니는 연출을 하는데, 말 자막의 수가 많을수록 일일이 자막 위치를 이동하여 적용하기 어렵습니다. 프리미어 프로에서는 말 자막의 길이에 맞춰 고정되어 움직이는 정보 자막을 쉽게 만들 수 있습니다.

• 예제파일 : 프리미어 프로\08\Name_Title.mp4

• 완성파일 : 프리미어 프로\08\Name_Title_완성.mp4, Name_Title_완성.prproj

01 파일을 불러오기 위해 메뉴에서 (File) → Import(Ctrl +ㅣ)를 실행합니다. 프리미어 프로 → 08 폴더에서 'Name_Title.mp4' 파일을 불러옵니다.
Project 패널의 'Name_Title.mp4' 아이템을 'New Item' 아이콘(🔲)으로 드래그하여 소스 파일과 같은 시퀀스를 만듭니다.

02 ❶ Tools 패널의 문자 도구(T)를 선택합니다. ❷ Program Monitor 패널의 화면에서 하단 중앙 영역을 클릭한 다음 ❸ '지금 막판 되니 아무 말 하는 거예요'를 입력하여 자막을 만듭니다.

03 ❶ Timeline 패널에서 V2 트랙의 자막 클립을 선택한 다음 ❷ Essential Graphics 패널의 (Edit) 탭에서 '지금 막판 되니 아무 말 하는 거예요' 자막 레이어를 선택합니다. ❸ 'Center align text' 아이콘(▤), ❹ 'Align Center Horizontally' 아이콘(▥)을 순서대로 클릭하여 영상 소스 하단 정중앙에 자막이 위치하도록 정렬합니다.

04 ❶ Program Monitor 패널에서 '지금 막판 되니 아무 말 하는 거예요' 자막을 더블클릭해 자막을 전체 선택합니다. ❷ Essential Graphics 패널의 Text 항목에서 원하는 글꼴을 지정한 다음 ❸ Font Size를 너무 크지 않게 설정합니다.

TIP

예제에서는 'G마켓 산스 Medium'이라는 상업적으로 사용 가능한 무료 폰트를 사용하고, Font Size를 '70'으로 설정했습니다.

05 ❶ Appearance 항목에서 Fill의 색상 상자를 클릭해 '짙은 회색(#3B3B3B)'으로 지정합니다.
❷ 'Background'를 체크 표시하고 ❸ 색상 상자를 클릭한 다음 '옅은 분홍색(#D5ADA5)'으로 지정합니다.
❹ Background의 Opacity(▨)를 '100%', Size(▥)를 '16'으로 설정합니다.

06 ❶ Tools 패널의 문자 도구(T)를 선택합니다. ❷ Timeline 패널에서 V2 트랙의 자막 클립이 선택된 채로 Program Monitor 패널에 만들어진 '하단 말 자막' 위를 클릭한 다음 ❸ '배희'를 입력하여 자막을 만듭니다. ④번~⑤번 과정에서 만들었던 자막 디자인이 그대로 적용된 것을 확인합니다.

07 Essential Graphics 패널의 (Edit) 탭에서 '배희' 자막 왼쪽의 '문자 도구' 아이콘(T)을 더블클릭합니다.

08 ❶ Appearance 항목에서 'Background'의 체크 표시를 해제하고 ❷ 'Stroke'를 체크 표시합니다. ❸ 색상 상자를 클릭해 '흰색(#FFFFFF)'으로 지정하고 ❹ Stroke를 '5.0'으로 설정한 다음 ❺ 'Outer'로 지정합니다.

09 Text 항목의 Font Size를 아래 말 자막의 글자 크기보다 '10' 정도 작게 설정합니다.

10 Program Monitor 패널에서 '배희' 자막을 드래그하여 '지금 막판 되니 아무 말 하는 거예요' 자막의 '지금' 글자 위쪽에 두 자막이 겹치지 않게 약간의 거리를 두고 위치시킵니다.

11 ❶ Essential Graphics 패널의 (Edit) 탭에서 '배희' 레이어를 선택한 다음 ❷ Responsive Design-Position 항목의 Pin To를 클릭해 ❸ '지금 막판 되니 아무 말 하는 거예요'로 지정합니다.

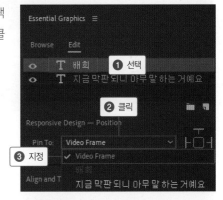

12 Essential Graphics 패널에서 Responsive Design-Position 항목의 'pinning' 아이콘(▦)에서 왼쪽을 클릭하여 활성화합니다.

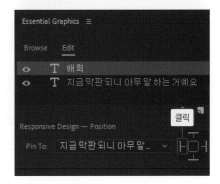

TIP

Select which edges of the parent layer will be used for pinning은 자막 A를 Pin To에서 선택한 자막 B의 왼쪽, 오른쪽, 위, 아래 가장자리 중 어떤 가장자리에 고정할지 선택하는 기능입니다. 그림과 같이 왼쪽을 활성화하면 자막 A는 자막 B의 왼쪽 끝에 고정되고, 자막 B의 글자 전체 길이가 변경되어도 항상 왼쪽 끝에 고정되어 움직입니다.

(13) Timeline 패널에서 V2 트랙의 자막 클립에서 오른쪽 끝 점을 드래그해 'Name_Title.mp4' 클립의 길이와 같게 만듭니다.

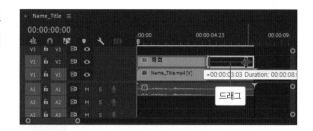

(14) ① 현재 시간 표시기를 '00:00:02:09'로 이동하고 ② Tools 패널의 자르기 도구(◢)를 선택한 다음 ③ Timeline 패널의 현재 시간 표시기 위치를 클릭하여 '배희' 클립을 자릅니다.

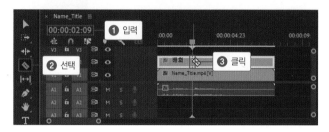

(15) ① Program Monitor 패널에서 현재 시간 표시기를 '00:00:03:00'으로 이동하고 ② '지금 막판 되니 아무 말하는 거예요' 자막을 더블클릭합니다. ③ 자막이 전체 선택된 상태에서 '사실 제가 오늘 준비한 말은 다 한 것 같아요'를 입력합니다.

(16) 영상을 재생해 하단 말 자막 길이에 따라 고정되어 이동하는 이름 자막을 확인합니다.

▲ 이름 자막이 말 자막의 왼쪽 끝에 고정되어 움직이는 모습

. Premiere Pro .
08
실습

자막 길이에 따라 반응하는
이미지 자막 배경 만들기

×

프리미어 프로에서 기본으로 반응형 자막 배경을 제공하지만, 현재 기능으론 단색이 아닌 종이, 나뭇결 등 원하는 텍스처나 디자인을 넣을 수 없습니다. 원하는 텍스처나 디자인으로 자막 배경을 만들고 싶다 면 포토샵 등에서 직접 자막을 제작한 다음 특수 기능을 적용하여 제작할 수 있습니다. 이번 예제에서는 색연필로 칠한 듯한 텍스처의 자막 배경으로 반응형 자막을 만들어 봅니다.

Before

Before

After

- **예제파일** : 프리미어 프로\08\Image_Title_01.mp4, Image_ Title_02.png

- **완성파일** : 프리미어 프로\08\Image_Title_완성.mp4, Image_Title_ 완성.prproj

01 파일을 불러오기 위해 메뉴에서 (File) → Import(Ctrl +I)를 실행합니다. 프리미어 프로 → 08 폴더에서 'Image_Title_01.mp4' 파일을 불러옵니다.
Project 패널에서 'Image_Title_01.mp4' 아이템을 'New Item' 아이콘(▣)으로 드래그해 소스 파일과 같은 시퀀스를 만듭니다.

02 ❶ Tools 패널의 문자 도구(T)를 선택합니 다. ❷ Program Monitor 패널의 하단 중앙 영역을 클릭한 다음 ❸ '제리는 오늘도 쿨쿨 낮잠을 잡니다'를 입력하여 자막을 만듭니다.

❷ 클릭　❸ 입력

❶ 선택

03 ① Timeline 패널에서 V2 트랙의 자막 클립을 선택한 다음 ② Essential Graphics 패널의 (Edit) 탭에서 '제리는 오늘도 쿨쿨 낮잠을 잡니다' 자막 레이어를 선택합니다. ③ 'Center align text' 아이콘(▤), ④ 'Align Center Horizontally' 아이콘(▥)을 순서대로 클릭하여 영상 소스 하단 정중앙에 자막이 위치하도록 정렬합니다.

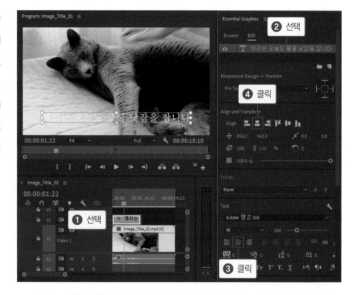

04 ① Program Monitor 패널에서 '제리는 오늘도 쿨쿨 낮잠을 잡니다' 자막을 더블클릭해 자막을 전체 선택합니다.
② Essential Graphics 패널의 Text 항목에서 원하는 글꼴을 지정하고 ③ Font Size를 너무 크지 않게 설정합니다.

TIP ◁┊▷
예제에서는 '나눔손글씨 성실체'로 상업적으로 사용 가능한 무료 폰트를 사용하고, Font Size는 '90'으로 설정했습니다.

05 ① Essential Graphics 패널의 (Edit) 탭에서 'New Layer' 아이콘(▥)을 클릭한 다음 ② From File을 실행합니다.

06 Import 대화상자가 표시되면 ① 프리미어 프로 → 08 폴더에서 ② 'Image_Title_02.png' 파일을 선택하고 ③ 〈열기〉 버튼을 클릭합니다.

07 ① Essential Graphics 패널의 (Edit) 탭에서 만들어진 'Image_Title_02.png' 레이어를 선택한 다음 ② '제리는 오늘도 쿨쿨 낮잠을 잡니다' 레이어 아래로 드래그하여 위치를 이동합니다.

08 Align and Transform 항목에서 Position(✛)을 설정하여 Program Monitor 패널의 'Image_Title_02.png' 소스가 '제리는 오늘도 쿨쿨 낮잠을 잡니다' 자막 아래에 겹치도록 이동합니다.

09 ① Essential Graphics 패널에서 Scale(📐)의 'Set Scale Lock' 아이콘(🔒)을 클릭해 비활성화(🔓)한 다음 ② 크기를 설정하여 '제리는 오늘도 쿨쿨 낮잠을 잡니다' 자막이 'Image_Title_02.png' 소스 영역에 완벽히 들어가도록 조절합니다.

Why? 🖐
프리미어 프로에서는 기본으로 Scale을 조절할 때, 가로 세로가 원본과 같은 비율로 조절됩니다. 'Set Scale Lock' 아이콘(🔒)을 클릭해 비활성화(🔓)하면 소스의 가로 세로 길이를 각각 다르게 조절할 수 있습니다.

(10) **①** Essential Graphics 패널의 (Edit) 탭에서 'Image_Title_02.png' 레이어를 선택한 다음 **②** Pin To를 클릭하고 **③** '제리는 오늘도 쿨쿨 낮잠을 잡니다'로 지정합니다.

(11) Responsive Design – Position 항목에서 'pinning' 아이콘(■)을 그림과 같이 클릭하여 양쪽을 활성화합니다.

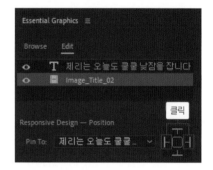

(12) Timeline 패널에서 V2 트랙의 자막 클립 오른쪽 끝 점을 드래그하여 'Image_Title_01.mp4' 클립의 길이와 같게 만듭니다.

(13) **①** Timeline 패널에서 현재 시간 표시기를 '00:00:03:00'으로 이동합니다. **②** Tools 패널에서 자르기 도구(■)를 선택하고 **③** Timeline 패널의 현재 시간 표시기 위치를 클릭하여 자막 클립을 자릅니다.

14 ① 현재 시간 표시기를 '00:00:06:17'로 이동합니다. ② Tools 패널에서 자르기 도구(✂)를 선택하고 ③ Timeline 패널의 현재 시간 표시기 위치를 클릭하여 자막 클립을 자릅니다.

15 ① 현재 시간 표시기를 '00:00:03:10'으로 이동한 다음 ② Program Monitor 패널의 '제리는 오늘도 쿨쿨 낮잠을 잡니다' 자막을 더블클릭합니다. ③ 자막이 전체 선택되면 '사실은 이미 하루 중 13시간은 잠만 잤는데 말이죠'를 입력합니다.

16 ① 현재 시간 표시기를 '00:00:09:18'로 이동한 다음 ② Program Monitor 패널의 '제리는 오늘도 쿨쿨 낮잠을 잡니다' 자막을 더블클릭합니다. ③ 자막이 전체 선택된 채로 '가끔은 고양이의 삶이 부러워요'를 입력합니다.

17 영상을 재생해 자막의 길이에 따라 자막의 배경 이미지가 반응하며 변하는 모습을 확인합니다.

▲ 자막의 길이에 따라 배경 이미지가 반응하는 모습

동영상으로 배우는 **프리미어 프로 CC 2023**

물결에 일렁이는 듯한 자막 만들기

자막이 마치 수면 위에 떠 있는 것처럼 일렁일렁 움직이는 애니메이션을 본적이 있을 겁니다. 주로 패션, 뷰티 등 감각적인 디자인이 필요한 영상에서 사용하는 자막 디자인이며, 프리미어 프로에서는 이와 같은 효과를 쉽게 넣을수 있습니다.

해상도	1920×1080px
소스 파일	프리미어 프로\08\wave text.mp4
완성 파일	프리미어 프로\08\wave text_완성.mp4, wave text_완성.prproj

① 문자 도구로 비디오 가운데에 'wave wave' 자막 입력하기

② 글꼴과 글자 크기, 색상을 지정하여 자막 디자인하기

③ Essential Graphics 패널을 이용해 자막 가운데 정렬하기

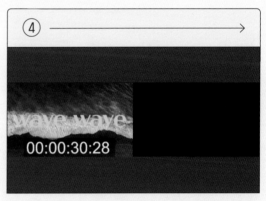

④ Timeline 패널에서 V2의 자막을 드래그하여 V1의 비디오 클립과 길이 맞추기

⑤ 'Turbulent Displace' 효과를 탐색해 자막 클립에 적용하기

⑥ Amount를 설정하고 Evolution 항목에 키프레임을 생성해 클립 전반에 물결 효과 적용하기

애프터 이펙트와
함께 사용하기

애프터 이펙트는 영상을 더 매력적으로 완성하기 위한 모션 그래픽 프로그램으로, 프리미어 프로와 연동해서 소스와 프로젝트를 공유하여 매우 편리하게 작업을 진행할 수 있습니다.

. Premiere Pro .
01 부드러운 움직임 만들기

실습

모션 블러(Motion Blur)란 움직이는 대상에 잔상 효과를 더해 움직임을 부드럽게 만드는 기능입니다.
프리미어 프로에서는 다소 복잡한 과정으로 모션 블러 효과를 적용할 수 있지만, 애프터 이펙트에서는
클릭 몇 번으로 아주 손쉽게 모션 블러를 적용할 수 있습니다. 프리미어 프로와 애프터 이펙트를 연동해
자막에 부드러운 움직임 효과를 적용해 봅니다.

Before

After

• 예제파일 : 프리미어 프로\09\Motion Blur.jpg, Motion Blur.aep
• 완성파일 : 프리미어 프로\09\Motion Blur_완성.mp4, Motion Blur_
완성.prproj

(01) 파일을 불러오기 위해 메뉴에서 (File) → Import(Ctrl)
+①)를 실행합니다. 프리미어 프로 → 09 폴더에서
'Motion Blur.jpg' 파일을 불러옵니다.
Project 패널의 'Motion Blur.jpg' 아이템을 'New Item' 아이콘
(■)으로 드래그하여 소스 파일과 같은 시퀀스를 만듭니다.

(02) ❶ Tools 패널에서 문자 도구(T)를 선택하고
❷ Program Monitor 패널의 중앙 상단을 클릭
합니다. ❸ 텍스트 상자가 만들어지면 'Ordinary Day'를
입력합니다.

03 ❶ Program Monitor 패널에서 'Ordinary Day' 자막을 선택합니다. ❷ Essential Graphics 패널의 (Edit) 탭에서 'Ordinary Day' 자막 레이어를 선택합니다. ❸ 'Center align text' 아이콘(▤), ❹ 'Align Center Horizontally' 아이콘(▣)을 순서대로 클릭하여 영상 소스 상단 중앙에 자막이 위치하도록 정렬합니다.

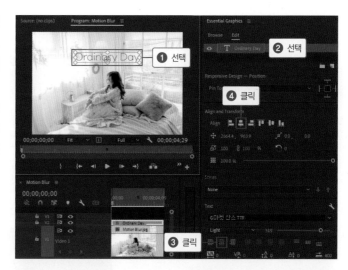

04 ❶ Essential Graphics 패널의 Text 항목에서 글꼴과 글꼴 스타일을 지정하고 ❷ Font Size와 자간을 설정하여 원하는 텍스트 디자인을 만든 다음 ❸ Appearance 항목에서 Fill의 색상 상자를 클릭하여 '파란색 (#C5FFC1)'으로 지정합니다.

> **TIP** ◁
>
> 예제에서는 'G마켓 산스TTF'라는 상업적으로 사용 가능한 무료 글꼴을 사용하고, Font Size를 '284', 자간을 '188'로 설정했습니다.

> **TIP** ◁
>
> Essential Graphics 패널의 Appearance 항목에서 Fill을 제외한 Stroke, Background, Shadow는 애프터 이펙트와 연동되지 않아 이 과정에서는 설정하지 않습니다.

05 ❶ Timeline 패널의 'Ordinary Day' 클립에서 마우스 오른쪽 버튼을 클릭한 다음 ❷ Replace With After Effects Composition을 실행합니다.

> **TIP** ◁
>
> 애프터 이펙트가 PC에 설치되어 있어야 해당 메뉴가 활성화됩니다.

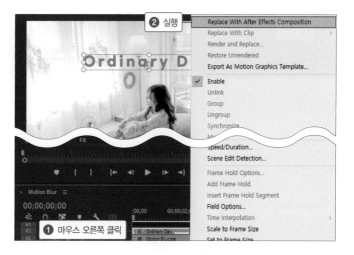

애프터 이펙트가 자동으로 실행됩니다.
Save As 대화상자가 표시되면 ❶ 원
하는 파일 경로를 지정한 다음 ❷ 파일 이름을
'Motion Blur'로 입력하고 ❸ 〈저장〉 버튼을 클
릭합니다.

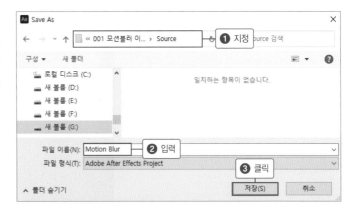

애프터 이펙트가 실행되면 Timeline 패
널에서 'Ordinary Day' 레이어를 더블
클릭합니다.

❶ Timeline 패널에서 현재 시간 표시기를 '0:00:00:15'로 이동하고 ❷ 'Ordinary Day' 레이어의 >를 클릭하여 속성
을 활성화합니다. ❸ Transform 항목에서 Position 왼쪽 'Stop Watch' 아이콘(◷)을 클릭해 키프레임을 만듭니다.
Timeline 패널의 해당 위치에 '키프레임' 아이콘(◆)이 표시되며 키프레임이 위치한 시간에 Position 값이 기록됩니다.

09 Timeline 패널에서 ❶ 현재 시간 표시기를 '0:00:00:00'으로 이동한 다음 Composition 패널에서 ❷ 'Ordinary Day' 레이어를 그림과 같이 검은 화면 바깥으로 드래그해 이동합니다. ❸ Spacebar 를 눌러 화면 하단에서 상단으로 움직이는 텍스트를 확인할 수 있습니다.

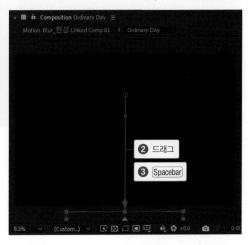

10 ❶ Timeline 패널에서 '0:00:00:15'에 위치한 '키프레임' 아이콘(◆)을 선택한 다음 ❷ 메뉴에서 (Animation) → Keyframe Assistant → Easy Ease In(Shift + F9)을 실행합니다.

11 ❶ Timeline 패널에서 '0:00:00:00'에 위치한 '키프레임' 아이콘(◆)을 선택한 다음 ❷ 메뉴에서 (Animation) → Keyframe Assistant → Easy Ease Out(Ctrl + Shift + F9)을 실행합니다.

애프터 이펙트 응용

(12) Timeline 패널의 키프레임 모양이 변경된 것을 확인합니다.

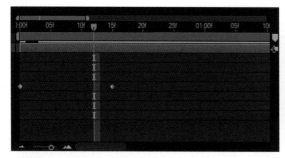

▲ 키프레임 변경 전

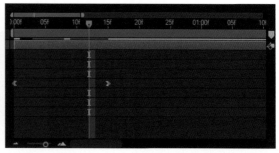

▲ 키프레임 변경 후

TIP

일정한 속도로 움직이는 애니메이션 양 끝에 속도 변화를 적용해 '천천히 나가고/들어오게' 하는 작업입니다. 속도의 변화가 있으면 모션 블러를 더 확실하게 확인할 수 있습니다.

(13) ❶ Timeline 패널에서 'Ordinary Day' 레이어의 'Motion Blur' 아이콘 (◯) 아래의 상자를 클릭하여 활성화하고 ❷ 상단의 'Enables Motion Blur' 아이콘(◯)도 클릭하여 활성화합니다.

TIP

레이어의 'Motion Blur' 아이콘(◯)과 Timeline 패널의 'Enables Motion Blur' 아이콘(◯)이 둘 다 활성화되어야 모션 블러가 최종으로 적용됩니다.

(14) ❶ Spacebar를 눌러 모션 블러가 적용된 애니메이션을 확인하고 ❷ Ctrl+S를 눌러 저장합니다.

15 프리미어 프로로 돌아옵니다. ❶ 현재 시간 표시기를 '00:00:00:00'으로 이동한 다음 ❷ Program Monitor 패널에서 'Mark In' 아이콘(┇)을 클릭합니다.

16 ❶ 현재 시간 표시기를 '00:00:04:29'로 이동하고 ❷ Program Monitor 패널에서 'Mark Out' 아이콘(┇)을 클릭합니다.

TIP

렌더링이 진행되지 않은 상태에서는 영상을 실시간으로 재생해 확인할 수 없습니다. 따라서 실시간으로 작업된 영상을 확인하기 위해서는 Preview 렌더링을 진행하는 것이 좋습니다. 하지만 작업 난이도가 높거나 레이어, 이펙트가 많이 적용된 상태에서 렌더링을 진행하면 오랜 시간이 걸리기 때문에 확인이 필요한 부분만 Mark In/Out으로 설정해 렌더링하면 더 효율적으로 작업을 진행할 수 있습니다.

17 Enter를 눌러 렌더링을 실행해 Timeline 패널에서 렌더링 표시 선이 붉은색에서 녹색으로 변한 것을 확인합니다. 영상을 재생해 모션 블러가 적용된 것을 확인합니다.

▲ 모션 블러 적용 후

Premiere Pro

02

실습

크로마키 없이 복잡한
배경 지우고 인물만 남기기

그린 스크린을 이용하여 촬영한 영상은 배경을 삭제하고 인물 혹은 특정 물체만 남기기 쉽지만, 그렇지 않은 영상은 프리미어 프로에서 배경을 삭제하려면 많은 시간을 들여 편집할 수밖에 없습니다. 프리미어 프로와 애프터 이펙트를 연동하면 복잡한 배경의 촬영본을 원하는 인물 혹은 물체만 남기고 깨끗하게 지울 수 있습니다. Roto Brush를 활용하여 배경 지우기 효과를 배워 봅니다.

Before

After

• **예제파일** : 프리미어 프로\09\Roto Brush.mp4, Roto Brush.aep
• **완성파일** : 프리미어 프로\09\Roto Brush_완성.mp4, Roto Brush_완성.prproj

---

01 파일을 불러오기 위해 메뉴에서 (File) → Import(Ctrl +I)를 실행합니다. 프리미어 프로 → 09 폴더에서 'Roto Brush.mp4' 파일을 불러옵니다.

Project 패널에서 'Roto Brush.mp4' 아이템을 'New Item' 아이콘(▣)으로 드래그하여 소스 파일과 같은 시퀀스를 만듭니다.

---

02 ❶ Timeline 패널의 'Roto Brush. mp4' 클립에서 마우스 오른쪽 버튼을 클릭한 다음 ❷ Replace With After Effects Composition을 실행합니다.

TIP ◁⫸

애프터 이펙트가 PC에 설치되어 있어야 해당 메뉴가 활성화됩니다.

248

03 애프터 이펙트가 자동으로 실행됩니다. 애프터 이펙트가 연동되면 애프터 이펙트 파일의 저장 경로를 지정할 수 있는 Save As 대화상자가 표시됩니다. ❶ 저장 경로를 지정하고 ❷ 파일 이름을 'Roto Brush'로 입력한 다음 ❸ 〈저장〉 버튼을 클릭합니다.

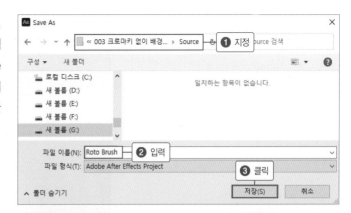

04 애프터 이펙트가 실행되면 ❶ Timeline 패널에서 'Roto Brush.mp4' 레이어를 선택한 다음 ❷ Tools 패널에서 로토 브러시 도구(🖌)를 선택합니다.

05 Timeline 패널에서 'Roto Brush.mp4' 레이어를 더블클릭해 Layer 패널을 표시합니다.

06 로토 브러시 도구(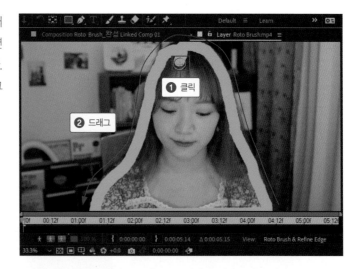)가 활성화된 상태
로 ❶ Layer 패널의 화면을 클릭하면
녹색의 원 모양으로 마우스 포인터가 바뀝니다.
❷ 로토 브러시 포인터로 인물의 외곽을 드래그
하여 지정합니다.

07 분홍색 실선으로 인물의 외곽 영역이 지
정되었습니다.

> **TIP** ◁┈
> 만약 배경 부분까지 분홍색 외곽선 영역이 포함되면 Alt 를 누른 상태로 제외할 배경 부분을 정밀하게 드래그하여 정리합니다. Ctrl 을 누른 상태
> 로 마우스 포인터를 화면에서 좌우로 드래그하면 브러시 크기를 조절할 수 있습니다.

08 Layer 패널 하단의 'Toggle Alpha
Boundary' 아이콘(▣)을 클릭하여 선
택 영역만 화면에 표시되도록 지정합니다.

09 지저분하게 남겨진 외곽선을 정리하기 위해 Effect Controls 패널에서 Roto Brush&Refine Edge 항목의 Roto Brush Matte에서 Feather를 '20', Contrast를 '80%', Shift Edge를 '-20%', Reduce Chatter를 '50%'로 설정합니다.

TIP

Feather는 외곽선을 흐리게 하고, Shift Edge는 선택 영역을 외곽선을 기준으로 안쪽으로 축소할지 바깥쪽으로 넓힐지를 설정하며, Reduce Chatter는 외곽선 표면을 부드럽게 설정할 수 있습니다.

10 Spacebar를 눌러 영상 전체에 선택 영역을 적용합니다. PC 사양에 따라 해당 기능의 실행 속도가 느리거나 빠를 수 있습니다.

TIP

선택 영역을 적용하는 과정에서 배경의 일부가 포함되면 Spacebar를 눌러 잠시 멈추고 해당 영역으로 현재 시간 표시기를 이동한 다음 다시 한번 로토 브러시를 사용해 외곽을 정리합니다.

11 영상 전체에 로토 브러시가 적용되면 ❶ Composition 패널 하단의 'Freeze' 아이콘(Freeze)을 클릭해 로토 브러시를 고정합니다. ❷ Freeze가 100% 완료되면 Ctrl + S를 눌러 저장합니다.

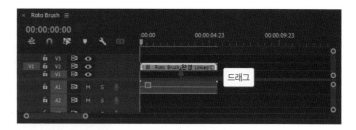

(12) 다시 프리미어 프로로 돌아옵니다. Timeline 패널에서 'Roto_Brush_완성' 클립을 위로 드래그하여 V2 트랙으로 이동합니다.

(13) 메뉴에서 (File) → New → Color Matte를 실행합니다.

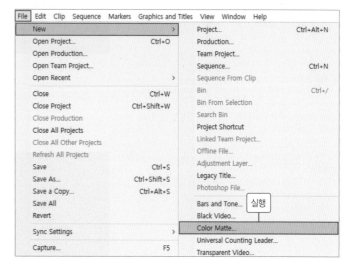

(14) New Color Matte 대화상자가 표시되면 ❶ 〈OK〉 버튼을 클릭합니다. ❷ Color Picker 대화상자가 표시되면 '옅은 갈색(#D5C7AE)'으로 지정하고 ❸ 〈OK〉 버튼을 클릭합니다.

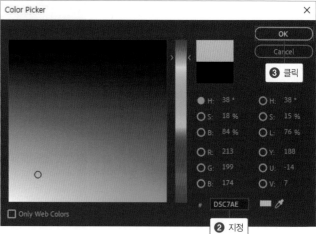

15 Project 패널에서 'Color Matte' 아이템을 Timeline 패널의 V1 트랙으로 드래그합니다.

16 Timeline 패널에서 'Color Matte' 클립의 끝 점을 드래그하여 'Roto Brush_완성' 클립과 길이를 같게 만듭니다.

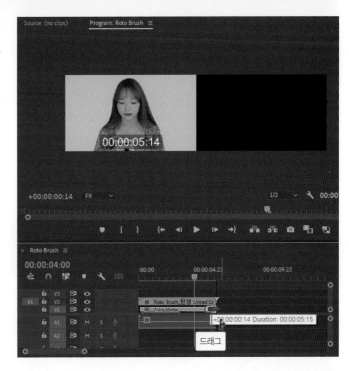

17 영상을 재생해 배경이 사라진 영상을 확인합니다.

▲ 효과 적용 전

▲ 효과 적용 후

동영상으로 배우는 **프리미어 프로 CC 2023**

원하는 모양으로 움직이는 자막 만들기 ● ○ ●

애프터 이펙트는 프리미어 프로보다 더 다양한 애니메이션을 적용할 수 있습니다. 특히 원형이나 사각형, 물결선 등을 따라 움직이는 텍스트 애니메이션은 아직 프리미어 프로에서 구현할 수 없기 때문에 꼭 애프터 이펙트를 함께 연동하여 작업해야 합니다. 물결선을 따라 텍스트를 배치해 보고 영상 바깥에서 자막이 들어오는 애니메이션을 만들어 봅니다.

(해상도) 1920×1080px

(소스 파일) 프리미어 프로\09\Line text.mp4

(완성 파일) 프리미어 프로\09\Line text_완성.mp4, Line text.aep, Line text_완성.prproj

① 자막을 생성한 다음 Replace With After Effects Composition 실행하기

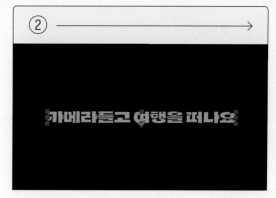

② 애프터 이펙트의 Character 패널과 Paragraph 패널에서 자막 디자인하기

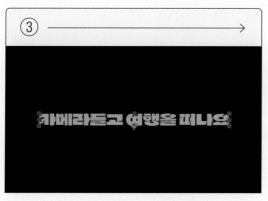

③ Align 패널의 실행 메뉴들을 활용하여 자막을 정중앙에 정렬하기

④ 펜 도구로 Program Monitor 패널에서 물결 모양 선 만들기

⑤ 마스크를 적용한 다음 화면 바깥에서 자막이 들어오는 애니메이션 만들기

⑥ 애프터 이펙트를 저장한 다음 프리미어 프로에서 만든 자막 확인하기

찾아보기

영상 편집 툴을 '처음 시작하는 사람'이라면 '무따기'와 함께 하세요.

Premiere Pro&After Effects CC 2023

배워도 배워도 어려운 '영상 편집 툴'

'무따기'에서 최고의 서포터즈 실무자와 함께 쉽게 배우는 방법을 안내합니다.

툴 개념을 이해하는
이론

어려운 개념 잡기는
영상 편집 전문가의
현장 강의로!

이해한 개념을 바로 써먹는
실습

눈이 아닌 손으로
무작정 따라하는
실습 완성!

동영상 강의와 함께 하는
활용 예제

배운 것은 실전 예제로
혼자 해보고,
동영상 강의로 코칭!

모든 툴을 익힐 필요가 없습니다.

'무따기'에서는 상황에 따라 학습할 수 있는 '맞춤형 학습법'을 안내합니다.

취업을
준비하는
예비 영상 에디터

취미로
영상 편집하는
일반인

이 책을 볼 수 있는 독자는?

The Cakewalk Series -
Premiere Pro&After Effects CC 2023

프리미어 프로&애프터 이펙트
CC 2023 무작정 따라하기

가격 25,000원

Premiere Pro
After Effects
입문자

Premiere Pro
After Effects
중급 사용자

Premiere Pro
After Effects
고급 사용자

9 79-11-407-0324-1

프리미어 프로 &
애프터 이펙트 CC 2023
무작정 따라하기

애프터 이펙트

최신 기능을 수록한 가장 완벽한 입문서 × 그래픽 누적 판매 1위

영상 에디터, 일반인을 위한 맞춤형 학습법 제공 × CC 2023 신기능 반영 × 영상 감독과 현업 유튜버의 동영상 강의 수록

길벗

프리미어 프로 &
애프터 이펙트 CC 2023
무작정 따라하기

After Effects

이현석 × 배진희 × 전은재 × 앤미디어

이것만 공부하세요!

새롭게 선보이는 CC 2023 버전의 애프터 이펙트는 이전 버전과 비교하여 다양한 효과의 추가와 속도 및 편의성 개선을 이뤄냈습니다. 모션 그래픽 작업 및 영상 편집에 있어서 향상된 기능으로 효율적인 작업이 가능합니다.

❶ 애프터 이펙트 시작 단계 : 애프터 이펙트의 시작과 컴포지션 생성 과정을 익혀라!

작업 화면 알아두기	→	프로젝트 시작하기

작업 환경(30쪽)
작업 영역(30쪽)

프로젝트 만들기(31쪽)

❷ 애프터 이펙트 기본기 단계 : 기본 모션과 효과를 익혀라!

애프터 이펙트는 '효과' 프로그램입니다. 키프레임 애니메이션과 효과 적용 방법을 익혀두세요.

기본 모션 적용하기	→	기본 효과 적용하기

키프레임 애니메이션 이해하기(74쪽)
Transform 속성 이해하기(75쪽)
레이어 순서 이해하기(61쪽)

Effects & Presets 패널(28쪽)
흐림 효과(170쪽)
색감 변경(174쪽)
확대 강조(176쪽)
빈티지 효과(183쪽)

❹ 모션 그래픽 다듬기 단계 : 애프터 이펙트의 필수 도구를 활용해라!

많이 사용하는 도구를 활용하면 표현의 완성도를 높일 수 있습니다.

자주 사용하는 도구 활용	→	알파 & 루마 매트 활용

텍스트 레이어(194쪽)
펜 도구(133쪽)
셰이프 도구(133쪽)
카메라 도구(209쪽)

알파 매트(160쪽)
알파 반전 매트(160쪽)
루마 매트(163쪽)
루마 반전 매트(163쪽)

취미로 모션 그래픽 및 영상 편집을 하는 분들을 위한 학습법

애프터 이펙트를 취미로 배우는 분이세요? 취미로 애프터 이펙트를 배우기 위해서는 무엇보다 기본 기능을 활용한 모션 그래픽 영상, 적은 시간으로 간단하게 제작할 수 있는 영상 위주로 제작해 보세요. 키프레임 애니메이션과 기본 효과들로도 충분히 완성도 높은 결과물을 제작할 수 있습니다.

애프터 이펙트의 시작 화면과 작업 환경을 파악하고 새로운 프로젝트와 컴포지션을 만드는 과정이 애프터 이펙트를 익히는 첫 과정입니다.

작업 환경 구축하기

작업 소스 관리하기(32쪽)
소스 불러오기(35쪽)
포토샵 파일 불러오기(37쪽)
컴포지션 만들기(39쪽)
시퀀스 영상 파일 불러오기(41쪽)

모션 그래픽 기본 설정하기

타임라인 확장 및 축소(57쪽)
타임라인 확대 및 축소(59쪽)
레이어 이동(61쪽)

❸ 3D 및 카메라 레이어 다루기 단계 : 3D 레이어와 카메라 레이어를 익혀라!

3D 레이어와 카메라 레이어를 통해 간단하게 모션 그래픽의 폭을 넓힐 수 있습니다.

3D 레이어 설정

3D 레이어(208쪽)

카메라 레이어 설정

카메라 레이어(209쪽)
카메라 설정(213쪽)

❺ 영상 출력 단계 : 다양한 형식으로 출력하라!

미디어 파일 출력하기

MOV 파일로 출력하기(235쪽)
MP4 파일로 출력하기(239쪽)
미디어 인코더로 출력하기(242쪽)

❻ 동영상으로 배우는 활용 단계 : 활용 예제로 실력을 업그레이드 하라!

실력 업그레이드 하기

텍스트 레이어 & 셰이프 레이어를 활용한 인트로(70쪽)
Mocha AE를 활용한 스크린 교체(96쪽)
글리치 효과 제작(128쪽)
이미지 한 장으로 FAKE 3D 효과 제작(228쪽)

모션 그래픽 & 영상 제작자로 취업 준비를 하는 분들을 위한 학습법

애프터 이펙트를 취업을 위해 배우는 분이세요? 모션 그래픽이나 영상 제작을 위해 사용되는 애프터 이펙트는 실무에서 사랑받는 프로그램 중 하나입니다. 기본 기능을 넘어 클라이언트가 요구하는 것을 파악하고 표현할 수 있도록 다양한 애프터 이펙트 스킬을 배워 보세요.

❶ 애프터 이펙트 심화 단계 : 자주 사용하는 기능과 단축키를 알아두라!

자주 사용하는 도구 익히기

❷ 모션 그래픽 & 영상 제작 심화 단계 : 각종 패널과 메뉴의 고급 기능을 활용하라!

Project 패널 활용

❸ 텍스트 레이어 설정 : 다양한 모션 텍스트를 디자인하라!

다양한 기능을 활용하여 모션 그래픽의 꽃인 문자를 이용한 모션 그래픽을 만들 수 있습니다.

문자 디자인 ⟶ **타이포그래피**

❻ 3D 레이어 활용하기 : 3D 레이어를 통해 표현의 폭 넓히기!

3D 레이어 적용

❼ 원하는 대로 모션 제어하기 : 자연스러운 애니메이션 구현하기!

속도 조절

애프터 이펙트는 모션 그래픽 & 영상 제작자에게 최적화된 툴입니다. 프리미어 프로로 기본 컷 편집 작업을 하고 애프터 이펙트를 통해 영상의 완성도를 높이거나 모션 그래픽을 통해 무에서 유를 창조할 수 있습니다. 실무 작업 단계를 익히고 전문가로 거듭나시기 바랍니다.

자주 사용하는 패널에 대해 알아두면 작업의 효율성을 높일 수 있습니다.

Timeline 패널 활용

타임코드 변경 및 이동(68쪽)

Composition Monitor 패널 활용

모니터 재생 해상도 설정(46쪽)
눈금자와 안내선 활용(48쪽)
마스크 및 안내선 표시(48쪽)

❹ 고급 도구 활용하기 : 심화 도구로 실력 향상하기!

고급 도구 활용

로토 브러시 도구(155쪽)
퍼핏 핀 도구(89쪽)
카메라 도구(209쪽)
모션 블러(94쪽)

❺ 셰이프 레이어 활용하기 : 추상적인 모션 그래픽 더하기!

셰이프 레이어 활용

셰이프 레이어(147쪽)

그래프를 활용하여 현실적이고 부드럽게 애니메이션을 제어할 수 있습니다.

그래프 에디터 설정

그래프 에디터 표시(111쪽)
Influence 강도 조절(114쪽)
스피드 그래프 설정(115쪽)

❻ 영상 출력 단계 : 다양한 형식의 파일로 출력하라!

미디어 파일 출력하기

MOV 파일로 출력하기(235쪽)
MP4 파일로 출력하기(239쪽)
미디어 인코더로 출력하기(242쪽)

실력 업! CAPA UP!
체계적인 구성을 따라 쉽고 빠르게 공부하세요.

애프터 이펙트 기능을 쉽게 배우기 위해 필수 애프터 이펙트 기본 이론과 실습 예제들을 담았습니다. 직접 따라하면서 애프터 이펙트를 배워 보세요. 배운 기능을 응용하여 실습 예제를 따라하면서 애프터 이펙트 실력을 업그레이드 하세요.

☞ 필수 이론 & 실습 예제 ● ● ●

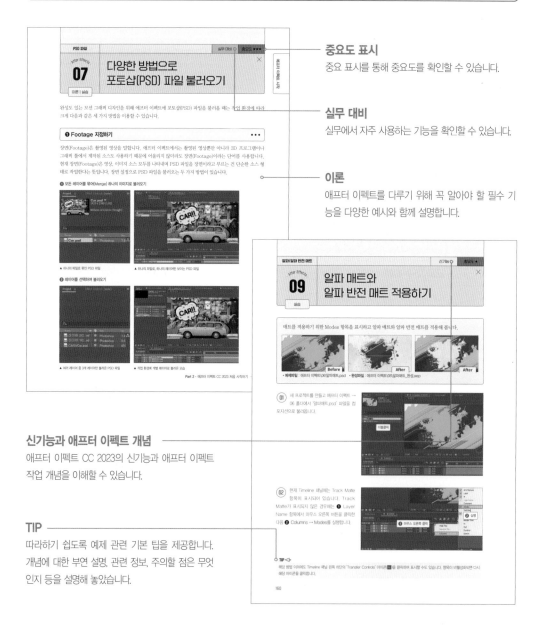

중요도 표시
중요 표시를 통해 중요도를 확인할 수 있습니다.

실무 대비
실무에서 자주 사용하는 기능을 확인할 수 있습니다.

이론
애프터 이펙트를 다루기 위해 꼭 알아야 할 필수 기능을 다양한 예시와 함께 설명합니다.

신기능과 애프터 이펙트 개념
애프터 이펙트 CC 2023의 신기능과 애프터 이펙트 작업 개념을 이해할 수 있습니다.

TIP
따라하기 쉽도록 예제 관련 기본 팁을 제공합니다. 개념에 대한 부연 설명, 관련 정보, 주의할 점은 무엇인지 등을 설명해 놓았습니다.

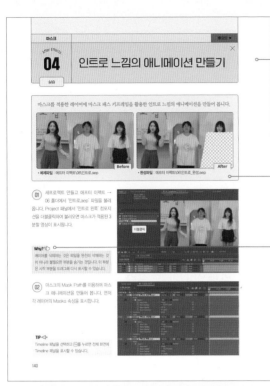

실습
학습 내용을 직접 따라할 수 있도록 감각적인 실습 예제로 구성했습니다. 눈으로만 읽지 말고 꼭 직접 따라해 보세요.

Before/After
원본 이미지와 결과물을 미리 볼 수 있습니다.

Why?
애프터 이펙트의 활용 폭을 넓히기 위해 예제에서 사용한 기능을 '왜?' 사용했는지를 친절하게 설명합니다.

동영상으로 배우는 애프터 이펙트 CC 2023
이론과 실습 예제를 이용하여 애프터 이펙트의 기본기를 배웠다면 본서에서 제공하는 동영상 활용 예제를 만들어 보세요. 스마트폰이나 태블릿 카메라로 QR 코드를 찍어 애프터 이펙트 실무자 강의 동영상으로 활용 예제 제작 방법을 배워 보세요.

목차

8

PART 4 애니메이션을 위한 다양한 기본 기능 • • •

PART 5 원하는 대로 모션 제어하기 • • •

● 동영상으로 배우는 애프터 이펙트 2023 ● **이미지 한 장으로 FAKE 3D 효과 만들기**

원포인트 레슨!
애프터 이펙트 미리 보기

애프터 이펙트를 시작하기 전에 알아야 할 애프터 이펙트 CC 2023의 신기능과 관련 이론에 대해 알아봅니다. 애프터 이펙트가 작업에서 어떻게 사용되는지 살펴볼 수 있습니다.

After Effects

01 애프터 이펙트 CC 2023 신기능

이론

❶ 새로운 컴포지션 프리셋 • • •

애프터 이펙트 CC 2023에서는 컴포지션을 만들 때 기존 16:9 가로형 크기뿐만 아니라 다양한 크기 옵션을 제공합니다. 특히 Social Media 항목을 통해 인스타그램의 정방형, 틱톡이나 유튜브 쇼츠, 인스타그램 릴스의 세로형 등 다양한 형태의 영상을 위한 컴포지션을 편리하게 설정할 수 있습니다.

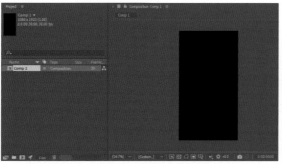

▲ Social Media Portrait HD 1080x1920으로 설정한 컴포지션

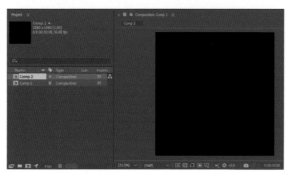

▲ Social Media Square 1080x1080으로 설정한 컴포지션

▲ Composition Settings – Preset에 추가된 옵션들

❷ 50개 이상의 새로운 기본 애니메이션 프리셋 • • •

새로운 애니메이션 프리셋들이 추가되어 활용에 따라 재밌는 장면을 만들고 표현할 수 있습니다. 이 프리셋은 서드파티 플러그인을 쓰지 않고 애프터 이펙트에서 기본으로 제공하는 프리셋입니다. 이전 버전인 애프터 이펙트 CC 2022보다 다채로운 효과와 다양한 디자인을 기획할 수 있다는 점에서 가장 큰 업데이트 중 하나로 볼 수 있습니다.

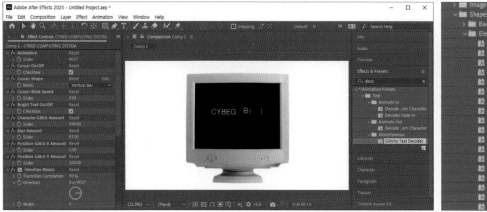

▲ 매트릭스에 나올법한 글리치 효과 프리셋 'Glitchy Text Decoder'을 적용한 모습

▲ Composition Settings –
Preset에 추가된 옵션들

❸ H.264 코덱을 활용한 애프터 이펙트에서의 MP4 형식 렌더링 ● ● ● ●

애프터 이펙트 CC 2023 이전 버전에서는 mp4 형식의 비디오를 렌더링할 수 없었습니다. 그래서 어도비 미디어 인코더 (Adobe Media Encoder) 프로그램을 활용하여 우회적으로 H.264 코덱을 활용해서 mp4 형식을 렌더링했습니다. 애프터 이펙트 CC 2023에서는 바로 H.264 코덱을 통해 mp4 형식의 비디오를 렌더링할 수 있습니다. mp4 형식의 비디오를 출력하기 위해 다른 프로그램을 실행해야 하는 번거로움을 줄일 수 있게 됐다는 점에서 편의성이 향상된 것입니다.

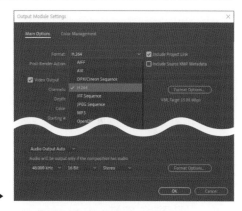

H.264 코덱을 선택할 수 있습니다. ▶

❹ 선택 가능한 트랙 매트 레이어 기능 ● ● ● ●

애프터 이펙트 CC 2023 이전 버전까지는 루마 매트나 알파 매트와 같은 트랙 매트를 적용하기 위해 위에 대상 레이어를 배치했습니다. 애프터 이펙트 CC 2023 버전에서는 순서에 상관없이 연결을 통해 알파 매트와 루마 매트를 적용할 수 있습니다. 또한, 아이콘을 클릭해 매트를 반전시킬 수도 있습니다.

▲ 애프터 이펙트 CC 2023 버전에서 트랙 매트를 적용한 모습

▲ 애프터 이펙트 CC 2022 버전에서 트랙 매트를 적용한 모습

After Effects

02

이론

모션 그래픽과 영상 제작의 필요성

애프터 이펙트를 사용하는 목적은 크게 두 가지로 나눌 수 있습니다. 바로 모션 그래픽 제작용으로 사용하거나 영상 제작용으로 사용하는 것입니다. 모션 그래픽은 영상이라는 매체에 그래픽, 타이포그래피, 색 등을 이용해서 만들어낸 것으로 실사 영상 촬영본을 제외한 도형들의 움직임, 나타나는 캐릭터, 글씨가 움직이는 것 등이 모션 그래픽에 속합니다. 모션 그래픽 영상은 독립적으로 이야기를 만들어내기도 하고 실사 영상 속에 섞여 디자인적인 멋스러움을 채워주기도 합니다.

애프터 이펙트를 이용한 실사 영상의 용도는 주로 영상 제작입니다. 영상을 컷 편집하여 이어 붙이는 '영상 편집' 보다는 실사 영상을 변형하고 합성해 물체를 지우는 용도로 주로 사용하며, 이를 '영상 제작'이라고 합니다. 실제로 영상 제작과 모션 그래픽은 영상 분야에서 세부적으로 다른 시작점을 가지고 있었지만, 영상이라는 공통적인 특징은 어떤 이야기를 표현하기 위한 도구 중 하나로 사용됩니다. 그러므로 영상은 표현하고자 하는 이야기를 잘 보여 주는 방법으로 진화하면서 실사 영상에 모션 그래픽을 더하여 작업하는 방법으로도 사용됩니다.

다큐멘터리 영상에서는 인포그래픽 모션을 이용하고, 예능에서는 정지된 자막에서 움직이는 자막과 각종 그래픽 요소들이 차지하는 비중이 커지고 있으며, 뉴스에서도 배경 영상에 많은 그래픽이 등장합니다. 모션 그래픽 영상 역시 촬영한 실사 영상 소스 위에 로토스코핑, 리터치, 합성 등 장르의 과정을 거치면서 다양한 스타일을 만들어냅니다. 서로 다른 장르이지만 충분히 결합하여 사용할 수 있고, 미래에는 그 비중이 더 커질 것입니다. 이러한 부분을 명확히 이해하면 이후 애프터 이펙트를 학습하는 데 도움이 될 것입니다. 그러므로 영상 제작과 모션 그래픽을 모두 학습하는 것이 바람직한 학습 방향입니다.

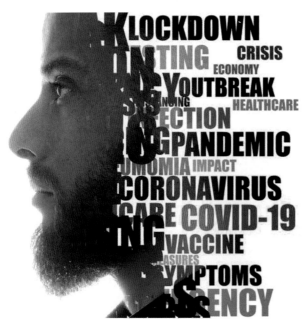

◀ 실사에 텍스트가 어우러져 섞이는 장르가 요즘 영상의 추세입니다. 시청자들과 클라이언트의 눈이 높아지면서 이러한 추세는 더욱 강해질 것이고 새로운 장르는 앞으로도 계속해서 발굴될 것입니다.

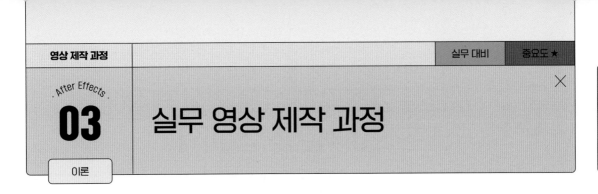

실무 영상 제작 과정

모션 그래픽과 영상 제작 과정은 크게 다르지 않습니다. 실사 촬영본의 유무와 소스 제작 과정에서의 차이가 있을 수는 있지만, 근본적인 큰 흐름 자체는 차이가 없습니다. 경우에 따라서는 감독이 개인적으로 진행하는 형태의 작업물도 있지만, 대부분 프로젝트는 팀 단위로 진행됩니다. 여기서는 팀 단위의 영상을 기준으로 제작 과정을 살펴보겠습니다.

먼저 제작 회의가 진행됩니다. 보통 회의에는 클라이언트, 총괄 감독, 실무 제작자가 참여합니다. 때에 따라서는 총괄 감독과 클라이언트만 참여하기도 합니다. 이 회의를 통해 전체적인 기획과 표현 방식, 스타일 등의 요소가 확정됩니다. 제작 회의는 한 번에 걸쳐서 끝나는 경우는 거의 없고, 지속해서 아이디어를 발전하거나 변형하여 꾸준하게 지속하기도 합니다. 이 과정을 통틀어 '프리(Pre) 프로덕션(Production)'이라고 합니다. 스토리보드 작성, 시장 조사나 관련 자료, 추구하는 결과물과 비슷한 레퍼런스를 찾아서 계속해서 업데이트하는 과정도 여기에 포함됩니다.

프리 프로덕션 과정이 끝난 후에는 본격적으로 현장 촬영에 들어갑니다. 모션 그래픽의 경우 작가나 디자이너가 소스를 만듭니다. 기본적으로 제작 회의에서 나온 스토리보드를 토대로 진행되지만 여러 가지 변수로 인해 그대로 진행되는 경우는 거의 없습니다. 이러한 변수를 줄이기 위해 프리 프로덕션 과정이 탄탄하게 이루어져야 하며, 이 과정을 통틀어 '프로덕션(Production)'이라고 합니다. 촬영, 소스 제작, 소스 편집, 컴퓨터에 옮기는 과정 등이 여기에 포함됩니다.

프로덕션 과정이 끝난 후에는 촬영된 소스나 만들어진 모션 그래픽 소스를 활용하여 후반 작업에 들어갑니다. 영상을 컷 편집, 합성, 배치하는 것은 물론, 모션 그래픽 소스를 제작 회의에서 나온 대로 결과물을 도출하는 과정을 거치는데, 애프터 이펙트는 주로 여기에서 사용됩니다. 흔히 일반적으로 말하는 CG 작업, 색상 보정, 애니메이션, 음악 및 사운드 등의 작업이 이루어지며, 이 과정을 통틀어 '포스트(Post) 프로덕션 (Production)' 과정이라고 합니다.

◀ 프리 프로덕션 과정에서 나온 결과물을 토대로 '스토리보드(콘티)'를 작성합니다.

· After Effects ·
04
이론

모션 그래픽과 실제 영상 제작에서의 애프터 이펙트 작업 파악

디자이너나 그림 작가의 스타일 프레임 디자인이 완료된 상태에서 영상 작업을 진행합니다. 애프터 이펙트 작업에 맞춰 스타일 프레임을 디자인할 수 있지만, 보통 아이디어를 시각화하는 과정에서는 툴을 고려하지 않고 디자인 작업을 진행할 때도 있으므로 일부 디자인을 애프터 이펙트에 맞춰 소스화 작업을 진행해야 합니다.

소스화 작업은 포토샵이나 일러스트레이터에서 작업한 PSD 파일 또는 AI 파일 레이어를 분리하는 작업입니다. 이렇게 분리된 레이어를 애프터 이펙트로 불러온 다음 실제 모션 작업에 들어갑니다. 일부 디자인은 모션에 따라서 애프터 이펙트 또는 3D 소프트웨어(C4D, 마야, 블렌더 등)에서 영상에 맞춰 다시 디자인합니다.

글씨를 움직이거나 소스를 변형해 보기 좋게 만들거나 추상적인 아이디어를 시각적으로 표현하는 것이 모션 그래픽에서 애프터 이펙트의 역할입니다. 기본으로 영상화 작업을 할 때는 많은 시간을 투자하여 어색한 부분을 수정하고, 또 수정을 통해서 발전시키기 때문에 많은 시간을 투자할수록 좋은 결과물을 만들 수 있습니다.

실사 영상 제작에서 애프터 이펙트는 주로 컷 편집이 완료된 상태에서 사용합니다. 많은 형태의 작업이 있지만, 주로 로토 브러시와 키잉 기능을 활용한 배경과 피사체 분리, 색상 보정, 마스크 합성, 모션 트래킹, 스테빌라이저 등 모션 그래픽에서는 잘 사용하지 않는 실사 영상용 효과들이 주로 사용됩니다.

대표적으로 '3D Camera Tracker' 이펙트를 활용하여 실사 촬영본에 디자인 요소나 글씨를 넣을 수 있습니다. 3D Camera Tracker로 애프터 이펙트에서 자체적으로 촬영본의 공간감을 분석합니다. 분석을 완료한 다음에는 정보 값을 애프터 이펙트에 표시하여 사용자는 그 정보를 토대로 물체를 합성할 수 있어 여기에 모션 그래픽을 결합하거나 또 다른 실사 요소 및 그래픽을 적용할 수 있습니다. 애프터 이펙트의 장점은 한 가지 툴에서 다양한 장르를 시도할 수 있다는 것입니다. 모션 그래픽 작업과 실사 영상 작업을 구별하지 않고 모두 처리할 수 있다는 점에서 두 가지 분야를 모두 공부할 수 있는 편리한 도구입니다.

모션 그래픽과 마찬가지로 실사 작업 또한 많은 시간을 투자할수록 좋은 결과물을 만들 수 있습니다.

▲ 3D Camera Tracker를 활용한 촬영본에 요소를 합성한 모습

▲ 마스크로 촬영본 부분을 변형한 모습

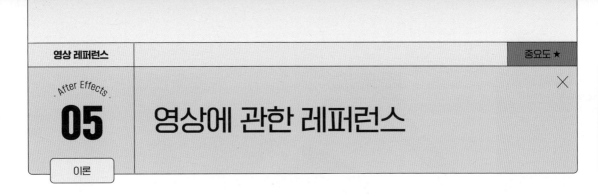

영상에 관한 레퍼런스

영상을 볼 때 사람마다 비중을 두는 부분은 서로 다릅니다. 어떤 사람은 영상의 기획적인 측면에 비중을 둘 것이고, 어떤 사람은 영상의 색감과 화려한 시각적인 요소에 비중을 둘 것입니다. 또 어떤 사람은 디자인 요소와 폰트 등에 비중을 두기도 합니다. 비중을 두는 부분은 다르지만 공통으로 영상을 바라보는 시각을 키우기 위해 본인이 추구하는 영상에 대한 레퍼런스를 많이 쌓아두는 것이 중요합니다.

먼저 유튜브를 활용할 수 있습니다. 21세기는 유튜브 시대라고 봐도 무방할 정도로 유튜브는 전 세계를 통틀어 단연 동영상 플랫폼 1위 사이트입니다. 이용자 수가 많은 만큼 자연스럽게 많은 장르의 영상들이 업로드되고 있습니다. 유튜브에 본인이 찾고자 하는 영상으로 키워드를 검색하면 관련된 많은 자료들이 표시되며 이를 통해 영상 감각을 키우는 것은 실력 향상에 큰 도움이 됩니다.

비메오는 영상 제작자 한정의 좋은 레퍼런스 창고입니다. 유튜브는 이용자층이 상대적으로 젊고 영상이라는 장르뿐만 아니라 게임, 요리, 일상 등 영상이나 디자인과는 관련 없는 장르들이 많이 업로드됩니다. 반면에 비메오는 높은 전송 속도를 제공하며 상대적으로 유튜브와 비교하여 고화질 영상 업로드가 가능하므로 영상 제작자와 모션 그래픽 디자이너들이 업로드를 많이 하는 플랫폼입니다.

네이버 카페도 유용한 사이트입니다. 특히 모션 그래픽 쪽은 '리드미컬 이미지네이션', 영상 제작 쪽은 '도프룩' 카페가 대표적입니다. 자료 찾기도 수월하고 관련 직종 사람들과 정보를 공유하고 취업 관련 정보도 얻을 수 있으며 사용자의 공부 및 업종에 대한 경험담을 듣고 작품들을 보면서 영상 및 디자인에 대한 감각을 키울 수 있습니다.

▲ 유튜브(youtube.com)

▲ 비메오(vimeo.com)

▲ 리드미컬 이미지네이션 카페(cafe.naver.com/rhymage)

▲ 도프룩 카페(cafe.naver.com/doflook)

PART 2.

애프터 이펙트 CC 2023
처음 시작하기

애프터 이펙트를 본격적으로 시작해 봅니다. 애프터 이펙트에서 제공하는 메뉴와 도구들을 살펴보고 작업이 이루어지는 환경을 알아봅니다. 또 작업을 위한 소스 및 파일을 불러오는 방법에 대해 알아봅니다.

01 작업을 도와주는 메뉴 살펴보기

이론

애프터 이펙트 메뉴는 File, Edit, Composition, Layer, Effect, Animation, View, Window, Help로 구성되어 있으며, 각 메뉴는 작업에 많은 부분을 도와주는 기능이 있습니다. 모든 메뉴를 외울 필요는 없으며, 프로그램을 사용하다 보면 자연스럽게 체득되는 것이 많습니다. 여기서는 각 메뉴에 대해 간략하게 살펴보고 세부 기능들은 앞으로 예제를 따라 하면서 알아봅니다.

❶ (File) 메뉴

파일과 관련된 메뉴로, 새로운 프로젝트를 만들고 저장하는 기능부터 작업에 필요한 파일을 가져오는 기능, 가져온 파일과 만든 컴포지션을 정리하는 기능을 포함하고 있습니다. 보통 New, Open Project, Save As, Import, Dependencies 등을 많이 이용합니다.

❷ (Edit) 메뉴

편집에 해당하는 대표 기능으로, 파일을 복사하고 붙여 넣는 기능과 Timeline 패널에서 레이어를 복사하고 나누는 기능, 레벨을 설정하고 메모리를 관리하는 기능 등을 가지고 있습니다. 또한, 애프터 이펙트의 전체 환경을 설정하는 Preferences 명령이 있습니다. 보통 Undo, Copy, Paste, Duplicate, Split Layer, Preferences 등을 많이 이용합니다.

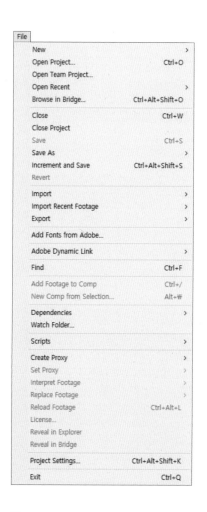

File	
New	>
Open Project...	Ctrl+O
Open Team Project...	
Open Recent	>
Browse in Bridge...	Ctrl+Alt+Shift+O
Close	Ctrl+W
Close Project	
Save	Ctrl+S
Save As	>
Increment and Save	Ctrl+Alt+Shift+S
Revert	
Import	>
Import Recent Footage	>
Export	>
Add Fonts from Adobe...	
Adobe Dynamic Link	>
Find	Ctrl+F
Add Footage to Comp	Ctrl+/
New Comp from Selection...	Alt+#
Dependencies	>
Watch Folder...	
Scripts	>
Create Proxy	>
Set Proxy	>
Interpret Footage	>
Replace Footage	>
Reload Footage	Ctrl+Alt+L
License...	
Reveal in Explorer	
Reveal in Bridge	
Project Settings...	Ctrl+Alt+Shift+K
Exit	Ctrl+Q

Edit	
Can't Undo	Ctrl+Z
Can't Redo	Ctrl+Shift+Z
History	>
Cut	Ctrl+X
Copy	Ctrl+C
Copy with Property Links	Ctrl+Alt+C
Copy with Relative Property Links	
Copy Expression Only	
Paste	Ctrl+V
Clear	Delete
Duplicate	Ctrl+D
Split Layer	Ctrl+Shift+D
Lift Work Area	
Extract Work Area	
Select All	Ctrl+A
Deselect All	Ctrl+Shift+A
Label	>
Purge	>
Edit Original...	Ctrl+E
Edit in Adobe Audition	
Team Project	>
Templates	>
Preferences	>
Sync Settings	>
Keyboard Shortcuts	Ctrl+Alt+'
Paste Mocha mask	

❸ [Composition] 메뉴

컴포지션과 관련된 메뉴들이 있는 곳으로, 새로운 컴포지션을 만들고 설정하는 기능, 컴포지션 길이와 화면을 설정하는 기능, 렌더링을 진행하는 기능, 이미지나 램 프리뷰 등을 저장하는 기능이 있습니다. 보통 New Composition, Composition Settings, Add to Render Queue, Save Frame As 등을 많이 이용합니다.

❹ [Layer] 메뉴

실제 작업을 진행할 때 필요로 하는 기능에 대한 메뉴들이 많이 있습니다. 새로운 레이어를 만드는 기능부터 각 레이어에 적용하는 Mask, 각 레이어 옵션 등을 설정할 수 있는 Switches, 물리적인 움직임을 설정할 수 있는 Transform, 영상 파일에서 시간을 설정할 수 있는 Time, 각 레이어의 중첩을 통해서 색을 변화하는 Blending Mode 등 다양한 메뉴들이 있습니다.

[Layer] 메뉴의 명령들은 Timeline 패널의 레이어에서 마우스 오른쪽 버튼을 클릭했을 때 나타나는 메뉴와도 같습니다. 각 메뉴들이 어떤 특징을 가지는지 알아두면 작업에 큰 도움이 됩니다. 보통 New, Open Layer, Mask, Switches, Transform, Time, Blending Mode, Track Matte 등을 많이 이용합니다.

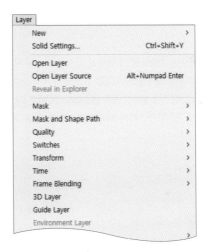

❺ [Effect] 메뉴

애프터 이펙트의 기본 이펙트뿐만 아니라 설치한 서드파티 플러그인과 가장 최근에 이용한 이펙트에 대한 명령이 있습니다. 이 메뉴는 Effects & Presets 패널과 같은 기능을 가집니다. 메뉴를 통해서는 각 이펙트의 위치를 알아서 적용해야 하지만 Effects & Presets 패널은 이펙트와 몇 글자만을 가지고도 이펙트를 찾을 수 있어 [Effect] 메뉴보다 더 편리합니다. 이펙트는 작업의 성격과 스타일에 따라 다르게 적용되므로 작업자마다 차이는 있지만, 모든 이펙트가 골고루 이용된다고 볼 수 있습니다.

❻ [Animation] 메뉴

레이어에서 키프레임 설정으로 만들 수 있는 애니메이션 이외에 추가 애니메이션 기능에 관한 명령들이 있으며, 애니메이션 프리셋과 키프레임 설정 부분, 텍스트 레이어의 애니메이션, Track Camera, Warp Stabilizer FX와 같은 명령들이 있습니다. 보통 Keyframe Interpolation, Keyframe Velocity, Keyframe Assistant, Add Expression, Track Camera, Track Mask 등을 많이 이용합니다.

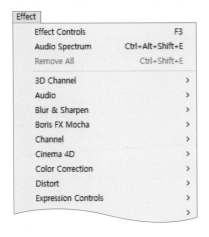

❼ [View] 메뉴

격자, 눈금자, 안내선 등을 이용해 작업을 조금 더 편리하게 도와주는 명령이 있습니다. 보통 Zoom In, Zoom Out, Resolution, Show Grid, Show Rulers, Show Guides 등을 이용합니다.

❽ [Window] 메뉴

인터페이스에 영향을 주는 기능으로 각 패널을 표시하고 숨길 수 있으며, 자신만의 인터페이스를 만들고 저장할 수 있습니다. 메뉴로 표시되는 서드파티 스크립트나 플러그인의 경우에도 표시됩니다. 특정 메뉴 창을 실수로 종료하거나 특정 메뉴가 안 보이는 경우 여기서 제어할 수 있습니다.

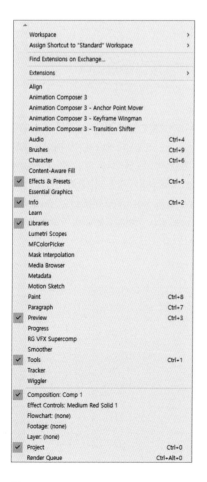

❾ [Help] 메뉴

작업에 필요한 도움말과 정보를 얻을 수 있는 메뉴로, 스크립트, 표현, 애니메이션 등에 관한 정보가 있으며, 단축키 등을 지정할 수 있고, 온라인 사용자 포럼에 피드백을 보낼 수 있습니다. 보통 After Effects Help, Effect Reference, Animation Presets, Keyboard Shortcuts, Online User Forums 등을 많이 이용합니다.

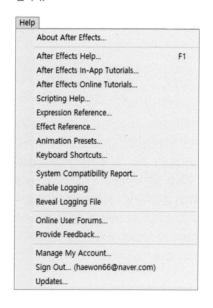

. After Effects .

02 편리한 작업을 위한 도구 살펴보기

이론

Tools 패널은 애프터 이펙트의 작업 화면 맨 위에 위치하며, 레이어를 선택하거나 문자를 입력하고 마스크를 만들 수 있는 도구들을 모은 곳입니다. Composition 패널에서 오브젝트, 화면, 마스크 등을 제어하기 위한 Tools 패널의 도구를 살펴보겠습니다.

❶ ❷ ❸ ❹ ❺ ❻ ❼ ❽ ❾ ❿ ⓫ ⓬ ⓭ ⓮ ⓯ ⓰ ⓱

❶ **홈 화면(Home)** : 애프터 이펙트를 실행하면 표시되는 프로젝트 설정 화면입니다. 홈 화면을 클릭해도 현재 작업이 종료되지 않습니다.

❷ **선택 도구(Selection Tool, Ⓥ)** : 레이어를 선택하고 이동할 때 이용하는 도구입니다. 선택 도구를 선택하면 3D 공간에서 축 (Axis)을 지정할 수 있는 Local Axis, World Axis, View Axis 선택 영역이 나타나고 레이어 정렬을 도와주는 'Snapping' 기능이 나타납니다.

❸ **손 도구(Hand Tool, Ⓗ)** : 화면을 이동할 때 이용하는 기능으로 Composition 패널의 화면에서 보이는 부분보다 큰 화면의 작업 환경일 때 손 도구를 이용하여 화면을 이동하거나, Timeline 패널에서 작업 중 레이어가 늘어나 작업 화면에서 보기 힘들 때 드래 그하여 볼 수 있습니다. 이외에도 Project 패널, Effects & Preset 패널 등에서도 작업 중 안 보이는 부분을 드래그하여 볼 수 있습니다.

❹ **확대/축소 도구(Zoom Tool, Ⓩ)** : Composition 패널의 화면을 자세히 보기 위해 확대하거나 넓게 보기 위해 축소할 때 이용합니다.

❺ **주위 궤도 도구(Orbit Around Tool, Shift + 1)** : 3D 영역의 시점 변화를 보여 줍니다. 카메라를 직접 들고 움직이는 상황을 프로 그램에서 표현합니다.

  ⓐ **커서 주위 궤도 도구(Orbit Around Cursor Tool)** : 마우스 커서 중심으로 이동하며 화면 위에 마우스 커서를 위치시키면 그 중심으로 회전합니다.

  ⓑ **장면 주위 궤도 도구(Orbit Around Scene Tool)** : 무조건 화면 중심을 기준으로 회 전하며 이동합니다.

  ⓒ **카메라 POI 궤도 도구(Orbit Around Camera POI)** : Orbit Around Camera POI 카메라의 Point Of View(관점)를 기준으로 이 동합니다. 오브젝트의 위치와는 상관없이 카메라 가운데를 중심으로 이동합니다.

❻ **팬 도구(Pan Tool, Shift + 2)** : 3D 영역의 위치 변화를 보여 줍니다. 카메라는 가운데 고정하고 위, 아래, 왼쪽, 오른쪽으로 패닝 하는 상황을 프로그램에서 표현합니다.

  ⓐ **커서 아래로 이동 도구(Pan Under Cursor Tool)** : 커서 중심으로 카메라를 상하좌우로 이동합니다.

  ⓑ **팬 카메라 POI 도구(Pan Camera POI Tool)** : 카메라의 Point Of View(관점)를 기준으로 상하좌우로 이동합니다.

❼ **돌리 도구(Dolly Tool, Shift + 3)** : 3D 영역의 줌 인과 줌 아웃을 보여 줍니다. 카메라를 레일에 달아서 앞뒤로 움직이는 상황을 프로그램에서 표현합니다.

  ⓐ **커서를 향해 돌리 도구(Dolly Towards Cursor Tool)** : 화면 위에 커서를 위치시키 고 드래그하여 Z축 앞뒤로 이동합니다. 앞으로 이동할 때는 커서 중심으로 이동하지만 뒤로 이동할 때는 중심으로 반환됩니다.

ⓑ **커서로 돌리 도구(Dolly to Cursor Tool)** : 화면 위에 커서를 위치시키고 드래그하여 커서 중심으로 Z축 앞뒤로 이동합니다. 앞뒤 모두 이동할 때 화면 위에 있는 커서 중심으로 이동합니다.

ⓒ **카메라 POI를 향해 돌리 도구(Dolly to Camera POI Tool)** : 카메라 중심 Point of View(관점)를 중심으로 Z축 앞뒤로 이동합니다. 애프터 이펙트 CC 2020에서는 이 기능만 지원하였습니다.

❽ **회전 도구(Rotation Tool, R)** : 선택한 레이어를 Composition 패널의 모니터 화면에서 회전할 때 이용합니다. 회전 도구를 선택하면 선택 도구와 마찬가지로 회전축을 설정할 수 있는 Axis 영역과 3D 작업에서 Rotation 및 Orientation을 설정할 수 있는 메뉴가 나타납니다. 이때 Rotation은 회전을 뜻하고 Orientation은 기울기 방향을 뜻합니다. 회전 도구는 Local Axis Mode와 World Axis Mode, View Axis Mode로 나뉘어 작업을 진행할 수 있습니다.

❾ **뒤로 팬 도구(Pan Behind Tool(Anchor Point Tool), Y)** : 크게 뒤로 팬 기능과 레이어 중심축 기준점을 이동하는 기능을 가지고 있습니다. 레이어 중심축 기준점을 이동하는 기능입니다. 레이어를 선택하고 중심축인 기준점을 클릭한 다음 드래그하면 이동할 수 있습니다. 이때 Position과 Anchor Point에 애니메이션이 적용되면 기준점을 이동할 때 달라질 수 있습니다.

❿ **마스크 및 셰이프 도구(Mask Tool, Q)** : 마스크를 만드는 기능으로, 사각형 도구는 가장 기본적인 사각형 마스크를 만드는 기능입니다. 이때 레이어를 선택한 상태에서 드래그하면 사각형 마스크가 만들어지고 레이어를 선택하지 않은 상태에서 드래그하면 셰이프 레이어가 만들어집니다. 마스크 및 셰이프 도구를 잠시 누르면 다양한 마스크를 만들 수 있는 메뉴가 표시됩니다. 마스크 및 셰이프 도구는 셰이프 레이어도 만들 수 있어 선택하면 Tools 패널에 셰이프 레이어의 색과 선의 색, 굵기를 지정할 수 있는 옵션이 표시됩니다.

⓫ **펜 도구(Pen Tool, G)** : 패스를 이용하여 원하는 형태의 마스크를 만들거나 모양을 만들 수 있습니다. 이때 레이어를 선택한 다음 패스를 그리면 마스크(원하는 부분만 나타나는 레이어)를 만들 수 있고, 레이어 선택을 해제한 다음 패스를 그리면 모양을 만들 수 있습니다. 펜 도구를 잠시 누르면 펜 도구를 제어할 수 있는 기능이 표시되고, 선택하면 마스크 및 셰이프 도구와 마찬가지로 모양을 설정하는 기능이 나타납니다.

ⓐ **펜 도구(Pen Tool)** : 클릭 또는 드래그하여 패스를 만들 수 있습니다.

ⓑ **기준점 추가 도구(Add Vertex Tool)** : 이미 그려진 패스에 기준점을 추가할 수 있습니다.

ⓒ **기준점 삭제 도구(Delete Vertex Tool)** : 기준점을 삭제할 수 있습니다.

ⓓ **기준점 변환 도구(Convert Vertex Tool)** : 베지어 곡선(선을 제어할 수 있는 곡선)을 추가해 직선을 곡선 형태로 변형할 수 있습니다.

ⓔ **마스크 페더 도구(Mask Feather Tool)** : 마스크 영역을 지정하여 페더 효과(점점 흐려지거나 진해지는 효과)를 줄 수 있습니다.

⓬ **문자 도구(Type Tool, Ctrl + T)** : 텍스트를 입력할 수 있는 도구로, 기본으로 가로 문자를 입력할 수 있습니다. 문자 도구를 잠시 누르면 표시되는 메뉴에서 가로 문자 도구(Horizontal Type Tool), 세로 문자 도구(Vertical Type Tool)를 선택하여 가로 또는 세로 문자를 입력할 수도 있습니다.

문자 도구를 선택한 다음 Tools 패널 오른쪽의 'Auto-Open Panels'를 체크 표시하면 자동으로 Character 패널과 Paragraph 패널이 표시되며, 해당 패널의 아이콘을 클릭해서 표시하거나 숨길 수 있습니다.

⓭ **브러시 도구(Brush Tool, Ctrl + B)** : 포토샵의 브러시 기능처럼 드래그하여 원하는 형태를 그릴 수 있습니다. Composition 패널 화면에서는 브러시가 적용되지 않기 때문에 브러시 도구를 이용하려면 먼저 선택한 레이어를 더블클릭하여 Layer 패널을 표시해야 합니다.

TIP

브러시 도구(Brush Tool), 복제 도장 도구(Clone Stamp Tool), 지우개 도구(Eraser Tool)는 모두 Ctrl+B를 눌러 순서대로 선택할 수 있습니다.

브러시 도구를 선택하고 오른쪽에 표시되는 'Auto-Open Panels'를 체크 표시하면 자동으로 Brushes 패널과 Paint 패널이 표시되며, 해당 패널 아이콘을 클릭해서 표시하거나 숨길 수 있습니다.

⓮ **복제 도장 도구(Clone Stamp Tool, Ctrl + B)** : 포토샵의 복제 도구와 같은 기능으로, 영상과 이미지 일부를 복제하는 기능입니다. 복제 스탬프 도구 역시 브러시 계열의 기능이기 때문에 Brushes 패널과 Paint 패널이 자동으로 표시됩니다. 이때 적용할 레이어를 더블클릭하여 Composition 패널의 위치에 Layer 패널을 표시하고 적용할 수 있습니다. 해당 기능을 이용하여 특정 부분을 지우거나 어색한 부분을 채우는 등 VFX 시각 효과를 구현하는 경우도 많이 이용합니다.

⓯ **지우개 도구(Eraser Tool, Ctrl + B)** : 레이어의 일부 영역을 지워서 뒤에 있는 레이어를 나타내는 기능입니다. 지우개 도구 역시 브러시 계열로, Brushes 패널과 Paint 패널이 표시됩니다. 페인트 도구, 복제 스탬프 도구와 마찬가지로 적용할 레이어를 더블클릭하여 Layer 패널을 표시하고 적용할 수 있습니다.

⓰ **로토 브러시 도구(Roto Brush Tool, Alt + W)** : 브러시를 이용해서 그린 영역을 마스크처럼 선택하는 기능으로, 선택한 다음 Track 기능을 이용해서 선택 영역을 영상의 움직임에 맞출 수

있습니다. 주로 합성할 때 손쉽게 이용할 수 있으며, 로토 브러시 도구를 잠시 누르면 선택 영역을 정리할 수 있는 리파인 에지 도구가 표시됩니다. 애프터 이펙트 CC 2021부터 지원하는 '로토 브러시 2.0'은 정확성과 속도 측면에서 혁신적인 업데이트를 했기 때문에 로토 브러시는 CC 2021 이후 버전부터 사용하는 것을 권장합니다.

⓱ **퍼핏 핀 도구(Puppet Pin Tool)** : 레이어에 퍼핏 기준점을 추가하여 일부분을 움직이는 기능입니다. 퍼핏(Puppet)은 인형극에 이용하는 꼭두각시 인형이라는 뜻으로, 인형 모양의 레이어가 있으면 퍼핏 기준점을 추가해서 몸과 팔, 다리 등을 움직일 수 있습니다. 기본 도구는 퍼핏 핀 도구이며, 퍼핏 핀 도구를 잠시 누르면 관련 도구가 표시됩니다.

ⓐ **퍼핏 포지션 핀 도구(Puppet Position Pin Tool)** : 퍼핏 기준점을 배치하거나 이동합니다.

ⓑ **퍼핏 스타치 핀 도구(Puppet Starch Pin Tool)** : 변형을 줄이기 위해 일정 영역을 고정하는 스타치 핀을 배치할 때 이용합니다.

ⓒ **퍼핏 벤드 핀 도구(Puppet Bend Pin Tool)** : 영역 단위로 퍼핏을 틀거나 변형할 때 사용하는 핀을 배치합니다.

ⓓ **퍼핏 어드벤스드 핀 도구(Puppet Advanced Pin Tool)** : 기본 퍼핏 핀 도구보다 정교한 변형을 할 수 있는 어드벤스드 핀을 배치합니다. 밴드 핀 도구와 사용법이 비슷합니다.

ⓔ **퍼핏 오버랩 도구(Puppet Overlap Pin Tool)** : 변형으로 인해 이미지의 여러 부분이 서로 겹칠 때 맨 앞에 표시할 이미지를 나타내는 겹치기 핀을 배치합니다.

패널		중요도 ★★

. After Effects .

03 주요 패널 살펴보기

이론

기본 패널 외에도 작업 중 많이 이용하는 패널에 대해 알아봅니다. 레이어에 이펙트를 적용하면 자동으로 표시되는 Effect Controls 패널, 문자 도구를 선택하면 표시되는 Character 패널 등을 살펴봅니다.

❶ Effects & Presets 패널

(Effect) 메뉴의 기능으로, 검색을 통해 특정 효과를 찾을 수 있습니다. >를 클릭하면 Effects 목록을 확인할 수 있으며 더블클릭하거나 드래그해서 레이어에 적용할 수 있습니다. 서드파티 플러그인 등 외부에서 받은 효과를 설치하면 이곳에 표시됩니다.

▲ 하위 메뉴를 표시해서 이펙트 목록 확인

❷ Preview 패널

램 프리뷰를 이용하면 작업 환경에서 RAM 메모리에 가상 렌더링을 진행해 영상을 볼 수 있습니다. 애프터 이펙트는 영상에 그래픽, 애니메이션 등을 만드는 소프트웨어로 실시간 재생을 할 수 없어 램 프리뷰를 통해 영상의 애니메이션, 움직임 등을 확인할 수 있습니다. 이때 컴퓨터 환경의 RAM 메모리 용량과 작업 성격에 따라서 진행 속도가 다릅니다. 예를 들어, 컴퓨터가 계산하기 어려운 이펙트 등을 이용하면 램 프리뷰로 인해 가상 렌더링 시간이 느려집니다. 작업이 늘어나 메모리에 여러 데이터가 누적되고 애프터 이펙트뿐만 아니라 여러 소프트웨어를 실행하면 램 프리뷰 진행 속도가 느릴 수 있습니다. 램 프리뷰는 오른쪽 숫자 키의 [0] 또는 Spacebar를 눌러 빠르게 실행할 수 있습니다.

❸ Info 패널

램 프리뷰 랜더링을 진행할 때 작업 중 오류가 발생하면 간단한 정보를 보여 주며 Composition 패널의 화면 속 색 정보를 확인할 수 있습니다.

❹ Audio 패널

Audio Level이 '0'을 넘으면 사각형이 빨간색으로 표시됩니다. 사운드가 커져서 한계임을 나타 내는 것으로, 이때 오른쪽 오디오 슬라이더를 이용해서 사운드를 줄일 수 있습니다. Audio 패널은 기본적으로 비활성화되어 있으며, 사운드가 포함된 영상 파일 혹은 오디오 파일을 선택하면 활성 화됩니다.

❺ Effect Controls 패널

메뉴에서 (Window) → Effect Controls를 실행하여 Effect Controls 패널을 표시할 수 있습니다. 이펙트를 적용하면 효과에 따라서 다르게 나타나는 Effect Controls 패널을 확인할 수 있습니다.

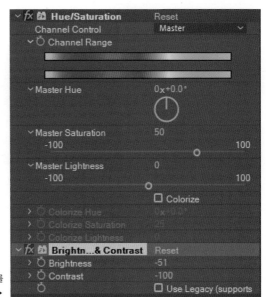

Hue/Saturation과 Brightness& Contrast 이펙트를
적용했을 때 Effect Controls 패널 ▶

❻ Character 패널

문자 도구를 사용하면 활성화됩니다. 글꼴, 글꼴의 크기, 자간, 행간, 글꼴의 가로세로 비율 및 글꼴 의 스타일 등을 설정할 수 있습니다. 글꼴을 설치하면 Character 패널에서 글꼴 설정을 할 수 있 습니다.

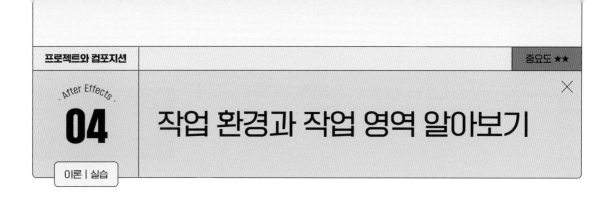

. After Effects .

04 작업 환경과 작업 영역 알아보기

이론 | 실습

❶ 작업 환경 = 프로젝트(Project)　　　　　　　　　　　　　　　　　　　● ● ● ●

그래픽 작업을 진행하는 프로그램에는 프로젝트 파일이 있습니다. 프로젝트(Project)는 현재 작업 환경을 저장하는 형식으로, 애프터 이펙트를 처음 실행하면 작업 화면 왼쪽 위에 나타나는 'Adobe After Effect CC 2023 - Untitled Project.aep'처럼 프로그램 이름과 함께 프로젝트 파일 이름을 확인할 수 있습니다. 파일을 저장하면 AEP 파일 형식을 확인할 수 있으며, AEP 파일이 곧 애프터 이펙트의 프로젝트 파일입니다.

즉, 프로젝트는 애프터 이펙트의 모든 작업 환경을 뜻하며 프로젝트 파일은 작업 환경을 저장하는 파일입니다.

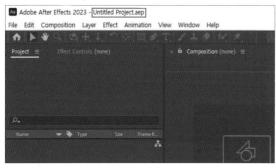

▲ 프로젝트 파일 이름

▲ 애프터 이펙트에서 저장할 때의 파일 이름과 형식

❷ 실제 작업 영역 = 컴포지션(Composition)　　　　　　　　　　　　● ● ● ●

프로젝트를 만들었다고 해서 바로 작업을 시작할 수는 없습니다. 애프터 이펙트에서는 기본적으로 프로젝트 파일 안에 실제로 작업할 수 있는 컴포지션(Composition)을 만들어야 합니다. 하나의 프로젝트 안에는 여러 개의 컴포지션을 만들 수 있습니다. 포토샵(PSD) 파일에 하나의 화면을 저장하는 것과 다르게 애프터 이펙트 (AEP) 파일에는 여러 개의 화면을 저장할 수 있습니다.

애프터 이펙트의 작업 환경에서 하나의 컴포지션을 만들면 다음과 같습니다. 애프터 이펙트에서 프로젝트 안에 컴포지션을 만들면 Project 패널에 'Comp 1' 컴포지션이 만들어지고 작업 화면 아래의 Timeline 패널이 달라집니다. 여러 개의 컴포지션을 만들면 Project 패널에 여러 개의 컴포지션이 표시됩니다.

애프터 이펙트를 처음 실행하면 프로젝트가 만들어지고, 그 안에 새로운 컴포지션을 만들어 작업을 시작할 수 있습니다. 즉, 애프터 이펙트 작업의 시작은 컴포지션을 만드는 것으로부터 시작합니다.

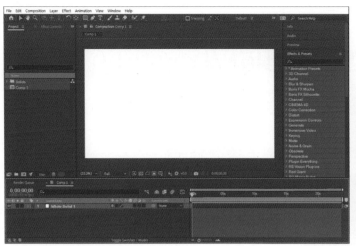

▲ 애프터 이펙트의 기본 작업 환경

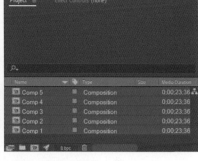

▲ Project 패널의 컴포지션

01 애프터 이펙트를 실행한 다음 메뉴에서 (Composition) → New Composition((Ctrl)+(N))을 실행합니다.

TIP

다른 프로젝트가 열려 있는 상태라면 메뉴에서 (File) → New → New Project((Ctrl)+(Alt)+(N))을 실행하여 새로운 프로젝트를 만들고 컴포지션을 만듭니다.

TIP

컴포지션을 만드는 또 다른 방법
❶ Project 패널 하단의 'Create a new Composition' 아이콘(🖼)을 클릭합니다.
❷ Composition 패널의 (New Composition) 버튼을 클릭합니다.

02 Composition Settings 대화상자가 표시되면 ❶ Width를 '1920px', Height를 '1080px', ❷ Frame Rate를 '30', ❸ Duration을 '0:00:10:00'으로 설정한 다음 ❹ (OK) 버튼을 클릭합니다.

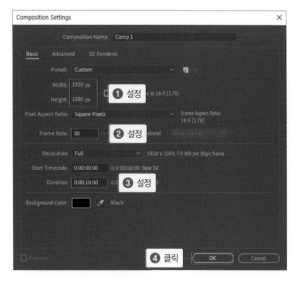

Why?

작업 화면은 작업 환경에 따라 변경합니다. 예제에서는 기본 작업 환경과 영상 소스 크기를 고려하여 일반적인 영상 크기인 FHD 사이즈에 맞춰 '1920×1080px'로 설정하였습니다. 환경에 따라 HD '1280×720px'이나 UHD(4K) '3840×2160px'로 설정합니다.

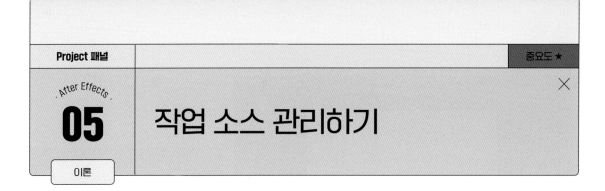

After Effects 05 · 작업 소스 관리하기

이론

작업에 필요한 소스 파일을 불러오기 전에 Project 패널의 구성을 살펴봅니다.

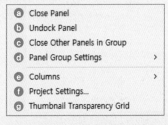

❶ **Project 패널 메뉴** : Project 패널에 관한 세부 기능이 포함된 메뉴입니다.

- ⓐ Close Panel
- ⓑ Undock Panel
- ⓒ Close Other Panels in Group
- ⓓ Panel Group Settings   >
- ⓔ Columns   >
- ⓕ Project Settings...
- ⓖ Thumbnail Transparency Grid

ⓐ **Close Panel** : 해당 패널을 닫습니다.

ⓑ **Undock Panel** : 해당 패널을 분리합니다.

ⓒ **Close Other Panels in Group** : 여러 개의 패널이 있을 때 활성화되며, 그룹화된 패널을 함께 닫습니다.

ⓓ **Panel Group Settings** : 그룹화된 패널들을 설정할 수 있습니다.

ⓔ **Columns** : Project 패널의 세부 속성을 표시하거나 숨길 수 있으며, 불러들인 파일들의 다양한 정보를 표시합니다.

ⓕ **Project Settings** : 작업 중인 프로젝트의 Timecode, Feet, Frame과 현재 작업 환경에서 Color Settings의 Depth를 설정할 수 있는 Project Settings 대화상자를 표시합니다. Depth는 기본적으로 '8 bits per channel'로 지정되며 세밀한 색 작업을 위해서는 '16/32 bits per channel'로 지정할 수 있습니다.

ⓖ **Thumbnail Transparency Grid** : Project 패널의 왼쪽 위 섬네일 이미지의 배경을 투명하게 지정합니다. 보통 검은색으로 지정되며 이 기능을 활성화하면 알파 채널(Alpha Channel) 레이어 작업에 유용합니다.

❷ **검색 창** : Project 패널에 가져온 파일을 쉽게 찾는 기능으로, '돋보기' 아이콘(🔍)을 클릭하면 누락된 소스와 이펙트, 그리고 이용하지 않는 소스 파일들을 한 번에 찾을 수 있습니다.

❸ Project Flowchart : 작업 중인 플로우차트를 여는 기능으로, 전체 작업 환경을 간단히 보여 줍니다. 'Flowchart' 아이콘(🖧)을 클릭하면 자동으로 Composition 패널의 위치에 Flowchart 창이 표시되며, 여기서는 작업 중인 컴포지션과 그 컴포지션 안에서 작업하는 소스 레이어, 그리고 소스 레이어에 이용된 이펙트 등을 한눈에 확인할 수 있습니다.

❹ Interpret Footage : 불러온 소스의 정보를 확인하고 설정할 수 있는 Interpret Footage 대화상자를 표시합니다. Project 패널에서 가져온 소스를 선택한 다음 'Interpret Footage' 아이콘(🖾)을 클릭하면 해당 소스의 Alpha, Frame Rate, Start Timecode, Field and Pulldown, Pixel Aspect Ratio, Loop 등을 설정할 수 있습니다.

이때 Project 패널에서 불러온 파일을 선택해야만 실행할 수 있습니다. 만약 파일을 불러오지 않은 상태에서 'Interpret Footage' 아이콘(🖾)을 클릭하면 Interpret Footage 대화상자가 표시되지 않습니다.

❺ Create a new Folder : Project 패널에 폴더를 만들어 가져온 소스 파일이나 컴포지션 등을 분류할 수 있습니다.

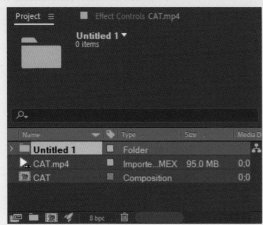

❻ Create a new Composition : 새로운 컴포지션을 만드는 기능으로, 메뉴에서 (Composition) → New Composition을 실행했을 때와 같습니다.

❼ 8 bpc(Project Settings)/16 bpc/32 bpc : 프로젝트의 Color Depth를 설정하는 기능입니다. 기본적으로 '8 bpc'로 지정되며 해당 영역을 클릭하면 Project Settings 대화상자가 표시됩니다.

Project Settings 대화상자에서는 Video Rendering and Effects를 실행하기 위한 GPU를 설정할 수 있으며 Time Display Style에서는 작업 환경에 나타나는 Timecode를 설정할 수 있고 Color Settings에서는 8/16/32 bits per channel 등 색의 깊이를 설정할 수 있습니다. Audio Settings에서는 오디오의 Sample Rate를 설정할 수 있습니다.

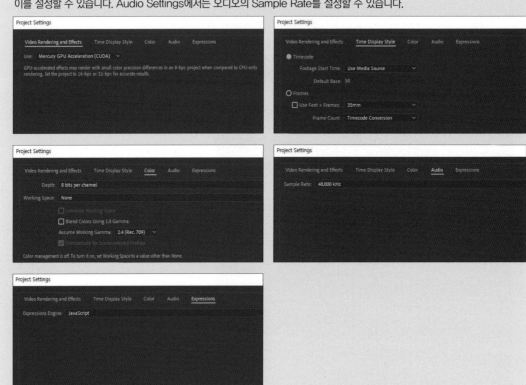

TIP ◁

Alt 를 누른 상태로 '8 bpc'를 클릭하면 Project Settings 대화상자를 표시하지 않은 상태로 '16 bpc', '32 bpc'로 지정할 수 있습니다.

❽ Delete selected project items : 선택한 소스 또는 컴포지션을 삭제합니다.

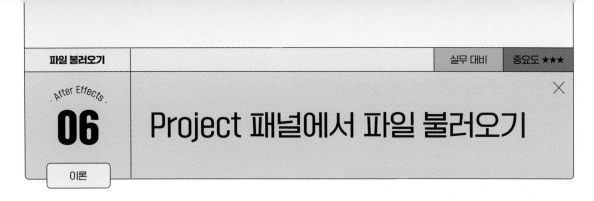

파일 불러오기 　　　　　　　　　　　실무 대비　중요도 ★★★

. After Effects .

06

이론

Project 패널에서 파일 불러오기

Project 패널에 작업을 위한 이미지, 영상을 불러옵니다. 파일을 불러오려면 다음과 같은 네 가지 방법을 이용할 수 있으며 작업 환경에 따라서 알맞은 방법을 선택하여 실행합니다.

❶ Import 명령 실행하기　　　　　　　　　　　　　　　　　●●●

❶ 메뉴에서 (File) → Import → File(Ctrl+I)을 실행하면 나타나는 Import File 대화상자에서 ❷ 작업 파일을 선택한 다음 ❸ 〈Import〉 버튼을 클릭하여 다양한 소스 파일을 불러올 수 있습니다. 작업에 따라 Multiple Files, From Libraries, Adobe Premiere Pro Project 등의 명령을 실행할 수도 있습니다.

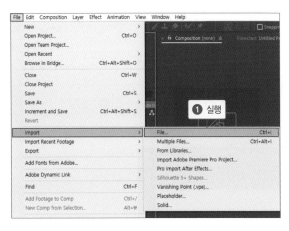
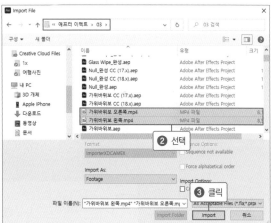

❷ Project 패널에서 마우스 오른쪽 버튼을 클릭해 명령 실행하기　　●●●

❶ Project 패널에서 마우스 오른쪽 버튼을 클릭하고 ❷ Import → File(Ctrl+I)을 실행합니다. Import File 대화상자를 이용하여 소스 파일을 불러올 수 있습니다.

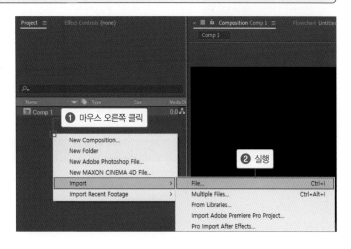

❸ Project 패널에서 여백 더블클릭하기 • • •

Project 패널의 여백을 더블클릭하면 자동으로 메뉴에서 (File] → Import → File을 실행한 것처럼 Import File 대화상자가 표시되어 바로 소스 파일을 선택해 불러올 수 있습니다.

❹ 탐색기 폴더에서 파일 드래그하기 • • •

작업 중 가장 많이 이용하는 방법으로 ❶ 탐색기의 소스 폴더에서 ❷ 파일을 선택하고 ❸ 애프터 이펙트의 Project 패널로 드래그하여 소스 파일을 불러올 수 있습니다.

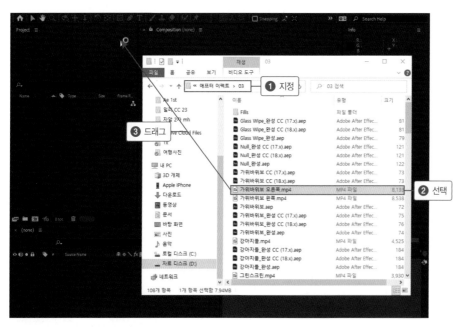

TIP ◁▷

작업 스타일에 따라 원하는 대로 소스 파일을 불러올 수 있습니다. 보통 파일을 불러올 때 Project 패널의 여백을 더블클릭하거나 탐색기에서 파일을 드래그하는 방법을 가장 많이 이용합니다.

- After Effects -

07

이론 | 실습

다양한 방법으로
포토샵(PSD) 파일 불러오기

완성도 있는 모션 그래픽 디자인을 위해 애프터 이펙트에 포토샵(PSD) 파일을 불러올 때는 작업 환경에 따라 크게 다음과 같은 세 가지 방법을 이용할 수 있습니다.

❶ Footage 지정하기

장면(Footage)은 촬영된 영상을 말합니다. 애프터 이펙트에서는 촬영된 영상뿐만 아니라 3D 프로그램이나 그래픽 툴에서 제작된 소스도 사용하기 때문에 어울리지 않더라도 장면(Footage)이라는 단어를 사용합니다. 현재 장면(Footage)은 영상, 이미지 소스 모두를 나타내며 PSD 파일을 장면이라고 부르는 건 단순한 소스 형태로 작업한다는 뜻입니다. 장면 설정으로 PSD 파일을 불러오는 두 가지 방법이 있습니다.

❶ 모든 레이어를 묶어(Merge) 하나의 이미지로 불러오기

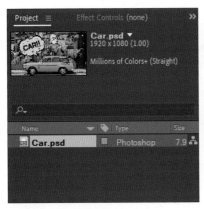

▲ 하나의 파일로 묶인 PSD 파일   ▲ 하나의 파일로, 하나의 레이어만 보이는 PSD 파일

❷ 레이어를 선택하여 불러오기

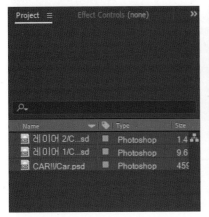

▲ 여러 레이어 중 3개 레이어만 불러온 PSD 파일   ▲ 작업 환경에 개별 레이어로 불러온 모습

❷ Composition 지정하기

PSD 파일의 모든 레이어를 애프터 이펙트로 불러오는 방법입니다.

PSD 파일은 컴포지션 형태로 불러들여지며 각각의 레이어는 자동으로 폴더화됩니다. 이때 포토샵에서 레이어 스타일 작업을 불러오는 방법(Editable Layer Styles)과 레이어 스타일 작업을 이미지화하여 불러오는 방법(Merge Layer Style into Footage)이 있습니다.

▲ 컴포지션 형태로 불러온 모습   ▲ 폴더를 열면 확인할 수 있는 각 레이어   ▲ PSD 파일을 불러오면서 자동으로 만들어진 컴포지션을 더블클릭해 레이어들이 모두 불러들여진 모습

❸ Composition – Retain Layer Sizes 지정하기

포토샵에서 디자인한 레이어의 원래 크기대로 불러오는 방법입니다.

컴포지션으로 불러오는 방법은 화면 크기에 맞춰 소스를 자른 채 불러옵니다. 다른 기능들은 Composition, Composition – Retain Layer Sizes와 모두 같습니다.

▲ Composition – Retain Layer Sizes를 통해 원본 PSD 파일을 불러온 모습   ▲ 일반 Composition으로 불러오는 형태에서는 컴포지션의 크기에 맞춰 선택된 모습

• 예제파일 : 애프터 이펙트\02\PSDimport.psd ● ● ●

01 새 프로젝트를 만들고 ❶ Project 패널에서 마우스 오른쪽 버튼을 클릭한 다음 ❷ Import → File을 실행합니다.

02 Import File 대화상자가 표시되면 ❶ 애프터 이펙트→ 02 폴더에서 ❷ 'PSD import.psd' 파일을 선택한 다음 ❸ 〈Import〉 버튼을 클릭합니다.

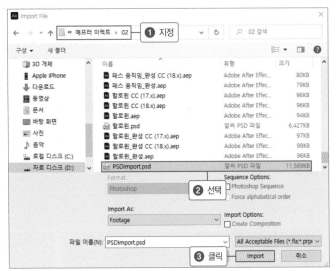

03 PSDimport.psd 대화상자가 표시되면 ❶ Import Kind를 클릭한 다음 ❷ 'Composition – Retain Layer Sizes'로 지정하고 ❸ 〈OK〉 버튼을 클릭합니다.

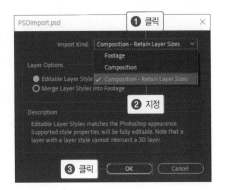

04 Project 패널에 'PSDimport' 컴포지션이 만들어지며 같은 이름의 폴더도 만들어졌습니다. 폴더 이름 왼쪽의 >를 클릭하면 폴더 내 파일들을 확인할 수 있습니다.

클릭

05 'PSDimport' 컴포지션을 더블클릭하면 해당 컴포지션이 열리면서 컴포지션 안의 레이어들을 확인할 수 있습니다.

더블클릭

TIP

레이어들은 포토샵에서 디자인한 레이어와 순서를 그대로 반영합니다.

TIP

PSD는 포토샵 파일로 애프터 이펙트에 PSD 파일을 불러오면 컴포지션 형태로 여러 개의 레이어를 나눠서 볼 수 있습니다. 반면에 PNG나 JPG 같은 이미지 파일의 경우 레이어가 합쳐진 형태로 하나의 레이어로 애프터 이펙트에 표시됩니다.

▲ PSD를 불러온 경우 – 컴포지션 형태로 각각의 레이어가 분리되어 있습니다.　▲ PNG를 불러온 경우 – 하나의 이미지로 합쳐져 있습니다.

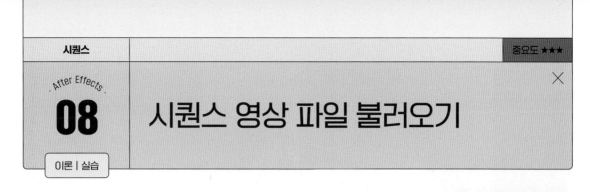

시퀀스		중요도 ★★★

After Effects

08

이론 | 실습

시퀀스 영상 파일 불러오기

실무에서 가장 많이 이용하는 영상 파일 형식 중에 시퀀스(Sequence) 파일이 있습니다. 시퀀스 파일은 영상을 한 장면씩 분리한 이미지 파일의 형태로, 주로 파일 이름과 뒤에 숫자로 구성된 Tga, Tiff, Dpx, Jpeg, Png와 같은 이미지 파일을 말합니다.

애프터 이펙트에서 시퀀스 파일을 불러오면 자동으로 영상처럼 불러올 수 있습니다. 실무에서 시퀀스 파일을 이용하는 가장 큰 이유는 화질 때문입니다. 보통 영상 파일은 낮은 용량으로 영상을 만들기 위해 압축 과정을 거치며, 이때 화질이 떨어지는 문제가 발생합니다. 하지만 시퀀스는 재생을 목적으로 만드는 파일이 아니기 때문에 최고 화질을 얻을 수 있습니다.

▲ 애프터 이펙트에 시퀀스 파일을 영상으로 불러온 모습

• 예제파일 : 애프터 이펙트\02\Sequence 폴더　　● ● ●

01 새 프로젝트를 만들고 ❶ Project 패널에서 마우스 오른쪽 버튼을 클릭한 다음 ❷ Import → File을 실행합니다.

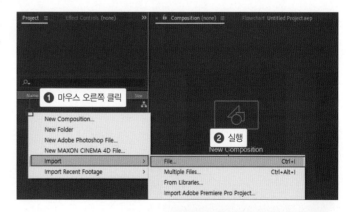

02 Import File 대화상자가 표시되면 애프터 이펙트 → 02 → Sequence 폴더에서 'Sequence_00000.png' 파일을 선택하고 'PNG Sequence'를 체크 표시한 다음 〈Import〉 버튼을 클릭합니다.
Project 패널에서 하나의 파일로 불러들인 시퀀스 영상 파일을 확인할 수 있습니다.

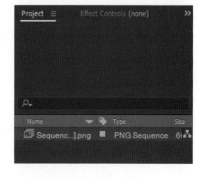

모션 그래픽을 위한 세팅 & 편의 기능

실질적인 모션 그래픽 및 영상 제작 작업 이루어지는 패널들에 대해 알아봅니다.

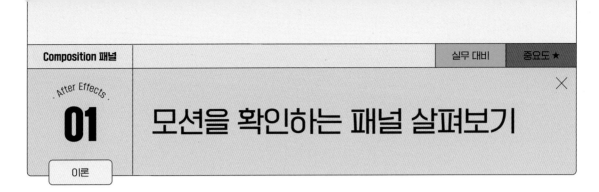

01 모션을 확인하는 패널 살펴보기

이론

영상 작업이 이루어지면서 시각적으로 확인할 수 있는 Composition 패널에 대해 알아봅니다.

❶ **Toggle Viewer Lock** : Timeline 패널에 여러 개의 컴포지션이 열려 있을 때 이용하는 기능으로 'Toggle Viewer Lock'이 해제된 경우 선택한 컴포지션에 따라서 자동으로 Composition 패널의 화면이 바뀝니다. 하지만 'Lock'을 지정했을 때는 Timeline 패널에서 다른 컴포지션을 선택해도 항상 잠금 설정된 컴포지션을 보여 줍니다.

❷ **Composition 탭** : 작업 중인 화면이 무엇인지 알 수 있는 기능으로 항상 'Composition'으로 지정되어 있는지 확인해야 합니다. 작업을 진행하다 보면 'Composition'이 'Layer' 또는 'Footage'로 변경되어 있기도 합니다. 설정에 따라 진행할 수 있는 작업이 각각 다르기 때문에 꼭 확인합니다.

▲ Footage 패널

▲ Layer 패널

❸ **Composition 패널 메뉴** : 기본으로 메뉴에서 위쪽의 Close Panel, Unlock Panel, Close Other Panels in Group, Panel Group Settings 명령은 모든 패널 메뉴에 있는 명령으로 Project 패널의 메뉴와도 같습니다.

ⓐ **View Options** : Composition 패널의 화면에서 보이는 형태를 설정하는 기능으로, View Options를 실행하면 View Options 대화상자가 표시됩니다.

ⓑ **Composition Settings** : Composition Settings 대화상자를 표시하는 기능으로 메뉴에서 (Composition) → Composition Settings를 실행한 것과 같습니다.

ⓒ **Show Composition Navigator** : 작업 중인 컴포지션의 구성을 보여 주는 기능으로 여러 컴포지션을 작업할 때 도움을 줍니다. 컴포지션을 또 하나 만들면 아래와 같이 Composition 탭 밑에 표시됩니다.

ⓓ **Flow Right/Left to Left/Right** : Composition Navigator의 진행 순서를 뜻하며, 기본 설정은 'Flow Right to Left'입니다. 'Flow Left to Right'로 지정하면 진행 방향이 바뀝니다.

ⓔ **Enable Frame Blending** : 영상의 프레임을 시간상 길게 만들거나 짧게 만들었을 때 끊김없이 자연스럽게 나타냅니다.

ⓕ **Enable Motion Blur** : 모션 블러를 적용한 레이어 형태를 화면에서 보이도록 설정하는 기능이며, 모션 블러는 무거운 효과라 작업 속도를 느리게 할 수 있으므로 필요할 때 설정합니다.

ⓖ **Show 3D View Labels** : 3D 작업 화면에서 Right, Left, Camera처럼 공간을 보여 줄 때 해당 공간의 레이블을 보여 주는 기능입니다. 특별히 작업에 방해되지 않으면 레이블을 나타내는 것이 좋습니다.

ⓗ **Transparency Grid** : 해당 레이어에 마스크, 매트, 알파처럼 일부분만 보이는 효과를 확인하기 위해 배경색을 지웁니다.

ⓘ **Composition Flowchart/Mini-Flowchart** : 작업 중인 컴포지션의 플로우차트와 미니 플로우차트를 보여 주는 기능입니다. Flowchart는 Project 패널의 Project Flowchart와 같으며 해당 컴포지션에 한정 지어서 보여 줍니다.

ⓙ **Always Preview This View** : 3D 작업 환경에 Right, Left, Camera처럼 여러 개의 컴포지션이 있을 때 설정한 컴포지션만 미리 보기를 진행하는 기능입니다. 이 기능을 설정하지 않으면 작업할 때 선택한 컴포지션에서 미리 보기를 진행합니다.

ⓚ **Primary Viewer** : 외부 오디오 장비 또는 외부 모니터를 통해서 보는 Composition 패널을 설정하는 기능입니다. 이 기능을 활성화하면 해당 컴포지션을 우선으로 볼 수 있습니다.

❹ **Magnification ratio popup** : 패널에 보이는 화면 크기를 설정하는 기능입니다. 이때 'Fit'과 'Fit up to 100%'는 화면 폭에 맞춰 최대한 크게 보여 줍니다. 화면 배치와 크기에 따라 적절한 화면 크기는 전부 다르므로 환경에 맞게 지정하도록 합니다.

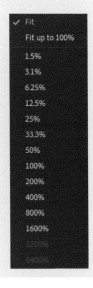

❺ Resolution/Down Sample Factor Popup : 화면 해상도를 조절하는 기능으로 'Full'은 최고 해상도, 'Half' 와 'Quater'는 각각 1/2, 1/4 해상도를 의미합니다. 'Auto'로 지정하면 컴퓨터 사양에 맞게 최적화된 해상도를 설 정합니다. Resolution 기능을 이용하면 느린 작업 환경에서 화면 해상도를 떨어뜨려 좀 더 빠르게 작업할 수 있 으며, 렌더링할 때 'Best Settings'로 지정하면 결과물에 영향을 주지 않습니다.

Resolution을 'Custom'으로 지정하면 직접 해상도를 설정할 수 있습니다. Custom Resolution 대화상자에서 Render every 를 설정한 다음 〈OK〉 버튼을 클릭합니다.

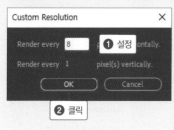

▲ Render every : 8(1/8)

❻ Fast Previews : 'Adaptive Resolution'으로 지정하면 컴퓨터가 스스로 작업 속도를 계산하여 순간적으로 화면 해상도를 낮출 수 있습니다.

ⓐ Off (Final Quality) : 'Resolution' 영역을 클릭하면 설정한 해상도로 미리 보기를 실행 합니다. 작업 환경에 따라 해상도가 달라지는 것을 막아 줍니다. 단, 작업 속도가 느릴 수 있습니다.

ⓑ Adaptive Resolution : 작업 환경에 맞춰 스스로 달라지는 해상도를 뜻하며, 무거운 작 업일 경우 해상도를 1/4, 1/8로 떨어뜨려 원활하게 합니다. 단, 렌더링과 램 프리뷰 상태에 서는 적용되지 않으며 Timeline 패널에서 시간 표시기를 이동할 때 빠르게 작업하기 위해 Composition 패널의 화면 해상도를 조절합니다.

ⓒ Wireframe : 불러온 레이어의 외곽선, 와이어프레임만 나타내는 기능입니다. 불러온 소스를 영상, 이미지와 상관없이 와이어프레임만 으로 나타냅니다. 주로 움직임 모션 작업에서 빠르게 확인하기 위해 이용합니다.

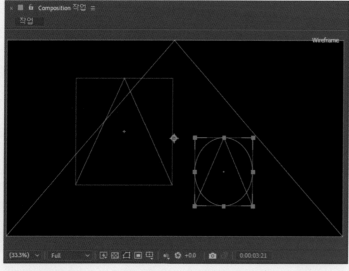

▲ Wireframe으로 지정된 Composition 패널

ⓓ Fast Previews Preferences : Fast
Preview를 만들기 위해 적용하는 기능으로
해상도를 낮출 때 해상도 제한 등을 설정할
수 있습니다.

▲ Preference 대화상자의 Fast Previews 항목

❼ Toggle Transparency Grid : 해당 레이어에 마스크, 매트, 알파처럼 일부분만 나타내기 위해 배경을 투명하게 만듭니다.
다음의 왼쪽 화면은 반투명한 상태이지만 배경이 검은색으로 지정되어 있어 투명한 상태인지, 어두운 상태인지 확인하기 힘듭니
다. 이때 'Transparency Grid' 아이콘(▨)을 클릭하면 배경색을 투명 그리드 상태로 바꿔 오른쪽 화면처럼 반투명한 상태를 확
인할 수 있습니다.

▲ 어두운 화면(실제로는 반투명 상태에서 검은색 배경이 보이는 모습)　　　▲ 'Transparency Grid' 아이콘을 클릭하여 나타낸 반투명 상태

❽ Toggle Mask and Shape Path Visibility : Composition 패널에서 마스크와 셰이프 레이어 패스를 나타내는 기능으로, 기
본으로 설정되어 있습니다. 이 설정을 해제하면 마스크와 셰이프 레이어의 패스를 숨길 수 있습니다. 기능이 활성화되면 마스크 영
역을 확인할 수 있으며, 바로 마스크 영역을 조절할 수 있습니다. 비활성화되었을 때는 마스크 영역을 확인할 수 없어 조절할 수 없
습니다.

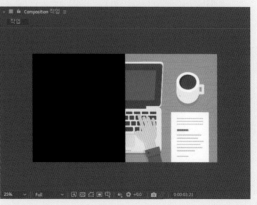

▲ Toggle Mask and Shape Path Visibility가 활성화된 화면　　　▲ Toggle Mask and Shape Path Visibility가 비활성화된 화면

❾ Region of Interest : Composition 패널의 화면에서 원하는 부분만 선택하여 보는 기능으로 〈Region of Interest〉 버튼을 클릭하여 〈On〉으로 지정한 다음 Composition 패널에서 드래그하여 선택할 수 있습니다. 램 프리뷰를 진행할 때 램이 차지하는 비중을 줄이고 램 프리뷰를 계산하는 속도를 줄이기 위해 드래그해서 일부분만 나타낼 수 있습니다.

❿ Choose grid and guide options : 다양한 기준이 되는 안내선과 그리드를 나타냅니다. 메뉴에서 원하는 명령을 실행해 선택할 수 있습니다.

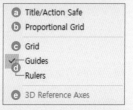

ⓐ Title/Action Safe : 타이틀이 가장 잘 보이는 영역의 안내선을 만드는 기능입니다. LCD와 LED TV에서는 모든 화면이 보이지만, 과거 브라운관 TV에서는 사방으로 1인치에 가까운 화면이 안 보였습니다. 안내선을 이용하면 이러한 문제를 해결할 수 있습니다. 인터넷 환경에서는 Title/Action Safe 작업 환경이 크게 중요하지 않습니다.

ⓑ Proportional Grid : 직접 비율에 맞춰 설정할 수 있는 그리드입니다. 작업에 따라 메뉴에서 (Edit) → Preferences → Grids & Guides를 실행하여 Preferences 대화상자에서 직접 설정한 비율을 표시할 수 있습니다.

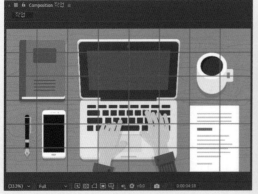

▲ Preference 대화상자에서의 Grid & Guides 설정

ⓒ Grid : 가장 기본 형태의 그리드를 보여 줍니다.

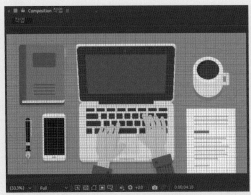

▲ 그리드가 표시된 모습

▲ 그리드를 확대한 모습

ⓓ Guides/Rulers : Rulers는 Composition 패널의 화면에 픽셀 단위 눈금자를 나타내고, Guides는 눈금자를 Composition 패널의 화면으로 드래그하여 기준선을 만듭니다. Guides를 만들기 위해서는 Rulers도 활성화되어야 합니다.

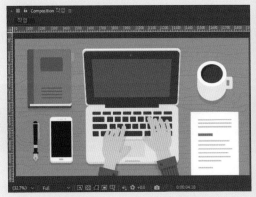

▲ 눈금자가 활성화된 모습

▲ 눈금자를 드래그하여 기준선을 만든 모습

ⓔ 3D Reference Axes : 3D 기준 축을 나타내는 기능으로 3D 작업에 도움이 됩니다. 컴포지션 작업 환경에 3D 레이어가 없으면 비활성화됩니다.

▲ 3D 레이어가 활성화된 모습

⓫ Show Channel and Color Management Settings : 현재 이
미지를 Red, Green, Blue와 알파 채널로 분리하는 기능과 Color
Management를 적용하고 설정할 수 있는 기능이 있습니다.

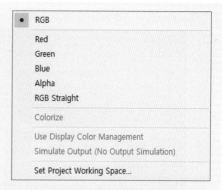

⓬ Reset Exposure : Composition 패널의 화면에 노출 값을 적용하는 기능입니다. 숫자 부분을 드래그하면 수치를 작거나 크게
설정할 수 있으며, 수치 왼쪽에 있는 'Reset Exposure' 아이콘(🔘)을 클릭하면 Exposure를 '0'으로 빠르게 설정할 수 있습니다.
이 기능은 단순히 Composition 패널의 화면에서만 적용되는 기능으로 렌더링을 통해서 영상을 만들 때는 적용되지 않습니다.

⓭ Take Snapshot : 현재 화면을 저장하는 기능으로, 컴퓨터 메모리에 일시적으로 Composition 패널 화면을 저장합니다. 오직
한 장만 저장하며, 한 번 더 기능을 이용하면 이전에 저장했던 화면은 사라집니다.

⓮ Show Snapshot : 'Take Snapshot' 아이콘(📷)을 클릭해서 메모리에 저장한 화면을 다시 보는 기능으로, 'Show Snapshot'
아이콘(📷)을 클릭한 상태에서만 저장된 화면이 나타나고, 비활성화하면 원래대로 돌아갑니다. 'Take Snapshot' 아이콘(📷)과
'Show Snapshot' 아이콘(📷)을 클릭하면 화면을 비교하며 작업을 진행할 수 있습니다.

⓯ Preview Time : 현재 시간(Composition 패널의 화면에 표시되는 영상 시
간)을 나타내며 버튼으로 이루어져 있습니다. 클릭하면 Go To Time 대화상
자가 표시되며 이곳에 시간 또는 프레임을 입력하면 해당 시간으로 이동할 수
있습니다.

⓰ Turn fast 3D previews on or off : 컴포지션에 3D 콘텐츠가 있는 경우 Composition 패널 도구 모음에 〈Draft 3D〉 버튼이 표
시됩니다. 버튼을 선택하여 실시간 초안 3D 미리 보기를 활성화합니다. 이렇게 하면 애프터 이펙트에서 실시간 엔진 렌더러를 사용
하여 3D 디자인에 대한 변경 및 업데이트를 표시합니다. 원활하고 빠른 환경으로 미리 보기 중 지연이 발생하지 않습니다. 카메라
도구들을 활용해도 끊김이나 지연이 발생하지 않는 것이 특징입니다.

⓱ 3D Ground Plane : 〈Draft 3D〉 버튼을 클릭하여 활성화한 상태에서 설정할 수 있으며, 이 기능을 통해 3D 장면 내 원근감과
공간감을 제공합니다. 해당 3D 공간에서 시각적으로 방향을 찾을 수 있습니다.

▲ 'Draft 3D' 기능과 '3D Plane Ground' 기능을 활성화한 모습

⑱ **3D Renderer** : 3D 레이어를 이용한 작업을 진행할 때 화면에서 볼 수 있는 렌더링을 지정하는 기능으로, 기본으로 'Classic 3D'로 지정되어 있습니다. 'Classic 3D'와 'CINEMA 4D'로 구성되어 있으며, CINEMA 4D는 Classic 3D에서 지원하지 않는 벡터 이미지의 곡률과 두께 등을 구현합니다.

⑲ **3D View Popup** : 3D 레이어를 이용한 작업을 진행할 때 다양한 3D View를 확인할 수 있습니다. Camera, Front, Left, Top 등 다양한 3D 환경을 3D 레이어 상태에서 확인할 수 있습니다.

▲ Active Camera(Default)

▲ Left

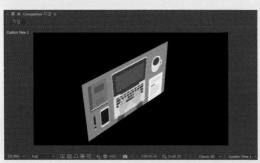

▲ Custom View 1 – 일반 평면 영상 1개의 경우

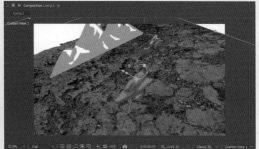

▲ Custom View 1 – 3D 속성을 설정해 배치한 경우

애프터 이펙트에서 3D 레이어 상태의 영상은 기본으로 평면의 얇은 종이와 같아 옆에서 보면 하나의 선으로 보입니다. 레이어가 회전하여 기울어진 상태가 아니라면 기본으로 평면 영상 하나인 상태에서는 Left, Right, Top, Bottom 뷰는 비슷합니다. Custom 뷰는 영상을 45° 각도에서 내려다보는 형태로 3D 공간을 더욱 명확하게 확인할 수 있습니다.

⑳ **Select view layout** : 3D 작업 환경의 해당 영역을 클릭해서 표시되는 메뉴를 실행해 Com –position 패널의 화면을 숫자의 개수대로 나눠서 표시할 수 있습니다. 'Share View Options'로 지정하면 클라우드 환경의 화면을 공유하여 다른 컴퓨터에서 로그인하면 자동으로 이전 작업 환경을 적용할 수 있습니다.

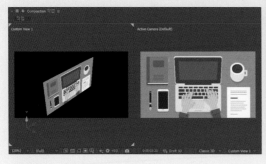

▲ 2 Views

▲ 4 Views

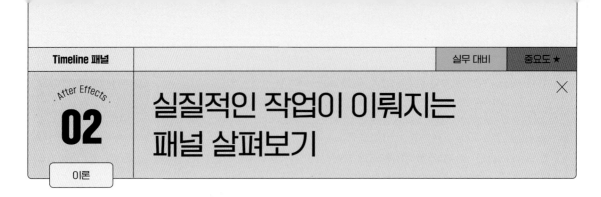

After Effects
02
이론

실질적인 작업이 이뤄지는 패널 살펴보기

애프터 이펙트에서 가장 많은 작업이 이루어지는 Timeline 패널은 수많은 아이콘과 설정 영역이 있습니다. 여기서는 Timeline 패널에서 꼭 알아두어야 할 주요 기능에 대해 알아봅니다.

❶ **탭** : 하나의 컴포지션에는 하나의 타임라인이 존재합니다. 애프터 이펙트에서는 여러 개의 컴포지션을 만들어 동시에 작업하는 경우가 많으므로 여러 개의 타임라인이 존재합니다. Tab 을 누르면 해당 컴포지션의 타임라인으로 이동하며, 이는 곧 각각의 작업 컴포지션으로 이동하는 것입니다.

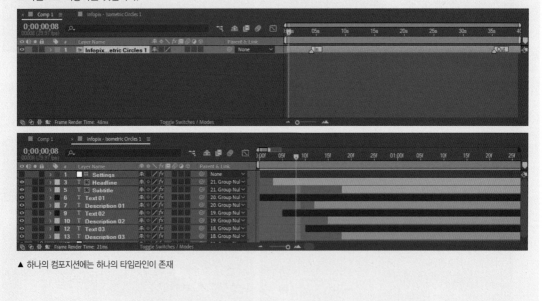

▲ 하나의 컴포지션에는 하나의 타임라인이 존재

❷ **Timeline 패널 메뉴** : 'Panel & Frame' 아이콘(≣)을 클릭하면 표시되는 메뉴는 애프터 이펙트의 모든 패널에 있는 명령입니다. 기본으로 Undock, Close, Maximize Panel과 프레임 기능을 가지며, 각 패널과 프레임 특징에 따라 다양한 기능이 있습니다.

ⓐ **Composition Settings** : 작업 중인 컴포지션의 Composition Settings 대화상자를 표시할 수 있습니다.

ⓑ **Reveal Composition in Project** : 작업 중인 컴포지션을 Project 패널에서 나타내는 기능입니다. 작업이 진행되면서 많은 소스 파일과 컴포지션이 있을 때 쉽게 찾을 수 있도록 도와주는 기능입니다.

ⓒ **Columns** : Timeline 패널에는 다양한 항목이 있습니다. Columns에 있는 항목을 선택하면 Timeline 패널에 선택한 항목을 추가할 수 있습니다.

ⓓ **Show Cache Indicators** : 기본 설정된 기능으로 램 프리뷰를 진행할 때 Cache가 나타납니다. 만약, 이 기능의 설정을 해제하면 램 프리뷰 진행을 확인할 수 없기 때문에 작업할 때는 반드시 활성화하고 작업합니다.

ⓔ **Rectified Audio Waveforms** : Timeline 패널에서 Audio Waveform이 더 잘 보이도록 한쪽만 보여 주는 방식이며, 기본으로 설정되어 있습니다. 설정을 해제하면 오디오가 1/2 크기로 작게 보이기 때문에 설정을 해제하지 않는 것을 권장합니다.

ⓕ **Hide Shy Layers, Enable Frame Blending, Enable Motion Blur, Enable Auto–keyframe** : 작업 중 Frame Blending 기능과 Motion Blur 기능을 Composition 패널의 화면에 나타내며, 자동으로 키프레임이 만들어집니다. 바로 아래에 있는 항목 아이콘들에 대응합니다.

ⓖ **Live Update** : Timeline 패널에서 현재 시간 표시기를 이동해 시간에 변화를 줬을 때 Composition 패널의 화면에 실시간으로 변화가 나타나는 기능으로, 기본으로 설정되어 있습니다. 무거운 파일 작업을 할 때 이 기능을 해제하는 경우 현재 시간 표시기를 이동하면 실시간으로 변화되는 모습이 나타나지 않고 이동을 마쳐서 현재 시간 표시기가 고정될 때 Composition 패널에 변화가 나타납니다.

ⓗ **Use Keyframe Icons** : Timeline 패널에서 레이어 움직임을 만들기 위해 키프레임을 적용했을 때 아이콘과 같은 형태로 보여 주며, 기본으로 설정되어 있습니다.

ⓘ **Use Keyframe Indices** : Timeline 패널에서 키프레임을 숫자 인덱스로 표현하는 기능으로, 키프레임이 적용된 순서를 숫자로 확인할 수 있습니다. 이때 Easy Ease나 Temporal Interpolation의 변화 등을 키프레임에서는 확인할 수 없습니다. 실제 작업할 때는 아이콘으로 표시하여 작업하는 것이 더 많은 정보를 얻을 수 있습니다.

ⓘ **Composition Flowchart/Mini-Flowchart** : Composition 패널에 플로우차트나 미니 플로우차트를 표시하는 기능입니다.

❸ **Timecode** : Timeline 패널에서 시간 표시기가 위치하는 부분의 시간 정보를 나타내는 곳으로, 시간과 프레임을 확인할 수 있습니다.

❹ **탐색 창** : Timeline 패널에서 레이어 이름과 레이어에 적용된 이펙트 등을 검색할 수 있어 작업 효율을 높일 수 있는 기능입니다. 돋보기 모양의 아이콘을 클릭하면 최근에 검색한 정보부터 다양한 프리셋을 검색할 수 있습니다.

❺ **Composition Mini-Flowchart** : Project 패널, Composition 패널에도 포함된 기능으로 작업 중 미니 플로우차트를 볼 수 있습니다. 작업 중 [Tab]을 누르면 현재 마우스 포인터가 위치한 부분에서 미니 플로우차트를 확인할 수 있습니다.

❻ **Hides Shy Layers** : Shy 기능을 적용한 레이어를 보이지 않게 숨기는 기능입니다. 앞서 패널 메뉴에서 **Hides Shy Layers** 명령과 같은 기능입니다.

❼ **Enables Frame Blending** : 레이어 속도를 빠르게 혹은 느리게 했을 때 자연스럽게 만들어 실시간으로 확인할 수 있는 기능입니다. Timeline 패널에서 레이어에 영상을 자연스럽게 만드는 Frame Blending 기능을 적용한 다음 'Enables Frame Blending' 아이콘(🔳)을 클릭하면 Composition 패널에서 확인할 수 있습니다. 이때 Frame Blending 기능은 단순히 디졸브를 통해서 연결하는 첫 번째 단계가 있고, 디졸브와 함께 몰핑을 통해서 연결하는 두 번째 단계가 있습니다. 두 번째 단계가 더 자연스럽지만 큰 동영상 소스의 경우 많은 프레임 사이 변화에 의해 오류가 발생할 확률이 높고 램 프리뷰와 렌더링 시간이 오래 걸립니다.

TIP ◁⇦

몰핑(Morphing)은 두 장의 이미지를 서로 변형하여 최대한 일치하게 만드는 기술입니다. 하나의 이미지에서 다른 이미지로 자연스럽게 이미지 형상이 변화되는 모습을 말합니다.

❽ **Enables Motion Blur** : 애프터 이펙트에서 움직임을 만들었을 때 속도에 따라 모션 블러가 나타나도록 합니다. Timeline 패널에서 모션 블러를 적용한 레이어가 있을 때 'Enables Motion Blur' 아이콘(🖉)을 클릭하면 Composition 패널 화면에서 모션 블러를 확인할 수 있습니다.

❾ **Graph Editor** : 여러 개의 레이어 움직임을 키프레임이 아닌 그래프 형태로 보여 줍니다. 모션 그래픽 디자이너들이 실제 작업에서 많이 이용하는 기능 중 하나입니다.

❿ **Work Area & Time Indicator** : Timeline 패널에서는 시간을 기반으로 움직임을 만듭니다. 여기에는 시간의 시작과 끝을 지정하는 작업 영역(Work Area)과 작업 시간이나 특정 프레임으로 이동할 수 있는 현재 시간 표시기(Time Indicator)가 있습니다.

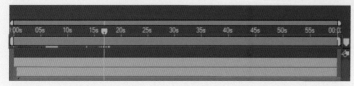

⓫ Layer : 레이어는 다양한 설정을 나타내는 기능으로 항목에 해당하는 기능들을 설정할 수 있습니다. 레이어 Label 항목 왼쪽의 ﹥
를 클릭하여 해당 속성을 표시하며 상하 배열을 통해 화면에 나타낼 수 있습니다.

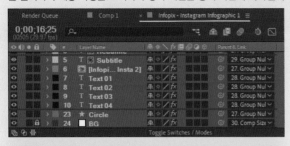

▲ 레이어를 확장한 모습

⓬ Columns : Timeline 패널에는 여러 가지 작업을 도와주는 다양한 항목들이 있습니다. 기본으로 V/A Features, Label, #,
Name, Switches, Modes, Parent, Render Time 항목으로 구성되며 작업하면서 항목 위치를 이동하거나, 추가 및 제거할 수
있습니다. Timeline 패널 아래에 있는 네 가지 확장 아이콘을 이용해서 빠르게 항목의 종류를 늘리거나 줄일 수 있습니다.

▲ 기본 확장 Layer Switches 항목을 활성화한 모습

▲ Modes 항목을 확장한 모습

▲ In/Out/Duration/Stretch 항목을 확장한 모습

▲ Render Time 항목을 확장한 모습

ⓐ V/A Features : Video, Audio, Solo, Lock을 통해 레이어를 보여 주거나 사운드를 활성화하거나 잠글 수 있습니다.

ⓑ Label : 레이블 색이 있는 부분을 클릭하면 레이어 색을 지정할 수 있습니다. 진행 중인 프로젝트 성격과 작업 방식에 따라서 원하는 레이블 색을 지정할 수 있습니다. 레이블 색 앞에 있는 v를 클릭하면 레이어 속성 메뉴를 표시합니다.

ⓒ # : 레이어 숫자를 보여 주는 부분으로 숫자가 작을수록 Composition 패널 모니터 화면 가장 위에 표시되는 레이어입니다.

ⓓ Layer Name/Source Name : 레이어 이름이 있는 부분으로 레이어 이름을 보여 줍니다. 이때 Layer Name 탭을 클릭하면 Source Name으로 변경됩니다. Source Name은 원본 소스 이름을 보여 줍니다. Source Name 탭을 다시 누르면 Layer Name 으로 변경됩니다.

ⓔ Switches : 레이어에 여러 가지 기능을 적용하는 부분으로 앞서 살펴본 Shy, Frame Blending, Motion Blur, 3D Layer 등을 설정할 수 있습니다. 벡터 형식의 일러스트레이터 소스를 불러오면 Collapse 기능이 활성화되고, 이펙트를 적용하면 자동으로 Effect 기능이 활성화됩니다. Adjustment Layer로 만들 수 있는 Adjustment 기능도 있습니다.

ⓕ Mode : 레이어의 블렌드 모드를 적용할 수 있습니다.

ⓖ TrkMat : 레이어에 알파 매트, 루마 매트를 적용할 수 있습니다.

ⓗ Parent & Link : 레이어끼리 묶어서 움직임을 따라가게 할 수 있는 Parent & Link 기능을 적용할 수 있습니다.

⓭ Marker : Timeline 패널의 Work Area Bar 영역에 마커를 만드는 기능으로 작업 중 특정 시간을 기억할 때나 간단히 메모할 때 이용합니다. Timeline 패널 오른쪽 'Marker'를 Work Area로 드래그하면 만들 수 있고, 지정한 마커를 더블클릭하거나 마우스 오른쪽 버튼을 클릭하고 **Settings**를 실행하여 메모를 입력할 수 있습니다.

⓮ Composition : 'Marker' 아래에 있는 'Composition' 아이콘(◉)은 현재 Timeline 패널의 Composition 패널을 찾는 아이콘으로, 여러 컴포지션이 있을 때 필요한 컴포지션을 찾는 기능입니다.

⓯ Zoom : 간단하게 슬라이더를 좌우로 드래그하여 Timeline 패널 영역을 확대 또는 축소할 수 있습니다.

TIP ◁⊳

항목 이름에서 마우스 오른쪽 버튼을 클릭하고 원하는 항목 이름을 실행하여 추가할 수 있습니다. Timeline 패널에 항목을 모두 추가하면 오른쪽 타임라인 영역이 줄어들어 실제 작업에서는 모두 추가해 작업하지 않습니다.

항목을 모두 추가한 모습 ▶

▲ 항목을 모두 추가한 Timeline 패널

항목   중요도 ★

After Effects

03

이론

타임라인의 항목 숨기거나 나타내기

타임라인의 항목은 자유롭게 확장 및 축소할 수 있습니다. 애프터 이펙트에서는 기본으로 다음과 같은 네 가지 방법으로 Timeline 패널을 확장 및 축소할 수 있습니다.

❶ Switches 항목 확장, 축소하기

Switches 항목은 중요해 기본으로 설정되어 있습니다. Switches 항목의 아이콘을 클릭해 비활성화하면 Switches 항목이 숨겨집니다.

Switches 항목을 확장, 축소할 수 있는 부분만 확인한 다음 다시 표시합니다. 만약 Switches 항목을 비활성 화하면 타임라인에서 레이어 속성을 설정할 수 있습니다. 레이어 속성을 표시하면 다음과 같은 설정 영역이 없어집니다.

 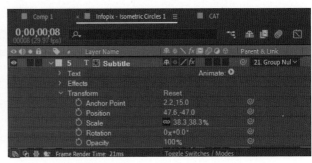

▲ Switches 항목이 비활성화된 모습   ▲ Switches 항목이 활성화된 모습

❷ Mode 항목 확장 및 축소하기

아래쪽 'Transfer Controls pane' 아이콘()을 클릭하면 Mode 항목의 Blending Mode와 Matte를 지정할 수 있습니다.

❸ 레이어 시간을 설정하는 항목 확장, 축소하기

'In/Out/Duration/Stretch panes' 아이콘()을 클릭하면 레이어 시간을 설정할 수 있는 In, Out, Duration, Stretch 항목을 한꺼번에 나타낼 수 있습니다. 필요할 때 확장하여 이용한 다음 다시 축소합니다.

▲ 레이어 시간 관련 항목이 활성화된 모습

❹ 렌더링 시간 표시 항목 확장 및 축소하기

'Render Time pane' 아이콘()을 클릭하면 레이어별로 렌더링 시간을 확인할 수 있습니다. 현재 시간 표시기가 있는 프레임의 렌더링 시간은 타임라인 아래에 표시되지만 해당 항목에는 레이어별로 소요되는 렌더링 시간을 확인할 수 있습니다.

▲ 레이어별 렌더링 시간 항목이 활성화된 모습

타임라인 확대, 축소하기

애프터 이펙트는 Timeline 패널을 확대 및 축소하면서 현재 시간 표시기를 움직이는 작업이 많습니다. 타임라인을 확대, 축소하는 방법은 다음과 같으므로 작업 스타일에 따라 손에 맞는 방법을 이용합니다.

❶ ⊞, ⊟를 눌러 확대, 축소하기　•••

가장 많이 이용하는 방법으로 먼저 Timeline 패널에서 ❶ 시간을 늘릴 부분에 현재 시간 표시기를 위치시킨 다음 ❷ ⊞를 누르면 해당 시간이 늘어나 1프레임(30분의 1초 또는 60분의 1초) 단위로 확인할 수 있습니다.

숫자 뒤에 s가 있으면 초(Second)를 나타내며, 확대하면 초가 늘어나면서 숫자 뒤에 f가 표시되는 프레임 단위로 확대됩니다. 다시 ❸ ⊟를 눌러 축소할 수도 있습니다.

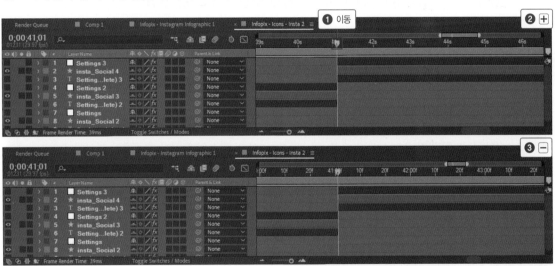

❷ 시간 조절기(Time Navigator)를 이용하여 확대, 축소하기　•••

타임라인의 시간 영역 위에 얇은 회색 바가 있고, 양쪽에는 파란색 부분이 있습니다. 양쪽의 파란색 부분(Time Navigator Start/End)을 드래그하여 이동하면 원하는 시간 영역을 확대, 축소할 수 있습니다.

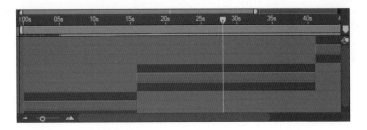

그림과 같은 상황에서 시간 조절기 오른쪽의 파란색 부분을 오른쪽으로 드래그하여 이동하면 전체 타임라인이
표시되므로 타임라인이 축소됩니다.

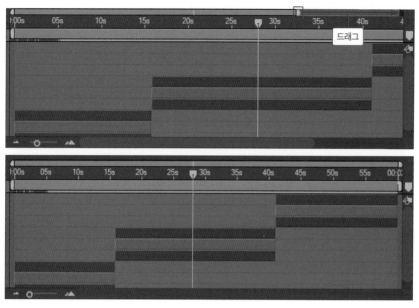

▲ 타임라인이 축소된 모습

❸ 줌(Zoom) 슬라이더를 이용해 타임라인 확대, 축소하기 • • •

Timeline 패널 아래의 줌(Zoom) 슬라이더를 드래그하여 확대 또는 축소할 수 있습니다. 슬라이더를 오른쪽
으로 드래그하면 마치 카메라가 줌 인하는 것처럼 타임라인의 시간을 축소하며, 슬라이더를 왼쪽으로 드래그
하면 줌 아웃하는 것처럼 확대합니다. 이때 Zoom In/Out의 기준은 현재 시간 표시기의 위치입니다.

▲ Zoom In

▲ Zoom Out

After Effects
05

레이어 이동하기

실습

• **예제파일** : 애프터 이펙트\03\LayerWork.psd

• • •

---

01 새 프로젝트를 만들고 ❶ Project 패널에서 마우스 오른쪽 버튼을 클릭한 다음 ❷ Import → File을 실행합니다. Import File 대화상자가 표시되면 애프터 이펙트 → 03 폴더에서 'LayerWork.psd' 파일을 선택한 다음 〈Import〉 버튼을 클릭합니다. LayerWork.psd 대화상자가 표시되면 ❸ Import Kind를 'Composition – Retain Layer Sizes'로 지정한 다음 ❹ 〈OK〉 버튼을 클릭합니다.

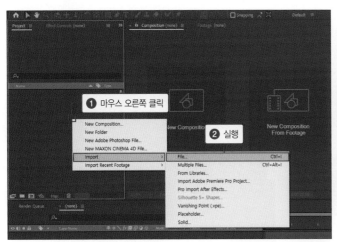

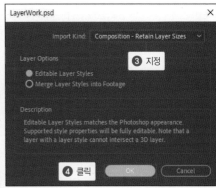

02 Project 패널의 'LayerWork' 컴포지션을 더블클릭하여 엽니다.

Why? 👈
'LayerWork.PSD' 파일에는 화면 프레임을 벗어나는 레이어가 없지만, 습관을 들이기 위해 'Composition – Retain Layer Sizes'로 지정하여 불러옵니다.

03 불러온 컴포지션에 관해 Timeline 패널에서 각각의 레이어를 확인할 수 있습니다. A/V Feature 항목에서 왼쪽의 세 번째 'Solo' 아이콘(◉)을 클릭하여 맨 아래 '레이어 1' 레이어부터 맨 위 '4' 레이어까지 순서대로 활성화합니다.

TIP ◁

'Solo' 아이콘을 클릭하여 활성화하면 Timeline 패널과 Composition 패널의 레이어를 확인할 수 있습니다. 각각의 레이어를 확인하여 Timeline 패널의 레이어 위치에 따라 Composition 패널의 레이어도 달라집니다.

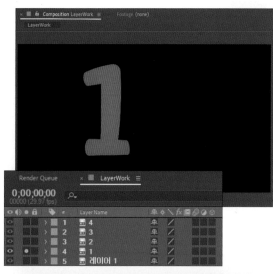

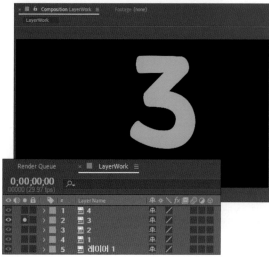

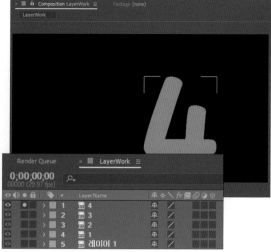

04 현재 '4' 레이어가 맨 위에 있습니다. Timeline 패널의 '1' 레이어를 선택한 다음 위로 드래그하면 맨 위에 배치할 수 있습니다.

05 Composition 패널에서 다음과 같이 드래그해 '1'을 '2'~'4' 위에 배치하면 맨 앞에 있는 것을 확인할 수 있습니다.

TIP
Timeline 패널의 레이어 순서에 따라 Composition 패널의 화면에 보이는 결과물이 달라집니다.

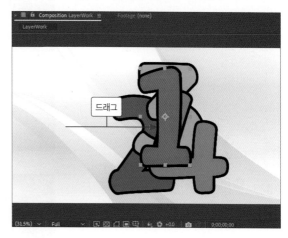

06 레이어를 한 번 더 이동하겠습니다. Timeline 패널에서 두 번째 '4' 레이어를 '2' 레이어 아래로 드래그하여 배치하면 Composition 패널에서도 맨 뒤(아래)에 있는 '4'를 확인할 수 있습니다.

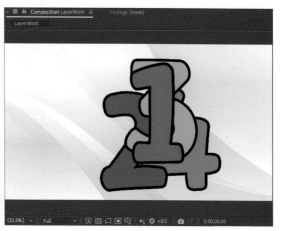

After Effects
06
실습

레이어 나누고 삭제하기

• **예제파일** : 애프터 이펙트\03\LayerTimeLine.psd   • **완성파일** : 애프터 이펙트\03\LayerTimeline.aep   • • •

---

01 새 프로젝트를 실행하고 애프터 이펙트 → 03 폴더에서 'LayerTimeline. psd' 파일을 'Composition - Retain Layer Sizes'로 지정하여 불러옵니다. Project 패널에서 'LayerTimeline.psd'를 더블클릭하여 컴포지션을 엽니다.

Timeline 패널에는 아래에서부터 '레이어 1'과 'A~D' 레이어가 순서대로 위치하며 Composition 패널에서도 'A' 레이어 위에 'B~D' 레이어가 순서대로 배치된 것을 확인할 수 있습니다.

02 ❶ Timeline 패널에서 현재 시간 표시기를 '1초'로 이동합니다. 레이어 위치를 조정해 '0초'부터 '1초'까지 'A' 레이어만 나타내겠습니다. ❷ '0초'부터 '1초' 사이를 살펴보면 '레이어 1'의 배경부터 'A~D' 레이어가 모두 보입니다.

TIP
Timeline 패널은 ⊞와 ⊟을 이용하여 확대 및 축소할 수 있습니다.

03 먼저 Timeline 패널의 'B' 레이어 맨 왼쪽에 마우스 포인터를 위치시키고 현재 시간 표시기가 있는 '1초' 부분으로 드래그하여 이동합니다.

TIP
Shift를 누른 상태로 드래그하면 현재 시간 표시기에 딱 달라붙습니다. 이를 'Snap(스냅)' 기능이라고 합니다.

(04) Timeline 패널의 현재 시간 표시기를 '0초'에서 '1초' 사이에 위치시키면 Composition 패널에서 'B' 레이어가 안 보입니다.

(05) Split Layer 기능을 이용해서 'C' 레이어를 2초부터 나타내겠습니다.

❶ Timeline 패널에서 'C' 레이어를 선택하고
❷ 현재 시간 표시기를 '2초'로 이동합니다.

(06) ❶ 메뉴에서 (Edit) → Split Layer(Ctrl + Shift + D)를 실행하면 현재 시간 표시기가 위치한 '2초'를 기준으로 ❷ 'C' 레이어가 둘로 나뉜 것을 확인할 수 있습니다.

(07) Split Layer 기능을 이용하여 레이어를 나누면 자동으로 뒤쪽 레이어가 선택됩니다. 예제에서는 뒤쪽 레이어만 필요하기 때문에 ❶ 앞쪽 레이어를 선택한 다음 ❷ Delete를 눌러 삭제합니다.

Why? 👈

레이어를 삭제하는 것은 파일을 완전히 삭제하는 것이 아니라 불필요한 부분을 숨기는 것입니다. 이 부분은 시작 부분을 드래그해 다시 표시할 수 있습니다.

08 레이어 이름을 'C'로 수정하면 좀 더 편리합니다. 'C 2' 레이어를 선택하고 [Enter]를 눌러 'C'를 입력한 다음 다시 [Enter]를 눌러 레이어 이름을 바꿉니다.

TIP

레이어를 둘로 나누면 자동으로 앞쪽은 'C' 레이어, 뒤쪽은 'C 2' 레이어로 설정됩니다. 레이어 이름은 포토샵에서 작업한 레이어 이름을 그대로 이용하므로 'A'~'D' 레이어 이름과 연계해 레이어를 둘로 나누면서 자동으로 하나의 레이어가 추가되어 'C 2'로 설정되었습니다. 레이어 이름이 번호가 아닌 소스 파일 이름으로 설정되어 있다면 레이어 이름을 클릭해 자동으로 변경합니다.

09 ❶ 현재 시간 표시기를 '1~2초' 사이에 위치시키면 ❷ Composition 패널의 화면에서 다시 'C' 레이어가 보이지 않습니다.

10 이번에는 'D' 레이어의 시작 부분을 3초로 바꾸기 위해 Split Layer 단축키를 이용해 레이어의 시작과 끝 부분을 조절하겠습니다. 먼저 ❶ 'D' 레이어를 선택한 다음 ❷ 현재 시간 표시기를 '3초'로 이동하고 ❸ [Ctrl]+[Shift]+[D]를 누르면 레이어가 나눠집니다.

⑪ ❶ 'D' 레이어의 나눠진 앞부분을 선택하고 Delete를 눌러 삭제한 다음 ❷ 'D 2' 레이어 이름을 'D'로 수정합니다.

⑫ 이처럼 레이어를 조정하여 Timeline 패널의 시간별 작업을 진행하면 간단하게 영상을 만들 수 있습니다. Timeline 패널에서 현재 시간 표시기를 이동하면 A 위에 B, C, D가 순서대로 등장합니다.

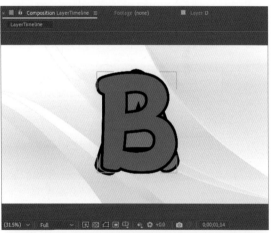

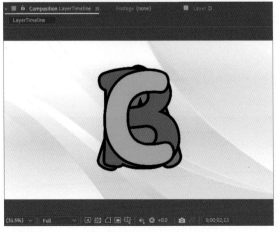

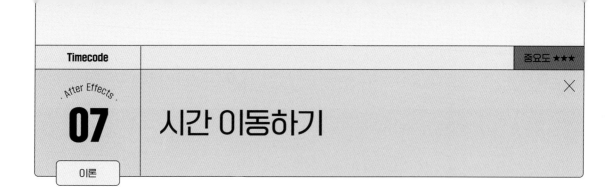

After Effects
07
시간 이동하기

이론

❶ 타임코드 모드 바꾸기

타임코드(Timecode)는 기본으로 시, 분, 초, 프레임과 같이 시간을 기준으로 하는 방식과 누적 프레임을 기준으로 하는 방식이 있습니다. '시:분:초:프레임'으로 설정되며 아래에 누적 프레임 수가 표시됩니다.

[Ctrl]을 누른 상태로 시간을 클릭하면 누적 프레임 수가 나타나고 아래에 '시:분:초:프레임' 방식이 나타납니다. 이때 Timeline 패널의 숫자도 모두 시간 기준에서 숫자로 바뀝니다.

❷ 타임코드에 수치를 입력해 시간 이동하기 – 프레임 기준일 때

[Ctrl]을 누르지 않은 상태에서 타임코드를 입력하면 시간을 입력할 수 있는 상태로 바뀝니다. 이때 프레임 수에 숫자를 입력하면 Timeline 패널의 현재 시간 표시기가 입력한 프레임으로 이동합니다.

타임코드에 '100'을 입력하고 [Enter]를 누르면 타임코드가 '00100'으로 바뀌면서 타임라인의 현재 시간 표시기가 100프레임으로 이동합니다.

❸ 타임코드에 수치를 입력해 시간 이동하기 – 시간 기준일 때 ● ● ●

타임코드가 시간 기준일 때는 두 자릿수를 우선으로 하며 '시:분:초:프레임' 단위에 맞게 숫자가 계산되어 시간으로 나타납니다. 예를 들어, Framerate가 '30'일 때 30 이상의 숫자를 입력하면 '1초'로 이동합니다. '100'을 입력하면 뒤에서부터 두 자릿수를 기준으로 하여 '1초'로 이동합니다.

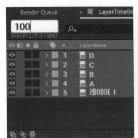

'250'을 입력하면 '2초 50프레임'을 입력하는 것과 같습니다. 이때 '50프레임'은 자동으로 '1초 20프레임'으로 바뀝니다. 결국 '2초+1초 20프레임'으로 계산하여 '3초 20프레임'으로 이동합니다.

❹ ⊞, ⊟를 이용해서 시간 이동하기 ● ● ●

타임코드에 숫자를 입력하기 전에 ⊞, ⊟를 입력하면 현재 기준 시간에서 입력한 시간, 프레임으로 추가됩니다. '0:00:01:10'일 때 타임코드에 '+14'를 입력하면 '0:00:01:24'로 이동합니다.

동영상으로 배우는 **애프터 이펙트 CC 2023**

텍스트 레이어와 셰이프 레이어를 활용한 인트로 만들기

애프터 이펙트는 모션 그래픽을 쉽게 구현할 수 있는 툴입니다. 애프터 이펙트의 기본 기능을 활용하여 세련되고 추상적인 모션 그래픽을 만들어 봅니다.

해상도	1920×1080px
완성 파일	애프터 이펙트\03\intro.aep

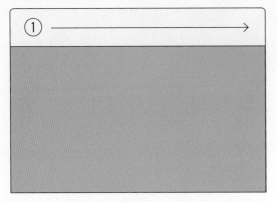

① 셰이프 레이어를 활용하여 배경 만들기

② 텍스트 레이어 만들고 Align을 이용해 정렬하기

③ 키프레임 애니메이션 적용하고 모션 블러 넣기

④ 셰이프 레이어를 만들고 설정하여 추상적인 도형 만들기

⑤ Trim Path를 활용하여 모션 그래픽 만들기

⑥ 이전 과정을 반복하여 추상적인 곡선 추가하기

PART 4.

애니메이션을 위한
다양한 기본 기능

모션 그래픽 애니메이션을 만들기 위해 알아야 할 속성 및 기능에 대해 소개하고, 활용하여 모션 그래픽 작업을 하는 방법에 대해 알아봅니다.

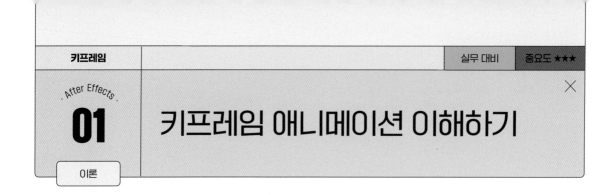

키프레임 애니메이션 이해하기

❶ 키프레임 알아보기   • • •

키프레임은 시간에 특정 데이터를 기록하는 역할을 합니다. 0초에 하나의 데이터를 기록하고, 3초에 다른 데이터를 기록하면 '0초'에서 '3초'로 시간이 흐르는 동안 데이터에 변화가 나타나고 그 변화를 통해서 애니메이션을 구현할 수 있습니다. Timeline 패널의 레이어에는 Position에 X축과 Y축이 있습니다. 이 축은 왼쪽 아래를 기준으로 픽셀의 위치를 나타냅니다. 다음의 왼쪽 그림에서 택시 소스의 X축의 위치는 '345', Y축의 위치는 '832'를 나타냅니다. 이처럼 시간에 X축과 Y축 위치를 기록하는 것이 키프레임(Keyframe)의 역할입니다.

❷ 키프레임 만들기   • • •

애프터 이펙트에서 각종 속성 및 효과 변화 데이터 왼쪽에는 'Stop Watch' 아이콘(⏱)이 있습니다. 대표적으로 Timeline 패널에는 Position 왼쪽에 '키프레임' 아이콘(▶)이 있어 이 아이콘을 클릭하면 키프레임을 만들 수 있습니다. 키프레임이 만들어지면 마름모 형태의 아이콘(◆)이 표시되며, 키프레임이 위치한 시간에 데이터가 기록된 것입니다.

현재 시간 표시기를 이동한 다음 Position을 설정하면 자동으로 키프레임이 만들어집니다. 다음은 5초에 키프레임을 만들어 X축을 '1500', Y축을 '832'로 변화 데이터를 기록했습니다.

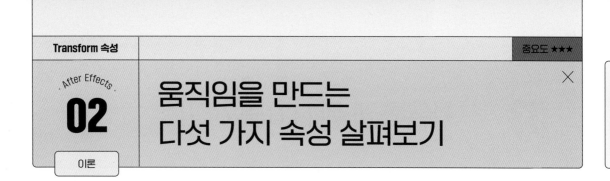

After Effects

02

이론

움직임을 만드는 다섯 가지 속성 살펴보기

애프터 이펙트의 움직임을 만드는 Transform 속성은 크게 다섯 가지로 구성되며, 이 구성 요소들을 통해서 레이어에 기본적인 움직임을 만듭니다. 각 레이어에는 기본으로 하나의 속성(Transform)이 있습니다. 레이어 레이블(Label) 왼쪽의 >를 클릭하면 Transform 속성이 표시됩니다. 다시 Transform 왼쪽의 >를 클릭하면 숨겨진 하위 속성을 표시할 수 있습니다.

❶ **Anchor Point(기준점)** : 레이어 기준점을 뜻합니다. 레이어에는 각각의 기준점이 있고 이 기준점을 통해 위치, 회전, 크기에 변화를 만들 수 있습니다. 기본으로 X, Y 값이 표시되며 3D 레이어 기능을 활성화하면 Z 값도 표시됩니다.

❷ **Position(위치)** : 레이어의 위치 변화 애니메이션을 만들 수 있습니다. 기본으로 X, Y 값이 표시되며 3D 레이어 기능을 활성화하면 Z 값도 표시됩니다.

❸ **Scale(크기)** : 레이어의 크기 변화 애니메이션을 만들 수 있습니다. 기본으로 X, Y 값이 표시되며 3D 레이어 기능을 활성화하면 Z 값도 표시됩니다.

❹ **Rotation(회전)** : 레이어의 회전 변화 애니메이션을 만들 수 있습니다. 기본으로 X, Y 값이 표시되며 3D 레이어 기능을 활성화하면 Z 값도 표시됩니다.

❺ **Opacity(불투명도)** : 사전적 의미는 '반투명'을 뜻하며, 레이어 불투명도를 설정할 수 있습니다. 100%일 때는 모두 보이고, 0%일 때는 투명해집니다.

· After Effects ·

03

실습

자유롭게 위치 이동하기

애니메이션에서 가장 쉽게 적용할 수 있는 위치를 이동해 봅니다.

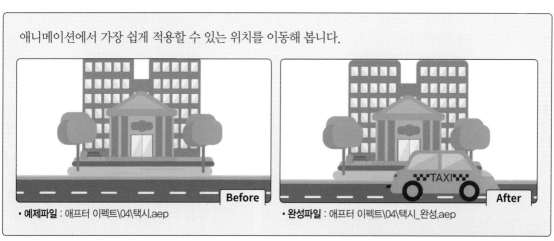

Before

After

• 예제파일 : 애프터 이펙트\04\택시.aep

• 완성파일 : 애프터 이펙트\04\택시_완성.aep

(01) 메뉴에서 (File) → Open Project를 실행하고 애프터 이펙트
→ 04 폴더에서 '택시.aep' 파일을 불러옵니다. Project 패널에
서 '택시' 컴포지션을 더블클릭하여 엽니다.

(02) 컴포지션의 시간을 설정하기 위해 메뉴에서
(Composition) → Composition Settings
((Ctrl)+(K))를 실행합니다.

(03) Composition Settings 대화상자의 ❶ Duration에 '0:00:05:00'을 입력한 다음 ❷ 〈OK〉 버튼을 클릭합니다.

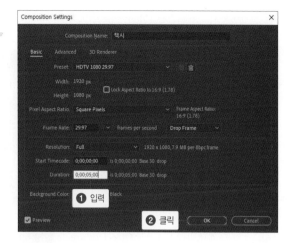

(04) 전체 작업 환경의 시간이 '5초'로 설정됩니다. 기본 애니메이션을 적용하기 위해 ❶ Timeline 패널에서 '택시' 레이어를 선택한 다음 ❷ >를 클릭하여 Transform 속성을 표시합니다.

(05) 왼쪽에서 오른쪽으로 지나가는 애니메이션을 만들기 위해 먼저 Timeline 패널에서 현재 시간 표시기를 '2초'로 이동합니다.

(06) ❶ Position 왼쪽의 'Stop Watch' 아이콘(🕐)을 클릭하여 키프레임을 만들고 ❷ X를 '2200'으로 설정합니다.

(07) 현재 시간 표시기를 '0초'로 이동합니다.

(08) '택시' 레이어가 도로 왼쪽에 위치하도록 Position X를 '−400'으로 설정합니다.

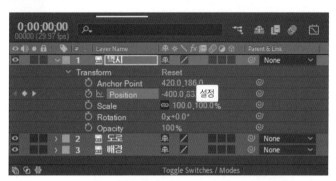

TIP ⟻

'Stop Watch' 아이콘(🕑)을 클릭하여 키프레임을 만들면 해당 아이콘이 파란색으로 표시되고 Timeline 패널의 빈 부분을 클릭해서 선택을 해제하면 회색으로 표시됩니다.

(09) 도로 왼쪽으로 그림과 같이 택시가 이동합니다. 자동으로 키프레임이 만들어져 애니메이션이 적용된 것을 확인할 수 있습니다.

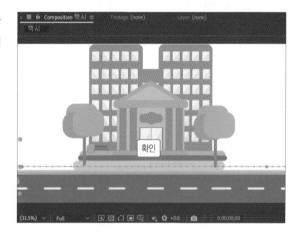

(10) Timeline 패널에서 현재 시간 표시기를 이동하거나, Spacebar 또는 0을 눌러 애니메이션을 확인할 수 있습니다.

| Scale 속성 | 중요도 ★ |

After Effects
04

실습

원하는 대로 크기 조절하기

Scale을 설정하여 애니메이션에서 크기를 조절해 봅니다.

Before

After

- **예제파일** : 애프터 이펙트\04\생일축하.aep
- **완성파일** : 애프터 이펙트\04\생일축하_완성.aep

01 메뉴에서 (File) → Open Project를 실행한 다음 애프터 이펙트 → 04 폴더에서 '생일축하.aep' 파일을 불러옵니다. ❶ Timeline 패널에서 '케잌' 레이어의 ❷ Transform 속성을 표시합니다.

02 ❶ Timeline 패널에서 현재 시간 표시기를 '0초'로 이동합니다. ❷ Scale을 '0%'로 설정한 다음 ❸ 왼쪽의 'Stop Watch' 아이콘(⏱)을 클릭하여 키프레임을 만듭니다.

03 ❶ 현재 시간 표시기를 '3초'로 이동한 다음 ❷ Scale을 '210%'로 설정하면 크기가 조절되면서 자동으로 키프레임이 만들어집니다.

04 Timeline 패널에서 현재 시간 표시기를 이동하거나, Spacebar 또는 O을 눌러 애니메이션을 확인할 수 있습니다. 케이크가 점차 확대되는 애니메이션이 표시됩니다.

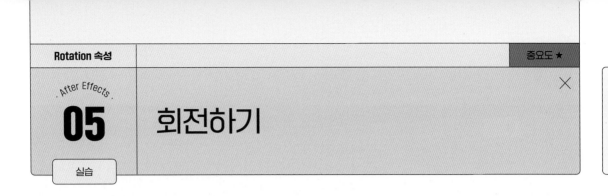

After Effects

05

실습

회전하기

Rotation을 설정해 회전 애니메이션을 만들어 봅니다.

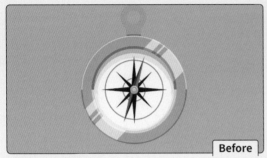

Before

After

• **예제파일** : 애프터 이펙트\04\나침반.aep

• **완성파일** : 애프터 이펙트\04\나침반_완성.aep

① 메뉴에서 (File) → Open Project를 실행한 다음 애프터 이펙트 → 04 폴더에서 '나침반.aep' 파일을 불러옵니다. ❶ Timeline 패널에서 '자침' 레이어의 ❷ Transform 속성을 표시합니다.

② ❶ Timeline 패널에서 현재 시간 표시기를 '0초'로 이동합니다. ❷ Rotation 왼쪽의 'Stop Watch' 아이콘(🕐)을 클릭하여 키프레임을 만듭니다.

03 ❶ 현재 시간 표시기를 '3초'로 이동한 다음 ❷ Rotation을 '3x+0°'로 설정하여 회전 애니메이션을 만듭니다.

04 Timeline 패널에서 현재 시간 표시기를 이동하거나, Spacebar 또는 0을 눌러 애니메이션을 확인할 수 있습니다. 나 침반 자침이 돌아가는 애니메이션이 표시됩니다.

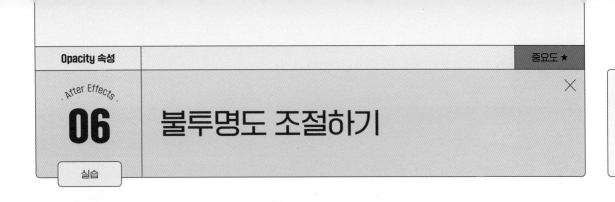

Opacity 속성   중요도 ★

불투명도 조절하기

After Effects **06** 실습

Opacity를 설정하여 보이던 상태에서 점차 사라지는 애니메이션을 만들어 봅니다.

Before   After

• 예제파일 : 애프터 이펙트\04\할로윈.aep   • 완성파일 : 애프터 이펙트\04\할로윈_완성.aep

01 메뉴에서 (File) → Open Project를 실행한 다음 애프터 이펙트 → 04 폴더에서 '할로윈.aep' 파일을 불러옵니다. ❶ Timeline 패널에서 '유령' 레이어의 ❷ Transform 속성을 표시합니다.

02 ❶ Timeline 패널에서 현재 시간 표시기를 '0초'로 이동합니다. ❷ Opacity 왼쪽의 'Stop Watch' 아이콘(⏱)을 클릭하여 키프레임을 만듭니다.

Part 4 • 애니메이션을 위한 다양한 기본 기능 —— 83

03 ❶ 현재 시간 표시기를 '3초'로 이동한 다음 ❷ Opacity를 '0%'로 설정하여 투명해지는 애니메이션을 만듭니다.

04 Timeline 패널에서 현재 시간 표시기를 이동하거나, Spacebar 또는 O 을 눌러 애니메이션을 확인할 수 있습니다. 유령이 점차 사라지는 애니메이션이 표시됩니다.

. After Effects .

07

실습

다양한 속성을 적용한 애니메이션 만들기

단축키를 이용해서 Transform 속성의 여러 요소를 한 레이어에 여러 개 적용해 봅니다.

Before

After

• 예제파일 : 애프터 이펙트\04\서울.aep

• 완성파일 : 애프터 이펙트\04\서울_완성.aep

01 메뉴에서 (File) → Open Project(Ctrl)+(O)를 실행한 다음 애프터 이펙트 → 04 폴더에서 '서울.aep' 파일을 불러옵니다. ❶ 키프레임 애니메이션을 적용할 'Night' 레이어를 선택한 다음 ❷ (P)를 눌러 Position 속성을 표시하고 ❸ (Shift)를 누른 상태로 (T)를 눌러 Opacity 속성도 표시합니다.

02 ❶ 현재 시간 표시기를 '0초'로 이동한 다음 ❷ Position과 Opacity의 'Stop Watch' 아이콘(◯)을 클릭하여 키프레임을 만듭니다.

(03) ❶ 현재 시간 표시기를 '2초'로 이동하고 ❷ Position
의 Y축을 '580'으로 설정한 다음 ❸ Opacity를 '0%'로
설정하면 자동으로 키프레임이 만들어집니다. 글씨가 빌딩 뒤로
내려가면서 점점 투명해지는 효과가 적용됩니다.

(04) Timeline 패널에서 현재 시간 표시기를 이동하거나, Spacebar 또는 O을 눌러 애니메이션을 확인할 수 있습니다.

TIP ⬧

용도에 맞게 Position, Rotation, Scale, Opacity, Anchor Point를 적절하게 섞어서 기본 애니메이션을 만들 수 있습니다. 또한, 키프레임을
드래그하여 키프레임 애니메이션 속도도 자유롭게 조절할 수 있습니다.

▲ Timeline 패널에서 Position 속성에 만들어진 키프레임 애니메이션을 '2초' 부분에서 '1초' 부분으로 드래그하여 이동한 모습

After Effects

08

실습

경로에 따른 시선 조절하기

애프터 이펙트에서 Orient는 한쪽 방향을 뜻합니다. Auto-Orient 기능은 움직임에 따라 방향을 자동 전환하는 것으로, 위치에 따라 방향을 바꿔 봅니다.

Before
• 예제파일 : 애프터 이펙트\04\패스 움직임.aep

After
• 완성파일 : 애프터 이펙트\04\패스 움직임_완성.aep

01　새 프로젝트를 만들고 애프터 이펙트 → 04 폴더의 '패스 움직임.aep' 파일을 컴포지션으로 불러옵니다. 이전에 작업한 패스 형태대로 움직임을 구현한 프로젝트가 열립니다.

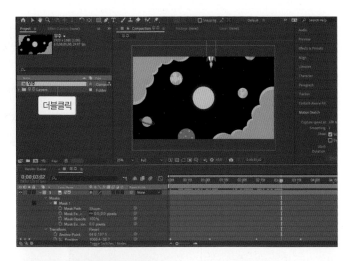

더블클릭

02　❶ Timeline 패널에 있는 '로켓' 레이어를 선택하고 ❷ 마우스 오른쪽 버튼을 클릭한 다음 ❸ Transform → Auto-Orient([Ctrl]+[Alt]+[O])를 실행합니다.

❶ 선택　❷ 마우스 오른쪽 클릭　❸ 실행

TIP
메뉴에서 (Layer) → Transform → Auto-Orient ([Ctrl]+[Alt]+[O])를 실행해도 됩니다.

03 Auto-Orientation 대화상자가 표시되면 ❶ 'Orient Along Path'를 선택한 다음 ❷ 〈OK〉 버튼을 클릭합니다.

04 오브젝트 이동 방향이 달라집니다. 램 프리뷰를 통해 재생하면 Auto Orient 기능으로 움직이는 방향에 따라 오브젝트가 회전하는 것을 알 수 있습니다.

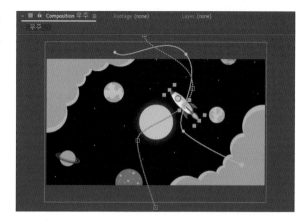

05 현재 상태는 의도하던 움직임이 아니므로 Rotation을 수정해야 합니다. Timeline 패널에서 Rotation을 '0x+77˚'로 설정하여 로켓을 기존과 다르게 회전합니다.

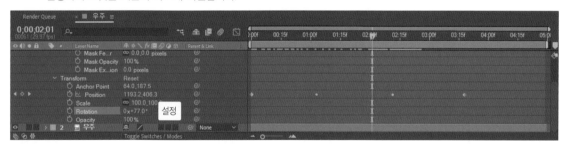

06 다시 램 프리뷰를 통해 재생하면 Auto Orient 기능으로 움직이는 방향에 따라 오브젝트가 한층 자연스러워진 것을 확인할 수 있습니다. Auto-Orient를 적용하기 전과 비교하면 진행 방향에 따라 자동으로 로켓이 회전하는 자연스러운 애니메이션을 확인할 수 있습니다.

After Effects

09 애니메이션처럼 관절 모션 만들기

실습

퍼핏 벤드 핀 도구의 벤드 기능은 캐릭터 애니메이션 작업에서 가장 유용한 기능 중 하나입니다. 사람의 관절 움직임을 보면 주로 어깨, 팔꿈치, 손목 등 모든 관절의 연결 부위에서 회전하며, 벤드 기능은 퍼핏 회전 작업을 할 때 이와 같은 움직임을 효과적으로 만들 수 있어 활용해 봅니다.

Before

After

• **예제파일** : 애프터 이펙트\04\고양이.psd   • **완성파일** : 애프터 이펙트\04\고양이_완성.aep

01 새 프로젝트를 만든 다음 애프터 이펙트 → 04 폴더에서 '고양이.psd' 파일을 컴포지션으로 불러옵니다.

더블클릭

TIP

Shift를 누른 상태에서 추가로 키를 누르면 해당 속성과 함께 다른 속성도 볼 수 있습니다. 다음의 단축키들을 활용하면 시간을 줄일 수 있습니다.

• P : Position(위치) 속성을 표시합니다.   • R : Rotation(회전) 속성을 표시합니다.

• A : Anchor Point(기준점) 속성을 표시합니다.   • T : Opacity(불투명도) 속성을 표시합니다.

• S : Scale(크기) 속성을 표시합니다.   • U : 키프레임이 적용된 Transform 속성이 표시됩니다.

02 ❶ Tools 패널에서 퍼핏 포지션 핀 도구(📌)를 선택하고 ❷ Timeline 패널에서 '고양이' 레이어를 선택합니다.

03 고양이 머리를 제외한 몸과 꼬리 부분에 그림과 같이 일정 간격
을 두고 클릭하여 핀을 추가합니다.

TIP ⬅
여러 가지 방법이 있지만 이 방법이 안 움직이는 부분을 고정할 때 가장 쉬운 방
법입니다.

04 함께 움직이도록 ❶ Tools 패널에서 퍼핏 포지션 핀 도구(📌)를 잠시 눌러 표시되는 도구 모음에서 ❷ 핏 스타치
핀 도구(🔧)를 선택합니다. ❸ 그림과 같이 얼굴 주위에 핀을 추가합니다. 벤드가 적용된 주변에 적용하면 자연스러
운 결과물을 만들 수 있습니다.

05 ❶ Tools 패널에서 퍼핏 스타치 도구( )를 잠시 눌러 표시되는 도구 모음에서 ❷ 퍼핏 벤드 핀 도구( )를 선택합니다. ❸ 그림과 같이 고양이 얼굴 부분을 클릭하여 핀을 추가합니다.

TIP
퍼핏 벤드 핀 도구를 이용하면 관절이 회전하는 움직임을 더 효율적으로 작업할 수 있습니다.

06 Timeline 패널에서 Puppet Pin을 확인하면 키프레임이 포함된 Bend 속성을 확인할 수 있습니다. 이 기능을 이용해서 고양이 얼굴의 움직임을 만들 수 있습니다. 현재 시간 표시기를 움직여 시간마다 수치를 조절해서 키프레임 애니메이션을 만듭니다.

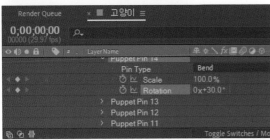

▲ 퍼핏 벤드 핀 도구의 Rotaion 속성을 '+30'으로 설정했을 때   ▲ 퍼핏 벤드 핀 도구의 Rotaion 속성을 '-40'으로 설정했을 때

After Effects

10

실습

레이어에 움직임 만들기

• **예제파일** : 애프터 이펙트\04\바벨.aep   • **완성파일** : 애프터 이펙트\04\바벨_완성.aep   • • •

---

01 새 프로젝트를 만든 다음 애프터 이펙트 → 04 폴더에서 ❶ '바벨.aep' 파일을 컴포지션으로 불러옵니다. ❷ Timeline 패널에서 현재 시간 표시기를 좌로 드래그하여 움직여서 '0초' 부분을 제외하면 '봉' 레이어만 독립적으로 움직이는 것을 확인할 수 있습니다.

02 Timeline 패널의 Parent & Link 항목이 없으면 ❶ Layer Name 항목에서 마우스 오른쪽 버튼을 클릭하고 ❷ Columns → Parent & Link를 실행합니다.

03 ❶ Timeline 패널에서 '오른쪽 추' 레이어의 Parent & Link 항목을 클릭하고 ❷ '봉'으로 지정하여 '봉' 레이어를 따라가도록 합니다.

04 이번에는 다른 방법으로 Parent를 설정하는 방법을 알아봅니다. '왼쪽 추' 레이어의 Parent 항목에서 '로프' 아이콘
(◎)을 '봉' 레이어로 드래그하여 연결합니다.

TIP ⟨⟩

Parent & Link를 설정할 때 주의할 점은 현재 시간 표시기를 의도한 그림과 같은 부분으로 이동해서 Parent & Link를 지정해야 한다는 것입
니다. 다음 그림처럼 어긋난 상태에서 Parent & Link를 지정하면 움직임이 의도와 다르게 설정될 수 있습니다.

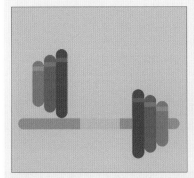

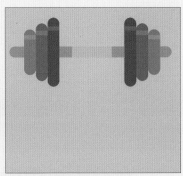

▲ 현재 시간 표시기를 '0초'가 아닌 부분에서 Parent
　& Link를 지정한 경우

▲ 현재 시간 표시기를 '0초'로 이동하고 Parent &
　Link를 지정한 경우

05 램 프리뷰를 재생하면 '봉' 레이어에 연결된 '오른쪽 추', '왼쪽 추' 레이어를 확인할 수 있습니다.

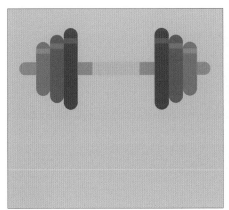

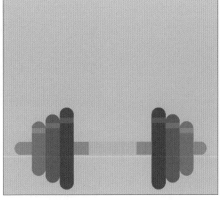

After Effects
11
실습

움직임에 따른 모션 블러 적용하기

움직임이 빠른 피사체를 사진, 영상으로 촬영하면 속도가 빨라 화면에 움직임이 나타나는 모션 블러(Motion Blur) 현상이 발생합니다. 디지털 모션 그래픽 작업에도 모션 블러를 적용하면 더 현실감 있게 연출할 수 있으므로 빠른 움직임을 만들어 봅니다.

Before

After

- **예제파일** : 애프터 이펙트\04\달리는 사람.aep
- **완성파일** : 애프터 이펙트\04\달리는 사람_완성.aep

01 새 프로젝트를 만들고 애프터 이펙트 → 04 폴더에서 '달리는 사람.aep' 파일을 더블클릭하여 컴포지션으로 불러옵니다.

02 '달리는 사람' 레이어에 빠른 움직임을 만들기 위해 먼저 ❶ Composition 패널에서 '달리는 사람' 레이어를 선택하고 화면 왼쪽으로 드래그하여 이동합니다. ❷ Timeline 패널에서 P를 눌러 Position 속성을 표시하고 ❸ 현재 시간 표시기를 '0초'로 드래그해 이동한 다음 ❹ 'Stop Watch' 아이콘(⏱)을 클릭하여 키프레임을 만듭니다.

03 ❶ Timeline 패널에서 현재 시간 표시기를 '2초'로 이동하고 ❷ '달리는 사람' 레이어를 화면 오른쪽으로 드래그하여 키프레임을 만듭니다. 램 프리뷰를 통해 빠르게 화면 오른쪽으로 이동하는 '달리는 사람' 레이어를 확인할 수 있습니다.

04 빠른 움직임에 모션 블러를 적용하기 위해 '달리는 사람' 레이어의 Switch 항목에서 잔상 형태의 'Motion Blur' 아이콘(🔲)을 클릭합니다.

TIP ◁
아이콘이 표시되면 활성화된 것이고 아이콘이 표시되지 않으면 비활성화된 것입니다. 아이콘이 표시되면 클릭하지 않아도 됩니다.

05 램 프리뷰로 재생하면 빠른 속도로 달려가면서 모션 블러가 발생하는 것을 확인할 수 있습니다.

TIP ◁
모션 블러가 나타나지 않으면 Timeline 패널의 'Enables Motion Blur' 아이콘(🔲)을 클릭하여 활성화해야 Composition 패널에서 모션 블러를 확인할 수 있습니다.

▲ Timeline 패널 위의 'Enables Motion Blur' 아이콘(🔲)을 비활성화하여 Composition 패널에 나타나지 않은 모습

Mocha AE를 활용한 스크린 교체하기

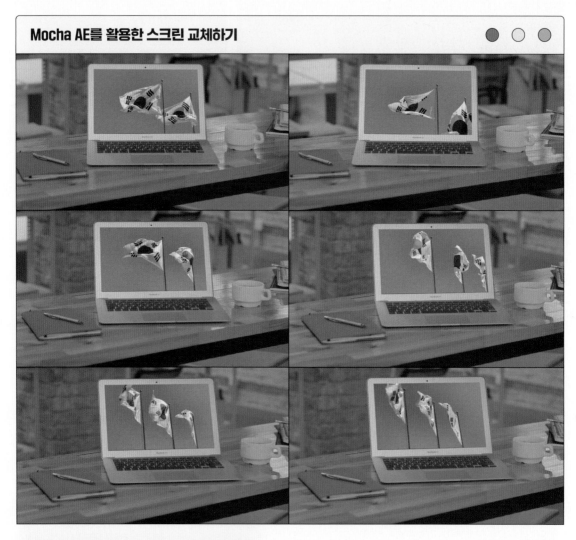

애프터 이펙트에는 다양한 서드파티 플러그인이 있습니다. 그중 기본으로 제공하는 Boris FX 사의 Mocha AE 플러그인은 트래킹과 관련된 플러그인입니다. Mocha AE를 통해 화면을 추적하고 다른 소스로 교체할 수 있습니다.

(해상도) 1920×1080px

(소스 파일) 애프터 이펙트\04\replacement.mp4, screen.mp4

(완성 파일) 애프터 이펙트\04\MochaAE.aep

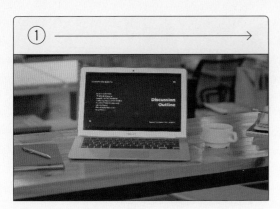

① 추적할 화면이 있는 영상 소스 불러오기

② Mocha AE를 실행하고 트래킹 환경 구축하기

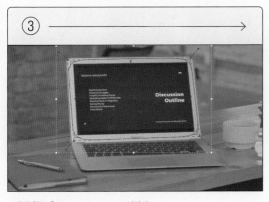

③ 트래킹 완료 후 Planer Surface 표시하기

④ Mocha AE 종료 후 대체할 영상 소스 불러오고 크기 및 프레임률 설정하기

⑤ Effect Controls 패널에서 Mocha AE 설정하기

⑥ Mocha AE로 트래킹이 잘 적용됐는지 확인하기

PART 5.

원하는 대로
모션 제어하기

자연스러운 모션 그래픽을 만들기 위해 사용할 수 있는 응용 기능들에 대해 알아봅니다.

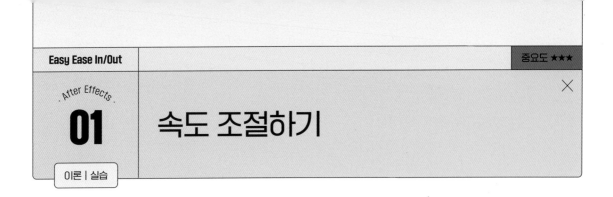

After Effects
01
이론 | 실습

속도 조절하기

❶ In과 Out 이해하기 　　　　　　　　　　　　　　　　•••

기본 키프레임 애니메이션은 일정한 픽셀의 거리를 일정 시간 동안 움직이는 등속도 움직임을 갖습니다. 하지만 현실의 움직임을 관찰하면 불규칙한 움직임을 보이므로 등속도 움직임은 어색해 보이는 경우가 많아 속도의 변화를 주어 더 사실적으로 나타내는 과정이 필요합니다.

애프터 이펙트에서 가장 쉽게 속도를 변화시킬 수 있는 기능은 Easy Ease로 '쉽게 감소하다'라는 뜻을 가집니다. 이 기능을 이용하면 속도가 서서히 증가하거나 서서히 감소하는 움직임을 만들 수 있습니다. Easy Ease의 In과 Out 개념에 대해 알아보겠습니다.

In은 키프레임을 기준으로 현재 시간 표시기가 처음 들어오는 부분을 뜻하며 정해진 애니메이션이 끝나는 부분을 말합니다. Out은 키프레임을 기준으로 현재 시간 표시기가 마지막으로 나가는 부분을 뜻하며 앞으로 진행될 애니메이션의 시작을 뜻합니다.

▲ 키프레임을 기준으로 In에 해당하는 부분. 앞에서 시작된 애니메이션이 끝나는 부분

▲ 키프레임을 기준으로 Out에 해당하는 부분. 앞으로 진행될 애니메이션이 시작되는 부분

❷ Easy Ease In 이해하기 ・・・

속도가 점차 감소하여 키프레임으로 들어옵니다. 속도가 감소하면서 애니메이션이 끝납니다.

▲ Easy Ease In의 키프레임을 만든 모습

▲ 그래프 에디터를 통해 본 Easy Ease In의 모습

❸ Easy Ease Out 이해하기 ・・・

속도가 0인 상태의 키프레임에서 서서히 나갑니다. 속도가 0에서부터 점차 증가하며 애니메이션이 시작하는 것을 뜻합니다.

▲ Easy Ease Out의 키프레임 모습

▲ 그래프 에디터를 통해 본 Easy Ease Out의 모습

❹ Easy Ease In/Out 이해하기

키프레임이 두 개뿐인 애니메이션의 경우 애니메이션의 시작과 끝이 있습니다. 타임라인의 왼쪽에 해당하는
시작은 Ease Out이며 타임라인 오른쪽 키프레임은 Ease In입니다. 키프레임이 세 개인 애니메이션의 경우
가운데 있는 키프레임은 Ease In과 Ease Out을 동시에 가집니다.

▲ Easy Ease In/Out의 키프레임

▲ 그래프 에디터를 통해서 본 Easy Ease In/Out

• **예제파일** : 애프터 이펙트\05\연필.psd   • **완성파일** : 애프터 이펙트\05\연필_완성.aep

01 새 프로젝트를 만들고 애프터 이펙트 →
05 폴더에서 '연필.psd' 파일을 컴포지
션으로 불러옵니다.

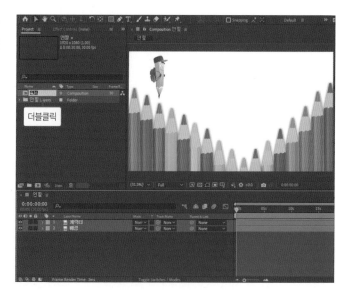

102

(02) ❶ '캐릭터' 레이어를 선택한 다음 ❷ Transform의 Position 속성을 표시합니다. ❸ 현재 시간 표시기를 '0초'로 이동하고 ❹ Position 왼쪽의 'Stop Watch' 아이콘(⏱)을 클릭하여 키프레임을 만듭니다.

(03) ❶ 현재 시간 표시기를 '3초'로 이동한 다음 ❷ Composition 패널의 화면에서 '캐릭터' 레이어를 오른쪽으로 하단으로 드래그해 이동합니다. 위치에 변화를 주면 자동으로 키프레임이 만들어집니다.

(04) ❶ 현재 시간 표시기를 '6초'로 이동한 다음 ❷ 다시 캐릭터를 왼쪽 상단으로 이동하여 키프레임을 만듭니다.

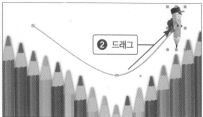

(05) 직접 만든 움직임은 모두 같은 속도로 움직여 어색하므로 Easy Ease 기능을 적용해 봅니다. '0초' 키프레임은 애니메이션이 시작하는 부분이므로 Easy Ease Out을 설정합니다. ❶ '0초' 키프레임에서 마우스 오른쪽 버튼을 클릭한 다음 ❷ Keyframe Assistant → Easy Ease Out(Ctrl+Shift+F9)을 실행합니다. Easy Ease Out이 적용된 키프레임을 확인할 수 있습니다.

Why? ☞
현실에서 등가속 운동으로 움직이는 사물은 없으므로 일정한 속도의 애니메이션은 어색하게 느껴집니다.

06 ❶ '6초' 키프레임에서 마우스 오른쪽 버튼을 클릭한 다음 ❷ Keyframe Assistant → Easy Ease In(Shift+F9) 을 실행합니다. ❸ Easy Ease In 키프레임이 적용되어 달라진 형태를 확인할 수 있습니다.

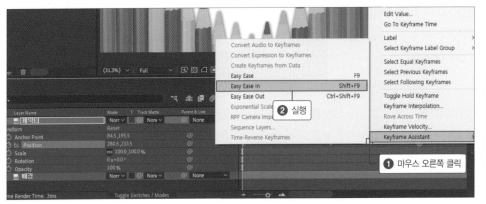

07 ❶ Timeline 패널에서 가운데 '3초 키프레임'을 선택한 다음 ❷ F9 를 눌러 Easy Ease In/Out을 설정합니다.

TIP 👈

F9 를 누르면 Easy Ease In/Out을 간편하게 설정할 수 있습니다. Shift+F9 를 누르면 Easy Ease In을 설정할 수 있으며, Shift+Ctrl+F9 를 누르면 Easy Ease Out을 설정할 수 있습니다.

08 애니메이션을 재생하면 크게 세 부분으로 나뉩니다. 애니메이션이 시작할 때는 서서히 오른쪽 하단으로 이동하고 서 서히 멈춘 다음 다시 오른쪽 상단으로 서서히 이동합니다. 오른쪽 키프레임에 도착하면서 서서히 멈추는 모습을 확인 할 수 있습니다.

After Effects

02

이론 | 실습

시간과 동선 설정하기

❶ Temporal Interpolation으로 시간 설정하기 　　　　• • •

Composition 패널에서 볼 수 있는 레이어의 모션 패스는 크게 두 가지 형태입니다. 하나는 속도 변화의 모습이며, 다른 하나는 동선의 모습으로 변화에 따라 시간이나 공간을 설정할 수 있습니다.

Temporal Interpolation은 시간 설정을 나타내며, 주로 메뉴 대신 그래프 에디터(Graph Editor)를 이용합니다.

❶ 키프레임에서 마우스 오른쪽 버튼을 클릭한 다음 ❷ Keyframe Interpolation을 실행하여 Keyframe Interpolation 대화상자가 표시되면 ❸ Temporal Interpolation을 지정할 수 있습니다.

❷ Spatial Interpolation으로 동선 바꾸기 　　　　• • •

❶ 키프레임에서 마우스 오른쪽 버튼을 클릭한 다음 ❷ Keyframe Interpolation을 실행하여 Keyframe Interpolation 대화상자가 표시되면 ❸ Spatial Interpolation을 지정할 수 있습니다.

❶ **Linear** : 동선을 직선 형태로 나타냅니다. 주로 빠른 움직임 또는 원하는 위치에 정확하게 배치하거나 동선에서도 원하는 위치에 배치해야 할 때 이 기능을 이용하여 직선으로 이동하는 움직임을 만듭니다. 'Bezier'로 지정하면 원하는 동선 이외의 동선이 발생하기 때문에 'Linear'로 지정하여 우선 작업하고 부분적으로 Bezier 형태로 작업하는 경우가 많습니다.

❷ **Bezier** : 양쪽 방향선을 각각 조절할 수 있는 기능으로, 한쪽 방향선을 이동해도 다른 방향선에 영향을 주지 않습니다.

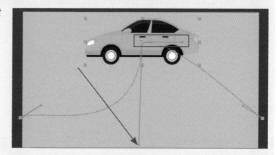

왼쪽 방향선을 이동하지만 오른쪽 방향선에는 영향이 없는 모습 ▶

❸ **Continuous Bezier** : 원하는 형태의 곡선으로 동선을 만들 수 있습니다. 이때 Bezier가 선으로 연결됩니다.

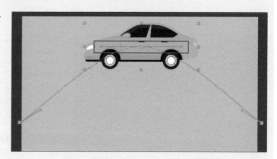

Bezier 방향선 양끝의 기준점을 드래그하면 원하는 형태의 동선을 만들 수 있습니다. Continuous Bezier의 방향선은 한쪽을 이동하면 다른 한쪽이 자동으로 이동하여 곡선을 이룹니다. Continuous Bezier는 양쪽의 Bezier 선을 한 번에 설정할 수 있습니다.

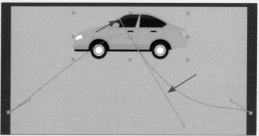

❹ **Auto Bezier** : 애프터 이펙트에서 기본 움직임을 만들면 자동으로 자연스러운 동선을 만들기 위해 곡선 패스가 나타납니다. 이때 나타나는 설정이 Auto Bezier로 자동으로 이동 경로를 계산하여 곡선으로 나타내며 Bezier 선이 안 보입니다.

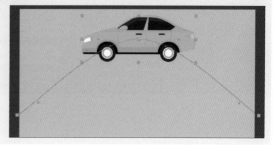

움직임을 만들고 Linear 또는 Bezier로 동선을 제어하는 방법을 알아봅니다.

Before

• **예제파일** : 애프터 이펙트\05\자동차.psd

After

• **완성파일** : 애프터 이펙트\05\자동차_완성.aep

01 새 프로젝트를 만들고 애프터 이펙트 → 05 폴더에서 '자동차.psd' 파일을 컴포지션으로 불러옵니다.

02 Composition 패널에서 '자동차' 레이어를 선택한 다음 그림과 같이 드래그하여 이동합니다.

03 ❶ Timeline 패널의 '0초'에서 ❷ P를 눌러 Position 속성을 표시하고 ❸ 'Stop Watch' 아이콘(⏱)을 클릭하여 키프레임을 만듭니다.

04 ❶ 현재 시간 표시기를 '2초'로 이동한 다음 ❷ Composition 패널에서 '자동차' 레이어를 왼쪽으로 드래그하여 키프
레임을 만듭니다.

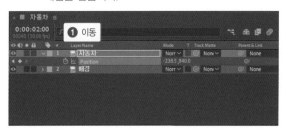 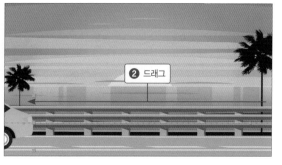

05 ❶ 현재 시간 표시기를 '1초'로 이동한 다음 ❷ Composition 패널에서 '자동차' 레이어를 위로 드래그하여 키프레임
을 만듭니다.

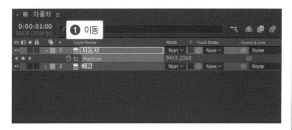 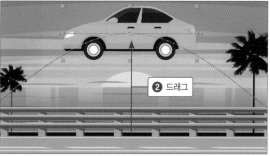

06 ❶ '0초~2초'의 키프레임을 모두 선택한 다음 ❷ Ctrl+C를 누릅니다. ❸ 현재 시간 표시기를 '3초'로 이동한 다음
❹ Ctrl+V를 눌러 '0초~2초'의 키프레임을 '3초~5초'에 복사합니다.

TIP

키프레임을 복사하고 현재 시간 표시기를 이동하여 붙여 넣으면 키프레임의 움직임을 그대로 현재 시간 표시기가 있는 시간부터 재연할 수 있습
니다.

07 ❶ 현재 시간 표시기를 '1초'로 이동합니다. ❷ Timeline 패널에서 앞쪽 세 개의 키프레임을 선택하고 ❸ 마우스 오른쪽 버튼을 클릭한 다음 ❹ Keyframe Interpolation을 실행합니다.

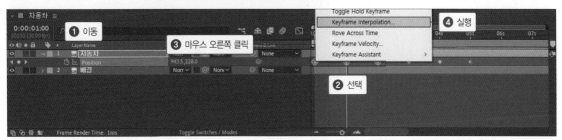

08 Keyframe Interpolation 대화상자가 표시되면 ❶ Spatial Interpolation을 클릭하고 ❷ 'Linear'로 지정한 다음 ❸ ⟨OK⟩ 버튼을 클릭합니다.

Why?
키프레임을 'Linear' 형태로 바꾸면 직선으로 움직이는 애니메이션을 만들 수 있습니다.

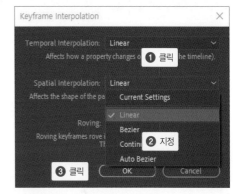

09 같은 방법으로 Timeline 패널에서 ❶ 현재 시간 표시기를 '4초'로 이동합니다. ❷ 3초~5초에 있는 세 개의 키프레임을 선택하고 ❸ 마우스 오른쪽 버튼을 클릭한 다음 ❹ Keyframe Interpolation을 실행합니다.

10 Keyframe Interpolation 대화상자가 표시되면 ❶ Spatial Interpolation을 클릭하고 ❷ 'Bezier'로 지정한 다음 ❸ ⟨OK⟩ 버튼을 클릭합니다.

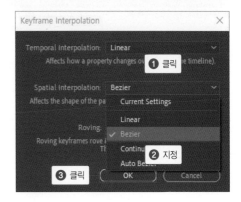

11 방향선의 오른쪽 부분을 드래그하여 그
림과 같이 양쪽이 비대칭인 곡선을 만
들 수 있습니다.

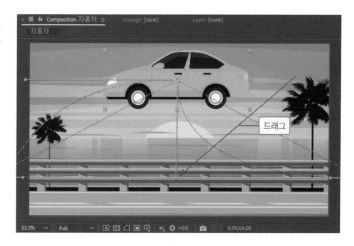

12 Spacebar 또는 0을 눌러 램 프리뷰를 진행합니다. 영상을 확인하면 '0초~2초'와 '3초~5초'의 동선이 다른 것을 확인
할 수 있습니다.

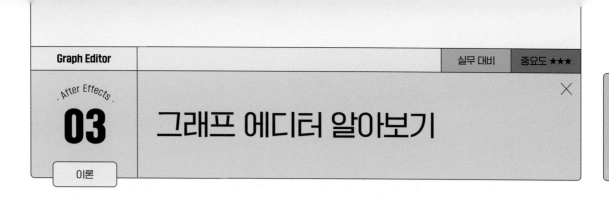

Graph Editor · 실무 대비 · 중요도 ★★★

After Effects

03

이론

그래프 에디터 알아보기

모션 그래픽 기초

❶ 그래프 에디터 표시하기 ● ● ●

그래프 에디터(Graph Editor)는 그래프 형태로 애니메이션 속도를 조절하는 기능입니다. 기본 키프레임으로 만든 애니메이션을 살펴보면 애니메이션 속도 변화에 관한 정보가 없습니다. 단순히 시간에 위치 데이터만 기록되어 있기 때문입니다. Timeline 패널에서 'Graph Editor' 아이콘(📊)을 클릭하면 그래프 에디터에서 그래프의 그리드 형태를 살펴볼 수 있습니다.

▲ 그래프 에디터로 바뀐 Timeline 패널

❷ 레이어 속성 선택과 그래프 나타내기 ● ● ●

애니메이션을 만든 레이어 속성을 선택하지 않으면 다음과 같이 그래프 형태를 볼 수 없습니다. 레이어 속성을 선택해야만 그래프 에디터를 표시할 수 있습니다. Position의 움직임을 살펴보기 위해 Position을 선택하면 그래프 에디터에 그래프가 활성화됩니다.

▲ 키프레임 애니메이션을 적용한 Position의 그래프

이때 레이어 속성 선택이 해제되면 그래프도 비활성화됩니다. 이러한 실수를 방지하기 위해서는 속성 이름 왼쪽의 'Graph editor set' 아이콘(📈)을 클릭하면 항상 그래프 형태를 확인할 수 있습니다.

▲ 레이어 속성을 선택하지 않아도 활성화되는 그래프

❸ 그래프 에디터의 두 가지 속성 이해하기　　　• • •

그래프 에디터는 기본으로 두 가지 속성을 가집니다. 기본 그래프 형태는 스피드 그래프(Speed Graph)이며, Scale 변화로 그래프 에디터를 확인할 때는 벨류 그래프(Value Graph) 형태로 나뉩니다.

물론 Position, Scale 등 모든 애니메이션 속성은 스피드(Speed)와 벨류(Value) 두 가지 그래프를 확인할 수 있습니다. 'Choose graph type and options' 아이콘(▣)을 클릭한 다음 Edit Value Graph나 Edit Speed Graph를 실행하여 그래프 형태를 바꿀 수 있습니다.

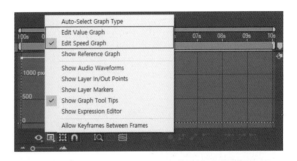

▲ 스피드 그래프(Speed Graph)

▲ 벨류 그래프(Value Graph)

❹ 스피드 그래프(Speed Graph) 살펴보기 • • • •

스피드 그래프는 기본으로 속도를 나타냅니다. 이 속도는 우리가 알고 있는 것과는 다릅니다. 일상생활에서 속도를 나타내는 시속(Km/Hour)은 1시간 동안 이동한 거리를 뜻하지만, 애프터 이펙트의 화면은 픽셀(Pixel) 단위로 초를 시간 단위로 계산하여 초당(px/sec) 이동한 픽셀을 나타냅니다.

그래프 에디터에서 그래프 높이는 곧 속도를 나타냅니다. 다음 그래프에는 두 개의 구간이 존재합니다. 여기서 마우스 포인터를 선에 위치시키면 팝업 메시지를 통해 속도를 확인할 수 있습니다.

▲ 첫 번째 구간의 속도 : 2157.00 px/sec

▲ 두 번째 구간의 속도 : 319.59 px/sec

❺ 그래프 에디터에서 속도 조절하기 • • • •

그래프 에디터에서 키프레임을 선택하면 노란색 사각형과 함께 옆에 방향선이 나타납니다.

키프레임을 선택하면 속도 변화와 함께 시간도 달라집니다. 키프레임 옆 방향선을 선택하면 속도 변화만 적용할 수 있어 속도와 함께 시간까지 변경하는 실수를 줄일 수 있습니다.

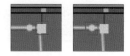

▲ 키프레임의 조절점과 방향선

조절점을 위로 드래그하면 속도가 빨라지고, 조절점을 아래로 드래그하면 속도가 점차 느려집니다.

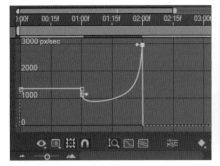

▲ 속도를 올린 모습

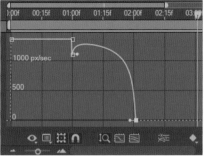

▲ 속도를 낮춘 모습

❻ 그래프 에디터 조절점으로 Influence 강도 조절하기

그래프 에디터의 두 번째 역할은 Influence를 설정해서 강도를 조절하는 것입니다. 다음 그림은 속도를 줄인 부분의 강도가 작아서 속도가 급격히 줄어들었습니다.

▲ 기본 Influence

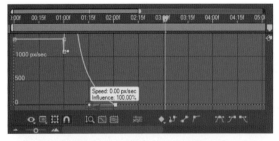

▲ 조절점을 드래그하여 Influence를 '100%'로 수정한 모습

▲ Influence 변화를 통해 속도가 일찍부터 줄어들도록 설정한 모습

❼ 스피드 그래프의 원리 이해하기 ●●●

스피드 그래프의 Influence를 이용해 속도 변화에 강도를 적용하면 한쪽 영역의 속도가 줄어들면서 다른 쪽 영역의 속도가 빨라지는 것을 확인할 수 있습니다. 이것은 이동 거리와 시간의 상관 관계에 의해 나타납니다.

❶ Type 1

빠르게 시작하여 서서히 멈추는 형태의 애니메이션입니다. 애니메이션이 끝나는 부분의 속도가 느리다는 것은 이동 거리가 줄어드는 것입니다. 하지만 처음에 설정한 이동 거리가 있으므로 한쪽이 줄어든 만큼 시작 부분은 빠른 속도로 남은 거리를 이동합니다.

ⓐ 짧은 시간 동안 빠른 속도로 많은 거리를 이동합니다.
ⓑ 긴 시간 동안 느린 속도로 짧은 거리를 이동합니다.

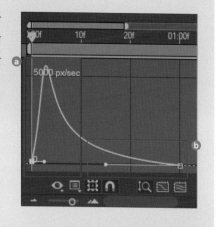

❷ Type 2

느린 속도로 서서히 시작하여 빠른 속도로 멈추는 형태의 애니메이션입니다.
ⓐ 긴 시간 동안 느린 속도로 짧은 거리를 이동합니다.
ⓑ 짧은 시간 동안 빠른 속도로 많은 거리를 이동합니다.

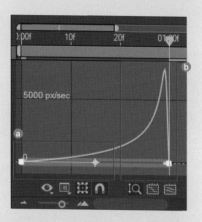

❸ Type 3

느린 속도로 서서히 시작해 중간에 빠른 속도로 이동한 다음 다시 서서히 느려지면서 멈추는 형태의 애니메이션입니다.
ⓐ 일정 시간 동안 느린 속도로 짧은 거리를 이동합니다.
ⓑ 일정 시간 동안 빠른 속도로 많은 거리를 이동합니다.
ⓒ 일정 시간 동안 느린 속도로 짧은 거리를 이동합니다.

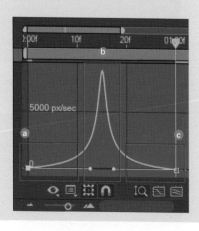

❽ 그래프 에디터의 주요 아이콘 살펴보기 • • •

그래프 에디터의 다양한 아이콘 중 실제 작업을 도와주는 아이콘은 그래프 에디터 오른쪽 아래의 아이콘들로
키프레임을 선택하면 활성화됩니다.

❶ Edit selected keyframes(🔳) : 조절점에서 마우스 오른쪽 버튼을 클릭하면 표시
되는 메뉴와 같은 기능입니다. 앞서 살펴본 Keyframe Interpolation을 설정할 수 있
습니다.

❷ Hold(🔳) : 키프레임을 선택하고 'Hold' 아이콘(🔳)을 클릭하면 다음과 같이 그래프가 변화됩니다. 속도는 0px/sec로 설정하면
서 공간만 이동하는 것입니다. 애니메이션 중간에 변화되는 것이 아니라 키프레임이 있는 시간에 순간적으로 위치가 바뀌는 기능
입니다.

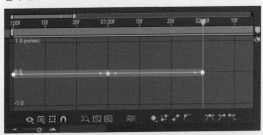

❸ Linear(🔳) : 키프레임을 선택하고 'Linear' 아이콘(🔳)을 클릭하면 기본 형태의 키프레임으로 변화됩니다. 기본 형태의 키프레
임으로 처음 상태에서는 클릭해도 아무런 변화가 없습니다.

❹ Auto Bezier() : 키프레임을 선택하고 'Auto Bezier' 아이콘()을 클릭하면 키프레임의 양쪽 속도 변화를 계산하여 한쪽 영역은 서서히 속도를 감소시키고 다른 영역은 속도를 증가하는 형태의 애니메이션으로 변화됩니다.

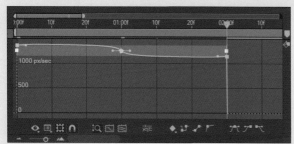

❺ Easy Ease() : 그래프 에디터에서 키프레임에 Easy Ease를 쉽게 만들 수 있는 기능입니다.

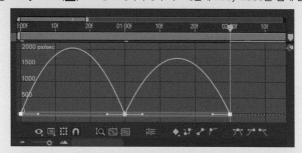

❻ Easy Ease In() : 그래프 에디터에서 키프레임에 Easy Ease In을 쉽게 만들 수 있는 기능입니다.

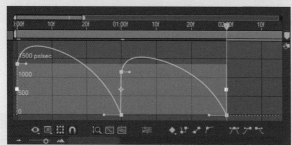

❼ Easy Ease Out() : 그래프 에디터에서 키프레임에 Easy Ease Out을 쉽게 만들 수 있는 기능입니다.

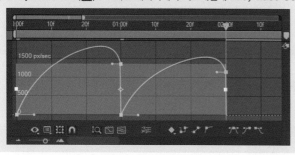

. After Effects .

04

실습

자연스럽게 움직임 연결하기

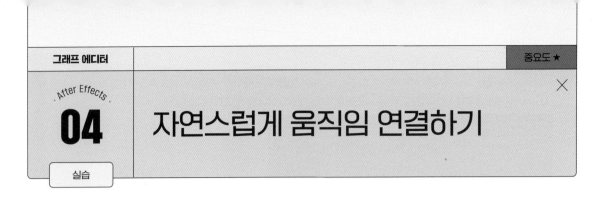

• **예제파일** : 애프터 이펙트\05\야영.psd　　• **완성파일** : 애프터 이펙트\05\야영_완성.aep　　• • •

01 새 프로젝트를 만들고 애프터 이펙트 → 05 폴더에서 '야영.psd' 파일을 컴포 지션으로 불러옵니다.

02 속도 변화가 큰 애니메이션을 만들어 봅니다. ❶ Timeline 패널에서 '별똥별' 레이어를 선택하고 ❷ P를 눌러 Position 속성을 표시합니다. ❸ 현재 시간 표시기를 '0초'로 이동한 다음 ❹ Position 왼쪽의 'Stop Watch' 아이콘 (ⓞ)을 클릭하여 키프레임을 만듭니다.

03 ❶ 현재 시간 표시기를 '1초'로 이동합니다. ❷ Composition 패널의 화면에서 '별똥별' 레이어를 그림과 같이 왼쪽 으로 드래그하여 키프레임을 만듭니다.

04 ❶ 현재 시간 표시기를 '3초'로 이동합니다. ❷ Composition 패널에서 '별똥별' 레이어를 오른쪽으로 드래그해 첫 번째 구간보다 느린 애니메이션을 만듭니다.

05 Timeline 패널에서 'Graph Editor' 아이콘(▨)을 클릭하여 그래프 에디터를 표시합니다.

TIP

그래프 에디터가 표시되지 않으면 레이어의 키프레임 속성을 선택한 다음 'Graph Editor' 아이콘(▨)을 클릭하여 활성화합니다. 이때 반드시 속성을 선택해야 해당 아이콘이 활성화됩니다.

06 스피드 그래프에서 In/Out 조절점의 속도를 살펴보면 앞쪽의 빠른 구간은 '1448.44px/sec', 느린 구간은 '727.19px/sec'인 것을 확인할 수 있습니다. 이때 두 개의 조절점 속도는 거의 2배 정도 차이가 납니다.

Why?

작업하다 보면 예제와 똑같은 속도가 정확히는 아니더라도 두 키프레임은 꽤 큰 속도 차이가 생길 것입니다.

07 하나의 키프레임을 기준으로 In/Out에 속도 차이가 있으면 어색하기 때문에 이 사이를 자연스럽게 만들어야 합니다. ❶ 가운데에 있는 속도 차이가 나는 부분의 키프레임을 드래그하여 선택하고 ❷ 오른쪽 하단의 'Auto Bezier' 아이콘(▛)을 클릭합니다.

08 서로 떨어져 있는 In/Out 조절점이 하나로 합쳐지면서 빠른 속도는 느려지고, 느린 속도는 빨라져 자연스럽게 연결됩니다.

09 그래프 에디터의 Bezier 방향선을 조절하여 움직임을 좀 더 자연스럽게 만듭니다. 가운데 키프레임의 왼쪽 Bezier 조절점을 왼쪽으로 드래그하여 감속 지점을 좀 더 빠르게 지정합니다.

10 세로로 높아진 그래프를 모두 나타내는 기능인 'Auto-Zoom Graph Height' 아이콘(▤)이 활성화되면 자동으로 높이와 너비가 재배열되면서 그래프가 다음과 같은 형태로 바뀝니다.

11 속도를 세밀하게 조절하기 위해 먼저 ❶ Timeline 패널의 현재 시간 표시기를 두 번째 키프레임이 있는 '29프레임'
으로 이동한 다음 ❷ ⊞를 눌러 확대합니다.

12 조절점을 드래그하여 속도를 기호에 맞게 조절합니다. 예제에서는 최대한 스피드 곡선의 완전한 곡선을 만드는 것에
초점을 두었습니다.

13 속도를 조절하고 나서 Spacebar 를 눌러 램 프리뷰를 진행합니다. 자연스러운 속도 변화를 확인할 수 있습니다.

TIP

Graph Editor를 이용한 속도의 변화는 Position뿐 아니라 Scale, Rotation, Opacity 등 다양한 속성에 키프레임 애니메이션이 적용된 속성
모두에 적용할 수 있습니다.

After Effects
05 통통 튀는 애니메이션 만들기
실습

• 예제파일 : 애프터 이펙트\05\농구공.psd • 완성파일 : 애프터 이펙트\05\농구공_완성.aep • • •

---

01 새 프로젝트를 만들고 애프터 이펙트 → 05 폴더에서 '농구공.psd' 파일을 컴 포지션으로 불러옵니다.

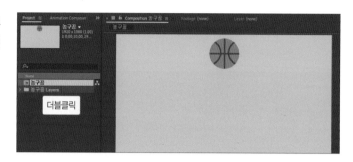

---

02 먼저 시간과 위치를 고려한 애니메이션을 만들기 위해 농구공이 떨어질 때 시간과 위치를 지정해 봅니다. 보통 공은 1초 이내에 떨어졌다가 다시 튕겨져 올라오므로 '0초'에서는 기본 위치에 있고 '8프레임'에서 아래에 위치한 다음 '16 프레임'에서 다시 위로 올라오도록 애니메이션을 만들겠습니다.

❶ 현재 시간 표시기를 '0초'로 이동하고 ❷ '농구공' 레이어를 선택합니다. ❸ P 를 눌러 Position 속성을 표시하고 ❹ Position 왼쪽의 'Stop Watch' 아이콘(⏱)을 클릭하여 키프레임을 만듭니다.

---

03 ❶ 현재 시간 표시기를 '8프레임'으로 이동한 다음 ❷ '농구공' 레이어를 아래로 드래그하여 키프레임을 만듭니다.

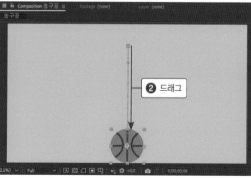

---

04 ① 현재 시간 표시기를 '16프레임'으로 이동한 다음 ② '농구공' 레이어를 위로 드래그하여 키프레임을 만듭니다. 이때 처음 위치가 아닌 실제 공을 생각해서 약간 아래에 배치합니다.

지금까지 공이 한 번 아래로 내려갔다가 다시 위로 올라오는 애니메이션을 만들었습니다. Spacebar 를 눌러 램 프리뷰를 진행하면 내려갔다 올라가는 등속도의 움직임을 확인할 수 있습니다.

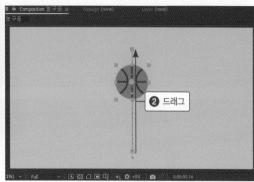

05 그래프 에디터를 이용해 좀 더 자연스러운 움직임으로 바꿔 봅니다. Timeline 패널에서 'Graph Editor' 아이콘( )을 클릭하여 그래프 에디터를 표시합니다.

06 첫 번째 애니메이션이 시작되는 키프레임의 그래프를 수정해 봅니다. 왼쪽 키프레임을 선택한 다음 Out Bezier 조절점을 아래로 드래그하여 '0'에 위치시킵니다.

Why?

낙하하는 애니메이션은 위에서 떨어지면서 시작합니다. 처음 위에서 멈춰 있을 때는 속도가 0이며, 떨어지는 순간부터 중력이 작용해 속도가 서서히 빨라지기 때문에 속도는 0에서부터 시작해야 합니다.

07 '농구공' 레이어가 두 번째로 바닥에 도착할 때는 중력이 크게 작용하여 가장 빠른 속도로 떨어지기 때문에 속도는 빨라 져야 합니다. 두 번째 키프레임의 In Bezier 조절점을 위로 드래그하여 이동합니다.

▲ 시작 부분은 속도가 느리고 끝 부분은 속도가 빠르게 설정된 모습

08 이번에는 In/Out에 해당하는 Bezier 방향선을 양쪽으로 드래그하여 곡선이 서서히 올라가는 그래프 형태로 만듭니 다. 0초의 Out Bezier 조절점을 오른쪽으로 드래그하여 Influence를 '85%'에 가깝게 설정합니다.

09 두 번째 키프레임의 In이 감소 곡선으로 되어 있습니다. In Bezier 조절점을 위로 드래그하여 증가하는 곡선 형태로 바꿉니다.

10 두 번째 키프레임의 Out을 작업합니다. '농구공' 레이어가 떨어질 때 중력에 의해 가장 빠른 속도로 떨어지면서 바닥에 닿습니다. 이후 다시 튕기듯 빠른 속도로 위로 올라갑니다. 위로 올라가기 시작하는 시점이 가장 빠른 속도로 Out Bezier 조절점을 위로 드래그하여 이동합니다.

11 다시 공중으로 올라갔을 때 반발력은 중력에 의해 서서히 줄어들면서 순간 속도는 '0'이 됩니다. ❶ 세 번째 키프레임의 In Bezier 조절점을 아래로 드래그하여 속도를 '0'으로 만들고 ❷ 왼쪽으로 드래그하여 Influence를 '60~80%'로 설정합니다.

(12) '농구공' 레이어가 한 번 떨어졌다가 다시 위로 올라가는 애니메이션을 만들었습니다. 속도를 변화시키면서 빠른 부분과 느린 부분이 분명하게 나타나며 지나치게 빠른 애니메이션이 만들어졌습니다. 전체적인 시간을 조절하기 위해 그래프 에디터에서 모든 키프레임을 드래그하여 선택합니다.

(13) 바운딩 박스가 나타나면 오른쪽 조절점을 드래그하여 전체 시간을 변경할 수 있습니다. ❶ ─를 눌러 화면을 축소한 다음 ❷ 드래그하여 이동합니다. 예제에서는 1초까지 드래그하여 시간을 늘렸습니다.

(14) 그래프가 기존 형태와 비교하여 옆으로 길어지면서 전체적인 시간도 늘어난 모습입니다.

15 취향에 맞게 그래프의 조절점이나 전체적인 길이 등을 조절하여 원하는 모션을 만듭니다.

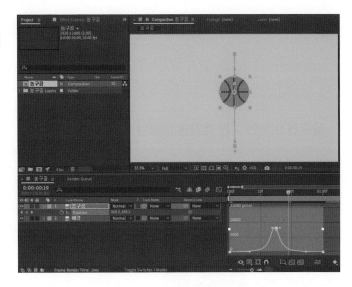

16 그래프 에디터 작업을 마치고 Spacebar를 눌러 램 프리뷰를 진행합니다. 영상을 확인하면 공이 한 번 바닥에 떨어졌다 튕기는 애니메이션을 확인할 수 있습니다. 예제에서는 한 번 튕기는 애니메이션을 만들었지만 여러 번 튕기면 더 사실적인 움직임을 만들 수 있습니다.

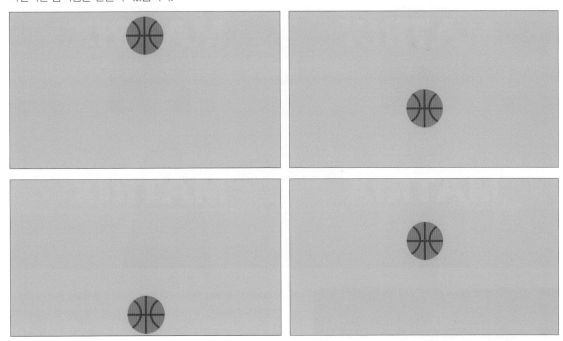

애프터 이펙트 기본 효과를 활용한 글리치 효과 만들기

애프터 이펙트는 효과를 위한 툴로써 다양한 효과가 존재하며 이를 적절하게 섞으면 다양한 연출을 할 수 있습니다. 기본 효과들을 활용하면 드라마나 영화 인트로 및 유튜브 영상에서도 많이 쓰이는 글리치 효과를 만들 수 있습니다.

해상도	1920×1080px
소스 파일	애프터 이펙트\05\매트릭스.mp4, Matrix.aep
완성 파일	애프터 이펙트\05\Glitch.aep

① →

배경 영상과 텍스트 넣기

② →

단색 레이어 만들고 Fractal Noise 효과를 적용한 다음 설정하기

③ →

효과 반복을 위한 Expression 및 Posterize Time 효과 적용하기

④ →

단색 레이어를 Pre-comp하고, 조정 레이어를 만든 후 Displacement Map 적용하기

⑤ →

텍스트 레이어 복제하고 색상 변경 후 위치 조절하기

⑥ ●

배경 영상을 제외한 레이어 Pre-comp하고 글리치 효과 확인하기

그래픽 스타일 활용하기

원본 영상을 변형하여 새로운 스타일을 만드는 기능들을 소개하고, 이 기능들을 활용하여 어떤 방식으로 사용할 수 있는지에 대해 알아봅니다.

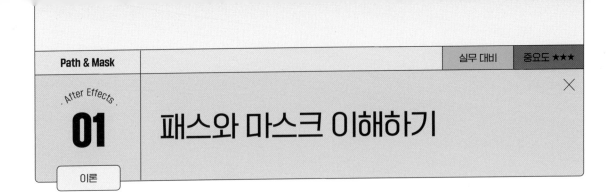

After Effects
01 패스와 마스크 이해하기
이론

❶ 패스의 개념 이해하기

애프터 이펙트에는 마스크라는 핵심 기능이 있습니다. 마스크를 이해하기 위해서는 패스에 관한 개념부터 이해해야 합니다. 먼저 패스에 대해서 살펴보겠습니다.

마스크를 만들기 위해 패스를 만드는 과정을 이해합니다. 패스와 마스크 모두 레이어에 추가하는 기능이므로 반드시 적용할 레이어를 선택해야 합니다. 만약 레이어를 선택하지 않고 작업하면 마스크가 아닌 셰이프 레이어(Shape Layer)가 만들어집니다.

패스는 주로 펜 도구를 이용하여 만들 수 있습니다. 패스는 우리말로 '선'이라는 뜻으로, 패스는 레이어를 선택하고 펜 도구를 활용하여 레이어에 클릭과 드래그 작업을 하여 생기는 모든 선을 의미합니다. 패스의 시작 점과 끝 점을 이어서 하나의 도형이 만들어지면 패스를 이용한 마스크가 만들어집니다.

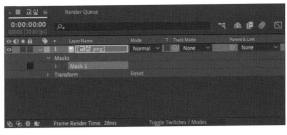

◀ Composition 패널의 화면에서 마스크를 적용할 레이어를 선택한 모습

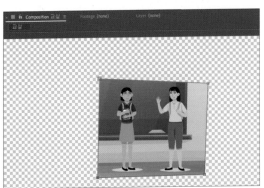

◀ 레이어에 패스 도구를 이용하여 마스크 기능이 추가된 모습

❷ 마스크 기능 알아보기　　　● ● ● ●

패스를 하나의 도형으로 완성하면 패스 기능에 '마스크' 기능이 추가됩니다. 마스크는 선을 이어서 하나의 영역을 지정하는 것으로 생각하면 이해하기 좋습니다. 마스크가 되면 마스크로 지정된 영역 이외의 부분은 투명하게 만들어져 표시되지 않습니다. 즉, 레이어에 추가된 선은 모두 패스이자 하나의 도형으로 시작 점과 끝 점을 이어서 완성하면 마스크 기능이 추가됩니다. 단, 마스크 기능이 활성화된 패스도 패스 기능을 가집니다. 이러한 기능을 '마스크'라는 용어로 통일합니다.

마스크는 펜 도구를 활용하는 방법도 있지만, 셰이프 도구를 활용하여 한 번에 특정 모양의 마스크를 쉽게 만들 수도 있습니다.

▲ 펜 도구를 이용한 마스크

▲ 원형 도구를 이용한 마스크

❸ 마스크를 만드는 셰이프 도구와 패스 도구 알아보기　　　● ● ●

마스크를 만드는 도구로는 레이어에 기본 선택 영역을 만드는 셰이프 도구, 자유롭게 형태를 그려 선택 영역을 만들 수 있는 펜 도구로 나뉩니다.

셰이프 도구에는 사각형 도구, 둥근 사각형 도구, 원형 도구, 다각형 도구, 별형 도구가 있습니다.

❶ **사각형 도구(Rectangle Tool)** : 사각형 마스크를 만듭니다.
❷ **둥근 사각형 도구(Rounded Rectangle Tool)** : 모서리가 둥근 사각형 마스크를 만듭니다.
❸ **원형 도구(Ellipse Tool)** : 원형 마스크를 만듭니다.
❹ **다각형 도구(Polygon Tool)** : 다각형 마스크를 만듭니다.
❺ **별형 도구(Star Tool)** : 별형 마스크를 만듭니다.

펜 도구에는 기준점 추가 도구, 기준점 삭제 도구, 기준점 변환 도구, 마스크 페더 도구가 있습니다.

❶ **펜 도구(Pen Tool)** : 펜으로 선을 그려 마스크를 만듭니다.
❷ **기준점 추가 도구(Add Vertex Tool)** : 만들어진 마스크에 기준점을 추가합니다.
❸ **기준점 삭제 도구(Delete Vertex Tool)** : 만들어진 마스크의 기준점을 삭제합니다.
❹ **기준점 변환 도구(Convert Vertex Tool)** : 기준점 형태를 직선에서 곡선으로 변경할 수 있는 도구로, Bezier 조절점을 만들어 곡선으로 만들고 조절합니다.
❺ **마스크 페더 도구(Mask Feather Tool)** : 마스크 영역의 일부분에 페더(Feather)를 적용할 수 있습니다. 경계 부분을 흐리게 하여 배경과 자연스럽게 만들 때 사용합니다.

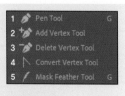

. After Effects .

02

실습

패스 도구로 마스크 적용하기

패스 도구를 이용해서 마스크를 활용한 재밌는 영상 효과를 만들어 봅니다.

Before

• 예제파일 : 애프터 이펙트\06\가위바위보.aep

After

• 완성파일 : 애프터 이펙트\06\가위바위보_완성.aep

01 메뉴에서 (File) → Open Project를 실행하고 애프터 이펙트 → 06 폴더에서 '가위바위보.aep' 파일을 컴포지션으로 불러옵니다.

더블클릭

02 예제의 영상은 가운데를 기준으로 왼쪽과 오른쪽에 동일 인물이 가위바위보 게임을 하는 장면을 촬영했습니다. 마스크 기능을 이용하여 같은 사람이 가위바위보를 하는 효과를 만들어 봅니다.

▲ '가위바위보 왼쪽.mp4' 레이어

▲ '가위바위보 오른쪽.mp4' 레이어

(03) ❶ Timeline 패널에서 '가위바위보 왼
쪽.mp4' 레이어를 선택하고 ❷ Tools
패널에서 펜 도구(✏)를 선택합니다.

(04) 현재 시간 표시기를 '1초 15프레임'으로 드래그하여 이동합니다. 가위바위보 손이 최대로 펼쳐진 상태를 기준으로
마스크 작업을 진행합니다.

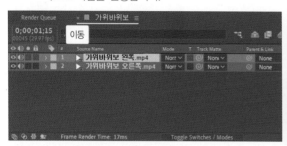

(05) Composition 패널에 클릭 또는 드래그하여 마스크를 만듭니다. ❶∼❻ 예제에서는 다음과 같이 가운데를 기준으
로 왼쪽 화면이 전부 포함되도록 사각형 마스크를 만들었습니다.

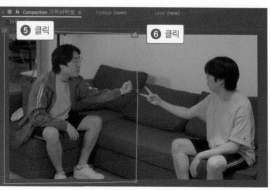

TIP ◁⬦

펜 도구(✏)를 선택한 다음 화면에 한 번 클릭하면 하나의 기준점이 만들어지고 다른 위치에 클릭하면 또 다른 기준점이 추가되면서 선이 연결
됩니다. 이어서 세 번째로 클릭하면 기준점이 추가되면서 새로운 패스가 만들어지고 첫 번째 기준점(시작 점)을 클릭하면 마스크가 만들어지며,
마스크 영역 이외의 부분은 투명하게 만들어져 보이지 않습니다.

06 경계 부분이 그림자로 인해 단절된 느낌이므로 수정하기 위해 ❶ Timeline 패널에서 '가위바위보 왼쪽.mp4' 레이어의 >를 클릭하여 Masks → Mask 1 속성을 표시하고 ❷ Mask Feather를 '70'으로 설정합니다.

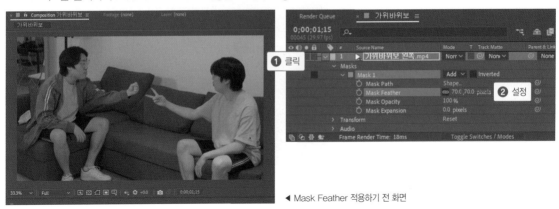

◀ Mask Feather 적용하기 전 화면

TIP
Mask Feather를 설정하면 경계 부분이 흐려져 뒤에 있는 레이어와 자연스럽게 합성되는 효과를 얻을 수 있습니다. 마스크 페더 도구(✏)를 이용하여 기준점을 드래그해도 같은 효과를 낼 수 있습니다.

TIP
Mask Feather 수치가 클수록 기준점을 기준으로 흐려지기 때문에 기준점을 가깝게 설정하면 원치 않는 부분까지도 흐려질 수 있습니다.

07 ❶ Composition 패널의 화면에 마우스 휠을 돌려 화면을 축소해 넓게 만듭니다. ❷ Timeline 패널의 Mask 1 속성을 선택하고 ❸ 기준점을 드래그하면 기준점의 위치를 이동할 수 있습니다. 그림과 같이 화면에 붙어 있는 기준점들을 드래그하여 화면 끝 부분에서 멀어지게 하여 완성합니다.

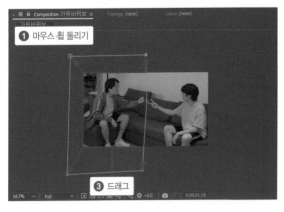

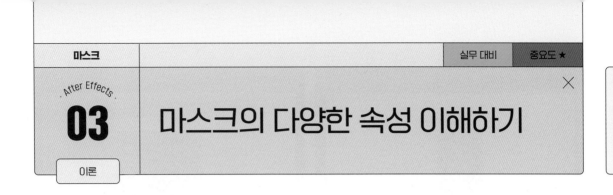

마스크의 다양한 속성 이해하기

❶ Masks 속성 표시하기

도형이나 패스 도구를 이용해서 레이어에 마스크를 만들면 Masks 속성의 네 가지 기능이 표시됩니다. 마스크를 중복해서 적용하면 여러 개의 Masks 속성이 표시됩니다.

Masks 속성은 Mask Path, Mask Feather, Mask Opacity, Mask Expansion의 네 가지 기능을 가지며 애프터 이펙트에서 마스크 작업과 마스크 모션 작업을 진행할 수 있습니다.

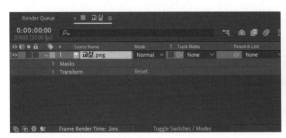

▲ 레이어의 기본 속성
(기본으로 Transform 속성과 마스크를 추가하여 Masks 속성이 표시됩니다.)

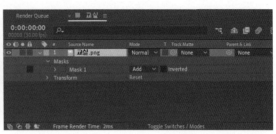

▲ Masks/Mask 1 속성
(마스크를 여러 개 만들면 Masks 속성에 Mask 1, Mask 2, Mask 3 등 속성이 순차적으로 표시됩니다.)

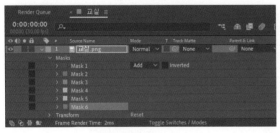

▲ 여러 개의 Masks 속성이 표시된 모습

▲ Masks의 네 가지 속성을 모두 표시한 모습

❷ Mask Path로 마스크 지정하기

움직임으로 마스크 영역에 변화를 만듭니다. Transform 속성에 해당하는 Position, Rotation, Scale 등은 물리적인 변화로 각각 나뉘지만, Mask Path는 패스(선과 기준점)의 변화로 인식해서 움직임도 패스의 변화이고 Rotation, Scale도 패스의 변화입니다. 또한, 패스 변화를 통해서 형태가 달라지는 움직임도 만들 수 있습니다.

Mask Path에서 키프레임을 만들고 Composition 패널에서 기준점을 이동하면 자동으로 마스크가 이동하는 애니메이션이 만들어집니다. Mask Path 애니메이션은 오직 기준점의 변화로 레이어처럼 Transform, Scale, Rotation의 모든 변화를 Mask Path로 만듭니다.

▲ '0초'의 Mask Path

▲ '1초'의 Mask Path

▲ 자동으로 키프레임이 만들어진 모습

❸ Mask Feather로 부드러운 마스크 만들기 ● ● ●

Mask Feather는 마스크 경계 영역을 부드럽게 만드는 기능으로, 마스크의 또렷한 경계 영역을 알아보기 힘들 정도로 부드럽게 만들 수 있습니다. Mask Feather는 주로 뒤에 있는 레이어와 자연스럽게 합성할 때 사용합니다.

▲ Mask Feather를 '0'으로 설정한 모습

▲ Mask Feather를 '300'으로 설정한 모습

138

❹ Mask Opacity로 불투명 마스크 만들기 • • •

Transform 속성의 Opacity와 비슷한 기능으로 그 대상은 레이어가 아닌 마스크입니다. 레이어에 여러 개의 마스크가 있을 때는 여러 개의 레이어처럼 Mask Opacity를 중복해서 적용할 수 있어 마스크를 이용해 하나의 레이어에 다양한 불투명도를 적용해서 이미지를 만들 수 있습니다.

▲ 하나의 레이어에 세 개의 마스크를 적용하여 Mask Opacity를 각각 다르게 설정한 모습

❺ Mask Expansion으로 마스크 영역 조정하기 • • •

레이어에 적용한 마스크 영역을 확장 또는 축소할 수 있는 기능으로 + 변화를 적용하면 영역이 확장되고, − 변화를 적용하면 영역이 축소됩니다. 이때 영역의 축소는 Mask Path에서 기준점을 이동해 크기를 작게 변경하는 것과 비슷하지만, Mask Expansion을 이용해서 더욱 손쉽게 변화를 만들 수 있습니다. + 변화를 적용할 때 각진 부분의 경우 둥글게 변한다는 특징이 있습니다.

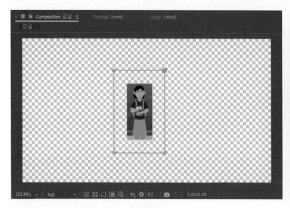

▲ Mask Expansion을 '−100'으로 설정한 모습

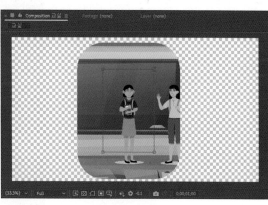

▲ Mask Expansion을 '200'으로 설정한 모습

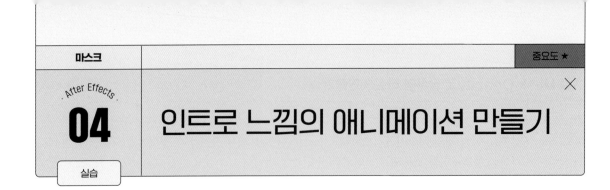

| 마스크 | | 중요도 ★ |

After Effects

04 인트로 느낌의 애니메이션 만들기

실습

마스크를 적용한 레이어에 마스크 패스 키프레임을 활용한 인트로 느낌의 애니메이션을 만들어 봅니다.

Before

After

• 예제파일 : 애프터 이펙트\06\인트로.aep

• 완성파일 : 애프터 이펙트\06\인트로_완성.aep

01 새프로젝트 만들고 애프터 이펙트 → 06 폴더에서 '인트로.aep' 파일을 불러옵니다. Project 패널에서 '인트로 왼쪽' 컴포지션을 더블클릭하여 불러오면 마스크가 적용된 3분할 영상이 표시됩니다.

02 마스크의 Mask Path를 이용하여 마스크 애니메이션을 만들어 봅니다. 먼저 각 레이어의 Masks 속성을 표시합니다.

TIP ⬅

Timeline 패널을 선택하고 ~를 누르면 전체 화면에 Timeline 패널을 표시할 수 있습니다.

03 ① Timeline 패널에 있는 현재 시간 표시기를 '6프레임'으로 이동한 다음 ② 세 개의 Mask Path 왼쪽 'Stop Watch' 아이콘(⏱)을 클릭하여 키프레임을 만듭니다.

04 편리한 작업을 위해 ① Timeline 패널에서 3개 레이어를 Shift를 누른 상태로 모두 선택한 다음 ② U를 눌러 키프레임이 만들어진 속성만 표시합니다.

05 각각의 Mask Path에 변화를 적용해 애니메이션을 만들어 봅니다. ① Timeline 패널에서 현재 시간 표시기를 '0초'로 이동한 다음 ② '인트로 왼쪽.mp4' 레이어의 'Mask 1'을 선택합니다. ③ Composition 패널의 화면에 표시된 해당 레이어의 마스크 영역이 활성화되면 아래쪽 두 개의 기준점을 드래그하여 선택합니다.

TIP ◁⎯

Mash Path의 기준점을 선택하면 기준점의 사각형이 ■처럼 채색되고, 선택되지 않은 기준점은 □처럼 선 형태로 나타납니다.

06 Mask Path의 기준점이 선택되면 위로 드래그하여 다음과 같이 이미지의 높이를 줄입니다. 타임라인에서 Mask Path에 자동으로 키프레임이 만들어집니다. 재생하면 위에서 아래로 나타나는 애니메이션을 확인할 수 있습니다.

07 ① 다시 Timeline 패널의 현재 시간 표시기를 '0초'로 이동합니다. ② 같은 방법으로 '인트로 가운데.mp4' 레이어의 'Mask 1'을 선택합니다. ③ Composition 패널의 화면에서 이미지 위쪽 기준점을 선택한 다음 ④ 아래로 드래그해 아래에서 위로 올라오는 애니메이션을 만듭니다.

 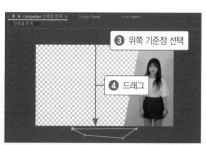

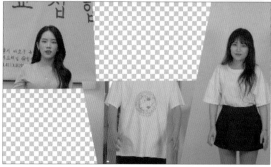 

08 '인트로 오른쪽.mp4' 레이어도 같은 방법으로 마스크 애니메이션을 적용합니다. ❶~❸ 여기서는 '인트로 왼쪽.mp4' 레이어와 같은 방향으로 위에서 아래로 진행하는 애니메이션을 적용합니다.

09 마스크 애니메이션 시간을 레이어별로 다르게 조절해 봅니다. ❶ Timeline 패널에서 '인트로 가운데.mp4' 레이어의 시작 점을 오른쪽으로 드래그하여 '6프레임'으로 이동합니다. ❷ '인트로 오른쪽.mp4' 레이어는 시작 점을 '12프레임' 으로 이동합니다. 키프레임도 다음과 같이 자동으로 이동됩니다.

10 완성된 마스크 애니메이션을 재생해서 확인합니다. 기호에 따라 Timeline 레이어 패널의 맨 하단에 단색 레이어나 다른 배경 요소를 추가해도 좋습니다.

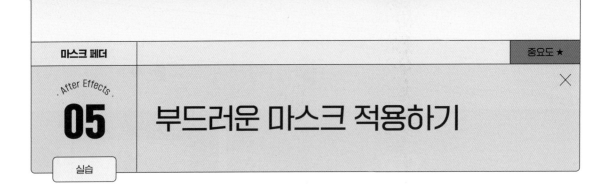

부드러운 마스크 적용하기

Masks 기본 속성 외에 마스크 페더 도구를 이용하면 부분 마스크를 적용할 수 있으며, 마스크 페더도 강하게 적용할 수 있습니다. 마스크 페더 도구를 이용하여 부드러운 마스크를 만들어 봅니다.

Before

After

• 예제파일 : 애프터 이펙트\06\자연.psd

• 완성파일 : 애프터 이펙트\06\자연_완성.aep

01 새 프로젝트를 만들고 애프터 이펙트 → 06 폴더에서 '자연.psd' 파일을 컴포 지션으로 불러옵니다.

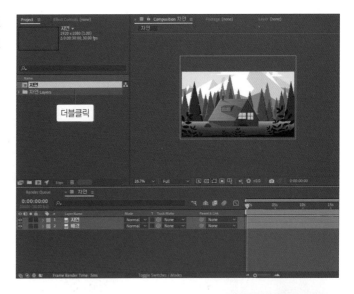

더블클릭

02 Tools 패널에서 사각형 도구(▢)를 잠시 누른 다음 원형 도구(◯)를 선택합니다.

선택

144

(03) ❶ Timeline 패널에서 '자연' 레이어를 선택하고 ❷ Composition 패널의 화면에서 Shift를 누른 상태로 드래그하여 다음과 같이 원형 마스크를 만듭니다.

(04) ❶ Tools 패널에서 펜 도구(✐)를 잠시 누르고 마스크 페더 도구(✐)를 선택합니다. ❷ Timeline 패널의 'Mask 1' 속성을 선택합니다.

(05) 마스크 속성을 활성화하고 마스크 페더 도구(✐)를 이용하여 마스크 경계 영역에서 안쪽 또는 바깥쪽으로 드래그하면 마스크 페더가 적용됩니다. 예제에서는 안쪽으로 드래그하여 마스크 페더를 적용했습니다.

TIP ⟨⟩

바깥쪽으로 드래그하여 마스크 페더를 적용하면 다음과 같이 변경됩니다.

06 마스크 페더 영역 외곽에 점선이 나타
났을 때 점선 위쪽을 드래그하여 마스
크 영역으로 이동하면 조절점에 따라 마스크 페
더 효과가 줄어듭니다.

TIP ⟨⊹
마스크 페더 도구를 이용하면 처음 만들었던 마스크 영역의 선과 마스크 페더가 끝나는 지점에 점선이 나타납니다. 마스크 페더 영역을 더 넓히
거나 좁힐 때는 마스크 페더가 끝나는 점선 부분을 드래그하면 조절할 수 있습니다.

07 같은 방법으로 ❶ 아래쪽을 제외하고
모든 영역을 그림과 같이 점선을 마스크
영역으로 이동하고 ❷ 아래쪽은 마스크 중심 쪽
으로 드래그하여 페더를 강하게 적용합니다.

08 Composition 패널의 여백을 클릭하여
선택을 해제하면 다음과 같이 오브젝트
일부분에만 적용된 마스크 페더 효과를 확인할
수 있습니다.

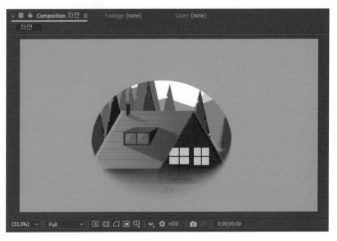

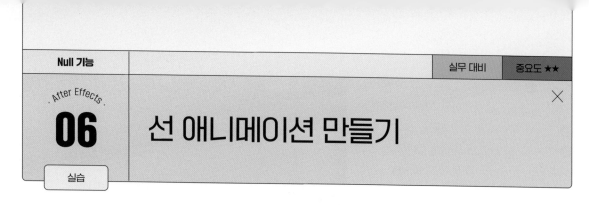

Null 기능을 마스크 패스로 제어하고 선 애니메이션을 만들어 봅니다.

Before

After

• 완성파일 : 애프터 이펙트\06\Null_완성.aep

---

01 새 프로젝트에서 컴포지션을 만듭니다.

Composition Settings 대화상자가 표시되면 ❶ Width를 '1920px', Height를 '1080px'로 설정하고 ❷ Duration을 '0:00:10:00'으로 설정한 다음 ❸ 〈OK〉 버튼을 클릭합니다.

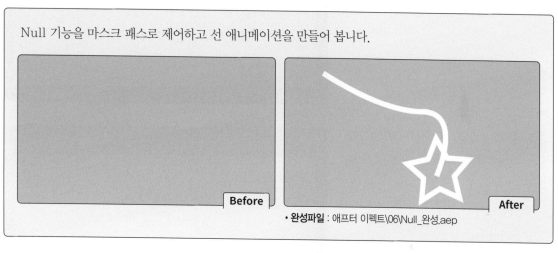

---

02 Ctrl+Y를 눌러 원하는 색으로 단색의 Solid 레이어를 만듭니다.

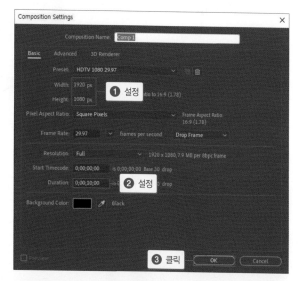

TIP

예제에서는 Color를 '#FFBAF8'로 지정했습니다.

03 ❶ Composition 패널에서 여백을 클릭하여 Solid 레이어 선택을 해제하고 ❷ Tools 패널의 펜 도구(🖊)를 선택합니다. ❸ 다시 Composition 패널의 화면을 클릭해선 모양의 셰이프 레이어를 만듭니다. ❹ 두 번째 점에서는 클릭한 상태로 드래그하여 그림과 같이 곡선으로 만듭니다.

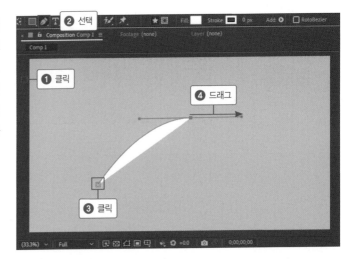

04 끝 점을 클릭하여 그림과 같이 세 개의 조절점이 표시되도록 셰이프 레이어를 만듭니다.

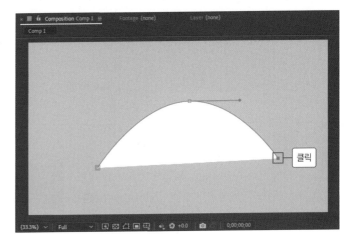

05 선 모양의 셰이프 레이어를 만들기 위해 ❶ Tools 패널에서 'Fill'을 클릭합니다. ❷ Fill Options 대화상자가 표시되면 'None'을 선택하고 ❸ 〈OK〉 버튼을 클릭합니다. 셰이프 레이어에 적용된 색이 사라집니다.

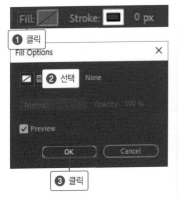

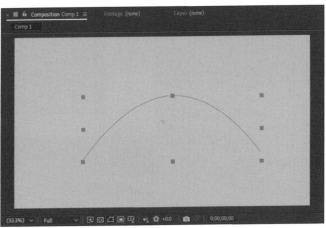

06 ❶ Tools 패널에 있는 Stroke의 색상을 '흰색'으로 지정하고 ❷ 두께를 '40px'로 설정합니다. 흰색 선 모양의 셰이프 레이어가 표시됩니다.

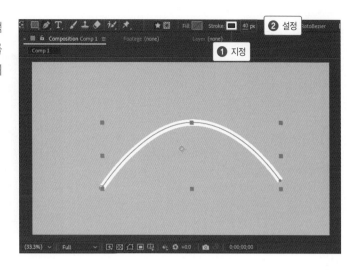

07 ❶ Timeline 패널에서 'Shape Layer 1' 레이어의 >를 클릭하여 Contents → Shape 1 → Path 1 속성을 모두 표시한 다음 ❷ 'Path'를 선택하고 ❸ 메뉴에서 (Window) → Create Nulls From Paths.jsx를 실행합니다.

08 Create Nulls From Paths 대화상자가 표시되면 〈Points Follow Nulls〉 버튼을 클릭합니다. Masks에 있는 조절점 개수에 맞춰 3개의 'Null' 레이어가 만들어집니다.

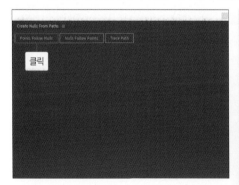

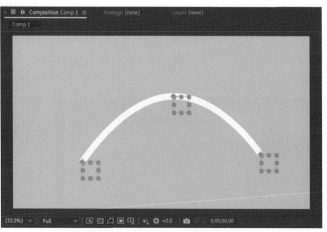

TIP ◁

Create Nulls From Paths는 마스크와 셰이프 레이어 모두 적용할
수 있으며, 패널에는 세 가지 버튼이 있습니다.

❶ **Points Follow Nulls** : Mask Path 혹은 Shape 레이어의
Path Point가 'Null' 레이어를 따라가게 설정하는 기능으로 가장
많이 이용합니다.

❷ **Nulls Follow Points** : Null 레이어가 Mask Path 혹은
Shape 레이어의 Path Point를 따라가게 합니다.

❸ **Trace Path** : Null 레이어가 Mask Path 혹은 Shape 레이어
의 Path를 따라서 이동합니다.

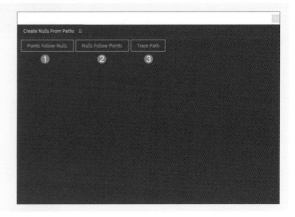

---

(09) ❶ 'Null' 레이어를 선택한 다음 ❷ Composition 패널의 화면에서 드래그해 이동하면 셰이프 레이어의 형태가 달라
집니다. 이를 응용하여 키프레임 애니메이션을 적용해서 선 애니메이션을 만들 수 있습니다.

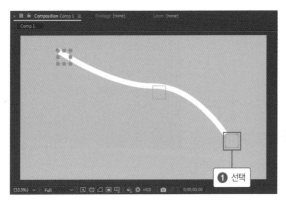

---

(10) ❶ Tools 패널에서 사각형 도구(■)를 잠시 누른 다음 별 도구(★)를 선택합니다. 한쪽 셰이프 레이어에 겹치게 배
치하고 ❷ Timeline 패널의 Parent & Link에서 그림과 같이 셰이프 레이어 근처 레이어를 지정하여 연결합니다.
❸ Tools 패널에서 선택 도구(▶)를 선택하고 ❹ 연결한 'Null' 레이어를 선택한 다음 ❺ Composition 패널의 화면에서
드래그해 이동하면 연결된 '셰이프' 레이어와 함께 이동하면서 선 모양의 셰이프 레이어 형태가 달라집니다.

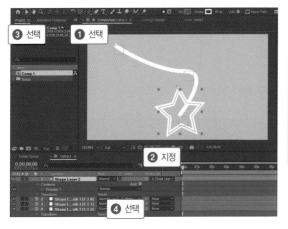
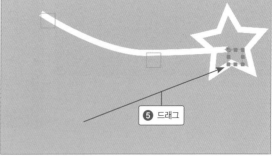

After Effects 07 실습

특정 물체 지우기

영상을 촬영할 때 의도하지 않은 부분이 촬영될 때가 있습니다. Content-Aware Fill(내용 인식 채우기) 기능을 이용하면 이러한 부분을 지워서 안 보이게 할 수 있습니다. 포토샵 기능 중 하나로 애프터 이펙트 CC 2019부터 사용할 수 있게 되었습니다. 영상에서 원하지 않는 부분을 삭제해 보겠습니다.

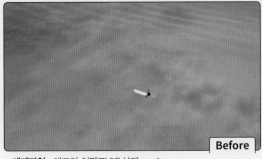

Before

After

• **예제파일** : 애프터 이펙트\06\삭제.mp4   • **완성파일** : 애프터 이펙트\06\삭제_완성.aep

01 새 프로젝트를 만들고 애프터 이펙트 → 06 폴더에서 '삭제.mp4' 파일을 컴포지션으로 불러옵니다. Project 패널의 '삭제.mp4' 파일을 Composition 패널에 드래그해 컴포지션을 만듭니다.

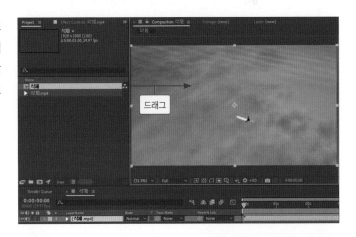

02 메뉴에서 (Window) → Content-Aware Fill을 실행하여 Content-Aware Fill 패널을 표시합니다.

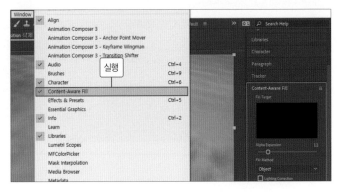

03 영상에서 지울 부분을 확대하겠습니다. 이때 마우스 휠을 돌려 화면을 확대할 수 있습니다. 예제에서는 가운데 있는 사람을 지우려고 합니다.

▲ 영상의 지울 부분

▲ 영상에서 지울 부분을 확대한 모습

04 ❶ Tools 패널에서 펜 도구(✏️)를 선택한 다음 ❷ Timeline 패널에서 '삭제.mp4' 레이어를 선택합니다.

05 Composition 패널에서 화면의 사람 부분을 여러 번 클릭해서 마스크를 만듭니다. 한 번 클릭하면 직선, 클릭한 상태로 드래그하면 곡선 패스가 됩니다.

마스크 만들기

06 마스크 영역을 사람의 움직임에 따라 이동해야 합니다. 예제에서는 움직임이 많지 않아 ❶ '삭제.mp4' 레이어의 >를 클릭해 속성을 모두 표시하고 ❷ 마스크 영역을 벗어나는 경우 Mask Path 왼쪽의 'Stop Watch' 아이콘(⏱️)을 클릭하여 키프레임을 만듭니다.

07 조절점을 드래그하여 그림과 같이 마스크 영역 안에 지우고자 하는 대상이 위치하도록 Mask Path의 키프레임 애니메이션을 만듭니다. 예제에서는 해당하지 않지만 움직임이 벗어나는 경우 이 과정을 통해 움직임을 적용해야 합니다.

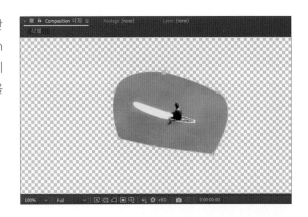

08 ❶ Timeline 패널에서 Mask 1의 Mode를 클릭하고 ❷ 'Subtract'로 지정합니다. ❸ 끝 부분이 배경과 자연스럽게 섞이도록 Mask Feather를 '20'으로 설정합니다.

09 ❶ Content-Aware Fill 패널의 마스크 영역이 흰색 영역으로 바뀌었습니다. ❷ 해당 영역을 확인한 다음 〈Generate Fill Layer〉 버튼을 클릭합니다.

10 Save As 대화상자가 표시되면 프로젝트를 저장하기 위해 〈저장〉 버튼을 클릭합니다.

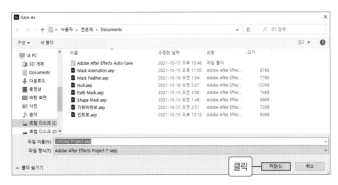

⑪ 자동으로 Content-Aware Fill 기능이 적용됩니다. 프레임 단위로 분석하는 과정을 통해 프레임의 공간을 채웁니다. Generate Aware Fill 기능을 통해 만들어진 레이어는 Project, Composition, Timeline 패널에서 확인하고 사람이 깔끔하게 지워진 것을 확인합니다.

 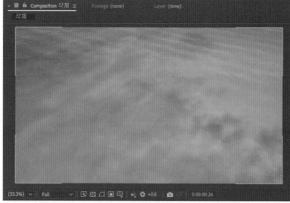 

▲ 프레임을 분석하는 과정　　▲ Composition 패널의 'Content Aware Fill' 레이어　　　　　　　▲ Project 패널의 'Fill' 레이어

▲ Timeline 패널의 'Fill' 레이어

⑫ Spacebar 를 눌러 램 프리뷰를 진행합니다. 영상을 확인하면 마스크로 지정한 영역이 채워진 것을 확인할 수 있습니다.

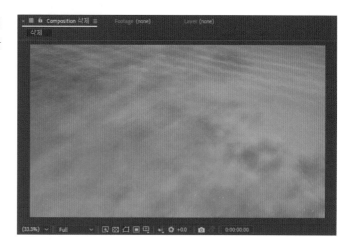

After Effects

08

실습

영상에서 피사체 분리하고 자막넣기

로토 브러시 2는 Adobe AI 기능이 크게 개선되어 더 정확하고 빠르게 영상을 분리할 수 있습니다. 애프터 이펙트의 향상된 로토 브러시 2를 이용해서 재미있는 연출 혹은 합성을 위해 영상의 일부분을 분리하고 배경에 자막을 넣는 방법을 알아보겠습니다.

Before

After

• **예제파일** : 애프터 이펙트\06\강아지들.mp4   • **완성파일** : 애프터 이펙트\06\강아지들_완성.aep

01 새 프로젝트를 만들고 애프터 이펙트 → 06 폴더에서 '강아지들.mp4' 파일을 컴포지션으로 불러옵니다.

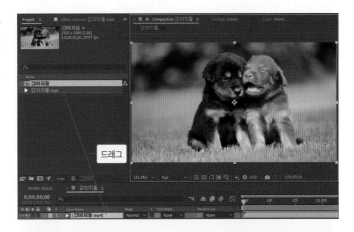
드래그

02 ❶ Tools 패널에서 로토 브러시 도구(🖌)를 선택합니다. ❷ Timeline 패널에서 '강아지들.mp4' 레이어를 더블클릭하면 Layer 패널이 표시됩니다.

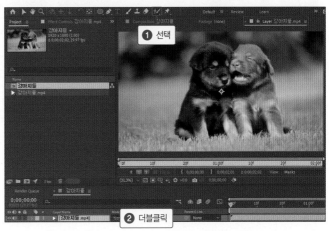
❶ 선택
❷ 더블클릭

03 영상에서 분리할 부분을 드래그하여 선택합니다. 선택하면 밝은 핑크색으로 표시되며 빈 부분은 겹쳐서 드래그하여 채웁니다.

04 ❶ 선택되지 않은 부분은 마우스 휠을 돌려 확대한 다음 ❷ 추가로 드래그하여 선택합니다.

TIP

불필요한 영역 지우기

만약 필요 없는 영역이 선택되었을 때는 Alt 를 눌러 마우스 포인터가 빨간색으로 변경되면 드래그하여 지웁니다.

▲ 선택할 때 기본 마우스 포인터의 색상 　　　　　 ▲ Alt 를 누른 후 마우스 포인터의 색상

TIP ◁

브러시 영역 키우고 줄이기

Ctrl을 누른 상태로 위로 드래그하면 마우스 포인터의 영역이 커지는 것을 확인할 수 있습니다. 반대로 아래로 드래그하면 마우스 포인터의 영역이 작아집니다.

05 Effect Controls 패널에서 Version을 '2.0', Quality를 'Best'로 지정합니다.

TIP ◁

Standard의 정확성은 상대적으로 떨어지지만 빠르고, Best의 정확성은 상대적으로 높지만, 효과를 적용하는 속도가 느립니다.

06 선택이 완료되면 Spacebar를 눌러 Roto Brush를 모든 영상 프레임에 적용합니다. 하단의 녹색 바가 끝까지 차면 연산이 완료된 것입니다.

07 Composition 패널을 클릭하여 적용된
모습을 확인할 수 있습니다.

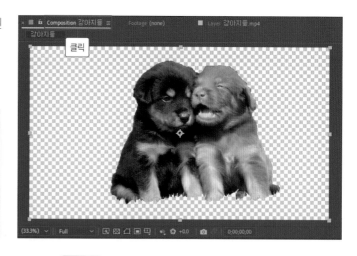

TIP ◁
만약 분석된 결과물에 분리되어야 하는 부분이 분
리되지 않은 경우 다시 Roto Brush 설정 창에서
(Alt)를 눌러 해당 영역을 삭제하고 (Spacebar)를 눌러
로토 브러시를 모든 프레임에 적용합니다. 반대의 상
황에서 결과물이 누락된 경우에는 드래그하여 해당
영역을 다시 채우고 (Spacebar)를 눌러 로토 브러시를
모든 프레임에 적용합니다.

08 ❶ Tools 패널에서 문자 도구((T))를
선택하고 ❷ Composition 패널의 화
면을 클릭한 다음 '우린 사이/좋은 멍뭉이'를 입
력합니다. ❸ Character 패널에서 텍스트를
설정할 수 있습니다.

TIP ◁
예제에서는 글꼴을 '배달의민족 도현체'로 지정하고 글꼴 크기를 '300px'로 설정한 다음 글꼴 색상을 '흰색'으로 지정했습니다.

09 Timeline 패널에서 텍스트 레이어를
'강아지들.mp4' 레이어 아래로 드래그
하여 이동합니다.

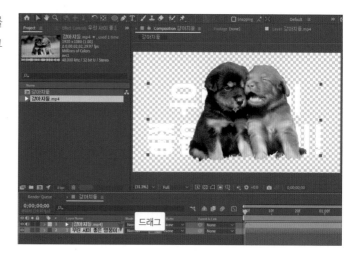

10 Project 패널에서 '강아지들.mp4' 레이어를 Timeline 패널의 세 번째 레이어로 드래그하여 가장 하단에 배치합니다.

11 텍스트를 Composition 패널 화면의 정중앙으로 이동하기 위해 ❶ Timeline 패널에서 '우린 사이 좋은 멍뭉이!' 레이어를 선택합니다. ❷ Align 패널을 클릭하여 활성화하고 ❸ 'Align Hotizontally' 아이콘(▣)과 ❹ 'Align Vertically' 아이콘(▦)을 클릭합니다.

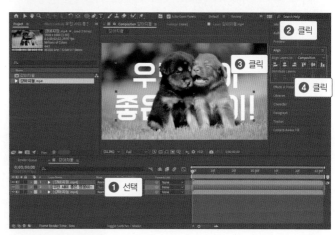

12 Roto Brush를 이용해서 피사체와 배경을 분리한 다음 그 사이에 자막이 있는 영상을 완성하였습니다.

After Effects

09

실습

알파 매트와
알파 반전 매트 적용하기

매트를 적용하기 위한 Modes 항목을 표시하고 알파 매트와 알파 반전 매트를 적용해 봅니다.

Before

After

After

• 예제파일 : 애프터 이펙트\06\알파매트.psd　• 완성파일 : 애프터 이펙트\06\알파매트_완성.aep

01 새 프로젝트를 만들고 애프터 이펙트 →
06 폴더에서 '알파매트.psd' 파일을 컴
포지션으로 불러옵니다.

더블클릭

02 현재 Timeline 패널에는 Track Matte
항목이 표시되어 있습니다. Track
Matte가 표시되지 않은 경우에는 ❶ Layer
Name 항목에서 마우스 오른쪽 버튼을 클릭한
다음 ❷ Columns → Modes를 실행합니다.

❶ 마우스 오른쪽 클릭

❷ 실행

TIP ◁◻

해당 방법 이외에도 Timeline 패널 왼쪽 하단의 'Transfer Controls' 아이콘(▣)을 클릭하여 표시할 수도 있습니다. 항목이 비활성화되면 다시
해당 아이콘을 클릭합니다.

03 '배경' 레이어에 알파 매트를 적용해 봅니다. '배경' 레이어에 있는 트랙 매트의 꼬리를 드래그하여 '잉크' 레이어에 연결합니다.

TIP

애프터 이펙트 CC 2023 버전에서는 트랙 매트 인터페이스가 바뀌었습니다.

04 기본 설정으로 'Alpha Matte'가 적용됩니다.

05 알파 매트를 적용하면 '잉크' 레이어의 알파 채널 영역이 '배경' 레이어와 만나서 해당 영역만큼 레이어가 나타나고 그 뒤로 '배경2' 레이어가 나타납니다.

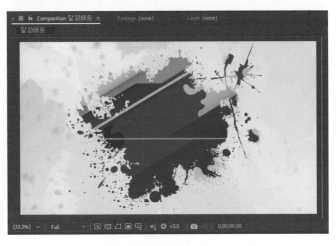

06 알파 매트를 적용하면 Timeline 패널에는 다음과 같은 변화가 나타나며, 매트 역할의 '잉크' 레이어는 안 보이도록 비활성화됩니다.

TIP ◁
두 레이어 사이에 다른 레이어가 있거나 레이어 순서가 바뀌면 다른 형태로 나타납니다. 매트를 적용했을 때 Timeline 패널의 변화는 알파 매트와 알파 반전 매트가 같습니다. 비활성화된 레이어를 다시 활성화하면 원본 레이어가 표시되므로 다시 활성화하지 않도록 합니다.

07 이번에는 알파 매트가 적용된 상태에서 알파 반전 매트를 적용하는 방법을 알아봅니다. '배경' 레이어에서 Track Matte 항목에 있는 아이콘 중 오른쪽에 있는 아이콘을 클릭하여 매트 반전을 활성화합니다.

TIP ◁
왼쪽 아이콘은 '알파/루마 매트' 관련 아이콘이고, 오른쪽 아이콘은 '반전' 관련 아이콘입니다.

08 알파 반전 매트가 적용된 모습을 확인할 수 있습니다.

애프터 이펙트 CC 2023에서는 이전 버전과 트랙 매트 적용 방법이 다르니 유념합니다.

After Effects
10
실습

루마 매트와
루마 반전 매트 적용하기

흑백의 잉크 영상을 활용하여 루마 매트를 적용한 다음 반전시켜서 어두운 영역에 레이어를 나타내 봅니다.

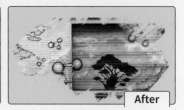

Before　　After　　After

• 예제파일 : 애프터 이펙트\06\루마매트.psd, 잉크 오버레이.mp4　　　• 완성파일 : 애프터 이펙트\06\루마매트_
완성.aep

01 새 프로젝트를 만들고 ❶ 애프터 이펙트 → 06 폴더에서 '루마매트.psd' 파일을 컴포지션으로 불러온 다음 ❷ '잉크 오버레이.mp4' 파일을 불러옵니다.

❶ 더블클릭

❷ 불러오기

TIP

psd 파일과 mp4 파일을 동시에 애프터 이펙트에 불러오면 컴포지션 형태로 불러올 수 없으므로, 먼저 psd 파일을 불러온 다음 mp4 파일을 불러옵니다.

02 Project 패널의 '잉크 오버레이.mp4' 파일을 Timeline 패널로 드래그해 배치합니다.

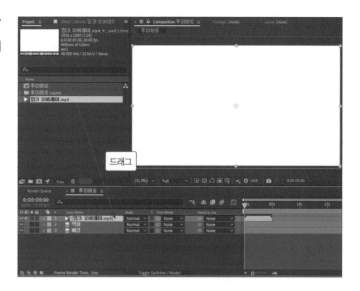

03 Timeline 패널에서 Modes 항목을 나타냅니다. ❶ '벽화' 레이어의 Track Matte 항목을 클릭하고 ❷ '1. 잉크 오버레이.mp4'로 지정합니다. 루마 매트가 지정됩니다.

04 Timeline 패널에서 현재 시간 표시기를 '2초'로 이동합니다. 루마 매트를 적용했을 때 밝은 부분만 나타납니다. 배경의 투명한 부분에 '배경' 레이어가 나타납니다.

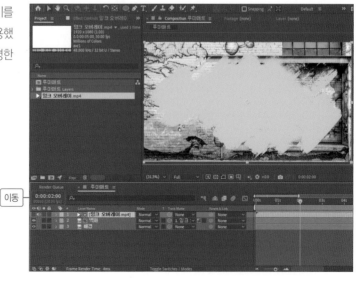

05 루마 매트가 적용된 상태에서 루마 반전 매트를 적용해 봅니다. '벽화' 레이어의 Track Matte 항목에 있는 아이콘 중 오른쪽 아이콘을 클릭하여 매트 반전을 활성화합니다.

TIP 루마 매트와 루마 반전 매트를 활용할 때는 반드시 무채색의 소스를 활용해야 합니다. 소스를 활용하기 전에 소스가 흑백 소스인지 확인하고, 흑백 소스가 아니라면 색 보정을 통해 흑백으로 변경하여 사용합니다.

06 Timeline 패널의 '잉크 오버레이.mp4' 소스를 아래로 드래그하여 '벽화' 레이어와 순서를 교체합니다.

TIP 애프터 이펙트 CC 2023 이전 버전까지는 매트 소스 아래에 대상 레이어가 있어야 했습니다. 하지만 애프터 이펙트 CC 2023부터는 레이어 순서가 중요하지 않습니다. 매트 소스와 적용할 레이어의 순서를 고려하지 않아도 됩니다.

07 레이어 순서 교체로 인해 아무런 문제 없는 것을 확인할 수 있습니다. '벽화' 레이어의 Track Matte 항목에 있는 아이콘 중 오른쪽 아이콘을 클릭하여 매트 반전을 비활성화합니다. 역시 아무 문제 없는 것을 확인할 수 있습니다.

PART 7.

이펙트로 효과
업그레이드하기

애프터 이펙트에서 제공하는 기본 효과를 소개하며, 이 효과들을 활용하는 방법에 대해 알아봅니다.

| CC Rainfall/CC Snowfall | 중요도 ★ |

After Effects

01

실습

비/눈 효과 만들기

Effects & Presets 패널에는 다양한 이펙트가 있습니다. CC Rainfall과 CC Snowfall은 각각 장면에 비와 눈을 내릴 수 있는 효과입니다. CC Rainfall을 이용하여 예능에서 자주 쓰이는 좌절 장면을 만들어 봅니다.

Before

After

• 예제파일 : 애프터 이펙트\07\좌절.aep
• 완성파일 : 애프터 이펙트\07\좌절_완성.aep

---

01 새 프로젝트를 만들고 애프터 이펙트 → 07 폴더에서 '좌절.aep' 파일을 불러옵니다. ❶ Project 패널에서 '좌절' 컴포지션을 더블클릭하여 연 다음 ❷ Effects & Presets 패널을 클릭합니다.

TIP ◁
해당 예제에서는 무료 폰트인 '배달의민족 도현체'를 이용했습니다.

02 ❶ Effects & Presets 패널에서 'CC Rainfall' 이펙트를 검색합니다.

❷ Simulation → CC Rainfall을 Timeline 패널의 '좌절.mp4' 레이어에 드래그하여 이펙트를 적용합니다.

03 Effect Controls 패널에서 CC Rainfall 항목의 Size를 '10'으로 설정합니다. 비의 크기가 커져 비 내리는 효과가 극대화됩니다.

TIP

주요 CC Rainfall 설정 항목

❶ **Drops** : 비가 내리는 양

❷ **Size** : 비의 크기

❸ **Scene Depth** : 비가 내리는 공간감

❹ **Speed** : 비가 내리는 속도

❺ **Wind** : 풍량

❻ **Variation % (Wind)** : 바람의 움직임

❼ **Spread** : 비가 퍼지는 정도

---

04 좌절하는 모습을 극대화하기 위해 ❶ Effects & Presets 패널에서 'Black & White' 이펙트를 검색합니다.

❷ Color Correction → Black & White를 Timeline 패널의 '좌절.mp4' 레이어에 드래그 하여 이펙트를 적용합니다. 흑백 효과가 적용되는 것을 확인할 수 있습니다.

TIP

단순하게 비나 눈이 내리는 효과를 장면에 비와 눈을 내리기 위한 수단이 아닌 기획과 합쳐 예능에서 나올 법한 효과로 이용할 수 있습니다.

| Gaussian Blur | | 중요도 ★★★ |

After Effects
02
실습

흐림 효과 만들기

Gaussian Blur는 여러 가지 경우에 사용되며 세로 영상이나 정방형 영상을 가로로 만들 때 사용하면 더욱 효과적입니다. 사이즈가 맞지 않은 영상을 가로 영상으로 꽉 차게 디자인해 봅니다.

Before

After

· **예제파일** : 애프터 이펙트\07\세로 영상.aep   · **완성파일** : 애프터 이펙트\07\세로 영상_완성.aep

01 새 프로젝트를 만들고 애프터 이펙트 → 07 폴더에서 '세로 영상.aep' 파일을 불러옵니다. ❶ Project 패널에서 '세로' 컴포지션을 더블클릭하여 불러온 다음 현재 컴포지션을 확인하면 가운데에 메인이 되는 세로 영상 한 개와 배경에 세로 영상의 크기를 키워 배치한 것을 알 수 있습니다. ❷ Timeline 패널에서 배경의 '세로 영상.mp4' 레이어를 선택한 다음 ❸ 메뉴에서 (Effect) → Blur & Sharpen → Gaussian Blur를 실행합니다.

02 Effect Controls 패널에서 Gaussian Blur 항목의 Blurriness를 '100'으로 설정합니다.

03 블러 효과를 크게 설정하면 외곽 부분이 안쪽으로
적용되어 배경에 검은색이 나타납니다.

TIP

Effects & Presets 패널에서 'Gaussian Blur' 이펙트를 검색한
다음 드래그하여 적용해도 됩니다.

TIP

다음의 오른쪽 이미지는 좀 더 명확하게 확인하기 위해서 배경색을 연두색으로 지정했습니다.

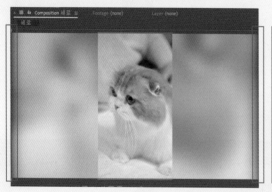
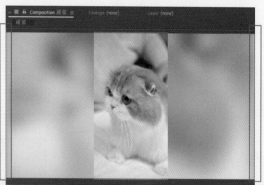

▲ 배경에 있는 연두색이 나타난 모습

04 배경에 불필요하게 적용된 검은색 부분을 없애는
기능인 'Repeat Edge Pixels'를 체크 표시하면
주변이 매끄럽게 연결됩니다.

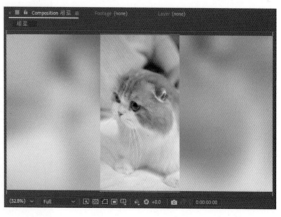

체크 표시

TIP

블러와 같은 이펙트를 적용하면 레이어 외곽이 Composition 패널의 화면 안으로 적용되면서 배경색이 나타나기도 합니다. 'Repeat Edge
Pixels'를 체크 표시하면 해당 부분을 자체적으로 확장하여 배경색이 보이지 않습니다.

· After Effects ·

03

실습

원근감 적용하기

앞서 살펴본 Gaussian Blur와 비슷하지만 활용하는 방향이 다른 Camera Lens Blur를 통해 요소의 원근감과 밀도감을 표현해 봅니다.

Before   After

· 예제파일 : 애프터 이펙트\07\셀카.aep   · 완성파일 : 애프터 이펙트\07\셀카_완성.aep

01 새 프로젝트를 만들고 애프터 이펙트 → 07 폴더에서 '셀카.aep' 파일을 불러 옵니다. ❶ Project 패널에서 '셀카' 컴포지션을 더블클릭하여 연 다음 ❷ Effects & Presets 패널을 클릭합니다.

❶ 더블클릭   ❷ 클릭

02 ❶ Effects & Presets 패널에서 'Camera Lens Blur' 이펙트를 검색 하고 ❷ Blur & Sharpen → Camera Lens Blur를 Timeline 패널의 '라 2' 레이어에 드래 그하여 적용합니다.

❶ 검색   ❷ 드래그

TIP

Composition 패널의 화면에 드래그해도 똑같이 적용됩니다.

03 ❶ Effect Controls 패널에서 Camera Lens Blur 항목의 Blur Radius를 '22'로 설정한 다음 다른 레이어에도 같은 효과를 적용하기 위해 ❷ 'Camera Lens Blur'를 선택하고 ❸ Ctrl+C를 누릅니다.

04 ❶ Timeline 패널에서 '셀 2', '프 2', '카 2', '메 2' 레이어를 Shift를 누른 상태로 클릭하여 모두 선택합니다. ❷ Ctrl +V를 누르면 복제한 Camera Lens Blur에 같은 설정이 적용됩니다.

TIP
효과를 일일이 적용하는 것보다 효과를 복사하고 붙여 넣는 방법을 통해 시간을 절약하고 작업의 효율성을 높일 수 있습니다.

05 ⑫~④의 과정과 같은 방법으로 노란색 텍스트 레이어에도 'Camera Lens Blur' 이펙트를 적용한 다음 Blur Radius를 '12'로 설정합니다. Camera Lens Blur를 통해 색상별 텍스트의 공간감이 만들어 집니다.

TIP
3D Layer를 통해 심도를 구현할 수도 있지만, Blur 이펙트를 통해 원근감과 밀도를 완성할 수 있습니다.

| Change to Color | | 중요도 ★★ |

After Effects 04 실습

색감 변경하기

Change to Color를 활용하여 특정 부분의 색상을 선택해서 변경하는 효과를 만들어 봅니다. 예제에서는 조명 색상을 변경했지만, 이 효과를 응용하면 모션 그래픽에 등장하는 요소 및 텍스트 색상, 실사 촬영의 옷, 건축물, 나뭇잎 등에 다양하게 활용할 수 있습니다.

Before

After

• 예제파일 : 애프터 이펙트\07\색상 변경.mp4

• 완성파일 : 애프터 이펙트\07\색상 변경_완성.aep

01 새 프로젝트를 만들고 애프터 이펙트 → 07 폴더에서 '색상 변경.mp4' 파일을 컴포지션으로 불러옵니다.

드래그

02 ❶ Timeline 패널의 '색상 변경.mp4' 레이어를 선택한 다음 ❷ 메뉴에서 (Effect) → Color Correction → Change to Color를 실행하여 이펙트를 적용합니다.

TIP

Effects & Presets 패널에서도 이펙트를 검색하고 드래그하여 적용할 수 있습니다.

❶ 선택 ❷ 실행

(03) ❶ Effect Controls 패널의 Change to Color 항목에서 From의 '스포이트' 아이콘(▦)을 클릭하고 ❷ Composition 패널에서 파란 조명이 가장 또렷한 부분을 클릭합니다. 파란색 영역이 변경되는 것을 확인할 수 있습니다.

▲ 변경된 모습

(04) 특정 색상으로 변경하기 위해 ❶ Effect Controls 패널에서 To의 색상 상자를 클릭합니다. To 대화상자가 표시되면 색상을 ❷ '#FF7800'으로 지정하고 ❸ 〈OK〉 버튼을 클릭합니다.

(05) Effect Controls 패널에서 Tolerance의 Hue를 '30%'로 설정합니다.
Composition 패널에서 전반적인 파란색 조명이 주황색 조명으로 변경된 것을 확인할 수 있습니다.

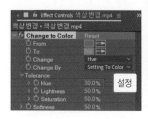

TIP ⟨⇦
Tolerance 속성을 너무 과하게 조절하면 원치 않는 부분의 색상까지 같이 변경될 수 있으므로 유의합니다.

Magnify		중요도 ★★

After Effects

05 확대해서 강조하는 효과 만들기

실습

Magnify를 활용하여 예능에서 많이 쓰이는 얼굴이 커지는 효과를 만들어 봅니다.

Before

After

- **예제파일** : 애프터 이펙트\07\벌칙.mp4
- **완성파일** : 애프터 이펙트\07\벌칙_완성.aep

01 새 프로젝트를 만들고 애프터 이펙트 → 07 폴더에서 '벌칙.mp4' 파일을 컴포지션으로 불러옵니다.

02 ❶ Effects & Presets 패널에서 'Magify' 이펙트를 검색합니다. ❷ Distort → Magnify를 Timeline 패널의 '벌칙.mp4' 레이어에 드래그하여 이펙트를 적용합니다.

03 ❶ Timeline 패널의 현재 시간 표시기를 '2초 12프레임'으로 이동합니다. 뿅망치를 맞는 부분에 Magnify 이펙트를 적용하기 위해 ❷ Effect Controls 패널에서 Magnify 항목의 Center에서 '목표 지점 설정' 아이콘()을 클릭하고 ❸ Composition 패널의 화면에서 뿅망치를 맞는 얼굴 부분을 클릭합니다.

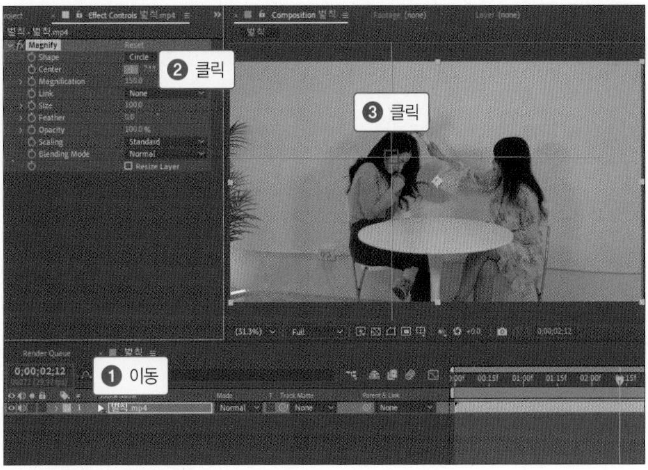

04 ❶ Effect Controls 패널에서 Link를 'Size To Magnification'으로 지정하고 ❷ Magnification을 '180', ❸ Size를 '225'로 설정합니다. 뿅망치를 맞는 장면 이전에는 Magnify를 적용하지 않기 위해 ❹ Opacity 왼쪽의 'Stop Watch' 아이콘()을 클릭하여 키프레임을 만듭니다.

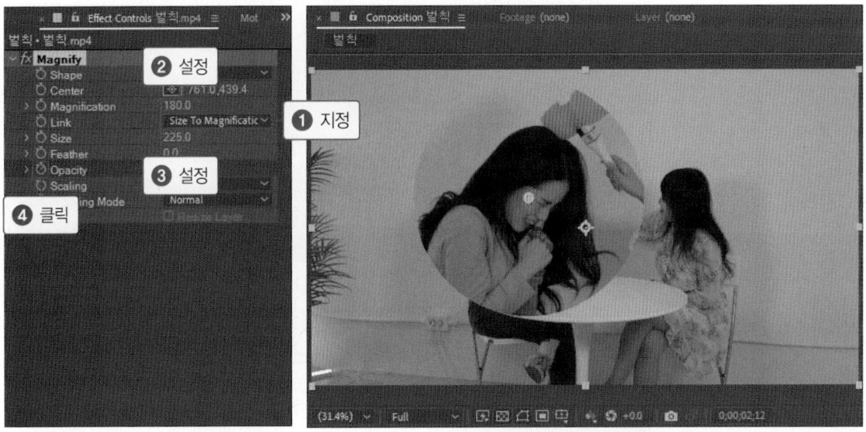

05 ❶ Timeline 패널의 현재 시간 표시기를 '2초 11프레임'으로 이동한 다음 ❷ Effect Controls 패널에서 Opacity를 '0%'로 설정합니다. 영상의 '2초 11프레임'까지는 Magnify가 적용되지 않고 '2초 12프레임'부터 효과가 적용됩니다.

TIP

Center에 키프레임 애니메이션을 적용하여 확대 영역을 이동할 수 있습니다.

After Effects

06

화면 흔들림 보정해서 안정화하기

실습

・**예제파일** : 애프터 이펙트\07\손떨림.mp4   ・**완성파일** : 애프터 이펙트\07\손떨림_완성.aep   ● ● ●

01 새 프로젝트를 만들고 애프터 이펙트 →
07 폴더에서 '손떨림.mp4' 파일을 불러
옵니다. Project 패널의 '손떨림.mp4' 파일을
Composition 패널에 드래그하여 컴포지션을
만듭니다.

02 Warp Stabilizer를 적용하기 전에 영상
의 움직임을 확인합니다. Spacebar를 눌
러 램 프리뷰를 진행합니다. 영상을 확인하면 카
메라가 지속해서 흔들리는 것을 확인할 수 있습
니다.

03 ❶ Timeline 패널의 '손떨림.mp4' 레이어를 선택하고
❷ 메뉴에서 (Effect) → Distort → Warp Stabilizer를
실행하여 이펙트를 적용합니다.

04 Warp Stabilizer를 적용하면 자동으로 Analyzing in background와 Stabilizing 과정을 거쳐 카메라 손떨림을 줄여 줍니다. 램 프리뷰 과정을 통해 확인하면 카메라 손떨림 현상이 줄어든 것을 확인할 수 있습니다.

TIP 👈

Stabilizing 과정 중 흔들림을 잡아야 하므로 화면이 약간 커집니다. 이는 손떨림이 큰 영상은 더 커지고 작은 영상은 상대적으로 조금 커집니다. 예제에서는 Auto-Scale이 '105.1%'입니다.

05 결과물이 만족스럽지 않다면 Effect Controls 패널에서 Warp Stabilizer 항목의 Advanced에서 'Detailed Analysis'를 체크 표시합니다. 한 번 더 분석하여 더 욱 세밀하게 떨림을 잡아 줍니다.

TIP 👈

Warp Stabilizer는 AI가 프레임 단위로 분석하기 때문에 결과물이 만족스러울 때도 있지만 반대로 만족스럽지 못하거나 왜곡이 심하게 발생하는 경우도 종종 있습니다.

Keylight (1.2)		실무 대비	중요도 ★★★

After Effects
07
실습

어떤 배경이든 자유로운 그린스크린 만들기

그린스크린에서 초록색을 빼서 배경과 합성하는 것을 '키잉'이라고 합니다. 실무에서 가장 많이 사용하는 Keylight (1.2) 이펙트를 활용하여 Keying에 대해서 알아보고 배경과 합성해 봅니다.

Before

After

• 예제파일 : 이펙트\07\그린스크린.mp4, 배경영상.mp4

• 완성파일 : 애프터 이펙트\07\그린스크린_완성.mp4

01 새 프로젝트를 만들고 애프터 이펙트 → 07 폴더에서 '그린스크린.mp4'와 '배경영상.mp4' 파일을 불러옵니다. ❶ Project 패널에서 '그린스크린.mp4' 파일을 컴포지션으로 불러온 다음 ❷ Timeline 패널에서 '그린스크린.mp4' 레이어를 선택합니다.

❶ 드래그

❷ 선택

Why?

블루스크린, 그린스크린에서 촬영하는 이유

영상에서 합성 작업을 하며, 주로 배경을 분리해야 할 때 블루스크린 혹은 그린스크린을 사용합니다. 이는 사람 피부에 가장 없는 색을 찾는 것에서부터 시작되었고, 그 색이 파란색과 초록색이었습니다.

지금은 채도, 명도가 더 높은 그린스크린을 사용할 수 있습니다. 이 색 외의 빨간색, 노란색 등 모두 사람의 피부에 일부 보이는 색이 있어서 현재는 파란색, 초록색 이외에는 사용하지 않는 경우가 많습니다. 키잉 기술은 주로 블루스크린과 그린스크린을 제거하는 방향으로 발전해왔기 때문에 다른 색을 배경으로 할 때 키잉 과정에서 미흡한 경우가 많습니다. 그래서 사람이 없는 사물 역시 블루스크린이나 그린스크린으로 촬영을 하게 됩니다. 단, 해당 사물에 파란색, 초록색이 있으면 그 외의 다른 색을 배경으로 촬영해야 합니다.

02 메뉴에서 (Effect) → Keying → Key-
light (1.2)를 실행합니다.

03 키잉 작업을 진행하기 위해 먼저 ❶ Effect Controls 패널에서 Screen Colour의 '스포이트' 아이콘(▥)을 클릭
한 다음 ❷ Composition 패널에서 그린스크린 오른쪽 상단의 밝은 부분을 클릭합니다.

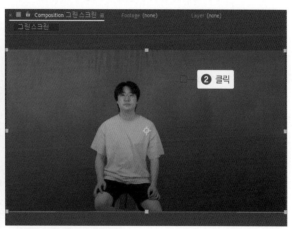

04 초록색이 투명해지는 과정에서 옷이나 피부색도 불투명해집니다. 이를 보정하기 위해 Effect Controls 패널에서
Screen Balance를 '20'으로 설정합니다. 옷과 피부의 불투명해진 색이 복구됩니다.

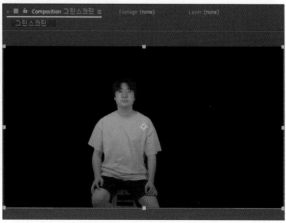

05 키잉 과정에서 생긴 배경의 불필요한 요소를 제거하기 위해 Effect Controls 패널에서 Screen Matte의 Clip Black을 '59'로 설정합니다.

TIP

Screen Matte에서 세밀한 키잉 작업을 조절할 수 있습니다. 주로 사용하는 기능은 Clip Black, Clip White입니다.

06 Project 패널에서 '배경영상.mp4' 파일 을 Timeline 패널의 '그린스크린.mp4' 레이어 아래로 드래그하여 배치합니다. 그린스 크린 배경이 투명해져 그림과 같이 두 레이어가 동시에 표시됩니다.

07 Spacebar를 눌러 램 프리뷰를 진행합니 다. 영상에서 두 영상이 함께 재생되는 것을 확인합니다.

TIP

'그린스크린.mp4' 영상에 색상 보정 작업(Curves, Hue/Saturation 이펙트 등)을 하여 배경과 더욱 자 연스럽게 설정할 수 있습니다. 합성 작업에서 중요한 점은 배경을 분리하는 것도 있지만, 자연스럽게 배경 과 어우러지게 만드는 것입니다.

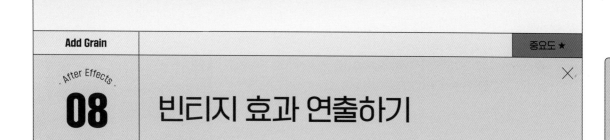

| Add Grain | | 중요도 ★ |

. After Effects .

08

실습

빈티지 효과 연출하기

Add Grain을 적용하여 소스에 오래된 필름의 거친 느낌을 추가해서 빈티지 효과를 연출해 봅니다.

Before

After

• **예제파일** : 애프터 이펙트\07\옛날사진.png

• **완성파일** : 애프터 이펙트\07\옛날사진_완성.aep

(01) 새 프로젝트를 만들고 애프터 이펙트 → 07 폴더에서 '옛날사진.png' 파일을 불러옵니다. ❶ Project 패널의 '옛날사진.png' 파일에서 마우스 오른쪽 버튼을 클릭한 다음 ❷ New Comp from Selection을 실행하여 컴포지션을 만들고 ❸ Timeline 패널에서 '옛날사진.png' 레이어를 선택합니다.

❶ 마우스 오른쪽 클릭

❷ 실행

❸ 선택

(02) 메뉴에서 (Effect) → Noise & Grain → Add Grain을 실행합니다.

실행

03 ❶ Effect Controls 패널에서 Add Grain 항목의 Viewing Mode를 클릭한 다음 ❷ 'Final Output'으로 지정하여 화면 전체에 Grain을 나타냅니다.

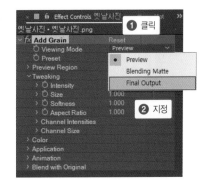

04 Tweaking의 Intensity를 '8'로 설정하여 Grain 입자를 크게 만듭니다.

05 ❶ Application 속성을 표시하고 ❷ Blending Mode를 클릭한 다음 ❸ 'Screen'으로 지정합니다. 전체적으로 밝은 느낌의 Grain이 적용됩니다.

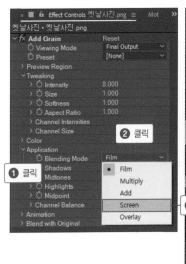

06 Channel Balance 속성의 Red/Blue Shadows를 각각 '2.5'로 설정해 어두운 부분에 Red와 Blue Tone을 추가합니다. Green Midtones도 '2.5'로 설정하여 전체적으로 중간 밝기 영역에 Green Tone을 추가합니다.

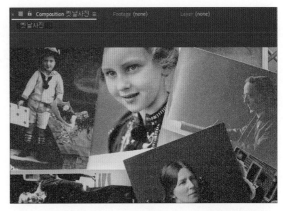

▲ Red Shadows를 '2.5'로 설정하여 어두운 영역에 Red 톤을 추가한 모습

▲ Blue Shadows를 '2.5'로 설정하여 어두운 영역에 Blue 톤을 추가한 모습

▲ Green Midtones를 '2.5'로 설정해 중간 밝기 영역에 Green 톤을 추가한 모습

07 램 프리뷰를 진행하면 노이즈가 적용된 것을 확인할 수 있습니다. 원본 소스와 비교하면 다음과 같습니다.

▲ 원본 이미지

▲ Add Grain 이펙트를 적용한 모습

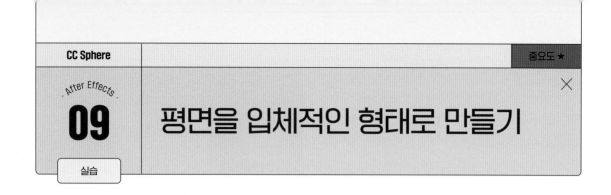

CC Sphere

중요도 ★

After Effects

09

실습

평면을 입체적인 형태로 만들기

CC Sphere 활용해서 평면 모양의 소스를 입체적인 구 형태로 만들어 봅니다.

Before

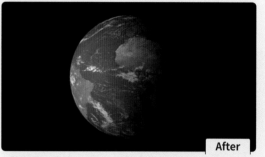

After

• 예제파일 : 애프터 이펙트\07\지구.png

• 완성파일 : 애프터 이펙트\07\지구_완성.aep

01 새 프로젝트를 만들고 애프터 이펙트 → 07 폴더에서 '지구.png' 파일을 불러옵니다. ❶ Project 패널의 '지구.png' 파일에서 마우스 오른쪽 버튼을 클릭한 다음 ❷ New Comp from Selection을 실행하여 컴포지션을 만듭니다.

02 ❶ Timeline 패널의 '지구.png' 레이어를 선택하고 ❷ 메뉴에서 (Effect) → Perspective → CC Sphere를 실행하여 이펙트를 적용합니다.

03 평면이 동그란 구 형태로 변경된 것을 확인할 수 있습니다. Effect Controls 패널에서 CC Sphere 항목의 Radius를 '900'으로 설정하면 구의 크기가 커집니다.

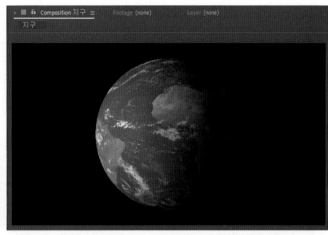

04 ❶ Rotation의 속성을 표시한 다음 ❷ Rotation Y의 'Stop Watch' 아이콘(🕑)을 클릭하여 키프레임을 만듭니다. ❸ Timeline 패널의 현재 시간 표시기를 '5초'로 이동한 다음 ❹ Effect Controls 패널의 Rotation Y를 '1 x 270°'로 설정합니다.

05 Spacebar를 눌러 램 프리뷰를 진행합니다. 영상을 확인하면 회전하는 지구 애니메이션을 확인할 수 있습니다.

TIP ◁

CC Sphere의 Light와 Shading을 통해 구에 비치는 조명과 구 표면의 질감을 설정할 수 있습니다. 필요한 경우 해당 기능을 설정하여 사용합니다.

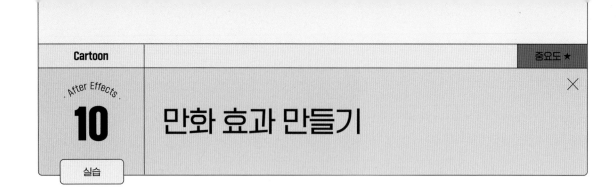

Cartoon	중요도 ★

After Effects
10
실습

만화 효과 만들기

Cartoon을 이용하여 TV 예능이나 유튜브 콘텐츠에서도 많이 사용되는 실사 영상을 만화 효과로 만들어 봅니다.

Before

After

• **예제파일** : 애프터 이펙트\07\인터뷰.mp4

• **완성파일** : 애프터 이펙트\07\인터뷰_완성.aep

---

01 새 프로젝트를 만들고 애프터 이펙트 → 07 폴더에서 '인터뷰.mp4' 파일을 불러옵니다. ❶ Project 패널의 '인터뷰.mp4' 파일에서 마우스 오른쪽 버튼을 클릭한 다음 ❷ New Comp from Selection을 실행하여 컴포지션을 만듭니다.

---

02 ❶ Timeline 패널의 '인터뷰.mp4' 레이어를 선택하고 메뉴에서 (Effect) → Stylize → Cartoon을 실행하여 영상에 만화 효과를 적용합니다. ❷ Effect Controls 패널에서 Cartoon 항목의 Detail Radius를 '20', ❸ Detail Threshold를 '15'로 설정합니다. ❹ Edge의 Threshold를 '2.35', ❺ Width를 '1'로 설정합니다.

03 ❶ Advanced의 속성을 표시한 다음 ❷ Edge Enhancement를 '10', ❸ Edge Black Level을 '1'로 설정합니다. Advanced는 세밀한 선화 설정이기에 수치가 확 커지지 않는 이상 큰 변화는 잘 보이지 않습니다.

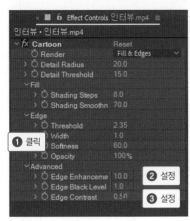

04 선 영역의 설정을 확인하기 위해 Render를 'Edges'로 지정합니다. 사람과 소파 부분에 선이 적용된 것을 확인할 수 있습니다.

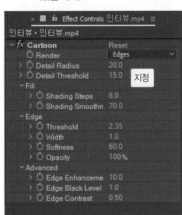

05 다시 ❶ Render를 'Fill & Edges'로 지정합니다. ❷ Spacebar 를 눌러 램 프리뷰를 진행합니다. 영상을 확인하면 Cartoon 이펙트가 적용된 상태로 영상이 진행되는 것을 확인할 수 있습니다.

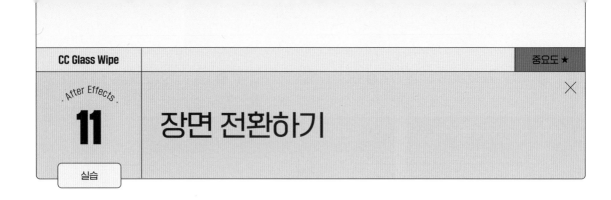

- After Effects -
11
실습

장면 전환하기

CC Glass Wipe는 색 차이를 통해서 장면을 전환하는 기능입니다. 경계 부분에 입체 효과를 연출하여
마치 유리와 같은 느낌으로 장면을 전환해 봅니다.

Before

After

- 예제파일 : 애프터 이펙트\07\바다.aep
- 완성파일 : 애프터 이펙트\07\Glass Wipe_완성.aep

01 새 프로젝트를 만들고 애프터 이펙트
→ 07 폴더에서 '바다.aep' 파일을 컴포
지션으로 불러옵니다.
현재 프로젝트를 확인하면 '바다2.mp4' 레이어
가 2초 동안 나오고 컷 편집 형태로 바로 '바다
1.mp4' 레이어가 나오는 것을 알 수 있습니다.

더블클릭

02 ❶ Timeline 패널에서 '바다1.mp4' 레
이어를 선택하고 ❷ 메뉴에서 (Effect)
→ Transition → CC Glass Wipe를 실행해
이펙트를 적용합니다.

❶ 선택 ❷ 실행

03 ❶ Effect Controls 패널에서 CC Glass Wipe 항목의 Layer to Reveal을 장면 전환 레이어인 '바다2.mp4'로 지정한 다음 ❷ Gradient Layer를 클릭하고 ❸ '바다2.mp4'로 지정합니다.

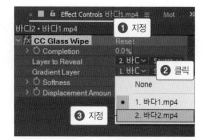

04 장면 전환 애니메이션을 만들기 위해 먼저 ❶ 현재 시간 표시기를 '2초'로 이동하고 ❷ Effect Controls 패널에서 CC Glass Wipe → Completion 왼쪽의 'Stop Watch' 아이콘(⏱)을 클릭하여 키프레임을 만든 다음 ❸ Completion을 '100%'로 설정합니다.

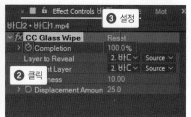

05 ❶ Timeline 패널에서 현재 시간 표시기를 '2초 13프레임'로 이동합니다. ❷ Effect Controls 패널에서 Completion을 '0%'로 설정합니다. ❸ 이때 ⓤ를 누르면 키프레임이 만들어진 이펙트 속성을 표시하여 확인할 수 있습니다.

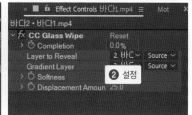

06 램 프리뷰를 진행합니다. 영상을 확인하면 '2초'에서 '2초 12프레임' 구간에 CC Glass Wipe 이펙트가 적용되어 화면이 전환되는 것을 확인할 수 있습니다.

모션 그래픽의 꽃!
자막 디자인

애프터 이펙트에는 다양한 레이어가 존재합니다. 그중 텍스트 레이어에 대해 소개하고, 타이포그래피 애니메이션을 만들어 봅니다.

. After Effects .

01 텍스트 레이어 만들기

실습

애프터 이펙트에서 텍스트 레이어를 만드는 과정은 간단합니다. 간단하게 텍스트 레이어를 만들어 프로젝트에 텍스트를 추가해 봅니다.

Before   **After**

• **예제파일** : 애프터 이펙트\08\문의사항.aep   • **완성파일** : 애프터 이펙트\08\문의사항_완성.aep

---

01 새 프로젝트를 만들고 애프터 이펙트 → 08 폴더에서 '문의사항.aep' 파일을 컴포지션으로 불러옵니다.

TIP

예제에서는 무료 폰트인 'S-Core Dream'을 사용했습니다.

---

02 메뉴에서 (Layer) → New → Text를 실행합니다. Timeline 패널에 텍스트 레이어가 만들어집니다.

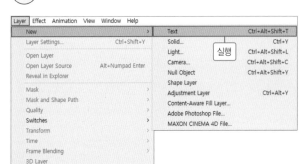

03 텍스트를 입력하면 Composition 패널의 화면에 입력한 텍스트가 표시됩니다. '무엇을 도와드릴까요?'를 입력합니다.

04 Character 패널에서 텍스트 레이어를 설정할 수 있습니다. ❶ 글꼴을 'S-Core Dream', 글꼴 스타일을 '3 Light'로 지정하고 ❷ 글꼴 크기를 '35px'로 설정합니다. ❸ Composition 패널의 화면에서 '무엇을 도와드릴까요?' 텍스트를 드래그하여 하얀색 말풍선 안에 배치합니다.

TIP ⟨⟐

Character 패널이 없으면 메뉴에서 (**Window**) → **Character**를 실행하여 표시합니다.

05 Character 패널에서 텍스트 레이어의 다양한 속성을 설정할 수 있습니다. 'Bold' 아이콘(**T**)을 클릭하여 글씨를 두껍게 만들 수 있습니다. Bold를 적용하면 글씨가 두꺼워집니다.

텍스트가 바뀌는 애니메이션 만들기

• **예제파일** : 애프터 이펙트\08\모니터.aep   • **완성파일** : 애프터 이펙트\08\모니터_완성.aep   • • •

01 새 프로젝트를 만든 다음 애프터 이펙트 → 08 폴더에서 '모니터.aep' 파일을 컴 포지션으로 불러옵니다.

02 ❶ Tools 패널에서 문자 도구(T)를 선택하고 Composition 패널의 화면을 클릭한 다음 'DESIGN'을 입력합니다. ❷ 텍스트를 드래그하여 블록으로 지정한 다음 Character 패널에서 글꼴을 '배달의민족 주아', 글꼴 색상을 '흰색' 으로 지정하고 ❸ 글꼴 크기를 '250px'로 설정합니다. ❹ Paragraph 패널에서 'Center text' 아이콘(■)을 클릭하여 화면 가운데에 정렬합니다.

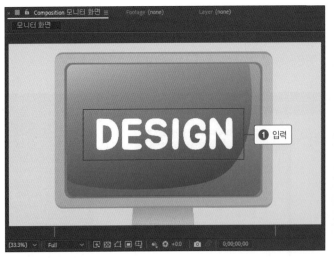

TIP
Paragraph 패널은 문장처럼 긴 글을 설정하는 패널로 좌우, 상하 마진, 여백 설정과 좌우 정렬을 설정할 수 있습니다.

03 Timeline 패널에서 'DESIGN' 레이어의 Text 속성을 표시합니다.

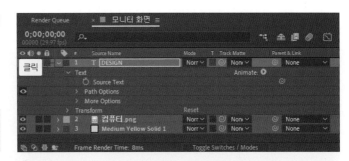

04 Text 속성의 Source Text를 이용해서 애니메이션을 만들어 봅니다. Source Text 왼쪽의 'Stop Watch' 아이콘(⬤)을 클릭하여 키프레임을 만듭니다.

Why? ☜

Source Text에 만들어진 키프레임은 마름모가 아닌 사각형입니다. 이것은 키프레임과 키프레임 중간을 만드는 애니메이션이 아니라 해당 키프레임에서 순간적으로 바뀌는 애니메이션을 뜻합니다.

05 이번에는 시간에 따라서 변화하는 텍스트 애니메이션을 만들어 봅니다. 먼저 현재 시간 표시기를 '15프레임'으로 이동합니다.

06 Composition 패널의 화면에서 ❶ 'DESIGN' 텍스트를 더블클릭해 ❷ 입력 모드로 바뀌면 'MOTION'을 입력합니다.

07 같은 방법으로 ❶ 현재 시간 표시기를 '1초'로 이동한 다음 ❷ 'GRAPHIC'을 입력합니다.

08 한 번 더 같은 방법으로 텍스트 레이어의 텍스트를 바꿉니다. ❶ 현재 시간 표시기를 '1초 15프레임'으로 이동한 다음 ❷ 텍스트를 'CONCEPT'로 수정합니다.

09 Source Text를 이용하여 시간에 따라 달라지는 텍스트 애니메이션을 만들었습니다. Timeline 패널에 텍스트가 바뀌는 시간마다 사각형 키프레임이 만들어진 것을 확인할 수 있습니다.

10 램 프리뷰를 통해 확인하면 'DESIGN – MOTION – GRAPHIC – CONCEPT' 순으로 텍스트가 바뀌는 영상을 확인할 수 있습니다.

TIP ⟨⟩

이 기능을 활용하면 프레임마다 간격을 두어 타자기 애니메이션을 만들 수 있습니다. 타자기 애니메이션 효과음처럼 Source Text를 이용하여 타자기 애니메이션으로 응용해 보도록 합니다.

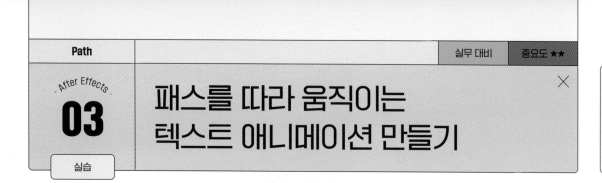

After Effects
03
실습

패스를 따라 움직이는
텍스트 애니메이션 만들기

Path 기능을 이용해서 패스를 따라 흘러가는 재미있는 텍스트 애니메이션을 만들어 봅니다.

Don't try to be original. Just try to be good.

Before

After

• 예제파일 : 애프터 이펙트\08\곡선.aep

• 완성파일 : 애프터 이펙트\08\곡선_완성.aep

01 새 프로젝트를 만들고 애프터 이펙트 →
08 폴더에서 '곡선.aep' 파일을 컴포지
션으로 불러옵니다.

더블클릭

02 ❶ Tools 패널에서 문자 도구(T)를
선택하고 Composition 패널의 화면을
클릭하여 'Don't try to be original. Just try
to be good.'을 입력합니다. ❷ 텍스트를 드래
그하여 블록으로 지정하고 Character 패널에
서 글꼴을 'Trebuchet MS Regular', 글꼴 색
상을 '검은색'으로 지정한 다음 ❸ 글꼴 크기를
'88px'로 설정합니다.

❶ 입력

❷ 지정

❸ 설정

(03) 패스 애니메이션을 만들기 위해 직접 패스를 만들어 봅니다.

Timeline 패널에서 텍스트 레이어를 선택하고 Tools 패널에서 펜 도구(✐)를 선택합니다. Composition 패널에서 그림과 같이 ❶ 시작 점을 클릭한 다음 ❷ 끝 점을 클릭하고 드래그하여 곡선 패스를 만듭니다.

TIP ⬦

곡선을 클릭한 상태에서 드래그하면 직선 패스를 곡선으로 변형할 수 있습니다.

(04) ❶ Timeline 패널에서 Text → Path Options 속성을 표시한 다음 ❷ Path를 클릭하고 ❸ 'Mask 1'로 지정합니다.

TIP ⬦

Path는 패스를 선택하지 않은 상태라서 'None'으로 지정되어 있습니다.

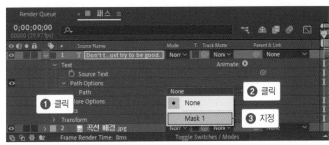

(05) Composition 패널에서 패스의 경로에 따라 텍스트가 변형되는 것을 확인할 수 있습니다.

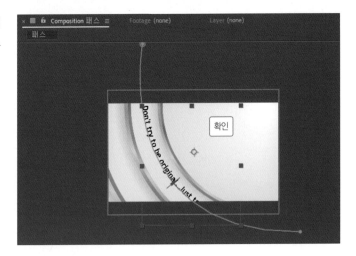

TIP ⬦

Timeline 패널에서 텍스트 레이어의 Path Options에 추가되는 여러 가지 요소를 설정해서 애니메이션을 만들 수 있습니다.

06 Path Options를 설정하여 패스를 따라 이동하는 텍스트 애니메이션을 만들어 봅니다. ❶ 현재 시간 표시기를 '0초'로 이동한 다음 ❷ First Margin 왼쪽의 'Stop Watch' 아이콘(⏱)을 클릭하여 키프레임을 만듭니다.

TIP ⬅

패스 애니메이션은 First Margin을 설정해서 만들 수 있습니다. 예제에서는 First Margin만 설정했습니다. Last Margin을 설정해도 First Margin처럼 패스 애니메이션을 만들 수 있습니다. First Margin은 시작 점으로부터의 공간, Last Margin은 끝 점으로부터의 공간을 말합니다.

07 ❶ '0초'에서는 First Margin을 '-1926'으로 설정합니다. ❷ 현재 시간 표시기를 '4초'로 이동하고 ❸ First Margin 을 다시 '1325'로 설정합니다. 직접 그린 패스에 맞게 애니메이션이 설정됩니다.

08 램 프리뷰를 통해 패스를 따라 흘러가듯이 이동하는 텍스트 애니메이션을 확인할 수 있습니다.

After Effects
04
실습

텍스트 애니메이션 만들기

텍스트 레이어에는 원하는 대로 속성을 추가할 수 있습니다. 기본 애니메이션을 만드는 Animate와 범위를 설정할 수 있는 Range를 이용해서 텍스트 애니메이션을 만들어 봅니다.

Before

After

• **예제파일** : 애프터 이펙트\08\Smile.aep   • **완성파일** : 애프터 이펙트\08\Smile_완성.aep

01   새 프로젝트를 만들고 애프터 이펙트 → 08 폴더에서 'Smile.aep' 파일을 불러옵니다. Project 패널에서 '미소' 컴포지션을 더블클릭하여 엽니다.

02   ❶ Tools 패널에서 문자 도구(T)를 선택하고 Composition 패널의 화면을 클릭한 다음 'SMILE'을 입력합니다.
❷ 텍스트를 드래그하여 블록으로 지정한 다음 Character 패널에서 글꼴을 'I AM A PLAYER'로 지정하고 ❸ 글꼴 크기를 '500px'로 설정합니다. ❹ Paragraph 패널에서 'Center text' 아이콘(▤)을 클릭하여 화면 정중앙에 정렬합니다.

❶ 입력

03 ❶ Timeline 패널에서 'SMILE' 레이어의 Text 속성을 표시합니다.

❷ Animate를 추가하기 위해 오른쪽 ▶를 클릭하고 ❸ Scale을 실행합니다.

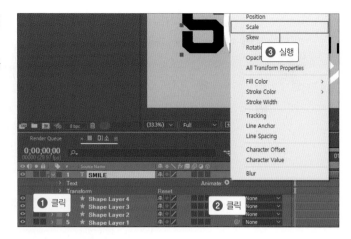

04 Animator 1의 Range Selector 1 속성에 Scale이 표시되면 '0%'로 설정합니다. 크기가 최저로 설정되어 Composition 패널에선 텍스트가 보이지 않습니다.

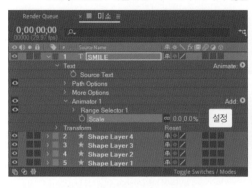
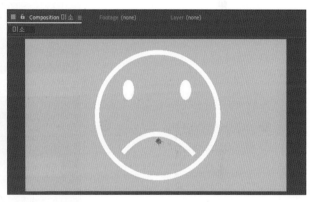

05 Range 속성 변화를 통해 Animate 속성과의 관계를 알아봅니다. ❶ Range Selector 1 속성을 표시하고 ❷ Start 수치를 설정하면 비율만큼 텍스트가 나타납니다. 예제에서는 '50%'로 설정했습니다.

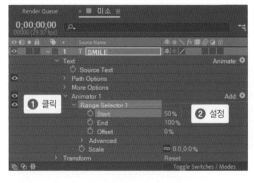

▲ 텍스트가 절반만 보이는 모습

Why? 👉

Scale을 '0%', Start를 '50~100%'로 설정하면 Scale이 '0%'로 설정된 텍스트 부분이 'SMILE' 텍스트의 뒷부분이므로 텍스트 뒷부분만 Scale이 '0%'로 설정됩니다.

06 Range를 이용해 애니메이션을 만들어 봅니다. ❶ 현재 시간 표시기를 '0'초로 이동한 다음 ❷ Range Selector 1 속성의 Start를 '0%'로 설정하고 ❸ 왼쪽의 'Stop Watch' 아이콘(⏱)을 클릭하여 키프레임을 만듭니다.

07 ❶ 현재 시간 표시기를 '2초'로 이동한 다음 ❷ Range Selector 1 속성의 Start를 '100%'로 설정해 키프레임을 만듭니다.

08 좀 더 부드러운 모션을 설정하기 위해 ❶ Advanced 속성을 표시하고 ❷ Ease Low를 '100%'로 설정합니다.

09 이번에는 다른 속성을 추가하기 위해 ❶ 현재 시간 표시기를 '0초'로 이동한 다음 ❷ Animator 1 속성의 오른쪽 ▶ 를 클릭하고 ❸ Property → Fill Color → RGB를 실행합니다.

10 Scale을 '20%'로 설정하면 빨간색의 작은 글꼴이 나타나며 빨간색 글꼴이 커지면서 검은색으로 변하는 애니메이션이 만들어집니다.

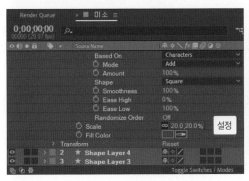 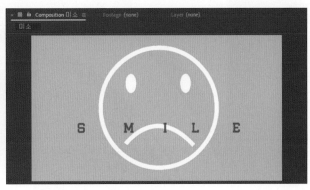

TIP

Property → Fill Color → RGB를 실행하면 Fill Color 속성이 표시되며 자동으로 빨간색으로 지정됩니다. Fill Color의 색상 상자를 클릭하여 글꼴을 원하는 색상으로 변경할 수 있습니다.

11 램 프리뷰를 통해 애니메이션을 확인하면 속성 2개의 텍스트 애니메이션을 확인할 수 있습니다.

PART 9.

입체적인
3차원 오브젝트 다루기

애프터 이펙트에서 3D 애니메이션을 만드는 방법을 소개하고, 다양한 방식으로 3D를 구현하는 방법에 대해 알아봅니다.

3D 레이어 만들기

- **예제파일** : 애프터 이펙트\09\우주.psd　　- **완성파일** : 애프터 이펙트\09\우주_완성.aep　　• • •

---

01 새 프로젝트를 만든 다음 애프터 이펙트 → 09 폴더에서 '우주.psd' 파일을 'Composition – Retain Layer Sizes'로 지정하여 불러옵니다. Project 패널에서 '우주.psd'를 더블클릭하여 컴포지션을 엽니다.

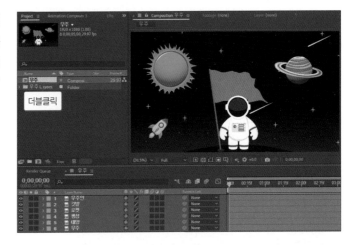

02 Timeline 패널에서 '우주' 레이어를 제외한 모든 레이어를 클릭한 다음 '3D Layer' 아이콘(◎)을 클릭하여 3D 레이어를 만듭니다.

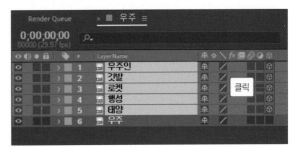

Why? 🖐

배경 레이어는 무한하게 확장해야 하므로 2D 레이어로 작업하는 게 유용합니다.

TIP ◁🖐

3D Layer가 보이지 않으면 Timeline 패널 하단의 〈Toggle Switches/Modes〉 버튼을 클릭해 모드를 변경합니다.

03 Composition 패널의 화면에서 3D 레이어를 선택하면 3개의 축이 표시되는 것을 확인할 수 있습니다.

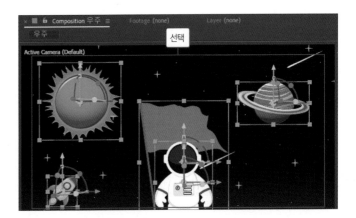

After Effects
02
실습

3D 카메라 애니메이션 만들기

실제 3D 모션 그래픽을 만드는 데 카메라 애니메이션은 가장 중요한 역할을 합니다. 3D 카메라 레이어를 만들고 카메라를 이동하는 방법에 대해 알아봅니다.

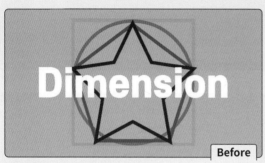

Before

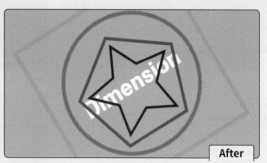

After

• 예제파일 : 애프터 이펙트\09\도형.aep

• 완성파일 : 애프터 이펙트\09\도형_완성.aep

01 새 프로젝트를 만든 다음 애프터 이펙트 → 09 폴더에서 '도형.aep' 파일을 컴포지션으로 불러옵니다. 메뉴에서 (Layer) → New → Camera(Ctrl +Alt+Shift+C)를 실행합니다.

Why?

애프터 이펙트에서는 3D Camera도 하나의 레이어로 구성되기 때문에 카메라를 만들기 위해서는 (Layer) 메뉴를 이용해야 합니다.

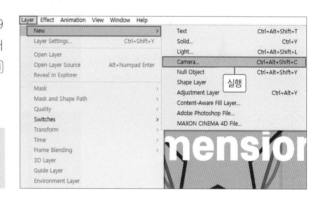

02 Camera Settings 대화상자가 표시되면 ❶ Type을 'One-Node Camera'로 지정하고 ❷ 〈OK〉 버튼을 클릭해 카메라 레이어를 만듭니다.

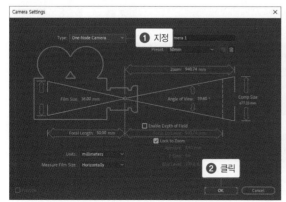

03 카메라 레이어는 3D Layer를 적용해야 변화가 생깁니다. Timeline 패널에서 모든 레이어의 '3D Layer' 아이콘(🧊)을 클릭하여 3D 레이어를 만듭니다.

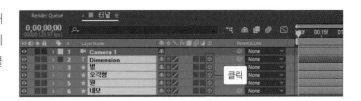

04 ❶ 현재 보이는 Custom View 1~3 또는 Left/Top View에서 카메라를 선택하고 마우스 휠을 돌려 확대하면 카메라 중심에 세 개의 축이 나타납니다. 마우스 포인터를 각 축에 위치시키면 X, Y, Z축이 표시됩니다. ❷ Z축으로 이동하기 위해 파란색 Z축 화살표를 드래그해서 이동합니다.

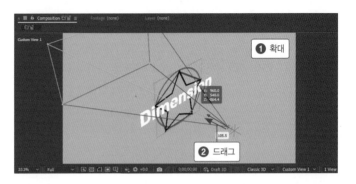

05 '네모'–'원'–'오각형'–'별'–'Dimension' 레이어 순서대로 카메라에 가깝게 Z축으로 드래그하여 배치합니다. 카메라 레이어를 이동하여 레이어를 배치할 수도 있습니다.

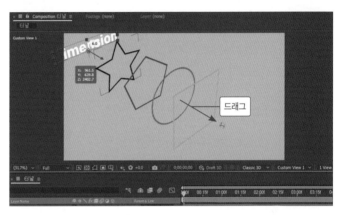

TIP 🔾
레이어를 선택한 다음 P를 눌러 각 레이어의 Trans-form 속성에서 Position을 표시하고 Z축을 설정해도 됩니다.

06 3D View를 클릭한 다음 'Active Camera'로 지정하면 그림과 같이 배치가 변경된 것을 확인할 수 있습니다.

07 이번에는 Position으로 카메라를 이동하겠습니다. ❶ Timeline 패널에서 'Camera 1' 레이어를 선택하고 ❷ Transform 속성을 표시하고 ❸ Position의 Z축을 '–3000'으로 설정합니다.

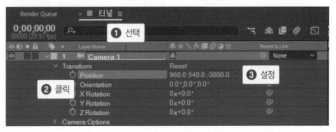

(08) Position의 Z축을 '1500'으로 설정하면 카메라가 글씨에 가까이 이동하는 화면을 볼 수 있습니다.

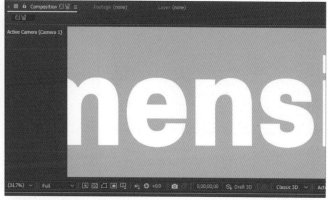

TIP

글자가 보이지 않으면 Custom View로 다시 돌아가서 도형을 카메라 위치에 맞게 다시 배치합니다.

(09) 이러한 변화를 이용해서 키프레임 애니메이션을 만들겠습니다. ❶ 현재 시간 표시기를 '0초'로 이동한 다음 ❷ Position 왼쪽의 'Stop Watch' 아이콘(🖐)을 클릭하여 키프레임을 만듭니다. ❸ 'Camera 1' 레이어의 Position의 Z축을 '1500'으로 설정합니다.

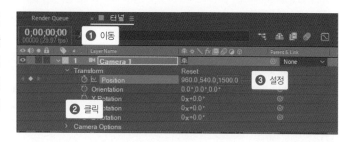

(10) ❶ 현재 시간 표시기를 '2초'로 이동한 다음 ❷ Position의 Z축을 '–3000'으로 설정합니다. 점점 카메라가 뒤로 이동하는 애니메이션이 만들어집니다.

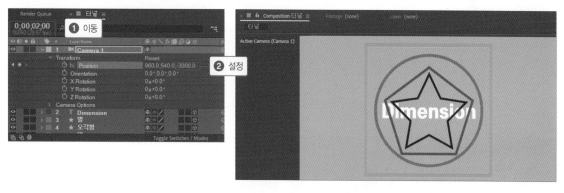

(11) 이번에는 카메라가 Z축으로 회전하는 애니메이션을 추가해 보겠습니다. ❶ 현재 시간 표시기를 '0초'로 이동한 다음 ❷ Z Rotation을 '–45'로 설정하고 ❸ 'Stop Watch' 아이콘(🖐)을 클릭하여 키프레임을 만듭니다.

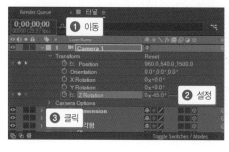

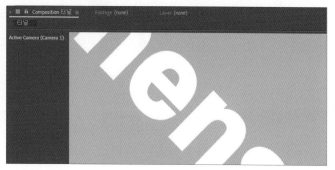

12 ❶ 현재 시간 표시기를 '2초'로 이동한 다음 ❷ Z Rotation을 '45°'로 설정하여 키프레임을 만듭니다.

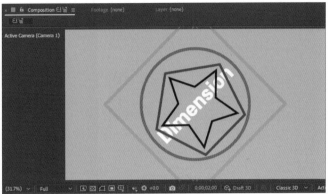

13 Timeline 패널에서 다음과 같이 Switch 항목의 'Motion Blur' 아이콘(◎)을 클릭하여 활성화합니다.

Why? 👈
카메라 애니메이션은 동적입니다. 모션 블러(Motion Blur)를 적용하면 소스가 확대되면서 생기는 픽셀이 깨지는 현상을 가릴 수 있는 것은 물론,
시각적인 현실감을 부여하여 완성도를 높일 수 있습니다.

14 램 프리뷰를 통해 재생하면 도형 터널을 지나면서 회전하는 애니메이션을 확인할 수 있습니다.

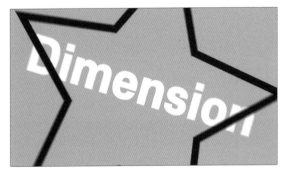

TIP 👈
효율적인 작업을 위해서는 '2 View'로 지정하여 왼쪽에는 Custom View를 표시하고 오른쪽에는 Active Camera를 표시하는 것이 좋습니다.
이렇게 지정하면 카메라 및 소스의 배치와 움직임을 확인하면서 결과물도 동시에 확인할 수 있다는 장점이 있습니다.

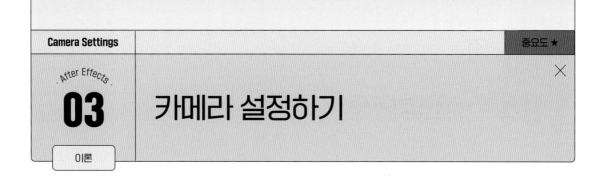

After Effects

03 카메라 설정하기

이론

앞선 예제에서 3D 공간에 Camera 레이어를 이용하여 애니메이션을 만들었습니다. 카메라 레이어를 만들 때 카메라를 어떻게 설정하느냐에 따라 큰 차이가 생깁니다. Camera Settings 대화상자의 Preset에서 렌즈 설정에 따라 소스의 배치가 동일해도 다양한 결과물이 나올 수 있습니다.

15mm에 가까울수록 광각 렌즈라고 볼 수 있으며 렌즈의 화각이 넓어지면서 사물을 배경과 함께 넓게 보여 줍니다. 대신 멀리 갈수록 이미지가 왜곡되는 현상이 발생합니다. 반면에 200mm에 가까울수록 망원 렌즈라고 볼 수 있으며 렌즈의 화각이 좁아지면서 멀리서도 줌을 통해 사물을 보여 준다고 생각하면 됩니다. 일반적으로 공간감을 중요시하면 광각 렌즈를 선택하고, 특정 피사체를 중요시하면 망원 렌즈를 선택합니다.

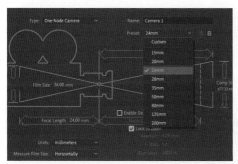
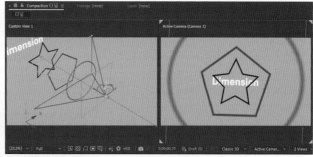

▲ 24mm의 카메라 – 넓은 화각으로 인해 공간감이 돋보이는 화면

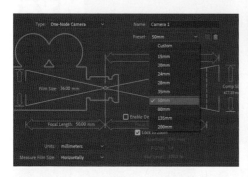
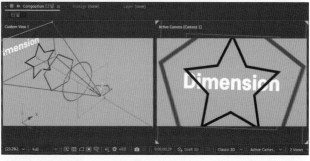

▲ 50mm의 카메라 – 기본 설정으로 24mm에 비해 레이어 간의 거리가 가까워 보이는 화면

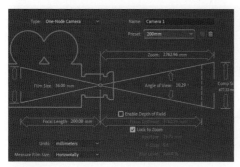
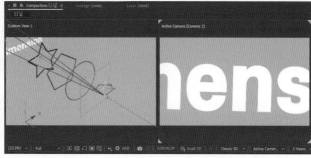

▲ 200mm의 카메라 – 멀리서 줌을 통해 사물을 보는 느낌처럼 특정 피사체에 집중된 모습

After Effects

04 조명으로 입체감 나타내기

실습

조명 중에 가장 특색 있는 'Spot' 조명을 이용하여 방송 쇼 느낌의 인트로를 연출할 수 있습니다. 실제 3D가 아닌 2D 요소를 이용해서 3D 느낌의 장면을 만들어 봅니다.

Before

After

• 예제파일 : 애프터 이펙트\09\인트로.aep

• 완성파일 : 애프터 이펙트\09\인트로_완성.aep

01 새 프로젝트를 만들고 애프터 이펙트 → 09 폴더에서 '인트로.aep' 파일을 컴포지션으로 불러옵니다. 미스터리 인트로 쇼 장면이 표시됩니다.

TIP

예제에서는 'Cooper Black' 글꼴을 사용했습니다. 예제와 같은 글꼴을 사용하려면 글꼴이 설치되어 있는지 확인하고 없다면 검색하여 다운로드 합니다.

02 장면의 구성을 이해하기 위해 ❶ Tools 패널에서 커서 주위 궤도 도구(◉)를 선택합니다. ❷ Composition 패널의 Custom 뷰에서 드래그하여 앵글의 다양한 변화를 만들 수 있습니다.

TIP

Custom 뷰를 바라보는 시각만 변화를 준 것이므로 오른쪽 Active Camera에는 아무런 변화가 없습니다.

(03) 해당 화면을 살펴보면 의자 사진 밑에 흰색 레이어(그림자용)가 깔려 있고 의자가 벽에서 살짝 떨어져 있는 것을 확인할 수 있습니다.

(04) 조명을 의자 위에서 아래로 비추어 그림자를 만들어 봅니다. 조명을 설치하기 위해 메뉴에서 (Layer) → New → Light(Ctrl +Alt+Shift+L)를 실행합니다.

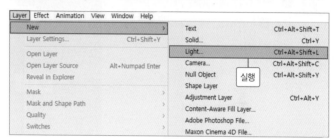

(05) Light Settings 대화상자가 표시되면 ❶ Light Type을 'Spot'으로 지정하고 ❷ Color를 '흰색'으로 지정합니다. ❸ 'Casts Shadows'를 체크 표시한 다음 ❹ 〈OK〉 버튼을 클릭합니다.

(06) 앞에서 쏘는 정면 형태로 Spot 조명이 설치됩니다. 위에서 아래로 쏘는 조명을 만들기 위해 Timeline 패널에서 'Spot Light 1' 레이어의 Transform 속성을 표시합니다.

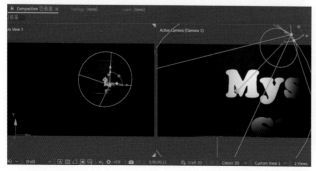
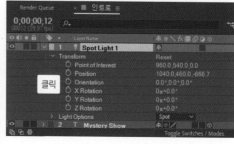

07 'Spot Light 1' 레이어에서 Position의 X, Y축을 '1284, −1166'으로 설정합니다.

08 ❶ 현재 시간 표시기를 '0초'로 이동한 다음 ❷ Point of Interest 왼쪽의 'Stop Watch' 아이콘(🕐)을 클릭하여 키프레임을 만듭니다. X, Y, Z축 변화를 통해 조명 애니메이션을 설정할 수 있습니다.

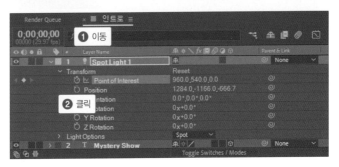

09 ❶ 현재 시간 표시기를 '3초'로 이동한 다음 ❷ Point of Interest의 X축을 '2000'으로 설정합니다.

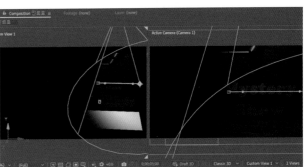

10 ❶ 현재 시간 표시기를 '4초 29프레임'으로 이동한 다음 ❷ Point of Interest의 X축을 다시 '960'으로 설정합니다.

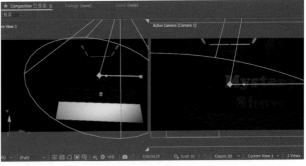

(11) ❶ 'Spot Light 1' 레이어의 Light Options 속성을 표시하고 ❷ Intensity를 '400%', Cone Angle을 '60°'로 설정합니다.

 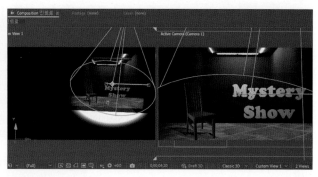

TIP ⬅

조명 설정을 통해 조명의 세기, 조명의 넓기, 조명의 가장자리 등을 설정할 수 있습니다. 세부 설정 변화를 통해 다른 느낌의 영상을 만들 수 있습니다.

(12) 램 프리뷰를 통해 재생하면 조명이 움직이면서 일부분만 보이는 형태의 조명 애니메이션을 확인할 수 있습니다.

After Effects

05

사진으로 입체감 나타내기

실습

• **예제파일** : 애프터 이펙트\09\들판.psd　　• **완성파일** : 애프터 이펙트\09\들판_완성.aep　　• • •

01 새 프로젝트를 만들고 애프터 이펙트 → 09 폴더에서 '들판.psd' 파일을 컴포지션 형태로 불러옵니다.

더블클릭

TIP

'들판.psd' 파일은 최대한 3D 느낌을 만드는 공간 이미지입니다. 실제 이미지는 한 장의 사진으로 새, 말, 나무, 하늘 등의 각 요소를 포토샵으로 나눠 저장한 이미지입니다.

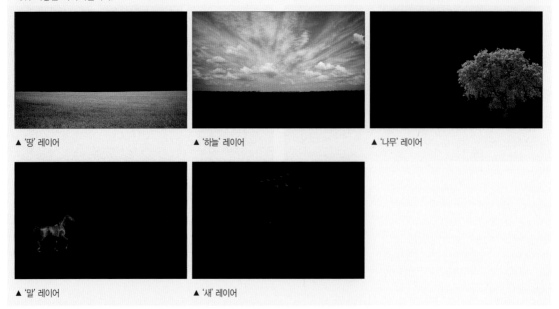

▲ '땅' 레이어　　　　　　▲ '하늘' 레이어　　　　　　▲ '나무' 레이어

▲ '말' 레이어　　　　　　▲ '새' 레이어

02 '땅' 레이어를 90°로 3D 회전하여 사용해 봅니다. ❶ Tools 패널에서 뒤로 팬 도구(▦)를 선택합니다. Composition 패널의 화면에서 '땅' 레이어 기준점을 클릭한 다음 ❷ '하늘' 레이어의 경계로 드래그합니다.

TIP ⬦

이때 Shift를 누른 상태로 드래그하면 일직선으로 바르게 기준점을 이동할 수 있습니다.

03 마우스 휠을 돌려 화면을 확대해서 정밀하게 경계선을 맞춥니다.

04 Timeline 패널에서 모든 레이어의 '3D Layer' 아이콘(▣)을 클릭하여 3D 레이어를 만듭니다.

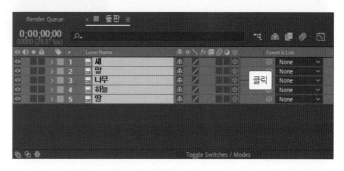

05 메뉴에서 (Layer) → New → Camera (Ctrl + Alt + Shift + C)를 실행합니다.

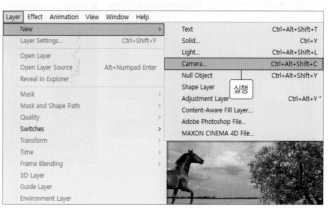

06 Camera Settings 대화상자가 표시되면 ❶ Type을 'One-Node Camera'로 지정하고 ❷ Preset을 '24mm'로 지정한 다음 ❸ ⟨OK⟩ 버튼을 클릭해 Camera 레이어를 만듭니다.

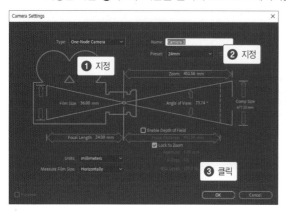

TIP

Preset에서는 카메라 렌즈를 지정할 수 있습니다. 이때 수치가 작을수록 광각 렌즈로 큰 공간감을 만들며, 수치가 클수록 망원 렌즈로 멀리 있는 사물을 가까이 보여 줍니다. 이때 망원 렌즈는 공간감이 상대적으로 약하게 나타납니다.

07 ❶ Composition 패널의 3D View를 '2 Views'로 지정해 두 개의 화면으로 나눕니다. ❷ 왼쪽 화면은 'Custom View 1'로 지정하고 오른쪽 화면은 'Active Camera'로 지정합니다.

TIP

각 화면을 클릭하고 뷰를 지정하면 클릭한 화면의 뷰를 변경할 수 있습니다.

08 ❶ '땅' 레이어를 선택하고 ❷ Transform 속성을 표시합니다. 땅을 3D 공간처럼 접어서 땅처럼 만들기 위해 ❸ X Rotation을 '−90'로 설정합니다.

09 여백을 없애기 위해 Custom View 1에서 '땅' 레이어의 조절점을 Shift를 누른 상태로 드래그하여 확대합니다. 이때 '하늘' 레이어와 겹치는 조절점은 제외하고 드래그해야 합니다.

10 ❶ Tools 패널에서 커서 주위 궤도 도구(🎥)를 선택하고 ❷ 'Custom View 1'에서 드래그하면 앵글의 다양한 변화를 만들 수 있습니다.

TIP ⟵⟩

이때 Custom 뷰를 바라보는 시각만 변화를 준 것이므로 오른쪽 Active Camera에는 아무런 변화가 없습니다.

11 ❶ Tools 패널에서 선택 도구(▶)를 다시 선택합니다. Custom View 1에서 '말' 레이어와 '하늘' 레이어가 겹쳐 있는 것을 확인할 수 있습니다. 공간감을 만들기 위해 ❷ Custom View 1의 '말' 레이어의 파란색 Z축 화살표를 드래그해서 이동합니다.

12 이번에는 ❶ '나무' 레이어를 선택하고 ❷ Custom View 1의 '나무' 레이어의 파란색 Z축 화살표를 드래그해서 이동합니다.

13 ❶ '말', '나무' 레이어를 선택하고 ❷ 연
두색 Y축 화살표를 드래그해서 이동합
니다.

14 변화를 이용해서 키프레임 애니메이션
을 만들겠습니다. ❶ 현재 시간 표시기
를 '0초'로 이동하고 ❷ 'Camera 1' 레이어에서
Position 왼쪽의 'Stop Watch' 아이콘(⏱)을
클릭하여 키프레임을 만든 다음 ❸ Position의
Z축을 '–1280'으로 설정합니다.

15 ❶ 현재 시간 표시기를 '4초'로 이동한 다음 ❷ Position의 Z축을 '–445'로 설정합니다. 점점 카메라가 앞으로 이동
하는 애니메이션이 만들어집니다.

16 ❶ 키프레임을 모두 드래그하여 선택한 다음 ❷ F9 를 누릅니다. 키프레임을 Easy Ease로 만들어 자연스러운 움
직임을 표현할 수 있습니다.

(17) ❶ '말', '나무', '새' 레이어를 모두 선택한 다음 ❷ Switch 항목의 'Motion Blur' 아이콘(🌀)을 클릭하여 활성화합니다.

(18) 램 프리뷰를 통해 재생하면 카메라와 3D 레이어를 활용한 3D 공간을 구성할 수 있습니다.

After Effects
06
실습

영상에서 카메라를 추적해 합성하기

3D Camera Tracking을 이용하여 영상에서 카메라를 추적해 봅니다.

Before | After

· **예제파일** : 애프터 이펙트\09\트래킹.aep   · **완성파일** : 애프터 이펙트\09\트래킹_완성.aep

01 새 프로젝트를 만들고 애프터 이펙트 → 09 폴더에서 '트래킹.aep' 파일을 컴포지션으로 불러옵니다.

더블클릭

02 ❶ Timeline 패널에서 '트래킹.mp4' 레이어를 선택한 다음 ❷ 메뉴에서 (Animation) → Track Camera를 실행합니다.

❷ 실행

❶ 선택

TIP ◁

Effects & Presets 패널의 '3D Camera Tracker' 이펙트를 드래그하여 적용해도 동일한 효과가 적용됩니다.

자동으로 Composition 패널의 화면에 영상 추적 작업이 진행됩니다.

▲ 영상을 분석하는 과정

▲ 카메라를 세팅하는 과정

04 트래킹 작업을 마치면 화면에 수많은 X 형태의 마커가 만들어집니다. Timeline 패널에서 현재 시간 표시기를 드래그하여 시간을 이동하면 X 형태의 마커들이 영상에 따라 움직입니다.

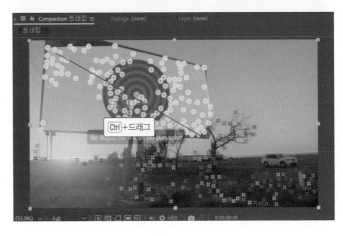

05 Ctrl을 누른 상태로 표지판 부분을 드래그하면 다수의 마커를 선택할 수 있습니다. 마커 개수가 많으면 많을수록 트래킹의 정확성이 높아집니다. 드래그를 완료하면 빨간색 원이 나타납니다.

06 ❶ 선택된 마커에서 마우스 오른쪽 버튼을 클릭한 다음 ❷ Create Solid and Camera를 실행하여 단색의 Soild 레이어와 Camera 레이어를 만듭니다.

07 ❶ Timeline 패널의 'Track Solid 1' 레이어를 선택한 다음 ❷ Alt를 누른 상태로 Project 패널의 'Welcome.png' 파일을 Timeline 패널의 'Track Solid 1' 레이어에 드래그합니다.

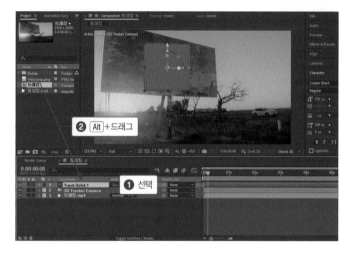

> **TIP** ◁
> Project 패널이 보이지 않으면 메뉴에서 (**Window**) → **Project**를 실행합니다.

08 ❶ Timeline 패널에서 'Welcome.png' 레이어를 선택하고 ❷ Transform 속성을 표시합니다.

> **TIP** ◁
> Alt를 누른 상태로 선택된 레이어에 소스를 드래그하면 소스를 대체할 수 있습니다.

09 표지판 기울기에 맞게 'Welcome.png' 레이어의 Transform 속성을 설정합니다. Scale, X, Y, Z Rotation을 설정하여 그림과 같이 변경할 수 있습니다.

TIP

트래킹이 완료된 상태라 소스의 Scale과 Rotation을 변화하여 표지판에 딱 맞게 변형합니다. Position을 설정하면 트래킹 속성이 어긋나기 때문에 주의가 필요합니다.

10 자연스럽게 합성하기 위해 Timeline 패널에서 'Welcome.png' 레이어의 Mode를 'Overlay'로 지정합니다.

TIP

Mode가 보이지 않는다면 'Renderer'를 'Classic 3D'로 변경합니다. CINEMA 4D 엔진에서는 해당 Blending Mode가 표시되지 않습니다.

11 램 프리뷰를 통해 재생하면 배경에 맞게 소스가 자연스럽게 합성된 것을 확인할 수 있습니다.

동영상으로 배우는 **애프터 이펙트 CC 2023**

이미지 한 장으로 FAKE 3D 효과 만들기

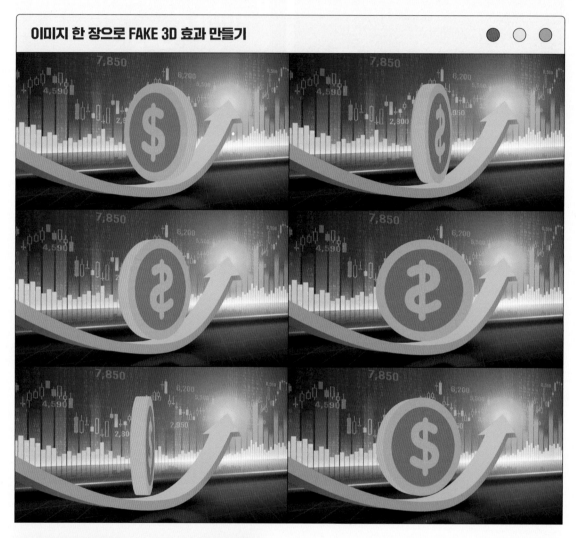

애프터 이펙트는 3D 툴이 아닙니다. 주로 2D와 2.5D 효과로 평면 이미지를 다루는 툴입니다. 그렇지만 간단한 눈속임과 기법을 통하여 평면 이미지를 3D처럼 보이게 만들 수 있습니다.

해상도	1920×1080px
소스 파일	애프터 이펙트\09\coin.png
완성 파일	애프터 이펙트\09\fake3D.aep

컴포지션을 만들고 소스를 불러온 후 Scale 설정하기

Position에 Expression 입력하기

3D 레이어 활성화하고 복사하기

카메라 레이어 추가하고 3D 두께 확인하기

Null 레이어 추가하고 레이어와 연결하여 움직임 제어하기

맨 앞과 맨 뒤 레이어에 Curves 효과로 음영 적용하기

렌더링으로
작업 마무리하기

애프터 이펙트에서 작업한 프로젝트를 이미지 및 영상으로 만드는 방법에 대해 알아봅니다.

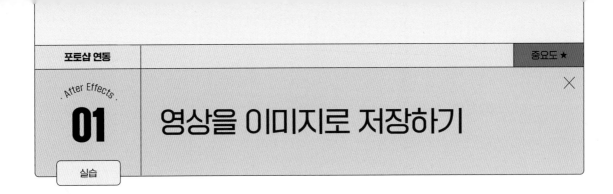

• **예제파일** : 애프터 이펙트\10\Render.aep

01 렌더링하려면 애프터 이펙트의 작업 환경이 필요하므로 앞서 작업한 프로젝트를 실행하거나 애프터 이펙트 → 10 폴더에서 'Render.aep' 파일을 컴포지션으로 불러옵니다. 어떤 작업 환경에서도 이 과정을 따라 할 수 있습니다.

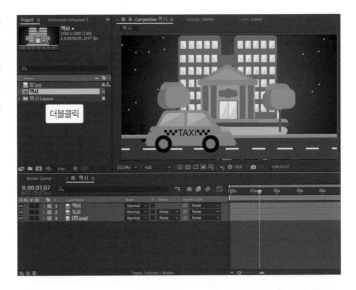

02 이미지가 필요한 시간대에 현재 시간 표시기를 위치합니다. 먼저 현재 시간 표시기를 '0초'로 이동합니다.

03 메뉴에서 (Composition) → Save Frame As → File을 실행합니다. 자동으로 Render Queue에 저장될 이미지를 설정할 수 있는 Output Frame To 대화상자가 표시됩니다. 저장 위치, 파일 이름, 형식을 지정하고 〈저장〉 버튼을 클릭합니다.
❶ Render Queue 패널에서 Render Settings의 ∨를 클릭하고 ❷ 'Best Settings'로 지정합니다.

04 이미지 포맷을 지정하기 위해 Output Module에서 파란색의 'Photoshop' 텍스트를 클릭합니다.

05 Output Module Settings 대화상자에서 ❶ Format 을 'JPEG Sequence'로 지정합니다. ❷ 〈Format Options〉 버튼이 활성화되면 클릭합니다.

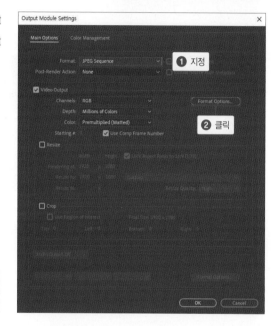

TIP

'JPEG Sequence'로 지정하면 JPEG Options 대화상자가 표시될 수 있습니다. 이럴 경우 바로 다음 과정을 진행하면 됩니다.

06 JPEG Options 대화상자가 표시되면 ❶ Quality를 '10'으로 설정한 다음 ❷ 〈OK〉 버튼을 클릭합니다. Output Module Settings 대화상자에서도 〈OK〉 버튼을 클릭합니다.

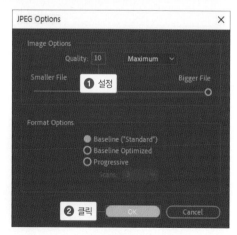

07 ❶ Output To 오른쪽의 파란색 텍스트를 클릭합니다. Output Frame To 대화상자가 표시되면 ❷ 저장 경로를 지정한 다음 ❸ 파일 이름과 형식을 지정하고 ❹ 〈저장〉 버튼을 클릭하여 모든 설정을 마칩니다. ❺ 〈Render〉 버튼을 클릭하면 렌더링이 완료됩니다.

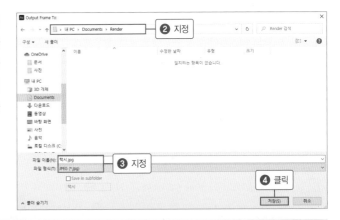

08 이미지를 저장할 때 빠르게 진행되므로 저장 과정보다는 멜로디로 렌더링 작업이 완료된 것을 확인할 수 있으며, 비활성화된 Render Queue를 통해 작업이 마무리되었음을 확인할 수 있습니다.

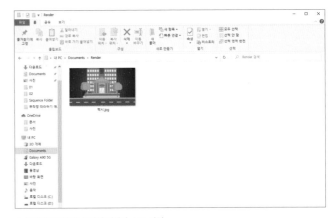

▲ 이미지 렌더링을 통해서 저장된 JPG 파일

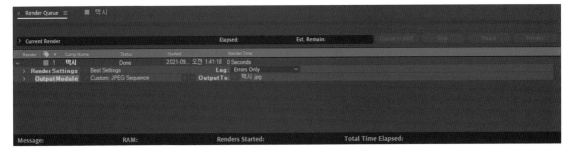

▲ 작업이 완료되어 비활성화된 Render Queue

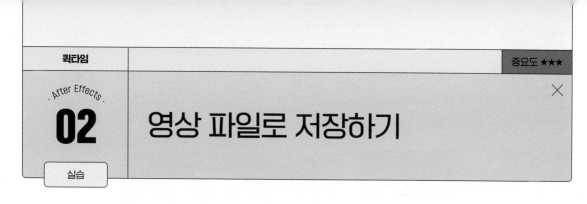

. After Effects .

02 영상 파일로 저장하기

실습

• 예제파일 : 애프터 이펙트\10\Render.aep

01 렌더링하려면 애프터 이펙트의 작업 환경이 필요하므로 앞서 작업한 프로젝트를 실행하거나 애프터 이펙트 → 10 폴더에서 'Render.aep' 파일을 불러옵니다. ❶ Timeline 패널에서 Work Area를 '0초'에서 '3초'로 지정합니다. ❷ 현재 시간 표시기를 해당 시간으로 이동한 다음 ❸ B를 누르면 시작 점이 지정되고 ❹ N을 누르면 끝 점이 지정됩니다.

TIP

Work Area를 지정할 때는 드래그하거나 단축키 B, N을 이용할 수 있습니다.

02 메뉴에서 (Composition) → Add to Render Queue(Ctrl+M)를 실행합니다.

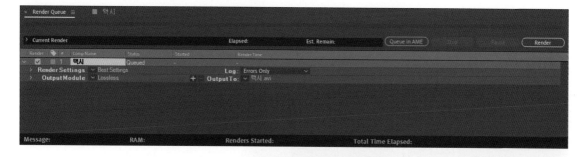

03 Render Settings는 이전 렌더링 설정을 가져오며 여기서는 'Best Settings'로 지정되었으므로 다른 설정이 필요 없습니다. Output Module 오른쪽의 파란색 글씨를 클릭합니다.

04 Output Module Settings 대화상자가 표시되면 ❶ Format을 'QuickTime'으로 지정한 다음 ❷ 〈Format Options〉 버튼을 클릭합니다. Video Codec 항목에서 ❸ Video Codec을 클릭하고 ❹ 애프터 이펙트 CC 2019 버전부터는 'Apple ProRes 422'로 지정한 다음 ❺ 〈OK〉 버튼을 클릭합니다.

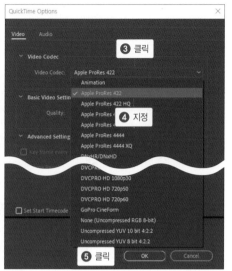

05 저장 경로를 지정하지 않으면 이전 과정에서 이미지를 만든 폴더가 자동으로 지정됩니다. 다른 폴더에 저장하기 위해 Output To의 파란색 텍스트를 클릭합니다. Output Movie To 대화상자가 표시되면 ❶ 저장 위치, ❷ 파일 이름, 형식을 지정한 다음 ❸ 〈저장〉 버튼을 클릭합니다.

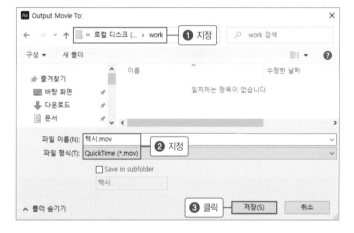

06 〈Render〉 버튼을 클릭하여 렌더링할 수 있습니다. 저장 위치에 영상이 저장됩니다.

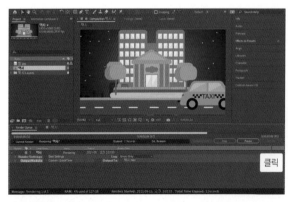

▲ 렌더링 과정

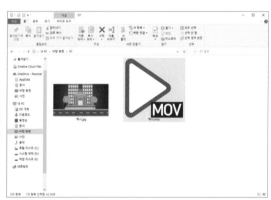

▲ 완성된 '택시.mov' 파일

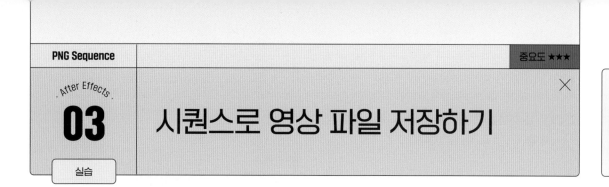

After Effects

03

실습

시퀀스로 영상 파일 저장하기

• **예제파일** : 애프터 이펙트\10\Render.aep

• • •

---

01 렌더링하려면 애프터 이펙트의 작업 환경이 필요하므로 앞서 작업한 프로젝트를 실행하거나 애프터 이펙트 → 10 폴더에서 'Render.aep' 파일을 불러옵니다. ❶ '택시' 컴포지션에서 Ctrl+M을 눌러 Render Queue를 추가합니다. Render Settings는 'Best Settings'로 지정되어 있으므로 따로 설정할 필요는 없습니다. ❷ Output Module의 'Lossless'를 클릭합니다.

02 Output Module Settings 대화상자가 표시되면 ❶ Format을 'PNG Sequence'로 지정하고 ❷ 〈OK〉 버튼을 클릭합니다.

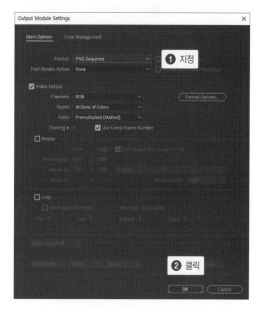

Why? 👈

실무에서는 주로 Targa, Tiff, DPX/Cineon Sequence 포맷을 주로 이용하지만, 용량이 상당히 크기 때문에 예제에서는 간단하게 'PNG Sequence'로 지정했습니다.

03 Output Movie To 대화상자를 이용해서 저장 경로를 지정할 때 반드시 별도 폴더를 지정해야 합니다. 폴더를 지정하지 않으면 ❶ 'Save in subfolder'를 체크 표시하고 ❷ 〈저장〉 버튼을 클릭합니다.

❶ 체크 표시 ❷ 클릭

04 Timeline 패널에서 〈Render〉 버튼을 클릭합니다.

클릭

05 렌더링하면 각각의 영상 프레임이 PNG 이미지 파일로 저장됩니다. 시퀀스로 렌더링하면 영상 파일처럼 많이 압축하지 않아 좋은 화질의 이미지를 얻을 수 있습니다.

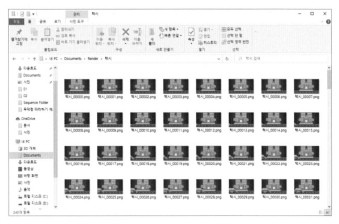

▲ 폴더 안에 이미지 형태로 저장된 모습

After Effects

04
mp4로 영상 파일 저장하기

실습

- **예제파일** : 애프터 이펙트\10\Render.aep　　　　　　　　　　　　　　　　　• • •

01 애프터 이펙트 CC 2023에서는 H.264 코덱을 활용하여 mp4 파일로 영상을 바로 저장할 수 있습니다. 애프터 이펙트 → 10 폴더에서 'Render.aep' 파일을 불러옵니다.

02 ❶ '택시' 컴포지션에서 Ctrl+M을 눌러 Render Queue를 추가합니다. ❷ Output Module 옆의 ∨을 클릭하면 다양한 사전 설정 프리셋을 볼 수 있습니다. ❸ 'H.264 - Match Render Settings - 15Mbps'를 선택합니다.

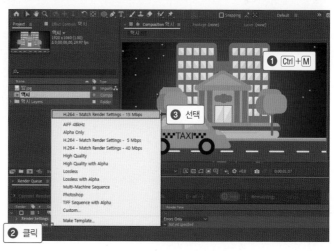

03 Output Module의 'H.264 - Match Render Settings - 15Mbps'를 클릭합니다.

04 Output Module Settings 대화상자가 표시
되면 〈Format Options〉 버튼을 클릭합니다.

05 H.264 Options 대화상자가 표시되면 Target Bitrate를 설
정합니다. ❶ 기존 '15'에서 '30'으로 설정한 다음 ❷ 〈OK〉
버튼을 클릭합니다.

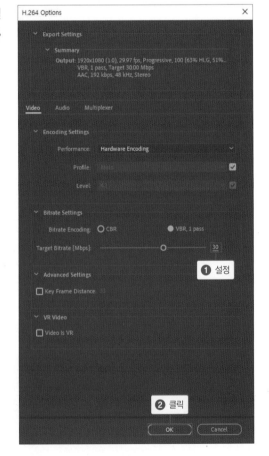

06 Output Module Settings 대화상자에서
〈OK〉 버튼을 클릭합니다.

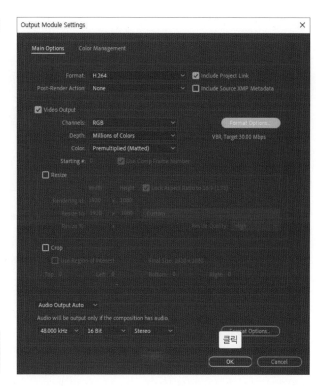

TIP ◁

Bitrate 수치가 클수록 일반적으로 영상의 퀄리티가 높아집
니다. 대신 영상의 용량도 늘어납니다.

07 Output Movie To 대화상자를 이용해서 저장 경로를 지정할 때 반드시 별도의 폴더를 지정해야 합니다. 폴더를 지
정하지 않으려면 ❶ 'Save in subfolder'를 체크 표시하고 ❷ 〈저장〉 버튼을 클릭한 다음 ❸ 〈Render〉 버튼을 클
릭합니다.

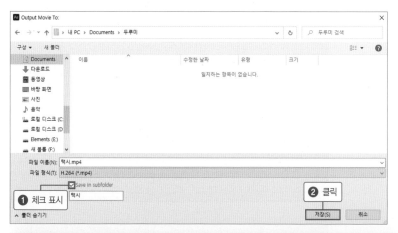

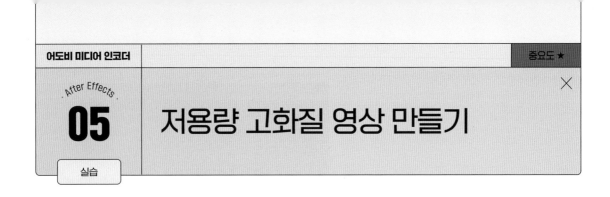

어도비 미디어 인코더   중요도 ★

. After Effects .

05 저용량 고화질 영상 만들기

실습

• **예제파일** : 애프터 이펙트\10\Media Encoder.aep   • • •

01 메뉴에서 (File) → Open Project를 실행하고 애프터 이펙트 → 10 폴더에서 'Media Encoder.aep' 파일을 불러 옵니다. Timeline 패널에서 Work Area의 시작 점과 끝 점을 지정합니다.

02 메뉴에서 (Composition) → Add to Adobe Media Encoder Queue ((Ctrl)+(Alt)+(M))를 실행합니다.
어도비 미디어 인코더가 자동으로 실행됩니다.

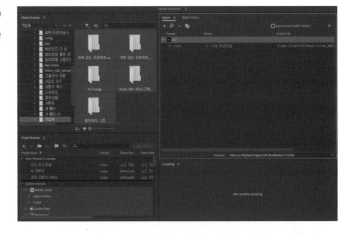

03 대기열(Queue)에 자동으로 AE 포맷이 추가됩니다. 'H.264' 또는 '1대1 최상화 질'의 파란색 텍스트를 클릭합니다.

TIP
해당 부분은 사용자마다 다른 설정이 표시될 수 있습 니다.

(04) Export Settings 대화상자가 표시됩니다.

(05) Export Settings 대화상자에서 Format을 'H.264'로 지정합니다.

Why? 👉

Format 중에 가장 많이 이용하는 포맷은 MP4(H.264)입니다.

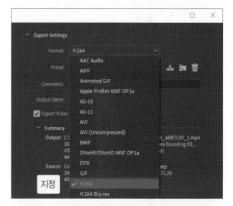

(06) [Video] 탭에서 〈Match Source〉 버튼을 클릭해 너비, 높이, 프레임레이트 등을 애프터 이펙트 작업 환경과 일치하도록 설정합니다.

(07) ❶ [Video] 탭의 스크롤바를 아래로 드래그하면 표시되는 ❷ Bitrate Settings 항목을 확인합니다.

렌더링

08 ❶ Bitrate Encoding을 'VBR, 2 pass'로 지정한 다음 ❷ Target Bitrate[Mbps]를 '20', Maximum Bitrate[Mbps]를 '25'로 설정합니다. ❸ 하단에서 예상 파일의 크기를 확인할 수 있으며, 비트 전송률을 설정할 때마다 자동으로 계산하여 예상 파일 크기를 알려 주므로 확인합니다. ❹ 'Use Maximum Render Quality'를 체크 표시한 다음 ❺ 〈OK〉 버튼을 클릭합니다.

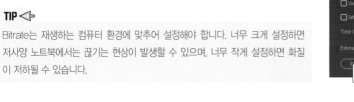

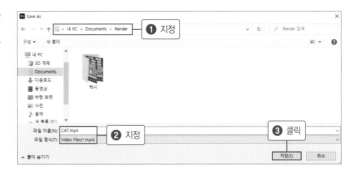

TIP 🖘

Bitrate는 재생하는 컴퓨터 환경에 맞추어 설정해야 합니다. 너무 크게 설정하면 저사양 노트북에서는 끊기는 현상이 발생할 수 있으며, 너무 작게 설정하면 화질이 저하될 수 있습니다.

09 오른쪽 출력 파일 경로가 표시되는 파란색 텍스트를 클릭합니다.

10 Save As 대화상자가 표시되면 ❶ 저장 경로, ❷ 파일 이름과 형식을 지정하고 ❸ 〈저장〉 버튼을 클릭합니다.

11 'Start Queue' 아이콘(▶)을 클릭하면 인코딩이 진행됩니다.

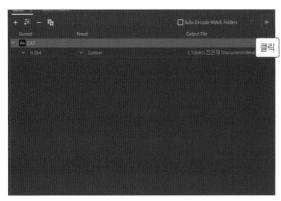
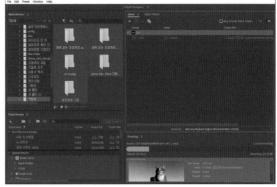

12 저장 위치에 'CAT.mp4' 파일이 만들어 집니다.

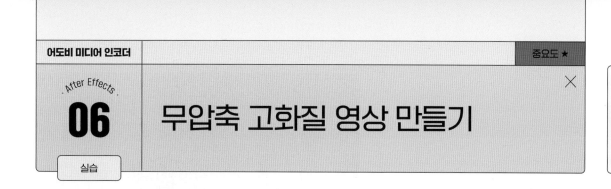

After Effects

06 무압축 고화질 영상 만들기

실습

• **예제파일** : 애프터 이펙트\10\Media Encoder.aep

---

01 새 프로젝트를 만들고 애프터 이펙트 →
10 폴더에서 'Media Encoder.aep' 파
일을 불러옵니다. ❶ Timeline 패널에서 Work
Area의 시작 점과 끝 점을 지정한 다음 ❷ 메
뉴에서 (File) → Export → Add to Adobe
Media Encoder Queue를 실행합니다.

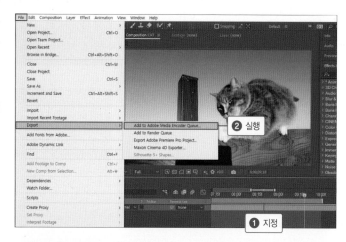

02 어도비 미디어 인코더가 자동으로 실행
됩니다.

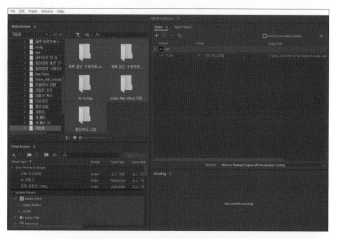

03 대기열(Queue)에 자동으로 AE 포맷이 추가
됩니다. 'H.264' 또는 '1대1 최상화질'의 파란색
텍스트를 클릭합니다.

TIP ◁▷
해당 부분은 사용자마다 다른 설정이 표시될 수 있습니다.

04 Export Settings 대화상자가 표시됩니다.

05 Export Settings 대화상자에서 ❶ Format을 'QuickTime'으로 지정한 다음 ❷ Preset을 'Apple ProRes 422'로 지정합니다.

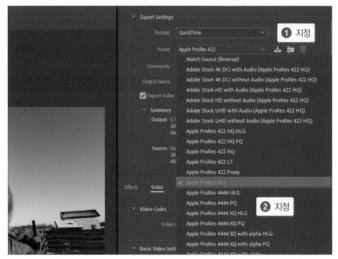

Why? 🖐

미디어 인코더 CC 2019 버전부터 지원하는 'Apple ProRes 422'는 방송국에서도 사용하는 프리셋입니다.

06 (Video) 탭에서 〈Match Source〉 버튼을 클릭해 너비, 높이, 프레임레이트 등을 애프터 이펙트 작업 환경과 일치하도록 설정합니다.

07 ❶ 'Use Maximum Render Quality'를 체크 표시하고 ❷ 〈OK〉 버튼을 클릭합니다.

(08) ❶ 출력 파일 경로가 표시되는 Output File의 파란색 텍스트를 클릭합니다. Save As 대화상자가 표시되면 ❷ 저장 경로, ❸ 파일 이름과 형식을 지정한 다음 ❹ 〈저장〉 버튼을 클릭합니다.

(09) 'Start Queue' 아이콘(▶)을 클릭하면 인코딩이 진행됩니다.

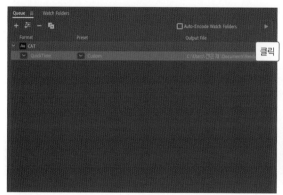

▲ 인코딩이 진행 중인 모습

(10) 저장 위치에 'CAT.mov' 파일이 만들어집니다. 이전 예제에서 만든 'CAT.mp4' 파일과 비교하면 크기 면에서 큰 차이를 보입니다. MOV 형식은 화질이 상대적으로 뛰어나지만 용량이 크기 때문에 용도와 컴퓨터 사양에 맞게 출력하는 것이 중요합니다.

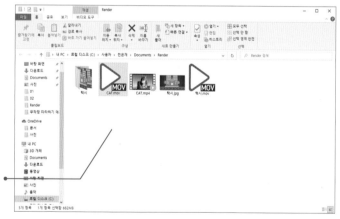

다양한 렌더링과 인코딩 방식을 통해 애프터 이펙트의 결과물을 만들 수 있습니다. 사용 환경과 이후 작업 방향에 따라 선택하여 렌더링을 진행합니다.

찾아보기

프리미어 프로 단축키 모음

프리미어 프로의 다양한 기능을 빠르게 실행할 수 있는 단축키 모음입니다. 단축키를 외워 두면 빠르고 효율적으로 작업할 수 있습니다.
※ 프리미어 프로 버전에 따라 차이가 있을 수 있습니다.

PREMIERE PRO CC 2023

도구에 관한 키

선택 도구	V
앞으로 트랙 선택 도구	A
뒤로 트랙 선택 도구	Shift + A
잔물결 편집 도구	B
롤링 편집 도구	N
속도 조정 도구	R
자르기 도구	C
밀어넣기 도구	Y
밀기 도구	U
펜 도구	P
손 도구	H
확대/축소 도구	Z
문자 도구	T

메뉴에 관한 키

〔File〕 탭	Alt + F
〔Edit〕 탭	Alt + E
〔Clip〕 탭	Alt + C
〔Sequence〕 탭	Alt + S
〔Markers〕 탭	Alt + M
〔Graphics〕 탭	Alt + G
〔Window〕 탭	Alt + W
〔Help〕 탭	Alt + H

파일에 관한 키

프로젝트 새로 만들기	Ctrl + Alt + N
시퀀스 새로 만들기	Ctrl + N
Bin 새로 만들기	Ctrl + /
프로젝트 열기	Ctrl + O
프로젝트 닫기	Ctrl + Shift + W
닫기	Ctrl + W
저장	Ctrl + S
다른 이름으로 저장	Ctrl + Shift + S
복사본 저장	Ctrl + Alt + S
캡처	F5
일괄 캡처	F6
미디어 브라우저에서 가져오기	Ctrl + Alt + I
가져오기	Ctrl + I
미디어 내보내기	Ctrl + M
선택 영역 속성 가져오기	Ctrl + Shift + H
종료	Ctrl + Q

편집에 관한 키

실행 취소	Ctrl + Z
다시 실행	Ctrl + Shift + Z
잘라내기	Ctrl + X
복사	Ctrl + C
붙이기	Ctrl + V
삽입하여 붙이기	Ctrl + Shift + V
속성 붙이기	Ctrl + Alt + V
지우기	Backspace
잔물결 삭제	Shift + Delete

복제	Ctrl + Shift + /
모두 선택	Ctrl + A
모두 선택 해제	Ctrl + Shift + A
찾기	Ctrl + F
원본 편집	Ctrl + E
키보드 단축키	Ctrl + Alt + K

클립에 관한 키

하위 클립 만들기	Ctrl + U
오디오 채널 수정	Shift + G
오디오 게인 옵션	G
속도/지속 시간	Ctrl + R
사용	Shift + E
연결	Ctrl + L
그룹화	Ctrl + G
그룹화 해제	Ctrl + Shift + G

시퀀스에 관한 키

작업 영역의 효과 렌더링	Enter
프레임 일치	F
프레임 일치 반전	Shift + R
편집 추가	Ctrl + K
모든 트랙에 편집 추가	Ctrl + Shift + K
편집 트리밍	T
선택한 편집을 재생 헤드로 확장	E
비디오 전환 적용	Ctrl + D
오디오 전환 적용	Ctrl + Shift + D
선택 영역에 기본 전환 적용	Shift + D
제거	;
추출	'
확대	=
축소	−
시퀀스의 다음 간격으로 이동	Shift + ;

시퀀스의 이전 간격으로 이동	Ctrl + Shift + ;
스냅	S
하위 시퀀스 만들기	Shift + U

마커에 관한 키

시작 표시	I
종료 표시	O
클립 표시	X
선택 항목 표시	/
시작 지점으로 이동	Shift + I
종료 지점으로 이동	Shift + O
시작 지우기	Ctrl + Shift + I
종료 지우기	Ctrl + Shift + O
시작 및 종료 지우기	Ctrl + Shift + X
마커 추가	M
다음 클립 마커로 이동	Shift + M
이전 클립 마커로 이동	Ctrl + Shift + M
선택한 마커 지우기	Ctrl + Alt + M
모든 마커 지우기	Ctrl + Alt + Shift + M

패널 또는 창 표시에 관한 키

모든 패널	Alt + Shift + 1
Assembly 작업 영역	Alt + Shift + 2
Audio 작업 영역	Alt + Shift + 3
Color 작업 영역	Alt + Shift + 4
Editing 작업 영역	Alt + Shift + 5
Effects 작업 영역	Alt + Shift + 6
Graphics 작업 영역	Alt + Shift + 7
Libraries 작업 영역	Alt + Shift + 8
Metalogging	Alt + Shift + 9
현재 작업 영역 다시 설정	Alt + Shift + 0

애프터 이펙트 단축키 **모음**

애프터 이펙트의 다양한 기능을 빠르게 실행할 수 있는 단축키 모음입니다. 단축키를 외워 두면 빠르고 효율적으로 작업할 수 있습니다.
※ 애프터 이펙트 버전에 따라 차이가 있을 수 있습니다.

AFTER EFFECTS CC 2023

도구에 관한 키

선택 도구	`V`
손바닥 도구	`H`
확대/축소 도구	`Z`
회전 도구	`W`
통합 카메라 도구/카메라 궤도 도구/ 카메라 XY축으로 이동 도구/ Z축으로 카메라 이동 도구	`C`
뒤로 팬 도구	`Y`
사각형 도구/둥근 사각형 도구/ 원형 도구/다각형 도구/별형 도구	`Q`
펜 도구/마스크 페더 도구	`G`
가로 문자 도구/세로 문자 도구	`Ctrl`+`T`
브러시 도구/복제 도장 도구/ 지우개 도구	`Ctrl`+`B`
로토 브러시 도구	`Alt`+`W`
퍼핏 핀 도구	`Ctrl`+`P`

파일에 관한 키

새 프로젝트 만들기	`Ctrl`+`Alt`+`N`
새 폴더 만들기	`Ctrl`+`Alt`+`Shift`+`N`
애프터 이펙트 파일 열기	`Ctrl`+`O`
브리지에서 애프터 이펙트 파일 찾아보기	`Ctrl`+`Alt`+`Shift`+`O`
애프터 이펙트 파일 닫기	`Ctrl`+`W`
파일 저장하기	`Ctrl`+`S`
다른 이름으로 파일 저장하기	`Ctrl`+`Shift`+`S`
증분 및 저장하기	`Ctrl`+`Alt`+`Shift`+`S`
파일 가져오기	`Ctrl`+`I`
여러 파일 가져오기	`Ctrl`+`Alt`+`I`
찾기	`Ctrl`+`F`

프로젝트 설정하기	`Ctrl`+`Alt`+`Shift`+`K`
애프터 이펙트 종료하기	`Ctrl`+`Q`

편집에 사용하는 키

실행 취소하기	`Ctrl`+`Z`
다시 실행하기	`Ctrl`+`Shift`+`Z`
잘라내기	`Ctrl`+`X`
복사하기	`Ctrl`+`C`
속성 링크와 함께 복사하기	`Ctrl`+`Alt`+`C`
붙여넣기	`Ctrl`+`V`
지우기	`Delete`
복제하기	`Ctrl`+`D`
레이어 분할하기	`Ctrl`+`Shift`+`D`
모두 선택하기	`Ctrl`+`A`
모두 선택 취소하기	`Ctrl`+`Shift`+`A`
모든 메모리 제거하기	`Ctrl`+`Alt`+`Num/`
원본 편집하기	`Ctrl`+`E`
환경 설정하기	`Ctrl`+`Alt`+`;`

컴포지션에 관한 키

새 컴포지션 만들기	`Ctrl`+`N`
컴포지션 설정하기	`Ctrl`+`K`
미디어 인코더 대기열에 추가하기	`Ctrl`+`Alt`+`M`
렌더링 대기열에 추가하기	`Ctrl`+`M`
배경에 작업 영역 캐시하기	`Ctrl`+`Enter`
RAM 미리 보기	`Num 0`
오디오 미리 보기(이 지점부터)	`Num .`
오디오 미리 보기(작업 영역)	`Alt`+`Num .`

다른 이름으로 프레임 저장하기	Ctrl + Alt + S
RAM 미리 보기 저장하기	Ctrl + Num 0
컴포지션 흐름도 표시하기	Ctrl + Shift + F11
컴포지션 미니 흐름도 표시하기	Tab

레이어에 관한 키

문자 레이어 추가하기	Ctrl + Alt + Shift + T
솔리드 레이어 추가하기	Ctrl + Y
라이트 레이어 추가하기	Ctrl + Alt + Shift + L
카메라 레이어 추가하기	Ctrl + Alt + Shift + C
Null 레이어 추가하기	Ctrl + Alt + Shift + Y
Adjustment 레이어 추가하기	Ctrl + Alt + Y
보기에서 가운데 표시하기	Ctrl + Home
다음 블렌드 모드로 이동하기	Shift + =
이전 블렌드 모드로 이동하기	Shift + −
모양 그룹화하기	Ctrl + G
모양 그룹화 해제하기	Ctrl + Shift + G
레이어를 맨 앞으로 가져오기	Ctrl + Shift +]
레이어를 앞으로 가져오기	Ctrl +]
레이어를 뒤로 보내기	Ctrl + [
레이어를 맨 뒤로 보내기	Ctrl + Shift + [

효과에 관한 키

Effect Controls 패널 표시하기	F3
가장 최근 적용한 효과 적용하기	Ctrl + Alt + Shift + E
효과 모두 제거하기	Ctrl + Shift + E

애니메이션에 관한 키

키프레임 고정 전환하기	Ctrl + Alt + H
키프레임 보간 설정하기	Ctrl + Alt + K
키프레임 속도 설정하기	Ctrl + Shift + K
천천히 나가기	Ctrl + Shift + F9
천천히 들어오기	Shift + F9
천천히 들어오기 및 나가기	F9
키프레임이 있는 속성 표시하기	U

보기에 관한 키

확대하기	.
축소하기	,
전체 해상도로 표시하기	Ctrl + J
절반 해상도로 표시하기	Ctrl + Shift + J
1/4 해상도로 표시하기	Ctrl + Alt + Shift + J
디스플레이 색상 관리 사용하기	Shift + Num /
눈금자 표시하기	Ctrl + R
안내선 표시하기	Ctrl + ;
안내선에 스냅하기	Ctrl + Shift + ;
안내선 잠그기	Ctrl + Alt + Shift + ;
격자 표시하기	Ctrl + '
격자에 스냅하기	Ctrl + Shift + '
보기 옵션 설정하기	Ctrl + Alt + U
레이어 컨트롤 표시하기	Ctrl + Shift + H
선택한 레이어 보기	Ctrl + Alt + Shift + ₩
특정 시간으로 이동하기	Alt + Shift + J

패널 표시에 관한 키

Audio 패널 표시/끄기	Ctrl + 4
Brushes 패널 표시/끄기	Ctrl + 9
Character 패널 표시/끄기	Ctrl + 6
Effects & Presets 패널 표시/끄기	Ctrl + 5
Info 패널 표시/끄기	Ctrl + 2
Paint 패널 표시/끄기	Ctrl + 8
Paragraph 패널 표시/끄기	Ctrl + 7
Preview 패널 표시/끄기	Ctrl + 3
Tools 패널 표시/끄기	Ctrl + 1
Project 패널 표시/끄기	Ctrl + 0
Render Queue 패널 표시/끄기	Ctrl + Alt + 0